TURING 图灵新知

贝叶斯的博弈

数学、思维与人工智能

●●○○●○

[法] 黄黎原（Lê Nguyên Hoang）——— 著

方弦 ——— 译

La Formule du Savoir

人民邮电出版社

北京

图书在版编目（CIP）数据

贝叶斯的博弈：数学、思维与人工智能 / (法) 黄
黎原著；方弦译. -- 北京：人民邮电出版社，2021.2
（图灵新知）
ISBN 978-7-115-55563-2

Ⅰ.①贝… Ⅱ.①黄… ②方… Ⅲ.①贝叶斯理论—
研究 Ⅳ.①G201

中国版本图书馆CIP数据核字(2020)第249338号

内 容 提 要

　　本书从数学、哲学、计算机科学、神经科学和人工智能等角度，全面阐述了贝叶斯理论背后的基础知识、思维方式和丰富哲理。贝叶斯定理一旦与算法相结合，就不再是一套枯燥的数学理论或认识论，而是变成了应用广泛的知识宝库，催生了众多现代数学定理，以及令人称道的实践成果。作者一改传统的探讨模式，不仅展现了贝叶斯理论背后的科学思想，还阐述了它与人类思维之间的深刻关系，并对相关领域和人工智能的发展进行了展望。本书适合喜爱数学、算法、机器学习、人工智能、逻辑学和哲学的大众读者阅读，读者无须过多数学和算法知识就能读懂。

　◆ 著　　　　[法] 黄黎原（Lê Nguyên Hoang）

　　　译　　　　方　弦

　　　责任编辑　戴　童

　　　责任印制　周昇亮

　◆ 人民邮电出版社出版发行　　北京市丰台区成寿寺路 11 号
　　　邮编　100164　电子邮件　315@ptpress.com.cn
　　　网址　https://www.ptpress.com.cn
　　　固安县铭成印刷有限公司印刷

　◆ 开本：720×960　1/16
　　　印张：25.25　　　　　　　2021 年 2 月第 1 版
　　　字数：400 千字　　　　　2025 年 6 月河北第 23 次印刷
　　　著作权合同登记号　图字：01-2019-1018 号

定价：109.00 元
读者服务热线：(010)84084456-6009　印装质量热线：(010)81055316
反盗版热线：(010)81055315

序

你拖着沉重的行李，坐火车来到一个小城市，下了车就直接走向火车站前的出租车站，那里只有一辆车。不巧，正在你走过去的关头，另一位游客捷足先登，出租车就这样在你的眼皮底下开走了。从这场遭遇中，你能得出什么结论？这座城市似乎还是有出租车的（毕竟这种规模的城市其实不是总有出租车的），所以，如果你耐心等待，说不定就会有另一辆车开过来。或者说，整个城市没多少出租车，你刚好错过一辆，因为城市很小，这样的好事大概不会接二连三地发生。这两种解释都对，但选择哪一种就取决于你在下火车前知道的（或者说相信的）是什么。

这位造访未知城市的旅行者对出租车的数目进行了推测，然后根据观察结果修改这些推测。这种做法跟刚降生到这个未知世界的婴儿，或者思索为什么太阳每天早上都会升起的研究人员（他们会惊叹其他人居然对此感到理所当然）所做的没多大差别。他们都在探索世界，提出假设并根据观察结果修正这些假设。

从经验中能得到什么教训？如何才能认识这个世界？黄黎原（音译）的这本著作希望我们思考的正是这些问题。

这些问题正好概括了超过一个世纪的争论：对于某个假说，能否赋予它一个衡量其真实性的数值？对于某些人，比如汉斯·赖欣巴哈来说，这正是发展概率论的目的。特别是，所有证实某个假说的观察结果都会提高这个假说的正确性的概率，比如每看到一只黑乌鸦都会提高"所有乌鸦都是黑的"这个假说为真的概率。对于其他人，比如卡尔·波普尔来说，赋予这种假说的数值只是一种幻觉。看到一只黑乌鸦，我们只能断定"所有乌鸦都是黑的"这个假说仍然吻合我们的观察结果。

处于这场争论中心的是一个简单得出乎意料的公式，也就是贝叶斯公式——

"智慧方程"。这个公式能做的，就是让我们在获得某个观察结果之后，计算应该赋予某个假说的概率——所以赖欣巴哈说得有道理；但前提必须是在观察之前就知道怎么向这个假说赋予概率——所以波普尔说得也有道理。

尽管可以说，这个问题在 20 世纪似乎已被解决（当时的胜利者是波普尔），然而，目前数据收集技术的演变让人们开始重新审视这个问题。在 20 世纪，如果我们相信白乌鸦存在，那么观察到三只乌鸦全是黑色的事实可以被解释为巧合。在今天，当我们观察 100、1000 甚至 1 亿只乌鸦，且看到它们都是黑色的时候，我们就需要某种勇气，甚至是某种偏执，才能断言不一定所有乌鸦都是黑的，而观察结果完全一致只是偶然。至少我们必须退让，承认在所有乌鸦之中，有一大部分都是黑的，至于白乌鸦只能作为例外。贝叶斯公式指出的先验假说问题使人们反对赖欣巴哈的观点，但今天数据的泛滥已经冲淡了这种反对。相对的是，其他问题出现了：这些数据是怎么收集而来的？收集数据的方法会不会引入对白乌鸦的认识偏差甚至歧视？我们再一次观察到技术的演变，尤其是科学研究中的技术，如何改变了科学哲学提出的问题。

正是这一点令这本书更加引人入胜。这本书写于一个翻天覆地的时代，技术的演变让我们重新审视贝叶斯公式以及它在知识大厦中的位置。

这本书也写在了一个传播方式改变了我们谈论科学方式的时代。受到在线视频风潮的影响，作者找到了谈论科学的新方式，既严谨认真又娓娓道来，并且擅长用例子照亮最抽象的问题。

吉尔·多维克

法国国家信息与自动化研究所研究员，著有《计算进化史》

巴黎-萨克雷（卡尚）高等师范学校教授

目录

第 1 章　初始之旅　　　　　　　1

学生问难　　　　　　　　　　1

走上贝叶斯主义的道路　　　　2

统一的知识哲学　　　　　　　4

科学方法的替代　　　　　　　6

客观性的迷梦　　　　　　　　8

本书的目标　　　　　　　　　11

第 2 章　贝叶斯定理　　　　　　14

小孩谜题　　　　　　　　　　14

蒙蒂·霍尔问题　　　　　　　15

萨莉·克拉克的审判　　　　　17

被判非法的贝叶斯主义　　　　18

贝叶斯定理　　　　　　　　　19

贝叶斯公式的组成部分　　　　21

贝叶斯主义对化验结果的解读　22

贝叶斯主义对萨莉·克拉克的辩护　24

小孩谜题终于解决了！　　　　25

几句鼓励的话　　　　　　　　26

第 3 章　从逻辑上来说……　　　28

两种思考模式　　　　　　　　28

逻辑的规则　　　　　　　　　30

Q 的背面都是蓝色的吗？　　　32

量词与谓词　　　　　　　　　33

重新解释亚里士多德三段论　　34

公理化方法　　　　　　　　　35

柏拉图主义者对阵直觉主义者　36

贝叶斯逻辑 ※　　　　　　　　37

超越真与假　　　　　　　　　39

矛盾理论走向共存　　　　　　41

第 4 章　必须（正确地）泛化！　43

苏格兰的黑色绵羊　　　　　　43

认识论简史　　　　　　　　　44

行星研究简史　　　　　　　　45

科学与波普尔背道而驰？　　　46

频率主义 ※　　　　　　　　　47

反对 p 值的统计学家　　　　50

p 值操控　　　　　　　　　51

统计学课本讲了什么　　　　　52

智慧方程　　　　　　　　　　53

渐进学习　　　　　　　　　　55

再谈爱因斯坦　　　　　　　　56

第 5 章　荣耀归于偏见　　　　　58

琳达问题　　　　　　　　　　58

用偏见解释琳达问题 ※　　　　59

偏见是必要的　　　　　　　　61

xkcd 的太阳　　　　　　　　　62

用偏见解释 xkcd　　　　　　　63

用偏见为萨莉·克拉克辩护　　64

用偏见对抗伪科学　　　　　　65

偏见拯救科学　　　　　　　　66

贝叶斯主义者对万物均有偏见　68

错误的偏见　　　　　　　　　71

偏见与道德　　　　　　　　　74

第 6 章　贝叶斯主义的"先知"　76

一段起伏跌宕的历史　　　　　76

概率论的起源　　　　　　　　77

神秘的托马斯·贝叶斯　　　　78

拉普拉斯，贝叶斯主义之父　　79

拉普拉斯接续法则　　　　　　81

贝叶斯主义的寒冬　　　　　　84

贝叶斯主义拯救盟军　　　　　85

频率主义海洋中的贝叶斯孤岛　88

被实干者拯救的贝叶斯主义　　89

贝叶斯主义的胜利　　　　　91
贝叶斯无处不在　　　　　　92

第 7 章　所罗门诺夫妖　　93

非人类，也非机器　　　　　93
算法基础　　　　　　　　　94
"模式"是什么？　　　　　　96
所罗门诺夫复杂度　　　　　97
算法与概率的联姻　　　　　100
所罗门诺夫的偏见 *　　　　102
贝叶斯主义造就所罗门诺夫妖 *　103
所罗门诺夫完备性　　　　　104
所罗门诺夫归纳法的不可计算性　105
所罗门诺夫不完备性　　　　107
对实用的追求　　　　　　　108

第 8 章　保守秘密　　110

保密　　　　　　　　　　　110
今天的密码学　　　　　　　111
用贝叶斯主义破译密码　　　113
随机调查问卷　　　　　　　114
随机调查的私密性　　　　　116
差分隐私的定义 *　　　　　117
拉普拉斯型机制　　　　　　119
组合健壮性　　　　　　　　120
隐私损失的可加性　　　　　121
在实践中可行不通！　　　　122
同态加密　　　　　　　　　123

第 9 章　博弈已成定局　　125

"心计"　　　　　　　　　　125
平分还是独占　　　　　　　127
贝叶斯式游说　　　　　　　128
谢林点　　　　　　　　　　131
混合均衡　　　　　　　　　132
贝叶斯博弈　　　　　　　　134
贝叶斯机制设计 *　　　　　135
迈尔森的拍卖　　　　　　　137

贝叶斯主义的社会影响　　　138

第 10 章　达尔文遇上贝叶斯　　140

幸存者偏差　　　　　　　　140
加利福尼亚的五彩蜥蜴　　　141
洛特卡 - 沃尔泰拉动力学 *　142
遗传算法　　　　　　　　　144
构筑自己的意见？　　　　　145
单个科学家并不可靠　　　　146
诉诸权威　　　　　　　　　148
科学共识　　　　　　　　　150
"标题党"　　　　　　　　　151
市场的预测能力　　　　　　152
金融泡沫　　　　　　　　　155

第 11 章　指数超乎直觉　　157

那些大得过分的数　　　　　157
计算的"玻璃天花板"　　　　159
指数爆炸　　　　　　　　　160
印度 - 阿拉伯数字的魔法　　163
本福特定律　　　　　　　　164
对数尺度　　　　　　　　　166
对数　　　　　　　　　　　167
贝叶斯公式抢到了哥德尔奖　168
贝叶斯主义者的度假方法　　170
技术奇点　　　　　　　　　172

第 12 章　挥动奥卡姆的剃刀　　174

上星期四……　　　　　　　174
足球里没有命中注定　　　　176
过度诠释的灾难　　　　　　177
追寻简单性的复杂旅程　　　180
世事并非一贯简单　　　　　181
交叉验证　　　　　　　　　183
蒂布斯兰尼正则化　　　　　185
稳健优化　　　　　　　　　186
用贝叶斯方法解决过度拟合 *　187
只有贝叶斯推断才是可容许的 *188

奥卡姆剃刀来自贝叶斯主义！　189

第 13 章　真相在撒谎　191
公立医院还是私人诊所？　191
相关并非因果　193
寻找混杂因素　195
回归平均　197
斯坦悖论　198
内生分层的失效　199
进行随机化吧！　201
苏格兰黑色绵羊的回归　203
猫是什么？　204
诗性自然主义　206

第 14 章　又快又（足够）好　208
素数的奥秘　208
素数定理　210
τ 的近似　211
渐近展开　212
实用主义的限制　213
图灵的机器学习　213
实用贝叶斯主义　216
次线性算法　218
思考的多种模式　220
迈进后严谨阶段！　221
贝叶斯的近似　222

第 15 章　不走运导致的错误　224
FiveThirtyEight 与 2016 年美国
总统大选　224
量子力学是概率性的吗？　225
混沌理论　228
无法预测的确定性自动机　229
热力学　230
香农熵　231
香农的最优压缩　233
香农冗余度　234
KL 散度　235

沃瑟斯坦度量　236
生成式对抗网络　237

第 16 章　记忆缺陷　241
数据的价值　241
数据泛滥　242
厕所问题　243
信息洪流的高速处理　244
卡尔曼滤波器　246
面对大数据的人类大脑　247
擦除记忆创伤　248
虚假回忆　250
用贝叶斯帮助记忆　252
短期记忆与长期记忆　253
递归神经网络　254
应该学什么，应该教什么？　256

第 17 章　睡梦是你的顾问　258
想法从何而来？　258
人工智能的创新艺术　259
隐含狄利克雷分布　260
向 LDA 施以援手的中餐馆　262
蒙特卡罗模拟　263
随机梯度下降法　265
伪随机数　266
重要性抽样　267
重要性抽样能助 LDA 一臂之力　267
伊辛模型 ※　269
玻尔兹曼机　270
MCMC 与谷歌的 PageRank　272
梅特罗波利斯 - 黑廷斯抽样　273
吉布斯抽样　274
MCMC 与认知偏差　276
对比散度与梦　278

**第 18 章　抽象方法超出常理的
有效性　280**
深度学习，真的行！　280

特征学习 282

单词的向量表示 283

指数式的表达能力 ※ 285

复杂性的涌现 286

柯尔莫哥洛夫精致度 ※ 287

精致度就是所罗门诺夫的
MAP 估计！※ 288

本内特的逻辑深度 290

数学的深度 292

数学的简洁性 293

数学的模块性 294

第 19 章　贝叶斯大脑 297

大脑不可思议 297

山峰还是山谷？ 299

视错觉 300

运动的感知 301

贝叶斯抽样 302

归纳问题 304

学习如何学习 305

抽象的恩赐 306

婴儿都是天才 308

语言 308

学习计数 310

心智理论 311

先天还是后天？ 312

第 20 章　一切都是虚构 314

柏拉图的洞穴 314

反实在主义 315

生命是否存在？ 316

货币是否存在？ 317

目的论，科学中的一条死路？ 320

关于现实，图灵 – 丘奇论题
有何说法？ 324

（工具主义的）非实在论有用吗？ 325

大脑之外的世界是否存在？ 327

猫存在于二进制代码中吗？ 327

所罗门诺夫妖的非实在论 329

第 21 章　信念的起源 330

发散级数的奇闻 330

但那是错的，不是吗？ 332

军官学生 333

我的亚洲之旅 335

都是因为魔鬼获得了权力？ 336

故事比数字更有效果 337

心理作用 339

意识形态的达尔文式演化 340

心理作用有用 342

视频网站的魔法 344

旅途仍在继续 344

第 22 章　超越贝叶斯主义 346

贝叶斯不考虑道德哲学 346

自然（选择得到的）道德 347

无意识的道德 349

胡萝卜加大棒 352

大多数人的道德？ 353

道德义务论 355

知识是合理的目的吗？ 357

效用主义 359

贝叶斯结果论者 361

结语 363

致谢 365

人名对照表 366

注释和推荐阅读 373

概率论本质上不过是化为计算的常识。它以
准确的方式评价那些正常的头脑通过某种直
觉领会到的东西，而这种直觉领会经常不被
察觉。

皮埃尔 – 西蒙·拉普拉斯（1749—1827）

第1章
初始之旅

学生问难

在加拿大蒙特利尔综合理工学校，我教完一节概率统计课后，有个来"钓鱼"的学生过来问了我一个看起来很简单的谜题：某人有两个孩子，其中至少有一个是男孩，那么另一个孩子也是男孩的概率是多少？

想了几秒之后，我找到了这个谜题的正确答案——我们之后会看到答案不是1/2。这位学生点点头，又接着问了第二个谜题：假设你现在知道这个人至少有一个出生在星期二的男孩，那么另一个孩子也是男孩的概率是多少？

这次我答错了，学生把我难住了。

人们一般认为这两个谜题只不过是数学游戏。它们确实有正确答案，但这只不过是对严谨而受限的数学框架而言。我们也会在学校的习题或者考试中遇到这种问题，但这只不过是数学问题。

然而，这位"钓鱼"学生的谜题只能说是充斥日常生活的众多思考的超级简化版。我们是否应该相信某项医学诊断？能否从某个例子归纳得出结论？如果有一千个甚至一百万个例子呢？诉诸权威是否有某种价值？是否应该相信金融市场？转基因作物是否有害？科学在什么意义上比伪科学更"有道理"？机器人会不会征服世界？是否应该谴责资本主义？是否应该相信上帝的存在？什么是好，什么是坏？

对很多人来说，这些问题与数学毫无瓜葛。确实，面对这种问题，数学自身无能为力。你不能只靠证明定理来解决世界上的饥馑。但可以打赌的是，数学可以帮助我们更好地整理思绪，理解与之关联的事物并得到出人意料的答案。许多学科越来越数学化，其中包括人道主义援助 [1]，这大概并不是什么偶然。

尽管已有的数学模型比比皆是，但我们之中大部分人似乎坚持希望将"现实世界"和学校逼着我们学习的知识区分开来。特别是，人们经常认为现实世界远远超出了数学的范畴，而数学定理似乎从来不应该甚至不能应用到现实世界中。一个人要有多愚蠢才会认为数学跟"法律面前人人平等"有关系 [2]？而且，这种对数学应用的怀疑不仅仅是差学生的条件反射。在面对"钓鱼"学生失利之后的几年内，我自己也没有意识到，这个数学上的失误揭示出我正确思考现实世界的能力有缺陷。即使是我自己也没有认识到，更好地理解这个谜题能让我更好地倾听那些爱好旅游的朋友的建议，以便更好地选择下一次假期的目的地——我们之后再谈这个问题。

走上贝叶斯主义的道路

当然，当天晚上我就解决了那位"钓鱼"学生的谜题——代价是一堆神秘难懂的计算。但仅仅在三年之后的 2016 年初，当我开始密切关注频率主义和贝叶斯主义统计学家之间的论战时 [3]，我才真正开始深思那位"钓鱼"学生的谜题，特别是将它放到纯粹数学的框架以外来思考。

在接下来的两年中，我开始以几乎每天一次的频率思考用于解开这个谜题的神奇公式。令我喜出望外的是，这个神秘的公式向我一步步展示了它的秘密。耀眼的它一步步吸引着我，甚至改变了我思考世界、科学与知识的方式。在几个月内，我最终沉浸于这个无法抗拒的公式的高贵优雅之中。这实在太厉害了，我必须用这个题材写整整一本书。就这样，在 2016 年底，我投身于创作你现在打开的这本书。

至于我刚才说到的无法抗拒的公式，我喜欢把它夸张地说成"智慧方程"。但数学家、统计学家和计算机科学家早已认识这个公式，他们用的是"贝叶斯公式"这个名字。

在法国高中课程里，贝叶斯公式是一个简明扼要的数学定理，是一个紧凑的等式。其证明只需要一行，而且只需要用到乘法、除法和有关概率的概念。特别是，比起要求高中生和大学生掌握的许多其他数学概念来说，这个公式似乎远远更容易学会。

然而我敢说，即使是最好的数学家也未必理解这个贝叶斯公式——甚至有数学定理解释了为什么我们无法掌握这个公式！即使说得不那么绝对，但对我来说毫无疑问的是，我仍然不理解贝叶斯公式。说到底，假如我在教那门概率统计课的时候真正理解了贝叶斯公式的话，那么当时我就应该可以直接看出"一个男孩生在星期二"的事实与其同胞的性别之间的联系，并能立刻回答出那位"钓鱼"学生的问题，而不应该被他难住。

自此两年后，我绞尽脑汁不再这样被人问倒。我想知道、想理解、想感受贝叶斯公式。我已经学到了不少东西，但我还在继续学习。我几乎每天都在沉思贝叶斯公式，它就像一位神祇，我每天都必须花一部分时间向它"祈祷"。这种沉思带来了何等的幸福！这丝毫不是重复劳动，更像是在一直灌溉我的好奇心，一点一滴地向我低语贝叶斯公式那些令人惊讶的推论。

在数月的长久思考之后，我最终确信，像贝叶斯公式那么深邃的想法并不多。今天我甚至愿意说，"理性"本质上可以归结于贝叶斯公式的应用——这样说的话，人人都不理性！无论如何，我们所说的贝叶斯的哲学，或**贝叶斯主义**，就建基于此。

统一的知识哲学

因为我在这里还没有时间讲述贝叶斯公式是什么，所以，关于贝叶斯主义我现在只能讲个大概。如果必须用三句话粗略概括贝叶斯主义的话，我会给出以下定义：贝叶斯主义就是假设"现实"的所有模型、理论或概念都只不过是某种信念、虚构或诗歌，尤其要指出的是，"所有模型都是错的"；然后，实际数据应该迫使我们调整赋予不同模型的重要性，即**置信度**；关键在于，调整这些置信度的方式应该尽可能严谨地遵循贝叶斯公式。

我之前一直觉得这种知识哲学没有意义。它似乎否定了所有关于现实和真理的概念，即使这些概念对研究人员来说如此重要；但它又似乎完全符合物理学家、诺贝尔物理学奖获得者理查德·费曼的说法 [4]："我能带着疑问、不确定和无知活着。我觉得，比起知道一些可能错误的答案，还是不知道答案的生活更有趣。我有些近似的答案，对于各种问题也有些确定程度或高或低的合理信念，但我不会绝对确信任何事情。也有很多我一点都不明白的事情，但我不一定需要一个答案。我不害怕'我不知道'这个事实。"

你可能会觉得这种观点激动人心，或者希望将这种看待知识的方法拒之门外。然而在选择接受还是拒绝贝叶斯主义之前，我只能鼓励你先花点时间，长考一下贝叶斯公式与它的推论。

遗憾的是，这本书里的主要向导，也就是我，对这个公式的理解还非常浅薄。为了帮助思考，我会引入一位虚构人物，叫作"纯粹贝叶斯主义者"，然后我们会尝试想象这位纯粹贝叶斯主义者在不同的情景下会做出什么反应。我希望大家考验的不是我，而是这位纯粹贝叶斯主义者，我们会在本书中一直进行这样的考验。我们将会考虑众多思想实验，也就是这位纯粹贝叶斯主义者应当完成的挑战。我们也会细心观察、衡量并批评这位纯粹贝叶斯主义者的各种反应——即使这些批评通常很快就会掉转矛头，针对我们自身的直觉和难以摒弃的自信过度。

伟大的皮埃尔-西蒙·拉普拉斯称得上史上第一位贝叶斯主义者，即便是他，也只是纯粹贝叶斯主义者的不完全写照，纯粹贝叶斯主义者能做的所有计算、思考和预言都已经在半个世纪前被雷·所罗门诺夫这位骁将严谨地描述了出来。可惜的是，所罗门诺夫描述的这位纯粹贝叶斯主义者似乎必然会违背物理法则，特别是之后会提到的图灵－丘奇论题，我们之后会更深入地讨论这一点。

正是这种限制迫使我们只能考虑一种必定仅作为近似的贝叶斯主义，我称之为**实用贝叶斯主义**。它跟纯粹贝叶斯主义的不同之处，就是它要求（迅速的）可计算性。我用另一位虚构人物来代表它，我把这个人物叫作"实用贝叶斯主义者"。不巧（或者说凑巧）的是，我对实用贝叶斯主义者的描述也远非完全，因为实用贝叶斯主义仍然是一个广阔并大有可为的研究领域——没人敢说这个领域有朝一日能被完全解明。

可能你也猜到了，理解纯粹贝叶斯主义者与实用贝叶斯主义者并不容易。为此，我们必须考虑大量的基础概念，它们来自数学、逻辑学、统计学、计算机科学、人工智能，甚至还有物理学、生物学、神经科学、心理学和经济学。我们需要谈到对数、逆否命题、p 值、所罗门诺夫复杂度和神经网络，还有熵、达尔文式演化、虚假回忆、认知偏差和金融泡沫。另外，我们也会用到科学史中的大量例子来考验我们这两位虚构人物。

对，我知道为了理解贝叶斯公式，要明白的东西可不少……

但这岂不是正好，因为我喜欢在闲暇时解释现代科学，我甚至为此开通了名为 Science4All 的 YouTube 频道！所以，与其把这本书当成哲学书来读，我请大家不如把它当成科学和数学的科普书。另外，在解释贝叶斯主义的途中，我也不惜绕几个弯，拐到科学的漫谈上，暗地里就是为了鼓励你在了解科学理论的道路上走得更远！

但现在还是回到哲学上吧。你也看到了，我最后还是屈从于贝叶斯的迷人歌声。在长达数月的思考之后，出乎意料的是，贝叶斯主义是如此吸引着我，让我觉得必须向你讲述它的内容。我不禁觉得纯粹贝叶斯主义者实在太有智慧了，希望能越来越向她靠近……即使在开始写这本书之后，我仍然一遍又一遍地从这个主题中发现了不可胜数的惊人奇景，它已经变成我最喜欢的数学等式了。

刚开始写这本书的时候，我是一个狂热的贝叶斯主义者。此后，我完全确信贝叶斯主义，特别是跟其他自称贝叶斯主义者的人相比，我甚至可以说是极端贝叶斯主义者。但我尤其希望有朝一日能成为一名合格的贝叶斯主义者。我的梦想就是能够正确应用贝叶斯公式，因为我确信，只有这样，我才能成为一个理性的人！

有趣的是，尽管看似矛盾，但贝叶斯公式在我心中激起的情感冲动似乎是一种非理性的狂热。我无法否认这一点。我甚至肯定自己受制于巨大的认知偏差，使我在心中神化了贝叶斯公式。毕竟，我无法对自己发现了这个公式的众多秘密的事实置之不理——尽管其他人比我早半个世纪就有了同样的发现。

尽管如此，我向你保证，在意识到这个偏差之后，我曾尝试否定纯粹贝叶斯主义者，而这项尝试仍在进行中。我不停地尝试寻找她的缺陷，尝试在辩论中胜过她。

然而徒劳无功。

科学方法的替代

在数学中，只要某个猜想似乎没有问题，我们就会赶紧尝试证明它，好将它擢升到定理的行列。贝叶斯主义跟这个差不多！

我们将会看到，杰恩斯－考克斯定理证明了，要将亚里士多德式的逻辑扩展到能以前后一致的方式处理可能性这个概念，唯一的推广方式正是贝叶斯主义；所罗门诺夫的完备性定理则证明了，如果数据集中存在某些规律的话，那么纯粹贝叶斯主义者最终会辨认出所有这些规律；额外信息期望收益定理则证明了，纯粹贝叶斯主义者收集更多数据总不会有坏处。最后，统计决策论表明，贝叶斯推断基本上就是唯一可接受的统计学习方法，意思就是，对于某种统计学习方法来说，当且仅当它相当于贝叶斯公式的某种应用时，才不会被另一种方法全面领先①。

除了这些定理以外，还有很多其他定理，可惜我们在这本书里不会谈到。比如说特勒 [5]－斯克姆斯 [6] 定理，它证明了只有贝叶斯主义者才能在所谓的"荷兰赌" [7] 中立于不败之地。更妙的是，乔伊斯的定理 [8] 证明了，将我们的信念与概率定理保持一致就一定会得益，这也是贝叶斯主义要求我们做的。双信封悖论 [9] 也完美诠释了这些不同的结果。

---

① 这些理论将分别在第 3 章、第 7 章、第 9 章和第 12 章中谈到。

我在这里只能粗略地叙述这些定理，因为它们对应的定义与假设用一句话说不清楚。问题就在这里。所有希望否认贝叶斯主义的纯粹主义者都懂得去挑剔这些定理的假设。所以，我不会说这些定理能证明贝叶斯主义的必要性。

更普遍地说，实际上我们似乎不可能"理性地"说服自己，**贝叶斯主义**是正确的知识哲学，是关于理论模型的正确理论或理性的正确定义。毕竟，要确信某个概念是正确的，需要事先有一套能衡量概念正确性的知识哲学；要用理论化的方式思考各种理论模型，需要一套理论来判断和区分关于理论模型的不同理论；要以理性的方式谈论理性，就要先用理性的方式定义理性……这就像一条咬着自己尾巴的蛇。

这个难点当然并非贝叶斯公式所独有，所有知识哲学似乎都必然受制于这种自我指涉。数学家也曾花上数个世纪的努力来发展没有自我指涉的理论，然而并不成功。（哥德尔，谢谢你！）

所以，波普尔的哲学，也就是某些人心中**科学方法**的正确描述，它的追随者希望将知识建基在认识的可证伪性之上。然而，即使是这个可证伪性原则，似乎也不是可证伪的。所以，波普尔的哲学似乎跟自身完全矛盾，或者至少可以说，波普尔的哲学根据波普尔的标准似乎是无法接受的。这就是为什么许多人会在科学和哲学之间画出一条清晰的界线，在科学和神学之间也是如此。然而如果细细考虑的话，这种划界只是波普尔哲学中的一种纯粹（也许又麻烦）的假象而已。

在这方面，纯粹贝叶斯主义者的辩白就有力得多。实际上，即使不能在自身思考的框架以外证明思想的正确性，纯粹贝叶斯主义者（我们会看到，对她来说，一切都是信念）似乎仍然能够不自相矛盾地谈论贝叶斯主义。更棒的是，在进行纯粹贝叶斯主义者的思想实验之后，我可以由此在我对贝叶斯主义的置信度上应用贝叶斯公式。我的粗略计算只增加了我对贝叶斯哲学的置信度。

但还有两个更令人信服的额外理由，使我在各种知识哲学中选择了贝叶斯主义。第一个理由就是贝叶斯主义的普遍性。贝叶斯主义对应用范围没有任何限制，这与波普尔哲学不同。波普尔哲学将自身限制于知识范畴，比如主张科学实验的

可重复性 ① 和理论的可证伪性。任何现象，无论来自社会学、历史还是神学，都可以通过贝叶斯主义的视角来分析。贝叶斯主义是通用的知识哲学。

第二个理由就是贝叶斯主义的严谨、简洁与清晰。它定义了如此清晰的推理规则 ②，应用这些规则似乎足以相对精确地（即使只是近似地）理解这个世界。这正是计算机科学家的理想，只要按下启动按钮，机器就能执行一系列指令来自动达到目标。这说的当然就是人工智能！30 年以来，贝叶斯公式一直处于这个领域中众多研究的核心，这大概并非偶然。

近来，在乔希·特南鲍姆、卡尔·弗里斯顿和斯坦尼斯拉斯·德阿纳等研究者的推动下，在理解人类自身的智能如何运作时，贝叶斯主义甚至似乎成了一个无法避免的理论框架。特别是 2012 年，德阿纳在法兰西学院开设了一门认知科学的课程，名为"做统计的大脑：认知科学中的贝叶斯革命"（Le cerveau statisticien: la révolution bayésienne en sciences cognitives）。"许多生物学家怀疑神经科学中可能存在某种一般性理论这个想法，"德阿纳在报告中如此说道，"（然而）我们似乎碰到了这样的理论框架，其应用极其广阔。"他还说："即使是大脑皮层的结构中非常普遍的结构，都可以追溯到这个假说，（也就是）大脑如此构成，目的就是进行贝叶斯式的统计推断。"

（实用）贝叶斯主义似乎就是自然母亲为了使（差不多）有智能的生命得以出现而找到的答案 [10]……

客观性的迷梦

但神秘的是，贝叶斯主义长期以来被许多代顶级科学家所否定。为什么呢？这些大科学家是不是并不理性？他们出于什么动机否认贝叶斯主义？如果这种否认没有依据，那么这些大科学家做出的又是什么样的错误推理？

说起来，本书尝试终结的这场两个世纪以来关于认识论的"游击战"，可以被简单归结为一场在"客观性"这个概念上的冲突。我们甚至可以将主观的贝叶斯

---

① 我们可以将这种对于可重复性的要求看成频率主义规定的必需事项。
② 我们很快就会看到这是什么意思。

主义者和客观的**频率主义者**的对立归结为这个问题：**概率是什么？**

对我个人来说，这个问题产生的影响尤其深刻。在巴黎高等师范学院入学竞考的 TIPE 口试[①]中，我就被问到了这个问题。这个口试本应是对一整年所进行的研究项目的报告。我特别自傲于我的研究项目，那是对足球比赛的建模，我估算了不同球队的水平并模拟了多场比赛。我利用此前两年的比赛结果得出的模拟结果是，2006 年世界杯的前三大热门球队是葡萄牙队、法国队和意大利队，他们夺冠的概率分别是 20%、15% 和 10%。这结果不错，因为最后这三支球队在比赛中最后的排名分别是第四、第二和第一！

巴黎中央理工学院组和巴黎高等矿业学院组[②]的考官非常欣赏这个项目。我获得了不错的分数[③]：19/20[④]。然而，巴黎高等师范学院组的考官对比赛模拟并不感兴趣。他们很快就打断了我，只想知道我知不知道概率怎么定义。

我的回答是频率主义式的。我断言，某个事件的概率就是在重复无数次实验时，这个事件发生的频率的极限。特别是，所有经验上的频率都似乎只是某个基本而客观的概率的近似。不管这组考官是不是数学上的纯粹主义者，反正他们都不太满意。实际上，他们期待我给出概率的数学定义，比如说概率就是某个单位测度上定义的 σ 代数上的某种测度。我这场口试的得分只有 6/20。

还是忘了我的遭遇吧，纯粹贝叶斯主义者会说，这是由于年轻而犯下的错误，我们之后会再谈到。

---

① TIPE 的全称是 "Travail d'initiative personnelle encadré"，意为 "指导下的个人研究"，与中国的 "研究性学习" 相似，是法国工程师学校竞考中的一门科目。每个学年初，管理竞考的部门会公布当年的主题，学生在当年内必须自行提出与主题相关的研究题目，并在教师的指导下，通过检索已有成果、自行研究与实验的方式，在进行自主研究的过程中学习研究。最后，学生需要将研究过程与结果写成报告提交，并在口试时进行答辩。——译者注

② 法国工程师学校的竞考分为数个独立的组，也叫 "学校库"（banque），同一个组每年只会进行一次竞考，竞考的结果受组内所有学校承认。目前的竞考组包括巴黎综合理工学院组、巴黎高等师范学院组、巴黎中央理工学院组和巴黎高等矿业学院组，等等。不同的组之间也会合并某些考试。——译者注

③ 这实际上是我在 TIPE-ADS 项目上的总分。（ADS 的全称是 "analyse de documents scientifiques"，意为 "科技文献分析"，形式与 TIPE 相仿。考生进入考场后，有约两小时的准备时间研读一篇约 20 页的科学文献，之后向考官总结文献内容并进行答辩。——译者注）

④ 法国的打分制以 20 分为满分，19/20 即在 20 分的满分中取得了 19 分。——译者注

我从小到大都是频率主义者。我一直沉浸于寻求真理，无论是数学真理还是科学真理。我接受了**客观**结果的存在与优越性。就算在 2013 年我被"钓鱼"学生问倒的时候，我教的那门课绝大部分也是频率主义的。而我当时觉得，这就是应该教给学生的正确的统计学！另外，我的足球比赛模型也是典型的频率主义，正如我们之后会讲到的施泰因悖论那样，如果这个模型能再加上一点贝叶斯主义，本应更准确。

更惊人的是，即使是我算出来的概率，在本质上也不符合频率主义！法国赢得 2006 年世界杯的频率并不是 15%，而是 0。的确，2006 年世界杯只有一次，而且法国输了。

但如果说模型预测出的 15% 显然不是频率，那么这个数值应该怎么解释？我们还能不能说它是个概率？

纯粹贝叶斯主义者的回答是肯定的。这个数字就是**根据我的数学模型**得到的法国赢得世界杯的概率。换句话说，这个概率是**主观**的，它是模型的意见。然而所有概率都是如此。对纯粹贝叶斯主义者来说，任何概率或者认识都不是**客观**的，而任何否定这一点的人，都在将自己的主观愿望作为一种现实强加于别人。

的确，如果认真思考的话，我们就会发现所有寻求和整理知识的方法似乎都必然有某种偏见，偏见就在于选择了这个方法，而不是其他方法——当我们援引不精确的奥卡姆剃刀、"已然确立"的科学知识或者本身就有问题的 p 值的时候更是如此。更糟糕的是，我们审视、处理和选择数据的方式，不可避免会影响数据分析得出的结论。我们将会花一点篇幅来讨论事实有时候是如何严重误导我们的 [11]。

此外，即使指明用到了什么方法也不够。利用机器学习在大数据中推断出有用信息的数据科学家很早就发现了，没有人工干扰不一定能保证客观性。无论是人还是机器，我们似乎都必定要在某个模型内部进行推理。所以说，我们的结论似乎必然依赖于模型。纯粹贝叶斯主义者断定，这就说明了所有知识都必然是**主观**的。

这也许会令你不安。贝叶斯主义似乎更接近相对主义。如果所有知识都是主观的，那么是不是什么意见都是等价的？答案当然是否定的。即使我们每个人都看到了属于自己的红色，这也并不说明，对于"法国国旗上有没有红色"这个问题来说，所有意见都是等价的。

尤其要指出的是，对于在同一组数据上严格应用贝叶斯公式的人来说，他们的置信度最终会落在同一组模型上，特别是在数据量大的情况下。但对纯粹贝叶斯主义者来说，就算在数据量相对小的情况下，即使所有人面对的数据都相同，那些赢得了贝叶斯主义者置信度的模型也比其他没有应用贝叶斯公式的人所青睐的模型更贴切、更**有用**。

要特别注意的是，贝叶斯主义（特别是实用贝叶斯主义）并不能代替数学建模。这种哲学的首要目标是分辨出有用的模型。贝叶斯主义的基础实际上可以用贝叶斯主义的"至圣先师"乔治·博克斯的一句话概括："所有模型都是错的，有些模型很有用。"我经常复述这句话！不管这句引语是否"正确"，但它对我来说非常有用，可以帮我跳过那些一开始就注定走进死胡同、没完没了、能把人烦死的辩论。就像那些贝叶斯主义前辈那样，我最后发现判定模型的用处更有趣，尤其是它对预言能力的判定，其真实性则无所谓。

然而纯粹贝叶斯主义者会说，要正确地衡量不同模型是否有用，唯一的方式就是借助贝叶斯公式。

本书的目标

即使我希望分享并论证贝叶斯主义让我感受到的热情，即使我暗暗希望这会让数学家、哲学家和科学家质疑各自领域中那些他们自以为已经知道的东西，但这本书的目的不是让你接受贝叶斯主义。我希望与读者分享让我转向贝叶斯主义的一些珠玉。我敢打赌——这也是典型贝叶斯式的反应——面对贝叶斯公式那些令人震惊的推论，以及它在应用数学、我们自身思考方式甚至社会结构中的普遍存在，你大概会大吃一惊，甚至会有点被它吸引，这正是我希望的。

贝叶斯主义解释了为什么科学共同体比其中每一个成员更可靠，也解释了为什么我们大脑里的小傻瓜们一直会受到锚定效应的影响。它还解释了为什么将互相不兼容的模型组合起来能得到更好的结果，还有为什么奥卡姆剃刀是不可或缺的工具。它甚至可能是理解记忆的运转和梦的作用的钥匙。就像特奥多修斯·多布然斯基所说的："生物学中的任何东西只有在演化之光下才有意义。"我也认为，为数众多的机制只能通过贝叶斯的视点来理解。

我发现了贝叶斯主义，这对我来说是探知自身无知的绝佳机会。比如说，概率的语言能让我们量化不确定性，但我无法正确应用贝叶斯公式，就算是"钓鱼"学生谜题的那个简单情况也是如此，这迫使我重新认识到自己只是一个蹩脚的思考者。我之前经常对自己的直觉有一种非理性、无根据的自信，有时还伴随着一种对贝叶斯公式的奇怪的不信任感。但在不断接近纯粹贝叶斯主义者的过程中，这段贝叶斯主义的经历迫使我意识到自己顽固的自信过度，因此我更应该将置信度放在贝叶斯公式上。这也是本书的主要目标之一。我们努力对抗自信过度，尝试探知自己有多无知。

这本书接下来可以大略分为四个部分。从第 2 章到第 7 章，我们会先着手于贝叶斯公式以及**纯粹贝叶斯主义**。第 8 章到第 13 章的目标是揭示各种现象中隐藏的贝叶斯原理——我们或许未曾意识到，这些现象中有着贝叶斯主义的一面。在接下来的第 14 章到第 19 章中，我们会探讨**实用贝叶斯主义**及其不可或缺的工具。最后三章与之前的章节关联不太大，题为"一切都是虚构"的第 20 章探讨的是贝叶斯主义的哲学推论，尤其是有关实在论的推论；第 21 章会追溯我的那些信念的起源，考问我们反复出现的自信过度；第 22 章探讨的是贝叶斯主义在道德哲学上的推论。

可惜的是，这本书跟一切篇幅有限的书一样，难免挂一漏万。我在这里先为本书不可胜数的不足之处说声抱歉，尤其是因为我没有花时间将贝叶斯主义与其他与之竞争的哲学流派进行深入比较。我的目标没那么远大，只是希望能帮助你理解贝叶斯主义的某些重要方面，至少是我理解的那些方面。的确，跟本书一样，我的大脑也是有限的，所以请你原谅我的无知之处。我会尝试提及和揭示尽可能多的对我来说重要的思想，但也必定会遗漏那些我不知道或误判其重要性的内容。

另外，本书描述的是截至出版时我的认知状态，但在掌握贝叶斯主义的旅程中，我希望之后能取得更多的进展。如果你愿意伴随我踏上这段旅程的话，请在

Twitter 上关注我（@science4all），并查看我的视频频道 Science4All，我从 2018 年末开始在频道中放了一系列关于贝叶斯公式的视频。我同样邀请你前往我和哲学家蒂博·吉罗（网名是 Monsieur Phi）共同主持的播客"公理"（Axiome），倾听我们的思考。尽管我们的目标是探讨所有与数学、哲学和各种自然科学有关的东西，但鉴于我们都对概率和逻辑无比着迷，我们也反复谈到了贝叶斯主义的方方面面，其中一些内容在本书中没有提及，比如贝特朗悖论的贝叶斯解释[12]。

　　除了我的认知限制以外，因为这本书的目标读者是一般大众，无须任何预备知识，所以我不会写出纯粹贝叶斯主义者避不开的那种严谨证明——尽可能让你远离那些违反直觉的内容，毕竟本书属于科普读物。

　　你很可能无法完全理解所有内容。因为我不想跳过那些最有说服力的论据，所以我冒昧留下了几个难度颇高的章节，它们被打上了星号（＊）。我不得不提醒你一点：即使你是数学博士，你可能也只有在极认真、努力地阅读本书的情况下，才能掌握我向你讲述的所有概念。

　　读这本书的时候请不要急躁，要多花点时间思考，但也不要轻易放弃。这本书并不是越往后面越难，你可以在没有阅读之前章节的情况下享受每一章——虽然按顺序阅读每一章可能更好。这不是一本教材，也没有考试。我不会要求你理解所有内容，甚至强烈建议你跳过那些太复杂的段落继续阅读（如果你之后肯回到这些难度较大的段落的话）。我的目标不是让你成为贝叶斯主义的专家。

　　我最希望的是，你能享受贝叶斯的推理以及在理解贝叶斯主义的基础和推论时用到的那些科学内容，并从中找到美感。我希望你能把自己当作一位探险家，出发去探索未知的土地，发现各种各样的动物、植物、文化与引人入胜的风景，而不一定要花时间学会本地语言中的所有细微之处。我希望你能从这段旅程中获益。

　　如果你跟随我的脚步的话，那么我希望你也会沉浸在热忱、魅力和疑问之中，这就是本书的首要目的。

跟许多我认识的人一样，我的思考范式最大
的转变之一就是学会了贝叶斯的法则。

朱莉娅·加利夫（1983—　）

我们都是本能上不理性的笨蛋，无法正确修
订我们的信念，而理解贝叶斯的这个法则真
的可以帮助改善我们自身。

蒂博·吉罗（1986—　）

贝叶斯统计很难，就像思考那么难。

唐纳德·贝里（1940—　）

第2章
贝叶斯定理

小孩谜题

我们回到那位"钓鱼"学生的谜题上。一位父亲有两个孩子，至少一个孩子
是男孩，那么另一个孩子也是男孩的概率是多少？我请你先尝试自己解决这个问
题。即使你解不出来，这种智力锻炼对之后的阅读也可能有帮助。

我现在向你展示这个问题的解答，最简单的解法就是列出所有可能的情况。
我们将两个孩子叫作小晨和小迪。可能的情况有四种：

- 小晨和小迪都是男孩；

- 小晨是男孩，小迪是女孩；

- 小晨是女孩，小迪是男孩；

- 小晨和小迪都是女孩。

这四种情况是等可能的，也就是说，它们的概率都一样，虽然这也不太准
确。生物学家会明确指出，事实上 51% 的新生儿是男孩——这个结果是拉普拉斯

通过贝叶斯式的计算得到的。但我们先简化一下，假设每个孩子是男孩的先验概率是 50%。

但是我们知道小晨和小迪中至少有一个是男孩，前三种可能性符合这个新信息，第四种可能性不符合。所以，我们可以划掉第四种可能性。

现在，如果已知小晨和小迪中至少有一个是男孩的话，那么另一个孩子也是男孩的可能性恰好对应小晨和小迪都是男孩的情况。这就是一个孩子是男孩，而另一个孩子也是男孩的唯一可能性。换句话说，我们尝试计算的，就是在已知其中至少一个孩子是男孩的情况下，两个孩子都是男孩的概率。

这对应剩下三种可能性中的一种。于是，要计算的概率就等于 1/3，而不是 1/2！惊不惊人？

我记得第一次详读这个证明的时候（远远在"钓鱼"学生向我提出这个谜题之前），我并没有信服。这个论证是否的确有效这一点并不明确。我们是不是真的可以划掉第四种可能性，只考虑前三个仍然等概率的可能性？

我可以帮你走出这个困境，现在就给你指出思考这个问题的正确方法——当然是应用贝叶斯公式！但是，我觉得现在还是认真思考一下为好。

蒙蒂·霍尔问题

现在我们来考虑蒙蒂·霍尔问题。这个概率论经典问题的灵感来自 20 世纪 60 年代由蒙蒂·霍尔主持的一个叫作《达成协议》（*Let's Make a Deal*）的美国电视游戏节目。在节目的最后，参赛者必须在三道门帘中选一道。其中一道门帘之后有一辆汽车，其余两道门帘后面是山羊。参赛者选择之后，蒙蒂·霍尔会增加悬念：在参赛者没有选择的门帘之中，至少有一道门帘背后是山羊。然后，蒙蒂·霍尔会将这道背后是山羊的门帘打开。

现在剩下两道门帘，其中一道后面有汽车，另一道后面则有山羊。这时，蒙蒂·霍尔就会向参赛者提出一个新选择：他可以维持自己的选择或者换一道门帘。这位参赛者应该怎么做？他应该遵循一开始的直觉，还是应该改变主意？

跟"钓鱼"学生的谜题一样，我们似乎又落入了去掉一种可能性的相似情况中。我们倾向于认为汽车的所在位置仍然是等概率的，是否改变主意并不重要。

如果你就是这么想的话，要知道在你之前许多顶级数学家都犯了跟你一样的错误。蒙蒂·霍尔问题难倒了很多聪明绝顶的人。1990 年，当玛丽莲·沃斯·萨万特在美国《大观》（*Parade*）杂志中给出这个问题的正确答案时，一万名读者给杂志写信，断言沃斯·萨万特搞错了，其中一千名读者还持有博士学位。

即使是著名数学家埃尔德什·帕尔，也就是数学史上发表论文最多的人，也不相信沃斯·萨万特的严谨证明。只有在看到模拟结果之后，大为惊讶的埃尔德什才认输。大数学家埃尔德什也不理解贝叶斯公式，他也不是唯一一个不理解的人。

我是在 13 岁的时候遇到蒙蒂·霍尔问题的，我当时并不知道贝叶斯公式。但有一个论证既有足够的说服力，又能让我理解。其实，在选择一道门帘之后，如果你知道自己不会改变主意，那么接下来的结果就像蒙蒂·霍尔没有增加悬念掀起有山羊的门帘那样。你选到汽车的可能性，也就是一开始选择的门帘后面有汽车的概率，等于 1/3。所以如果你不改变主意的话，那么赢的概率就是 1/3。奇怪的是，这个结果说服了我，但我还是不能计算改变主意之后赢的概率。

如果你维持选择却输了的话，也就是说，未选择的门帘背后就是汽车，即蒙蒂·霍尔建议你改主意选择的那道门帘，那么实际上发生的事情是，三次中有两次你一开始选择的门帘后面是山羊。在这种情况下，当只剩下两道门帘的时候，汽车必定在另一道门帘背后。如果你改变选择就能赢，三次中赢两次。

这里的数学原理毋庸置疑。你换一道门帘就能使赢得汽车的可能性加倍！与那些没有花心力慢慢仔细思考这个问题并保留最初选择的人相比，纯粹贝叶斯主义者赢得汽车的可能性是他们的 2 倍。

如果你还没有被这个论证说服，那么我请你以埃尔德什为榜样，自己做个实验。在英国广播公司（BBC）的一部出色的纪录片中，数学家马库斯·杜·索托伊向喜剧演员阿兰·戴维斯提出了蒙蒂·霍尔问题。一脸怀疑的阿兰·戴维斯相信，在重复进行的蒙蒂·霍尔游戏中不改变门帘的选择会有优势，跟绝对会改变的马库斯·杜·索托伊正好相反。在 20 次尝试中，阿兰·戴维斯只赢了 2 次，而马库斯·杜·索托伊赢了 16 次。当然，这些数字似乎不符合贝叶斯理论预言的

1/3 和 2/3——这都是小数定律 ① 的错！但好处就是这说服了阿兰·戴维斯自己错了，或者说他至少做到了这一点，因为他似乎并没有明白马库斯·杜·索托伊的解释。

这一局过后，阿兰·戴维斯只是丢掉了一点尊严，要是他知道就连鸽子对蒙蒂·霍尔游戏的理解都比他更正确的话 [1]，那他丢掉的尊严就可不止这一点点了。有时候，"误解"贝叶斯公式会导致更严重的后果。萨莉·克拉克就为此在人生中付出了最惨重的代价。

萨莉·克拉克的审判

1996 年，萨莉·克拉克的新生儿在出生两周后就去世了。一年之后历史重演，她生下的第二名婴儿也去世了。萨莉·克拉克被控两宗谋杀罪。儿科医生罗伊·梅多出庭作证，他宣称两名新生儿接连由于自然原因死亡的概率是 7300 万分之一，这段证词给萨莉·克拉克定了罪。

然而在三年之后，人们发现负责尸检的医生阿兰·威廉斯当时没有报告他的分析结果：第二个新生儿的的确确死于自然原因。萨莉·克拉克最终被释放了，但并非毫无遗患，她的精神受到了极大的创伤，四年后死于饮酒过量导致的昏迷。

除了威廉斯医生的疏忽以外，萨莉·克拉克苦难的原因可以追溯到一类对贝叶斯公式的误用，又叫检察官谬误。法官（你可能也）混淆了两名新生儿由于自然原因死亡的概率以及萨莉·克拉克无罪的概率。然而罕见的犯罪证据不一定能作为犯罪指控。

我们之后会详细讨论检察官谬误，因为它存在于科学方法的大部分经典解释之中。但现在我们就应该强调这是个谬误。犯罪证据很罕见，可能只是因为嫌疑犯的情况特殊而已。萨莉·克拉克遇到的情况罕见无比，两名新生儿死亡的概率本身

---

① 小数定律是对大数定律的一种戏仿。大数定律说的是某个事件在重复足够多次后，出现的频率会趋向于事件的概率。而小数定律可以说是人类在认知中对大数定律的一种误用：即使在事例数量较少，不符合大数定律前提的情况下，人们也会认为可以应用大数定律，认为事例足够有代表性，轻率地就此做出结论，而不考虑例子数目不足导致错误的可能性。——译者注

就极端地低。所以，这两名新生儿由于自然原因死亡的概率只可能同样极端地低。

事实上，英国索尔福德大学数学教授雷·希尔进行的近似计算证明，虽然两名新生儿由于自然原因死亡的概率很低，但这也要比双重谋杀的概率高 5~10 倍。换句话说，贝叶斯公式会迫使我们更强烈倾向于自然死亡的假设，而不是双重谋杀——顺带一提，希尔同时指出了儿科医生梅多的计算中的一个重大错误，那就是他没有考虑两名新生儿的死亡之间的相关性，这一相关性会使贝叶斯计算的最终结论更利于自然死亡的假设。

被判非法的贝叶斯主义

在萨莉·克拉克案件的审理中，英国司法铸成了大错。但这场悲剧并没有使人们认识到贝叶斯公式的重要性，反而加深了人们对统计的不信任，以至于在2010 年，一位英国法官将贝叶斯定理排除在法院审理之外。在法官面前主张贝叶斯主义变成了非法行为！智慧方程在法院中被禁止了！

但我们也难以怪罪这位法官。就算是埃尔德什在贝叶斯公式的应用上也遇到了困难。要求法官和陪审团在这个公式的基础上思考，这真的合理吗？

即使纯粹贝叶斯主义者可以自如穿行司法系统这个复杂迷宫，也必须注意不要让法庭被众多无人能解或者易被误解的统计数据淹没。在发表于期刊《统计与应用年度评论》（*The Annual Review of Statistics and Its Applications*）上的一篇文章中，芬顿、尼尔和伯杰也做出了如下评论："有另一个之前少有陈述但以后会变得重要的原因，它限制了（贝叶斯公式的）应用：为了使计算能够手算进行，贝叶斯方法的大部分例子都过分简化了它们所建模的法律论证。"这几位作者意识到了这个困难，提出了一个更精细的贝叶斯理论，那就是我们之后会再谈到的贝叶斯网络。现在必须看到的是，司法系统有多么不理性，而且修正它又极端困难。

极端简化的贝叶斯计算有着很大的局限性，即使对于最聪明的人来说，正确的贝叶斯计算也过于复杂，难以完成。所以，这本书的目的绝对不是让你成为能应用贝叶斯公式的机器，那只会徒劳无功。

然而，我认为要是真正花时间思考的话，每个人都能掌握那些简单的例子。

当在最实际的情况下进行近似的贝叶斯思考时，这些例子可以作为参照或者练习。我不会强求你成为纯粹贝叶斯主义者，但我希望你成为成熟的思考者，希望能帮助你（掌握如何）将直觉贝叶斯化。

我同样希望成功向你展示直觉在概率计算上何等不堪大用。然而，对于纯贝叶斯主义者来说，**理性就是遵循概率法则**。当我们深思那些面对贝叶斯公式产生的疑问，希望说服自己这个公式就是一切认识论困境的解决办法时，我们当然会怀疑自身的所有信念。我认为，这就是发现自己的思考方式多么糟糕时的正常反应。我们要接受自己总是自以为是的这一事实，还必须减少对非贝叶斯的直觉和推理的置信度。

贝叶斯定理

闲话休提，现在是时候给你看看我最喜欢的数学公式了。下面我将要介绍的就是贝叶斯公式。为此，我要引入来自医学领域的第四个例子。

想象一下，化验结果显示你感染了埃博拉病毒，而你知道自己刚从尼日利亚度假归来。你自然会询问化验的可靠程度。别人告诉你，健康的人得到正确的化验结果的概率是 90%。你是不是应该开始写遗嘱了？

纯粹贝叶斯主义者的回答只有一个：不急。即使在受这种病毒影响最大的撒哈拉以南的非洲，感染埃博拉病毒的人也万中无一。所以你这个只在尼日利亚短暂停留过的人，感染这个病毒的可能性显然不足万分之一。我们可以将这个概率简单记为 $\mathbb{P}[\oplus]$，它也叫作先验概率。

现在假设你得知化验结果为阳性，之后需要考虑的就是已知化验结果为阳性时感染埃博拉病毒的概率，我们将它记为 $\mathbb{P}[\oplus|\blacktriangledown]$，其中 $\blacktriangledown$ 这个符号表示化验结果为阳性。反之，我们用符号 $\blacktriangle$ 来表示化验结果为阴性。

所谓的**条件概率** $\mathbb{P}[\oplus|\blacktriangledown]$ 是什么意思呢？概率论的基本公设假定这个条件概率与事件 $\oplus$ 和 $\blacktriangledown$ 的概率有如下联系：

$$\mathbb{P}[\oplus|\blacktriangledown] = \frac{\mathbb{P}[\oplus 且 \blacktriangledown]}{\mathbb{P}[\blacktriangledown]}$$

换句话说，在已知化验结果为阳性的情况下感染病毒的概率，就是化验结果为阳性并且感染病毒的人在所有化验结果为阳性的人群中所占的比例。

值得指出的是，在今天，即使是最反对贝叶斯主义的统计学家也接受这个公设。实际上，我们可以把它当成条件概率的定义。跟所有定义一样，它不可能出错。然而，人们可能会怀疑这是不是条件概率的一个贴切（而有用）的定义，特别是人们还会考虑它是否跟自然语言一致，以及应该怎么用它来思考。纯粹贝叶斯主义者的信念就是，这个定义不仅接近自然语言中的说法，而且正是这个概念的正确思考方式。**贝叶斯主义，就是将条件概率的语言作为所有知识的基础。**

跟随纯粹贝叶斯主义者的脚步，我们承认条件概率 $\mathbb{P}[\odot|\heartsuit]$ 的确描述了在已知化验结果为阳性的情况下感染病毒的概率。然而，你获知的数值并不是这个概率。你听到的 90% 这个数值，其实是当你没有感染埃博拉病毒时，化验结果正确的概率。换句话说，90% 这个数字是当你没有感染埃博拉病毒时，化验结果为阴性的概率，记为 $\mathbb{P}[\spadesuit|\heartsuit]$（$\heartsuit$ 指的是你健康的情况）。于是剩下的 10% 对应着在没有感染病毒时获得阳性结果的概率 $\mathbb{P}[\heartsuit|\heartsuit]$。

要确定当获得阳性结果时你感染病毒的概率，我们需要证明并应用贝叶斯定理。为此，我们写出逆概率 $\mathbb{P}[\heartsuit|\odot]$ 的定义 $\mathbb{P}[\heartsuit|\odot]=\mathbb{P}[\heartsuit 且 \odot]/\mathbb{P}[\odot]$。注意到了吗？这里的分子与条件概率 $\mathbb{P}[\odot|\heartsuit]$ 的定义中的分子是一样的！由此得出，两个事件同时发生的概率可以写成 $\mathbb{P}[\heartsuit 且 \odot]=\mathbb{P}[\odot]\mathbb{P}[\heartsuit|\odot]$。这相当于感染病毒且化验结果为阳性的概率，等于先感染病毒，然后在已知感染病毒的情况下化验结果为阳性的概率。

我们几乎完成贝叶斯定理的证明了。现在只需要将上面的公式代入条件概率 $\mathbb{P}[\odot|\heartsuit]$ 的定义之中，就能得到本书介绍的知识哲学中最重要的公式，也就是贝叶斯公式。请花点时间仔细品味它形式上的优雅以及符号遵循的模式。

$$\mathbb{P}[\odot|\heartsuit]=\frac{\mathbb{P}[\heartsuit|\odot]\ \mathbb{P}[\odot]}{\mathbb{P}[\heartsuit]}$$

换句话说，要在化验结果为阳性的情况下确定感染埃博拉病毒的概率，只需要将感染病毒时化验结果为阳性的概率（这需要一点想象力）乘以感染埃博拉病毒的**先验概率**，然后除以化验结果为阳性的概率。

就像作为导论的第 1 章所说的，你需要知道的就只有乘法和除法！还有比这更简单的吗？

让这个公式如此难以理解的，当然并非其中必须用到的计算，而是如何解释其中的每一项，这些项至少在本章内简化过的例子中都可以解释。在考虑这些项的时候，很容易产生误解。我只能请你多花时间思考。

贝叶斯公式的组成部分

等式右边的概率 $\mathbb{P}[😊]$ 被称为**先验概率**。这就是我们在看到化验结果之前可能（或应该）认为的概率。在这里，我们估算这个概率的方法，就是将自己的情况与在撒哈拉以南的非洲国家人口中统计得到的埃博拉病毒感染人数进行比较。但这只是一个粗略的估计，况且我们没有考虑在尼日利亚滞留的时间，这毫无疑问是先验置信度的决定性因素。同样重要的还有与尼日利亚当地人互动的频率，以及与感染者接触导致的暴露。要量化所有这些因素可谓难于登天。我们在这里就只取之前的粗略估计。

等式右边分子的另一项，就是在感染埃博拉病毒后化验结果为阳性的概率 $\mathbb{P}[📋|😊]$。这一项需要一些想象力。我们需要跳出现实世界，想象在某种平行世界中，我们知道自己感染了埃博拉病毒。在这个平行世界里，我们得到的化验结果为阳性的可能性是多少？这个问题的答案就是 $\mathbb{P}[📋|😊]$。

纯粹贝叶斯主义者跟我们不一样，她不仅能够设身处地想象别人想象的东西，而且事实上她整天都在这样想象！这就是著名的**思想实验**的艺术。这种实验事实上对于贝叶斯哲学来说必不可少。没有这些实验，我们就不可能估计像 $\mathbb{P}[📋|😊]$ 这样的项，也就不可能应用贝叶斯公式。这对纯粹贝叶斯主义者来说就是非理性的。

遗憾的是，有些人往往会断然拒绝单单为了探索某个理论的后果而暂时接受它那些反直觉的前提。争论双方很多时候只愿意以自身的知识论、自身对现实的模型、自身的神学与道德观点看这个世界。如果没有共同前提的话，这样的争论就注定变成空对空。这种争论常常跳过了对类似 $\mathbb{P}[📋|😊]$ 的项的计算。

这样的项被统计学家统一称为**似然度**。然而，在我看来这个术语不太合适，因为它很容易导致误解。实际上，我们最好记住一点：似然度其实是在给定关于这个世界的某个假说时，观察到现有数据的似然度。这跟某个假说在已知观察数据下的似然度完全不同。即使之后我有时候会接受通用的术语，但为了避免之后可能出现的混乱，我更倾向于将这些项叫作**思想实验项**。

最后剩下的就是等式右边的分母，也就是化验结果为阳性的概率 $\mathbb{P}[\text{阳}]$。这一项很麻烦，是贝叶斯公式中最大的困难。就是这一项让许多研究概率（或者人工智能）的研究者度过了许多不眠之夜。这一项又叫边缘概率或配分函数。它对我来说也是最难看清、最难理解的一项，即使它在本章的某些简化情况中显而易见。

要计算化验结果为阳性的概率 $\mathbb{P}[\text{阳}]$，就要区分两种情况：因感染埃博拉病毒而化验结果为阳性，还有化验不完美导致结果为阳性。对每一种情况，我们都要将其先验概率乘以这种情况导致阳性结果的概率。换句话说，我们要用到所谓的全概率公式[①]：

$$\mathbb{P}[\text{阳}] = \mathbb{P}[\text{阳}|\text{病}]\,\mathbb{P}[\text{病}] + \mathbb{P}[\text{阳}|\text{健}]\,\mathbb{P}[\text{健}]$$

这样的话，配分函数 $\mathbb{P}[\text{阳}]$ 的计算需要两个思想实验，分别对应两个不同的情况，因此它的计算很困难。贝叶斯主义者应该训练自己进行这项精细的脑力体操——自己在互不兼容的现实可能性之中进行思考的能力。这大概就是贝叶斯公式如此难以应用与理解的原因。

贝叶斯主义对化验结果的解读

最后，我们将全概率公式与贝叶斯公式结合，得到：

$$\mathbb{P}[\text{病}|\text{阳}] = \frac{\mathbb{P}[\text{阳}|\text{病}]\,\mathbb{P}[\text{病}]}{\mathbb{P}[\text{阳}|\text{病}]\,\mathbb{P}[\text{病}] + \mathbb{P}[\text{阳}|\text{健}]\,\mathbb{P}[\text{健}]}$$

我们现在差不多知道了等式右边所有的项。我们已经看到 $\mathbb{P}[\text{病}]$ 估计约为 1/10 000[②]，由此可以得到 $\mathbb{P}[\text{健}]$ 至少是 9999/10 000。然后我们注意到 $\mathbb{P}[\text{阳}|\text{健}]$ 对应着健康的人化

[①] 跟贝叶斯公式一样，全概率公式可以通过条件概率的定义，以及两个独立事件发生的概率就是两个事件的概率的和这个事实推出。

[②] 事实上这是一个上界。

验结果出错的概率，之前我们已经知道这个概率是 10%。最后剩下的就是 $\mathbb{P}[😠|😈]$，也就是对于感染埃博拉病毒的人来说化验结果的可靠性。我们注意到一个简单的事实：这一项是一个概率，不能大于 1。将这些事实总结起来，通过下面的计算就能得出：

$$\mathbb{P}[😈|😠] \approx \frac{1 \times 0.0001}{1 \times 0.0001 + 0.1 \times 0.9999} \approx 0.001$$

也就是说，你即便知道化验结果是阳性，但这个结果告诉你，你真正感染埃博拉病毒的概率小于 1/1000。这个概率小得很，可以忽略，所以你还不需要立刻开始写遗嘱。

这里发生了什么？为什么最终的结果那么小？我们应该如何引导自己的直觉，才能在不依靠对计算的盲目信任感知到最终结果有多小？我请你自己思考这些问题。

关于分母中的配分函数，我要说点有用的题外话。我们刚才看到，这个数分为两部分：感染埃博拉病毒的情况，以及化验出错的情况。这两种情况的概率绝对不一样。事实上，感染埃博拉病毒的情况发生的概率是化验出错情况的 1/1000。两种情况的差异如此巨大，我们在计算配分函数时完全有理由忽略感染埃博拉病毒的情况。

这样的话，贝叶斯公式就是一个单纯的比值，其分子不变，计算的仍是感染埃博拉病毒的情况，分母计算的则是化验出错的情况。于是贝叶斯公式比较的就是化验结果为阳性的两种不同解释。最终公式得到的结果很小，可以解释为感染埃博拉病毒的情况远比化验出错更不可能发生。

解释贝叶斯公式的另一种方法就是置信度的转移。也就是说，思想实验项小的理论会失去置信度，而思想实验项大的理论就会从中获益。在这一情况中，$\mathbb{P}[😠|😊]=10\%$ 是 $\mathbb{P}[😠|😈] \approx 1$ 的 1/10。所以😈的置信度会上升为此前的 10 倍，代价是😊的置信度下降。然而😈的先验概率大概是😊的 1/10 000，所以😈的后验概率只是😊的 1/1000[①]。

在今天，医务人员实际上会尝试保护你免受无谓的恐惧，方法就是将多个尽

---

① 这对应着如下的严格计算：$\dfrac{\mathbb{P}[😈|😠]}{\mathbb{P}[😊|😠]} = \dfrac{\mathbb{P}[😠|😈]}{\mathbb{P}[😠|😊]} \dfrac{\mathbb{P}[😈]}{\mathbb{P}[😊]} = 10 \cdot \dfrac{\mathbb{P}[😈]}{\mathbb{P}[😊]}$。

可能独立的化验组合起来，只有在大量的化验结果都是阳性的时候，医务人员才会做出阳性的诊断。也就是说，医务人员会尝试尽量降低健康人群获得阳性结果的概率 $\mathbb{P}[♣|♡]$。

贝叶斯主义对萨莉·克拉克的辩护

为了更好地理解贝叶斯公式，我们现在将它应用到萨莉·克拉克的情况中。我们想要知道在已知两名新生儿死亡的情况下她无罪的概率。现在我们写出贝叶斯公式。

$$\mathbb{P}[☺|☖] = \frac{\mathbb{P}[☖|☺]\mathbb{P}[☺]}{\mathbb{P}[☖|☺]\mathbb{P}[☺] + \mathbb{P}[☖|☹]\mathbb{P}[☹]}$$

跟刚才一样，我们需要思考三个数值：萨莉·克拉克无罪的先验概率 $\mathbb{P}[☺]$，以及两个思想实验项 $\mathbb{P}[☖|☺]$ 和 $\mathbb{P}[☖|☹]$，分别对应在萨莉·克拉克无罪和有罪的前提下，两名新生儿死亡的概率。

我们先考虑萨莉·克拉克无罪的先验概率，它必定非常重要。这个先验概率，就是某个任意选定的人没有杀死自己的两名新生儿的概率。然而，绝大部分人没有杀死过自己的两名新生儿！实际上，希尔医生估计萨莉·克拉克有罪的先验概率大约是 5 亿分之一！

这就支持了**无罪推定**。对于严重犯罪，在没有犯罪证据的情况下，任何人无罪的可能性都远远大于有罪的可能性。所以无罪推定就是正确的先验假设。然而，无罪推定不能被推广到适用范围以外，它只对应没有犯罪证据时的先验假定。如果众多证据都指向嫌疑人有罪，那么嫌疑人无罪的概率会降低到小于有罪的概率。但证据可能也并不足够。

纯粹贝叶斯主义者会迫使我们应用贝叶斯公式，以更好地理解在面对指控的证据时，什么程度的怀疑才是适当的。特别是，至少在必须解释如何计算出应该以什么程度来怀疑时，她不会只引用无罪推定得出结论，因为这个概念假定了指控的证据不存在。

现在我们来考虑**思想实验项**。在萨莉·克拉克无罪的前提下，两名新生儿死

亡的概率 $\mathbb{P}[\text{🏠}|\text{☺}]$ 对应的是自然死亡的情况。这就是前文所述的 7000 万分之一这个数值（这个估算值偏低）。最后，在萨莉·克拉克有罪的前提下，两名新生儿死亡的概率等于 1。

我们现在可以将所有已知数值结合起来，进行如下的计算：

$$\mathbb{P}[\text{☺}|\text{🏠}] \approx \dfrac{\dfrac{1}{70\,000\,000} \times 1}{\dfrac{1}{70\,000\,000} \times 1 + 1 \times \dfrac{1}{500\,000\,000}} \approx 0.88$$

换句话说，即使两名新生儿自然死亡的估算值偏低，萨莉·克拉克无罪的概率仍然非常大。她无罪的可能性仍然比有罪大得多。判决萨莉·克拉克有罪似乎并不合理，即使如我们在第 1 章看到的，这个判断处于贝叶斯主义的框架之外。

目前为止，我们将贝叶斯公式应用到了两个实际例子之中。正如应用数学中的很多情况那样，这些实际例子其实已经很难准确理解了。毕竟准确估计感染埃博拉病毒的先验概率 $\mathbb{P}[\text{☻}]$ 和新生儿自然死亡的概率 $\mathbb{P}[\text{🏠}|\text{☺}]$ 实际上非常困难。因此不能忘记，最终得到的结果必然是一种近似。"所有模型都是错的。"

因此，纯粹贝叶斯主义者不会坚信任何人得到的数值结果，甚至聪明得会计算自己对于 $\mathbb{P}[\text{🏠}]$ 和 $\mathbb{P}[\text{🏠}|\text{☺}]$ 的各种不同数值得到的结果的置信度。但如果法官要求她给出唯一的结果，那么她会以置信度为权重，计算得到的不同结果的加权平均值。她也会注意到当化验结果呈阳性时感染埃博拉病毒的概率只会非常小，而萨莉·克拉克案件的结果没有那么牢靠，所以结果并不明确。

小孩谜题终于解决了！

最后我想向你展示如何用贝叶斯公式来解答那位"钓鱼"学生的问题。回忆一下，在两个孩子小晨和小迪之中，至少有一个是男孩，那么另一个孩子也是男孩的概率是多少？我们之前已经看到，这相当于在小晨或小迪是男孩的前提下，求小晨和小迪都是男孩的概率。

为了简化记号，我们将"小晨是男孩"记作 $C\male$，将"小迪是男孩"记作

$D\male$。在小晨或小迪是女孩的情况下，我们也会用到 $\female$ 这个符号。于是贝叶斯公式可以写成：

$$\mathbb{P}[C\male \text{且} D\male|C\male \text{或} D\male] = \frac{\mathbb{P}[C\male \text{或} D\male|C\male \text{且} D\male]\mathbb{P}[C\male \text{且} D\male]}{\mathbb{P}[C\male \text{或} D\male]}$$

先验概率 $\mathbb{P}[C\male \text{且} D\male]$ 就是小晨和小迪都是男孩的先验概率，它等于 1/4。

思想实验项 $\mathbb{P}[C\male \text{或} D\male|C\male \text{且} D\male]$ 就是在小晨和小迪都是男孩的情况下，他们之中有一个是男孩的概率。但"有一个是男孩"这个条件正是"两个都是男孩"的逻辑推论，所以这个概率等于 1。

最后剩下的就是配分函数 $\mathbb{P}[C\male \text{或} D\male]$。它对应着小晨和小迪的 4 种性别组合中的 3 种可能性。

另外，我们也可以解释本章开头的推理的合理性。在排除女孩–女孩的假设之后，男孩–男孩、男孩–女孩、女孩–男孩这三种假设的可能性相等，因为这三个假设的思想实验项都等于 1。所以这三个假设之间并没有置信度的传递[1]。[2]

就这样，我们得到了所有需要的数据，剩下的就是计算。于是我们得到 1×(1/4)/(3/4)，等于 1/3。这就是我们在本章开头利用不严谨的"手算"得到的结果。

几句鼓励的话

本章的贝叶斯计算并不简单。每个计算都需要整整一页来明确解释，即使是最喜欢数学的人也会被吓倒。的确，即使在最简单的情况下，实际应用贝叶斯公式也很难，理解它就更难了。正如一般的数学内容，这个公式的抽象性和复杂程度足以吓退我们之中不够勇敢的那些人。

我只能鼓励你坚持不懈。贝叶斯公式对所有人来说都很难理解。即使是大数学家也难以将它应用到类似蒙蒂·霍尔问题这样的简化情况中。即使毅力再强，你也不能完全理解贝叶斯公式，但你可以在对它的理解上取得长足的进展。为了

---

① 这个问题有一个变体，我们随机选取一个孩子并得知他是个男孩。这时，男孩–女孩以及女孩–男孩两种情况的思想实验项不等于 1，这就会产生置信度的传递，得到的结论也不一样。书后注释 [2] 中的视频讨论了这个问题变体。

做到这一点，你要努力奋斗，不能放弃。要付出的代价就是大量脑力劳动，但其回报绝对丰厚。对于纯粹贝叶斯主义者来说，最终能够（足够）正确思考的能力就在航程的终点。

然而，仅仅阅读这本书还不够。数学的学习在于练习，在于让头脑摆弄抽象的对象，在于自己不断尝试阐明数学概念。不停地思考数学才能变得擅长数学。所以请你不断重复本章中的那些贝叶斯推理，无论是在空闲时、在淋浴时、在路上还是在散步中。当你觉得自己准备好了，就请你尝试解决蒙蒂·霍尔问题，然后尝试解决小孩谜题的第二部分——正确答案是 13/27。

努力吧，我能给你的最重要的建议就是不断尝试从中找到乐趣。我在之后的章节中最强调的就是这种乐趣。特别是，贝叶斯公式如此紧凑、如此充满陷阱，同时它对于理解这个世界来说又如此重要，这个事实本身就包含了某种令人极度着迷的东西。比如说，我们已经看到了贝叶斯公式能解释为什么最好的医疗化验也并非毋庸置疑的，还有为什么在法律中无罪推定如此切合实际。这些还只是起点！

贝叶斯公式的优雅，还有它的推论将我引向了不可胜数的快乐思考，从中得出的知识哲学让我一直感受着快乐和幸福。正因如此，我最终得出，贝叶斯公式是数学中最优美的等式。

逻辑将我们带到比其他任何学科离天国更近的地方。

　　　　　　伯特兰·罗素（1872—1970）

亚里士多德式逻辑推广到关于可能性的任何理论都同构于贝叶斯概率论。

　　　　　　彼得里·米吕迈基

第3章
从逻辑上来说……

两种思考模式

　　假设有人对你说："如果一张扑克牌的正面是 Q，那么它的背面就是蓝色的。"也就是说，我们考虑"♛→B"这个假设。你面前有 4 张牌，第一张正面朝上，是 Q；第二张正面朝上，是 10；第三张背面朝上，是蓝色的；第四张背面朝上，是红色的（图 3.1）。检验之前的假设需要翻转哪些牌？

图 3.1　从左到右分别是 Q、10、蓝色牌和红色牌

　　实验者向许多人问过这个问题。在被询问的数千人中，只有 4% 的人给出了正确答案。请你也思考一下，不要掉到陷阱里。我强烈建议你在选择好答案之后，去看看 Hygiène Mentale 的精彩视频 [1]。

　　科学哲学以及知识哲学在传统上会区分两种非常不同的推理，分别是演绎推理和归纳推理。学校里通常教的是，科学研究者应该结合这两种推理，进行所谓的"假说 – 演绎推理"。这就是你在上述谜题中应该部分采取的研究方法，从某个假设出发，你应该推断出它的后果并对其进行测试。

　　作为一名合格的数学研究者，我很快就爱上了这种推理中的演绎部分；但作为一名合格的数学研究者，我同样一直不满意**科学方法**的归纳部分。我经常觉得那只是一种权宜之计，经不起推敲，也与研究人员的日常生活相去甚远。更糟糕的是，我常常有一种印象：很多科学方法的支持者在斟酌**科学方法**的描述时，都有一种策略性目的，就是将**科学**和**伪科学**区分开来。我经常觉得，他们对"科学"的定义背后隐藏着某种"科学流氓"的行径，在保卫科学共同体的愿望驱使下将错误的事情合理化。这种"流氓"行径尤其喜欢遮掩归纳推理中的困难，对我来说这是个相当严重的问题。

　　不要误会，指出科学与伪科学在可靠性上的差异这一点非常重要，我会在之后的章节中用更多篇幅强调这一点。但我更愿意现在就说清楚一点：我对"**科学方法**"感到不自在，不代表我要否定科学研究的结论，更不代表我会转而接受伪科学。特别是我们之后会看到，有一条贝叶斯原则会让我们向科学共识赋予非常大的置信度。

　　但在讨论那些内容之前，我们先回到演绎推理和归纳推理的区别上。对于今天受过正式训练的科学工作者来说，这个区别似乎是显然的。但有趣的是，纯粹贝叶斯主义者并不会做出这样的区分。对她来说，推理方式只有一种，那就是贝叶斯公式。更准确地说，整个归纳推理系统都只是贝叶斯公式的特例，而人们常用的归纳推理则不过是贝叶斯公式的一种错误近似。

　　当我领悟到这一点的时候，整个人都惊呆了。正是这项发现与其他东西让我确信自己必须着手写这本书！

　　我们在本章中只考虑演绎推理，下一章再讨论归纳推理。在这里，我们会看到演绎推理实际上要比人们的朴素认知更精细、更违反直觉，也更晦涩。实际上，与一些接受过专业训练的科学工作者的想法相反，演绎逻辑有数种。我们还会看到贝叶斯逻辑与目前在学校中讲授的逻辑相比也毫不逊色。

逻辑的规则

逻辑推理的经典例子就是亚里士多德的三段论，它先考虑下面两个前提：

● 所有人都会死；

● 苏格拉底是人。

亚里士多德断言这两个前提会引出下面的结论[1]：

● 因此，苏格拉底会死。

亚里士多德的逻辑似乎无可挑剔。它看上去如此自然，其正确性不容置疑。几年前，一位朋友向我提出挑战，说我不可能怀疑亚里士多德的三段论，我承认了自己做不到。

然而，亚里士多德的这个三段论启发了众多哲学家、逻辑学家和数学家，他们接下来进行了认真的分析，目的是确定逻辑的规则。这些逻辑规则又叫作替换规则与肯定前件规则。如同现代数学那样，亚里士多德的三段论实际上基于这两条逻辑规则。要理解它们，最好从一个比亚里士多德的三段论更简单的情况出发。考虑下面这个包含两个事件的例子：

🌧：现在正在下雨；

☂：我带了伞。

每个事件都可能是真的或者假的。这两个事件又被称为**布尔变量**，由此出发可以构建新的事件，我们把这些新事件叫作**逻辑公式**。比如说，我们可以构造"非🌧""🌧或者☂"甚至"🌧且☂"这些公式，甚至还有类似"（非🌧）或者☂"这种更复杂的公式。要理解这些公式，一种有用的方法就是构造它们的真值表

---

[1] 实际上，亚里士多德似乎没有考虑过这样的三段论，因为他的理论不考虑个体的情况（因此其推理中不接受第二个前提）。这与斯多葛主义者的角度相反，他们发展了命题逻辑，我们之后会讨论。更详细的讨论请见吉尔·多维克的杰作《计算进化史》（人民邮电出版社，2017 年）。

（表 1），根据布尔变量的真值列出逻辑公式的真值。

表 1　"现在正在下雨或者我带了雨伞"的真值表

	☂ = ✓	☂ = ✗
🌧 = ✓	✓	✓
🌧 = ✗	✓	✗

比如说，在表 1 中，中间一行对应🌧，也就是"现在正在下雨"的情况，而中间一列则对应☂，也就是"我带了伞"的情况。所以，正中间的格子代表当🌧和☂同时为真时，"🌧或者☂"的逻辑真值。这个格子指出，如果🌧和☂都为真的话，那么"🌧或者☂"也为真。请你花点时间自己分析这个真值表，并列出其他逻辑公式的真值表。

目前为止，我们还只研究了由两个布尔变量组成的公式，但我们可以更进一步，考虑由 3 个、8 个甚至更多布尔变量组成的公式。为了列出这些布尔变量所有可能的取值组合，这些公式的真值表当然会变得更庞大。你可以计算一下这些巨大的真值表有多少项，以及所有可能的真值表的数目。但我非常不建议你列出包含 3 个或以上布尔变量的所有真值表，毕竟 3 个布尔变量的真值表有 256 个……而包含 8 个布尔变量的真值表数目约等于宇宙中的粒子数！

在实践中，有一个逻辑公式特别重要，那就是"（非🌧）或者☂"，通常我们也把它写成"🌧→☂"。这个公式可以直观地读成"🌧蕴涵☂"，或者"对于所有🌧都有☂"，又或者"如果🌧那么☂"。请你多花点时间思考这个公式的真值表（表 2），它一定会令没有仔细思考过它的人吃惊。

表 2　"如果下雨的话我就带了雨伞"的真值表

	☂ = ✓	☂ = ✗
🌧 = ✓	✓	✗
🌧 = ✗	✓	✓

"🌧→☂"这个公式之所以特别重要，是因为它处于逻辑演绎的核心。逻辑演绎正是从前提🌧出发，推导出结论☂。如果蕴涵关系是正确的，而且前提也正确，那么结论本身也必定正确。用符号表示的话，我们可以写出逻辑公式"((🌧→☂)

且☁)→☂"，这个公式就是我们所说的**肯定前件** ①。[2]

你可以将代表"蕴涵"的箭头替换成它的定义，用我们之前定义的"或者""且"和"非"来表达。摆弄一下这样得到的公式，或者写出它的真值表，你就会得出一个结论：无论☁和☂的真值是什么，肯定前件推理总是正确的。我们说肯定前件推理是一个重言式，因为对于涉及的布尔变量所有可能的真值，它都是对的。

与常识相反的是，在逻辑中，重言式可能一点都不"显然"。它不一定显而易见或不言而喻。如同肯定前件推理，某些重言式是大部分人看不出来的，我们需要一点时间来思考。

Q 的背面都是蓝色的吗？

我们回到本章开头的扑克牌问题。回忆一下，我们要测试的假设是♛→B。你面前有 4 张牌，第一张是 Q，第二张是 10，第三张背面向上，为蓝色，第四张背面向上，为红色。要测试这个假设，需要将几张牌翻过来？

第一张牌是 Q。肯定前件推理让我们能做出某种预测。的确，"((♛→B)且♛)→B"是一个重言式，如果要测试的假设正确的话，那么，因为第一张牌是 Q，所以它的背面就是蓝色的。于是一开始的假设预测了第一张牌的背面是蓝色的。如果牌背不是蓝色，那么要测试的假设就被否定了。

第二张牌的情况恰恰相反，我们必须看到，从前提"(♛→B)且(非♛)"无法推出 B 的真值。这张牌可能是"非♛非B"或者"B但非♛"。第三张牌也是同样的情况，从前提"(♛→B)且B"无法推出♛的真值。这张牌无论是不是一张 Q，都与要测试的假设相容。你最好多花点时间确认这一点，其中一种方法就是写出这些逻辑公式的真值表。

然而对于最后一张牌，要测试的假设能做出一致的预测。的确，如果一张牌的背面不是蓝色，却是一张 Q 的话，那么我们就得到了一张背面不是蓝色的 Q，

---

① 实际上要比这个公式更加复杂。为了保证严谨，必须将元语言中的"蕴涵"和"而且"与描述逻辑的语言中的"→"和"且"区分开。

这与假设矛盾。所以，要对一开始的假设进行测试，就必须将最后这张牌翻过来看看。

与第一张牌的情况一样，最后一张牌也对应着一个重言式，即"((🌧→☀) 且非☀)→非🌧"，这就是**否定后件推理**。这个重言式也可以改写成"(🌧→☀)→(非☀→非🌧)"，换句话说，蕴涵关系"🌧→☀"蕴涵另一个蕴涵关系"非☀→非🌧"，我们把它叫作**逆否命题**。实际上，这两个蕴涵关系甚至是等价的。

蕴涵关系与其逆否命题的等价性是逻辑中违反直觉的众多重言式之一。考虑一下"所有乌鸦都是黑色的"这个假设，它的逆否命题就是"所有不是黑色的东西都不是乌鸦"。然而，因为该假设与它的逆否命题是等价的，所以验证逆否命题就相当于验证假设本身。特别是，每个红色的苹果也都验证了"天下乌鸦一般黑"的假设！这个结论非常反直觉，但在逻辑上无懈可击，人们也把它叫作**乌鸦悖论**或者**亨佩尔悖论**。从经验上来说，即使是拥有数学博士学位的人有时也难以预料或接受这个结论！

另一个逻辑重言式的例子就是分类讨论，与之对应的就是"((🌧→☀) 且 (非🌧→☀))→☀"这个重言式。我们也可以考虑反证法，又叫归谬法，它对应的是"(🌧→(☀且非☀))→(非🌧)"这个重言式。

量词与谓词

我们目前为止看到的命题逻辑拥有丰富的内涵，并且已经相当反直觉了。然而，作为一种语言，它的限制实在太多。的确，命题逻辑中的每一个逻辑公式都只能牵涉有限个布尔变量，然而在数学和科学中，人们常常希望考虑所有可能性组成的集合，这种集合可能无限大。

举个例子，因为有无穷个数，我们可以取关于这些数的无数个布尔变量。典型的例子就是存在无数个形如"n 是偶数"的命题，我们可以给每个整数写出一个这样的命题。与其给每个这样的命题起不同的名字，我们不如考虑一个依赖于整数 n 的命题 Even(n)。我们将"Even"称为谓词。我们还可以构建更复杂的谓词，比如表示"$m+n=p$"的谓词 Addition(m, n, p)。

我们不能说谓词是**真**的，只能说谓词总是真的、总是假的、至少有一种情况为真或者至少有一种情况为假。这四种说法对应着不同的量词。如果对于所有 n 来说 P(n) 都是真，那么我们就说 P(n) 总是真的。在谓词逻辑中，这句话可以紧凑地写成 $\forall n$P(n)。符号 $\forall$ 读作"对于所有"，它就是所谓的**全称量词**。同样，如果 P(n) 总是假的，就可以写成 $\forall n$(非 P(n))。最后，"P(n) 至少对于某个 n 的值是对的"可以写成 $\exists n$P(n)，如果 P(n) 至少对某个 n 的值是错的，就写成 $\exists n$(非 P(n))。符号 $\exists$ 就是**存在量词**，读作"存在"。

关键在于，在一个逻辑公式中，如果所有谓词的变量都被全称量词或者存在量词量化的话，它就变成了一个或真或假的命题。也就是说，"n 是偶数"这个句子没有对错之别，但量化后的"$\forall n$(n 是偶数)"和"$\exists n$(n 是偶数)"就有真假之分了。你可以自己猜猜哪个为真，哪个为假。

于是，我们可以试着将逻辑符号组合成更有趣的命题，比如"$\forall n$((n 是偶数) $\rightarrow$ ($n+1$ 是奇数))""$\forall n \exists m$($m>n$)"或者"$\forall n \forall p \exists q \exists r$(($n=pq+r$) 且 $0 \leqslant r<p$)"。数学工作最纯粹的形式就是确定谓词逻辑中的哪些公式是重言式。如果发现了一个并不显然的重言式，人们就把它称为定理。

重新解释亚里士多德三段论

我们终于可以讨论亚里士多德的三段论了。这个三段论要讨论的对象不是数字，而是人。第一个前提断言"所有人都会死"，它描述了关于人的两个谓词之间的关系。用逻辑的语言重新表述的话，这个前提可以写成 $\forall x$(Human(x) $\rightarrow$ Mortal(x))，这里 Human(x) 的意思是"x 是人"，而 Mortal(x) 的意思是"x 会死"。第二个前提断言"苏格拉底是人"，这个前提只与特定的 x 值有关，x 在这里就是苏格拉底。我们可以将它重新写成 Human(苏格拉底)，这是一个布尔变量，我们假设它是真的。

为了得出结论，我们希望在 x 等于苏格拉底的情况下援引"Human(x) $\rightarrow$ Mortal(x)"这个蕴涵关系。为了做到这一点，逻辑学家发明了一条逻辑规则，叫作全称特化。在苏格拉底的例子中，这条规则的意思就是如果苏格拉底是这个理论的对象，而且有前提为 "$\forall x(\text{Human}(x) \rightarrow \text{Mortal}(x))$" 的话，那么 "Human(苏格拉底) $\rightarrow$ Mortal(苏格拉底)" 这个逻辑公式就是真的，因为它就是用理论中的对象 "苏格拉底" 替换变量 x 后得到的公式。

现在，借助肯定前件推理，我们就能得出结论了。的确，因为蕴涵关系 "Human(苏格拉底) $\rightarrow$ Mortal(苏格拉底)" 为真，而蕴涵关系的前提 Human(苏格拉底) 也为真，我们就能推出蕴涵关系的结论也为真。于是我们就得到了 Mortal(苏格拉底)，这也是亚里士多德的结论。我们刚才所做的，就是借助基础逻辑证明了亚里士多德三段论的正确性。

你可能会有这样的疑问：我们刚才绞尽脑汁做的事情是不是微不足道？毕竟我们早就知道亚里士多德的三段论是对的，不是吗？当然是，但我们也要看到，它的正确性是基于对逻辑规则的承认。否定这些逻辑规则对你来说也许并不现实，然而逻辑学家的严谨迫使他们质疑这些规则。同样惊人的是，某些被称为**直觉主义者**或**构造主义者**的逻辑学家不接纳某些特定的逻辑规则，即使这些规则对应的真值表中的每一格都为真。与之相对，遵循传统的逻辑学家有时候又被称为**柏拉图主义者**。

柏拉图主义者和直觉主义者之间的分歧在他们各自对哥德尔不完备性定理的诠释中尤为明显。但要理解这一点，我们必须绕个路，谈谈公理化方法。

公理化方法

要确定某个长度有限的逻辑公式的真值，我们必须给出其中布尔变量的真值。然而在谓词逻辑中，我们可不能花上无限长的时间来列出每个谓词的所有可能取值。所以我们必须采用公理化的手段，换句话说，与亚里士多德的三段论一样，我们要从一些被称为 "公理" 的前提出发，做出逻辑上的推论。从形式上来说，数学可以归结为确定有哪些形如 "公理→定理" 的重言式。

我们来看看皮亚诺公理这个例子，它是自然数理论，也就是关于 0、1、2、3……这些数的理论基础。第一个公理假设了这个理论中存在某个对象，我们通常把它叫作 0。第二个公理大致说的是所有数都有一个后继者。皮亚诺还提出了其他公理，在这里我就不一一叙述了 [3]。相当神奇的是，从皮亚诺的这几条公理出发，我们可以推导出数不胜数的数学定理。

然而，皮亚诺公理只在自然数理论中有效，而大量有趣的数学对象并不是整数，比如说实数、几何曲线甚至概率，等等。因此，今天大部分数学家更偏向于策梅洛 – 弗兰克（Zermelo-Fraenkel）公理（ZF），有时还包括选择公理（C）。几乎所有被证明的数学定理可以写成"ZFC →某定理"。

哥德尔不完备性定理可以应用到任何推广了皮亚诺公理的公理体系中。更妙的是，它也能应用到所有基于谓词逻辑、公理集合有限（或者可计算），又能够描述自然数的加法和乘法的公理体系中①。所以，哥德尔的这个定理断言了，所有这类理论中都存在一些公式，由公理出发无法断定它们是真是假 [4]。ZF 和 ZFC 也属于这样的理论。

柏拉图主义者对阵直觉主义者

柏拉图主义的数学家会将这个定理解释成公理体系的欠缺。对于柏拉图主义者来说，自然数，或者说自然数的集合，实际存在于理念世界②之中，而其中的所有命题必然或真或假。不巧的是，因为语汇和符号都是有限的，这让我们只能描述这个理念世界的一部分。所以，真理体系的有限性让我们无法证明某些关于这个理念世界的正确定理。对于柏拉图主义者来说，哥德尔的定理证明了存在不能被证明的正确定理。

直觉主义的数学家对这个定理的解释却不一样。对于直觉主义者来说，数学就是一种构造的游戏。这样看来，皮亚诺的第一条公理首先就是一个工具，让我们能够构造数字 0。而皮亚诺的第二条公理就像一台机器，我们给它一个自然数，它就会用这个自然数构造一个新的自然数。

除此之外，特别是在类型论这个谓词演算的现代替代选择中，直觉主义者认

---

① 还有几个技术上的细节，我们这里就不说了。

② 理念世界是柏拉图主义中的一个概念。柏拉图主义区分了三个世界：意识身处的内在世界、意识感知到的外部世界、纯粹由完美的概念构成的理念世界。——译者注

为"数学证明"只是这个理论中的对象，所以这些对象自身也应该是被构造出来的。直觉主义者格外关注的问题是这些对象的可构造性，而不是定理的正确性。对于直觉主义者来说，哥德尔的定理断言了在所有理论中都存在一些定理，无论是肯定还是否定它们的证明都不可能被构造出来。这一点对他们来说不是什么形而上学的难题，因为定理的正确性这个问题只是次要的。

柏拉图主义者与直觉主义者论战的核心可以归结于排中律，这个逻辑定律断言"P 或非 P"是一个重言式。似乎只需要列出真值表就能理解这一点。如果 P 是真的，那么"P 或非 P"也是真的；如果 P 是假的，那么"非 P"就是真的，所以"P 或非 P"也是真的。

然而，对于直觉主义者来说还有第三种可能性：P 既不能被证明，也无法被否定。这时我们就说 P 是不可判定的。这样一来，如果 P 不可判定，那么我们就能看到 P 和非 P 都不是真的，所以"P 或非 P"同样不可判定。的确，如果既没有 P 的证明，也没有非 P 的证明，那么我们就不可能构造"P 或非 P"的证明。所以，对于直觉主义者来说，"P 或非 P"不是重言式。

所以，柏拉图主义者与直觉主义者之间的对立并不限于哥德尔的定理。直觉主义者不接受柏拉图主义者做出的任何非构造性证明。在用这种方法证明的定理之中，最有名的有巴拿赫 – 塔斯基悖论 [5]、线性空间中基的存在性，以及代数闭包的唯一性。

贝叶斯逻辑 ※

纯粹贝叶斯主义者又有什么看法呢？她相信哪种逻辑？经过对贝叶斯主义的思考，我最激动人心的发现之一就是，实际上纯粹贝叶斯主义者自己有一套演绎逻辑，它既不是经典逻辑，也不是直觉主义逻辑。我们可以称之为贝叶斯逻辑，它是贝叶斯公式的特例。在这套逻辑中，某个事件（比如🌧）为真，对应着这个事件发生的概率为 1 的极端情况，也就是 $\mathbb{P}[🌧]=1$。另外，事件🌧蕴涵另一个事件☂可以写成 $\mathbb{P}[☂|🌧]=1$，换句话说，用贝叶斯主义的话来说，当且仅当已知🌧发生时☂也发生的概率等于 1 时，才能说🌧蕴涵☂。

与其他逻辑规则一样，肯定前件推理和否定后件推理也是全概率公式和贝叶斯公式的特例。你可能还记得，肯定前件推理就是"（🌧→☀）且🌧→☀"这个重言式。它的贝叶斯版本就是先假定 $\mathbb{P}[☀|🌧]=1$ 及 $\mathbb{P}[🌧]=1$，从这两个等式出发，我们可以推出 $\mathbb{P}[☀]=1$，我建议你可以自己算一算。你也可以试试用同样的方法，利用贝叶斯公式来证明否定后件推理、逆否命题的等价性与排中律。

所以，与一般采用的逻辑体系相比，贝叶斯逻辑似乎毫不逊色。然而，它并不等价于这些经典的逻辑，特别是在经典逻辑的蕴涵关系🌧→☀和贝叶斯等式 $\mathbb{P}[☀|🌧]=1$ 之间，当🌧为假时二者有着细微的差异。这是因为，当🌧为假时，即使☀是假的，🌧→☀这个逻辑公式也为真。你可能觉得这样很奇怪，不过这样想的不止你一个 [6]！然而，如果 $\mathbb{P}[🌧]=0$，那么 $\mathbb{P}[☀|🌧]$ 这个贝叶斯表达式就没有定义。

有趣的是，与经典逻辑相比，贝叶斯概率对蕴涵关系的解释更为自然。的确，"如果法国赢了 2006 年的世界杯，那么鸡就有牙齿"这句话在经典逻辑中是正确的，然而它似乎有些违背常识。我们更想说这句话在逻辑中非真非假，或者说它没有意义。这正是贝叶斯逻辑的结论，它断言当 $\mathbb{P}[🌧]=0$ 时，$\mathbb{P}[☀|🌧]$ 没有定义。

贝叶斯逻辑也能自然推广到谓词逻辑的范畴，但它在那里还是与经典逻辑有些区别。要理解这一差异，就要先把逻辑理论中的对象看作随机抽选而来的。我们来考虑逻辑理论的对象集合上的概率分布。在全称量化命题"$\forall x A(x)$"中，如果把 x 当作根据概率分布抽取的对象，那么我们可以把原来的命题翻译成 $\mathbb{P}[A(x)]=1$ 这个等式①。在贝叶斯逻辑中，这一等式可以写成 $\mathbb{P}[A]=1$；反过来说，存在量化命题"$\exists x A(x)$"可以翻译成 $\mathbb{P}[A]>0$。

因此，在贝叶斯逻辑中，全称量词的特化规则有它的对应物，该对应物可以从贝叶斯公式推导出来。这样的话，如果 $\mathbb{P}[A]=1$，且 y 是理论中的一个对象②，那么 $\mathbb{P}[A(y)]=\mathbb{P}[A|y]=1$。然而，存在量词在贝叶斯逻辑中的对应物与其在经典逻辑中的意义不同。在贝叶斯逻辑中，如果 $\mathbb{P}[A]>0$，那么我们只能说这个逻辑理论中

---

① 在测度论中，我所说的经典逻辑和贝叶斯逻辑之间的等价性并不是严格的，因为某些对象（甚至所有对象）被选到的概率都是 0（而且要定义 σ 代数等一堆东西）。为了简化问题，在本书中，你可以认为贝叶斯概率是定义在可数的集合上的，概率在每个元素上都非零，也就是说每个对象 x 被抽到的概率都严格大于 0。

② 它被抽选的概率不为 0。

存在一个对象 y，使得 A(y) 这个事件发生的概率严格大于 0，也就是 $\mathbb{P}[A|y]>0$。

超越真与假

贝叶斯逻辑的神奇之处在于，它可以让我们超越经典逻辑，允许我们处理不同程度的确定性，并把它们组合起来。我们甚至可以证明，这就是唯一一种能做到这一点的逻辑 ①。这就是杰恩斯－考克斯定理及其推广的结论 [7]，它们从某些关于可能性逻辑的自然假设中推出了贝叶斯逻辑。

我甚至可以说，贝叶斯逻辑让我们可以理解为什么这么多逻辑规则都似乎违反了直觉。要理解这一点，我们可以模仿机器学习中的一些算法，比如说我们之后会看到的玻尔兹曼机，它不接受等于 0 或 1 的概率。毕竟在实践中，当我们谈论现实世界时，最好不要全盘否定任何东西。

这样的话，如果说"如果法国赢了 2006 年的世界杯，那么鸡就有牙齿"这句话看起来不对，这大概是因为我们赋予"法国赢了 2006 年的世界杯"的概率并不恰好为 0。有可能法国球迷在决赛的时候睡着了，做了个法国落败的噩梦；又或者我们在记忆中混淆了 2006 年世界杯和 2000 年欧洲杯的决赛（我们之后会再谈到记忆的脆弱性）！谁又知道，意大利的冠军资格会不会有朝一日因为兴奋剂之类的原因被取消？

对纯粹贝叶斯主义者来说，"法国在 2006 年世界杯中落败"很有可能是真的，但我们不能完全否定它实际为假的可能性。这样一来，如果在法国赢得 2006 年世界杯的情况下，鸡长牙齿的概率不是 1 的话，那"如果法国赢了 2006 年的世界杯，那么鸡就有牙齿"这句话就不对了。换句话说，如果我们拒绝只有真与假的二元逻辑，转而借助置信度来判断的话，那么这个表面上的悖论就不攻自破了！**无论是在逻辑中还是在政治中，两极分化都会导致谬论。**

的确如此。在那些使我的神经元大为兴奋的贝叶斯思想中，就有如何解释我们在面对逆否命题时的不适感。当然，当且仅当某个假设的逆否命题为真时，它

---

① 有时候模糊逻辑也被说成候选理论之一，但模糊逻辑中的真实度对应的并不是概率（也就是说，不对应某种认知的不确定性）。

才为真。然而，有可能某个假设正确的可能性非常大，但它的逆否命题则不然。

这就是我们在萨莉·克拉克的例子中看到的现象。当一位母亲无罪时，她的孩子不太可能会刚出生就死亡。换句话说，ℙ[非🏠|👶] 非常接近 1。然而，如果孩子刚出生就去世了，那么这位母亲仍然非常可能是清白的。换句话说，逆否命题的概率 ℙ[😊|🏠] 接近 0。我们现在能解释为什么逆否命题那么违反直觉了：在符合命题逻辑的柏拉图世界以外，与其将命题的真与假一分为二，更合理的做法是考虑各种置信度。这样的话，逆否命题的等价性就不再正确了。

从真与假的二分法中抽身也可以让我们理解一些被经典逻辑视为谬论的直觉。假设🌧→☂，也就是每次下雨我都带伞，那么，我们倾向于说如果不下雨的话，我带伞的可能性就更低。这种直觉结论在经典逻辑中无法衡量，但它是贝叶斯逻辑中的定理。这个定理断言，如果 ℙ[☂|🌧]=1 那么 ℙ[☂| 非🌧]≤ℙ[☂]。当然一般来说，某物存在的证明不存在，不能作为它不存在的证明，但这种证明的缺失只会让我们更怀疑它不存在。

拥抱贝叶斯逻辑和它带来的不确定性，能让我们透彻地理解黑乌鸦的神秘悖论。确实，用贝叶斯分析可以证明，每个红苹果的确都确认了乌鸦是黑色的，但这种确认非常弱，甚至极其微弱，要比观察到一只黑乌鸦带来的确认弱得多。这是因为不是乌鸦的事物在数量上比乌鸦多得多。对逆否命题的确认对于原命题也有效，但这种效果是如此微弱，大体上可以忽略不计。黑乌鸦悖论就属于这种情况！

这个结论有一个显然的推论，与每张 Q 背后都是蓝色的扑克牌问题有关：我们认为不能用于否定👑→B 这个假设的两张扑克牌，其实可以用来佐证或质疑这个假设的逆否命题，因此这两张牌对命题本身也有效。当然，这样的佐证效力很小，几乎可以被忽略。

更一般地说，经典逻辑这种真假分明的语言不适合用于确证或否定某个科学理论。它忽视了确证的程度以及否定的力度。另外，正如埃利泽·尤德科夫斯基所说，对理论置信度的贝叶斯计算并不是一场长征。**学习是一支舞蹈**。跟股票走势或地球平均温度一样，纯粹贝叶斯主义者持有的置信度总会随着观察到的结果而上下浮动。在这场学习过程中，即使是最优秀的理论，它们的置信度也不会一直上升，而是非常可能遭受多次（微小的）损失，尤其是因为某些观察结果偶然会符合与之竞争的理论。然而，长期来说，如果某个理论真的比其竞争者更正确，那么它的置信度就倾向于上升到高位。

不巧的是，不肯通融的科学方法无法描绘这种置信度的舞蹈。最适合描述它的似乎还是纯粹贝叶斯主义者的概率语言。

矛盾理论走向共存

纯粹贝叶斯主义者的那种概率语言的另一个优点，就是能让我们同时思考多个理论，更能让我们将它们各自的预测组合起来。在机器学习中，这个技巧被重新发掘，被称为集成学习（ensembling）或者自助投票（bagging）。在实践中，它的效果令人吃惊。将不兼容的各种理论结合起来似乎通常能给出比最好的理论更好的预测结果！**互不兼容的模型组成的森林要比其中每一棵树更有智慧** [8]。

我们可以这样描述这种方法。纯粹贝叶斯主义者用某个理论 T 思考时，得到的概率都是关于 T 的条件概率。也就是说，如果在理论 T 中，我们知道☁蕴涵☂，而且☁发生的概率是 1/2，那么可以推出 $\mathbb{P}[☁且☂|T]=\mathbb{P}[☂|☁且T] \times \mathbb{P}[☁|T]=1 \times 1/2=1/2$。

另外，纯粹贝叶斯主义者也能计算大量不同理论中的某些概率。我们回到萨莉·克拉克的例子。纯粹贝叶斯主义者会在她考虑的不同理论 T 中，计算出两名新生儿出于自然原因死亡的概率 $\mathbb{P}[👶👶且T]$，以及萨莉·克拉克无罪的先验概率 $\mathbb{P}[😇|T]$。这会让她得出，在已知两名新生儿死亡的情况下，萨莉·克拉克无罪的概率在不同理论下的结果 $\mathbb{P}[😇|👶👶且T]$。

如果纯粹贝叶斯主义者被法官质问，要求她提供唯一一个结果，那么她会以自己向不同理论赋予的置信度作为权重，计算通过不同理论得出的结果的加权平均。从形式上来说，这种加权平均对应的（几乎）就是全概率公式，相当于等式

$$\mathbb{P}[😇|👶👶] = \sum_T \mathbb{P}[T]\mathbb{P}[😇|👶👶且T]$$

在这里，符号 $\sum$ 表示等式右面的项是对于各种不同的理论 T 来说，众多形如 $P[T]P[😇|👶👶且 T]$ 的项的求和。

接下来一个自然的问题就是：如何计算 P[T] 这些概率？它们就是纯粹贝叶斯主义者向这些不同理论赋予的置信度。要真正做到加权平均，这些概率当然需要加起来等于 1。

但更重要的是，这些概率并不是任意选取的。事实上，怎么计算它们正是这本书要探讨的核心问题。通常这些计算也依赖于贝叶斯公式，而这正是第 4 章的主题。

所有知识都会转化为概率，这些概率或大或小，
依据的是亲身经历中自己的理解有多正确或
者多错误，以及问题有多简单或者多复杂。

大卫·休谟（1711—1776）

我们的大脑有种讨厌的倾向，认为（……）
如果在某个假设下得到的某些结果发生的可
能性很小，那么假设本身也极可能不正确。
这是错的。

克里斯托夫·米歇尔（1974—　）

第4章
必须（正确地）泛化!

苏格兰的黑色绵羊

生物学家、物理学家和数学家第一次到苏格兰旅行。他们在驶往爱丁堡的列车上看到了一只黑色的绵羊。生物学家惊呼："难以置信！苏格兰的绵羊竟然是黑色的！"物理学家不耐烦地纠正了生物学家的说法："我们只能说，苏格兰至少有一只绵羊是黑色的。"数学家冷静地插了一句："其实我们只能说，苏格兰至少有一只绵羊的一侧是黑色的。"

这个故事有些可笑。如果说生物学家可能太武断了，那么物理学家大概也有点太保守，而数学家的严谨实在夸张得可笑。毕竟，如果我们看到绵羊有一侧是黑色的，不将黑色外推到绵羊身体的另一侧的话，也不太合理。

另外，我们可以续写这个故事。假设有位哲学家又插了一句话："但谁又能说清，我们是不是真的在苏格兰？你们可能只是正躺在床上做梦。更糟糕的是，你所有的回忆可能是被恶魔植入的。虽然你确信自己生活在这个地球上，但实际上

你只是任由恶魔摆布，让它在你的身上变戏法。或者我们也可能只是活在模拟之中，我们周围的事物都不是真实的……"

这个笑话实际上揭示的就是哲学中，特别是认识论中，最令人生畏的问题之一。

认识论简史

在这个问题上最有影响力的思想家可能就是大卫·休谟，他是 18 世纪的苏格兰哲学家。与他同时期的其他哲学家认为对真理的证明是必要的，比如笛卡儿就声称自己利用"完美"这一概念通过推理证明了上帝的存在。他认为，存在比不存在更完美，但上帝是绝对完美的，所以上帝是存在的。不幸的是，这种推理简直就是逻辑错误、公理化缺陷和动机性推理的集合。

与此相对，休谟在他的巨著《人性论》以及后来的《人类理智研究》里断言，仅仅基于自身观察不可能推出任何关于这个世界的绝对且普遍的规律。经验论不能导出**必然**的真理。无论做出多少观察，都不可能得出太阳每天升起的结论。即使过去的观察结果完全一致，人们也不能对未来做出毫无保留的预测。

然而，休谟同样认为这种推广通常相当正确，或者至少是有用的。而且对于休谟来说，这样的推广通常正确的原因可以归结于自然遵循着一致性原则。自然规律似乎不会变化，即使有变化，这种变化也足够缓慢，比如太阳中的核反应，让我们能够对不太遥远的未来做出某些推论。

特别是，借助一致性原则（之后会用丘奇 – 图灵论题来佐证），我们可以预测可能发生的事情。休谟着重强调了概率论在归纳问题的解决中占据中心地位，这可谓充满智慧的洞察。如果说拉普拉斯是贝叶斯主义之父，那么休谟可能算得上是"祖父"——所罗门诺夫则是那位聪明的"儿子"！

但休谟那颗贝叶斯主义的种子没有开花结果。在他之后两个世纪中，鲜有人想到将他的想法形式化、数学化。更糟糕的是，在 1934 年，卡尔·波普尔发表了《科学发现的逻辑》，与休谟针锋相对。波普尔在这部著作中描绘了他所认为的科学哲学。波普尔认为，所有科学理论首先都应该拥有可以通过实验否定的可能性，我们称之为**可证伪性原则**：如果一个理论能对某些可以设想的实验观察结果给出某种限制，令它受制于被否定的可能性，那么我们可以说这一理论是科学的。然后重复这些实验，尝试明确否定对应的科学理论；或者在无法否定的情况下，这些实验就算是这个理论的佐证了。但对于波普尔来说，佐证并不能说明理论是正确的！

行星研究简史

然而，今天的科学哲学家通常不同意这一点，认为波普尔的精巧原则并不完全符合科学研究的实际情况。我们以行星研究为例来解释这一点。

1821 年，天文学家亚历克西·布瓦尔注意到天王星的轨道有异常。这颗太阳系的第七行星的运动似乎没有遵循牛顿的万有引力定律。天王星似乎违反了牛顿的定律，但布瓦尔并没有否定牛顿的这些定律。

布瓦尔，以及紧随其后的约翰·库奇·亚当斯和于尔班·勒威耶更倾向于假设太阳系存在第八颗行星。与其听从波普尔的哲学（波普尔当时还没出生），布瓦尔、亚当斯和勒威耶更愿意相信存在某个未被观测到的实体。纯粹贝叶斯主义者会说，他们对牛顿理论的置信度大于对第八颗行星不存在的置信度。

奇怪的是，这三位理论家是对的！经过巧妙的计算，亚当斯和勒威耶甚至能够确定这颗第八行星的准确位置。亚当斯请求英国剑桥天文台的天文学家探测这颗第八行星，但艾里爵士做的仅仅是质疑了亚当斯的计算。面对兴趣不大的法国人，勒威耶在碰壁之后转而联系德国柏林天文台。就在同一天晚上，约翰·戈特弗里德·加勒就确认了勒威耶令人目瞪口呆的预测，发现了海王星！

有人也许会认为，这个故事的教训就是绝对不要质疑牛顿。但科学史似乎喜欢将我们搞得晕头转向。还是勒威耶，在成功预测到海王星的存在之后，他又研究了水星的轨道异常。这些轨道异常令他预言了太阳系第零行星的存在，他将其称为祝融星。

然而没人观测到祝融星。也许，这颗行星由于太接近太阳而探测不到，太阳的亮度掩盖了其他光芒吗？或者，这一次可能真的需要将牛顿推下神坛？提出这个大胆想法的，正是阿尔伯特·爱因斯坦。

1915 年，经历了漫长的 8 年，经过各种令人生疑的错误论证、靠不住的计算和灵光一闪，爱因斯坦发表了关于空间、时间和引力的革命性新理论。这个理论就是**广义相对论**。他的出发点是一个既晦涩又清晰的思想。自 1907 年开始在专利局工作以来，爱因斯坦提出了一个大胆的想法，这个想法还引来了我的视频节目的观众的嘲笑：引力会不会不是一种力？引力会不会只是幻觉？引力会不会只是一种假象，是大地在向上加速运动，以及自我中心主义将我们限制在大地这个非惯性系之中造成的 [1]？

这种想法又叫**等效原理**，爱因斯坦将它称为他的人生中最愉快的想法 [2]。但这大概不是最令他心潮澎湃的想法。8 年之后，爱因斯坦在 1915 年建立了关于引力的新公式，建基于有关时间与空间的全新想法。（非欧几里得几何！）特别是在 1915 年 11 月，爱因斯坦通过计算证明了他那些神秘而无比优雅的所谓时空曲率公式，完美解释了水星的轨道异常！他就此确信自己的理论无误。几个月之后，从 1916 年冬天起，大数学家戴维·希尔伯特就开始在德国哥廷根大学讲述爱因斯坦的理论了 [3]。

这里看起来还有一个小小的悖论等着波普尔主义者。爱因斯坦和希尔伯特可以称得上当时最杰出的智者，他们怎么可能相信一个未经任何观察结果确认的理论？直到 4 年之后，观察日食导致的光线偏差的实验结果才证实了爱因斯坦的理论。一位学生询问爱因斯坦这位德国智者，如果观察结果没有证实他的理论，他会怎么做。爱因斯坦的回答是："我会为上帝感到遗憾。理论是正确的。"

阿尔伯特·爱因斯坦，这位科学超级巨星对康德和马赫等哲学家的工作有着浓厚的兴趣，而他并没有接受通过实验来证伪的想法。爱因斯坦似乎并没有遵循波普尔的哲学。

科学与波普尔背道而驰？

反映波普尔哲学不足之处的例子远远不止我刚刚给出的这些。只要稍加留心科学史的细节，你就能明白波普尔的方法论并非常规。从巴斯德的生源说到达尔文的演化论，从艾萨克·牛顿的《自然哲学的数学原理》到门捷列夫的元素周期表，从量子力学到弦理论，这些理论的发明者似乎在按照波普尔的要求花时间测试这些理论之前，就早已确信他们的理论是正确的。

新近的例子之一是超光速中微子事件。2011 年，OPERA 实验团队宣称发现了超光速中微子，然而这种中微子的存在违背了狭义相对论的基础。几乎所有物理学家对这个基础的置信度都非常高，以至于他们更倾向于认为实验测量出了错。

在著作《大图景》中，物理学家肖恩·卡罗尔不无幽默地指出，这就是实验被理论否定的众多例子之一。这可能有点自相矛盾，甚至与科学方法完全对立。的确如此，但正如我们将在下一章看到的那样，对于纯粹贝叶斯主义者来说，物理学家的想法实际上完全合理。

波普尔自己也意识到他的哲学并不能在严格的意义上被应用到科学中。毕竟所有实验结果都受制于测量误差与随机因素，这都会让实验的结果至少带有一点随机性。所以，我们必须改造波普尔的哲学，以合理考虑科学实验中固有的统计误差。

频率主义 ※

统计误差理论的主角是卡尔·皮尔逊、埃贡·皮尔逊（前者的儿子）、耶日·内曼，尤其是罗纳德·费希尔。在 1920 年前后，这些天才统计学家建立了一套名为**频率主义**的思想框架，到今天，该框架已经进驻了所有科学学科。频率主义假设概率就是对频率的测量。对于频率主义者来说，要理解概率，首先要理解当样本数量变得足够大时，误差是如何消失的。

一如波普尔的哲学，频率主义者那诱人的想法首先在于方法的客观性。皮尔逊、内曼和费希尔对他们给出的方法特别自信，认为这些方法不仅严谨而确定，还能应用于所有问题。与频率主义者贬低的贝叶斯方法不同，频率主义方法不允许相信不同理论的人借助有问题的先验概率来歪曲实验结论。

频率主义哲学的核心内容之一，就是利用 **p 值**进行统计检验的概念。统计检验就是对某个理论 T 的可信度的测试。对于频率主义者来说，他们对可信度做出某种预先假定。① 与波普尔的哲学相符的是，统计检验接下来就会尝试通过实验来否定理论 T 的可信度。我们把实验中收集到的数据称为 d。如果数据 d 非常不可能在理论 T 中出现，那么频率主义者就会提议否定 T。

实际上，如果我们尝试将这种推理翻译成更数学的说法，那么我们会发现这种方法有一个关于量级的缺陷：如果我们考虑非常精确的数据，那么这些数据都极不可能出现。确实，如果我得到了 $d=0.158\ 319\ 741\ 2\pm10^{-10}$，但我的理论指出，得到的数值应该处于 0 和 1 之间，那么得到 d 这个确定到小数点后 10 位的数值的可能性就是五十亿分之一。所以我们应该否定这个理论。

为了使方法更合理，频率主义者提出，对于所有数据 d，都应该考虑理论 T 中比它"更不可能出现"的数据集合 D。比如说，如果理论 T 指出我们应该得到的数据是 $d\approx0$，但我们得到的数据 d 却严格大于 0，那么"比 d 更糟糕的集合 D"一般就是比 d 还要大的所有数值的集合，或者说是与 0 的距离比 d 还要大的数据的集合。

赫赫有名的 p 值与我们考虑的理论 T、数据 d 与统计检验相关，它的定义就是得到比 d 更糟糕的数据 D 的可能性。换句话说，我们可以写出以下公式：

$$p=\mathbb{P}[D比d更差|T]$$

我们如果将它与贝叶斯公式比较，就能看到 p 值与我们在第 2 章谈到的**思想实验项**很相似，它测量的是理论 T 在什么程度上能够"很好地"解释观察结果。

从直觉上来说，p 值越小，数据 d 似乎就与理论 T 越不兼容，而我们就更倾向于否定理论 T。费希尔提出应该否定那些 p 值小于 5% 的理论。在今天，由于新技术让我们能够搜集十亿量级的数据，在某些物理实验中，数据甚至能达到千万亿量级，这时我们一般采用 0.000 03% 作为阈值。

无论细节如何，不可否认的是，费希尔的原则在 20 世纪下半叶带来了令人难以置信的丰硕成果。比如说在 2012 年，欧洲核子研究组织（以下简称 CERN）就宣布大型强子对撞机探测到了希格斯玻色子。实际上，如果要吹毛求疵，那么应该说 CERN 证明了，假设粒子物理学标准模型中的希格斯玻色子不存在的话，他

① 贝叶斯主义者会抬杠说这就是主观的先验概率！

们就不可能观察到当前的观察结果。也就是说，在希格斯玻色子不存在的假设中，得到 CERN 的（或者比其更不可能的）观察数据的概率要低于 0.000 03%。这让 CERN 的研究者否定了希格斯玻色子不存在的可能性，或者就像媒体所说，他们就此接受了希格斯玻色子的存在性 [4]。

频率主义者的方法统治了 20 世纪的科学，毫无敌手。特别是费希尔对此非常投入，他对贝叶斯公式发起尖锐批评，而且为了封锁所有反对其天才想法的意见，采用了毒辣而顽固的手段，让所有本想与他的频率主义哲学一争长短的理论都变成了禁忌。他这样断言："逆概率理论（也就是贝叶斯定理）建基于一个错误，应该被完全否定。"如果要把统计学的历史写成摩尼教式的小说 ①，把纯粹贝叶斯主义者看作小说的主角，那么费希尔和其他所有频率主义者就是黑恶势力。

话虽如此，但抛开他的傲慢、神经质和蔑视他人的性格，以及他对优生学和种族主义的坚信不谈，费希尔仍然是一位杰出的数学家，也是 20 世纪最有影响力的思想者之一。正因为他的严谨和才华，20 世纪的科学，特别是所谓的软科学取得了长足的进展，其可信度也大大提高。费希尔的统计学带来了巨大的好处。

尽管如此，纯粹贝叶斯主义者提出了许多反对意见。实际上，频率主义方法对她来说没头没尾。为什么要接受这种对可信度的假设？为什么要预先假设所有理论都有检验的价值？难道那些更简单或者结构更分明的理论就不能比其他理论更有前途？难道不应该同样考虑某个理论过往的成就？为什么要考虑那些比 d 更糟糕的数据？是不是必定存在一种**自然**的方法来确定比 d 更糟糕的数据的集合？为什么对某个理论的否定是决定性的？如果我们否定了所有理论，那应该怎么办？我们不是更应该对这些不同的理论进行比较吗？为什么要把阈值定为 5%？0.000 03% 的阈值又是怎么来的？这些数值难道不是完全随意确定的吗？如果只有很少的数据，我们能得出什么结论？在只知道地球上有生命的情况下，应该怎样谈论生命？宇宙也只有一个，这又该怎么办？如何处理苏格兰黑色绵羊这个例子？

---

① 摩尼教的主要教义是光明与黑暗的对峙。——译者注

反对 p 值的统计学家

并不是只有纯粹贝叶斯主义者在攻击波普尔和频率主义者。最近，p 值在统计学家中也风评甚差。这种恶评的原因之一就是只有得出结论的结果才能发表而导致的选择偏差。更糟糕的是，人们越来越常使用所谓的 **p 值操控**的策略，我们之后会再谈到这一点。无论出于什么原因，在已发表的论文中，错误泛滥成灾，瓦伦·约翰逊估计至少 25% 的论文有问题。

实际上，科学结论中出现的错误肯定要比这个估计值多得多，特别是在同样考虑那些无关统计学的错误时。计算机科学家莱斯利·兰波特甚至提出，即使是通过评审委员会的评审后发布的数学论文，三篇中也有一篇至少包含一个错误的定理 [5]！

更惊人的是，如果认真考虑 p 值的话，那么我们最终就必然否定所有科学理论，包括那些正确的理论。的确，如果相信大部分科学方法的描述的话，所有理论都应该接受一次又一次的测试。然而，如果阈值设为 0.000 03%，那么每次实验都有 0.000 03% 的概率否定它测试的正确理论。实际上显然的是，**如果我们的科学理论仍然屹立不倒，那只是因为它还没有被充分测试过**。但如果我们不停测试这些理论，那么终有一天会迎来对它们的否证，在劫难逃。这不是很奇怪吗？科学方法必然会否定所有正确的理论①！随着时间流逝，统计学家对此变得越来越激进。在 2010 年，汤姆·西格弗里德解释了他为什么不信任科学论文，他断言："这就是科学中最黑暗却又无人承认的秘密：通过统计分析来检验假设的所谓'科学方法'，竟然建立在如此薄弱的根基上。"在 2014 年，雷吉娜·努佐也说："（问题）来自 p 值那具有惊人欺骗性的本质，它没有大部分科学家认为的那么可靠、客观。"

众多统计学家建立在统计学基础上的激烈批评在 2016 年达到高峰，汇聚成了美国统计学会的一份公告 [6]："统计学家集体对科学结论的可再现性与可重复性感到非常忧心。我们在这里不深入这些术语的定义和区分，但我们观察到，出现了大量对科学有效性的困惑甚至疑虑。这样的疑虑可能会导致激进的决定，比如说《基础与应用社会心理学》的编辑就决定禁止使用 p 值。（……）对统计推断的误

---

① 如果阈值是 5%，那么大约（仅需！）20 次实验就能否定某个正确的理论。如果阈值是 1%，那就需要大约 100 次实验。

解与误用只是'可重复性危机'的原因之一，但对于我们这个群体而言，这是一个重要原因。"

p 值操控

当然，有人对 *p* 值的理解并不充分，但也有人对它的理解过于充分，从中看到了在"不发表就完蛋"（publish or perish）的信条统治学术界的时代里，助推自己职业生涯的机会。然而，要发表论文，往往必须（或者说只需要）获得小于 5% 这个阈值的 *p* 值。不正确的理论不太可能得到这样的 *p* 值，但可能性也没那么低。如果我们希望否定某个正确的理论，根据 *p* 值的定义，获得这样的 *p* 值的概率实际上就是 5%。也就是说，平均每 20 次实验中就有一次能得到可以发表的 *p* 值！换句话说，只要多做实验，就能得到有资格在科学期刊上发表的结果。这就是所谓的 **p 值操控**。

兰道尔·门罗的漫画《显著》就绝妙地描绘了 *p* 值操控的危害。门罗想象有人怀疑某种糖豆会引发青春痘，科学家对此进行了实验，得到的结论是"糖豆不会引发青春痘"这个理论 *T* 对应的 *p* 值大于 5%。也就是说，实验无法否定理论 *T*。到这里一切都还好。

但又有另一个流言说，实际上只有某种颜色的糖豆会引发青春痘，但糖豆一共有 20 种颜色，所以需要进行 20 个独立的实验。不出意外，其中一个实验得出了小于 5% 的 *p* 值。这就足以否定"绿色糖豆不会引发青春痘"这个假设。第二天的报纸上就头条登载——科学证明绿色糖豆会引发青春痘！

从全世界的科学实践层面上来说，独立实验的数量远远大于 20，所以那些唯恐天下不乱的报刊总能找到数以千计的令人震惊的科研论文来报道。这些论文大部分最后会被其他论文否定，甚至被作者撤回，这也不奇怪。

除了重复实验以外，还有一种方法能同样有效地得到可发表的结果：只需不断积累实验数据，直到足以得出想要的结论。奇怪的是，人们已经证明了，只要不断积累实验数据[①]，直到能够得出能否定这个理论的结果，我们就可以用 p 值否定任何理论。也可以说，如果你的数据还不足以否定要检验的理论，只要继续收集更多数据，你最终总可以否定它。

你看到问题了吗？一旦选择好什么时候停止实验，我们就引入了巨大的选择偏差。如果你的论文没有说明如何确定采集数据的数量，那么其他人就无法指责这一点，除非这个方法可以被逆推出来。这样，你的论文就符合 p 值"科学方法"的规范。然而不幸的是，持续采集数据，直到得到能证明结论的统计结果，这种做法非常普遍[②]……

有人就此提出要降低 p 值的阈值，但即使是在阈值取到极端的 0.000 03% 的物理学中，问题仍然存在。统计分析造成的假象和重复实验，导致了 2003 年五夸克态的"发现"，其他独立实验通过摆弄数据也验证了这个"发现"，但最后科学共同体还是否定了它，因为原始实验的结果无法重复[③]。使用 p 值的"科学方法"中的随机性令人们认真地质疑起科学结论的可靠性。如果你想要知道更多信息，我只能向你推荐两个关于这场争论的简述：博客 Science Étonnante 中的一篇文章[7]和 Veritasium 的视频[8]。

统计学课本讲了什么

我们来看看现代著名统计学课程的教材，里边有些有趣的东西。统计学家拉里·沃瑟曼在他的教材里写道："观察研究的结果只有当以下条件都满足时才开始变得可信：（一）结果在数个研究中被重复，（二）每个研究都控制了可能的混杂因素，（三）因果联系的存在有一个言之有理的科学解释。"

我们之后会谈到混杂因素，现在你只需要知道它给 p 值的缺陷又加上了一重令人生畏的困难。

---

① 然而，能否定某个假设所需的数据量一般来说呈指数增长。话虽如此，乔哈里、派莱基斯和沃尔什证明了，额外数据只需要达到某个合理的量级，否定假设的概率就会大幅增长。

② 乔哈里和合作者提出了 p 值的一种变体来弥补这一点。

③ 五夸克态在 2015 年似乎最终真正被发现了。

我想要强调一下在沃瑟曼的描述中那种艺术式的模糊。上文中的引语由大量模糊的词语组成，比如"开始变得可信""数个研究""可能""言之有理""科学解释""因果联系"，等等。这是有意而为的，而且这些词语的意义依赖于如何解释。"可信"这个词似乎甚至在邀请我们投入贝叶斯主义的怀抱！

请注意，我这样说不是为了批评拉里·沃瑟曼或者他的教材。他的教材非常出色。实际上，似乎所有**频率主义**的优秀教材都强调了这种艺术式的模糊，而且强调在解释统计数据时需要谨慎。

然而，这种艺术式的模糊也给科学带来了不干不脆的印象。如果过于谨慎，人们就很可能认为任何事物都无法摆脱所有合理怀疑，这会让某些人怀疑疫苗的好处、全球气候变暖以及烟草对健康的危害。就算是我，当某位科学家说**证明了**希格斯玻色子的存在时，或者说他**毫不怀疑**这个宇宙遵循量子力学的时候，我还是有种不舒服的感觉。我们的纯粹贝叶斯主义者也是这样。

我们需要一种更合适的语言来描述我们说出的各种断言的程度各异的确定性或置信度。这种语言的初步版本，或者说简化版本，就是"言之成理""可信""高度可能"和"超越合理怀疑"。描述这些置信度更严谨的方法必然是某种类似（甚至**同构**）于贝叶斯概率的语言。

智慧方程

对于纯粹贝叶斯主义者来说，所有知识哲学都可以归结为计算贝叶斯置信度。知识，就是对不同的理论赋予合适的置信度。有一个神奇的公式可以做到这一点，对，我说的就是贝叶斯公式，特别是它最基本的形式，我们真的可以把它叫作智慧方程，我认为它就是下面这个美妙的公式：

$$\mathbb{P}[T|D] = \frac{\mathbb{P}[D|T]\,\mathbb{P}[T]}{\mathbb{P}[D|T]\,\mathbb{P}[T] + \sum_A \mathbb{P}[D|A]\,\mathbb{P}[A]}$$

在这里，T 表示我们考虑的理论，D 表示已知的数据，而 A 代表所有 T 的替代理论。为了更习惯这个公式，你可以重读一下第 2 章。

我只能请你多花时间，一而再、再而三认真思考这个无比重要的公式。也请你想象一下，纯粹贝叶斯主义者会怎么利用这个公式回答她在面对波普尔哲学时提出的问题。

首先，p 值在这里对应的是思想实验项 $\mathbb{P}[D|T]$。这一项至关重要，它衡量的是理论预测观察数据的能力。然而，对于纯粹贝叶斯主义者来说，这只是公式的一部分。

另一个有着根本性意义的项就是先验概率 $\mathbb{P}[T]$。这一项我们无法回避。我们将会在之后的章节中看到，这个先验概率让我们在日常生活中即使只能接触到极少的样本也能学习。更妙的是，我们还会看到在结合理论计算机科学之后，贝叶斯主义的先验概率就蕴含了奥卡姆剃刀法则，这个哲学原则断言越简单的理论越可信。

但最重要的是，公式中的分母叫作**配分函数**。这个分母等于 $\mathbb{P}[D]$，我们只是利用全概率公式对它进行了分解。这个分母的一部分就是分子本身，但配分函数还包含关于替代理论的类似项。也就是说，这个配分函数让不同的理论可以相互竞争，就此保证置信度的和总是等于 1。

当且仅当某个理论比对手可靠得多的时候，纯粹贝叶斯主义者才会向这个理论赋予相当高的置信度。意思就是，纯粹贝叶斯主义者不会仅仅因为某个理论可以解释某些容易解释的现象，就给这个理论赋予很高的置信度，在其他更简单的理论也能做出同样好甚至更好的解释时是如此。反过来说，对于某些难以解释的现象，从纯粹贝叶斯主义者那里赢得最多置信度的理论不一定能完美解释这些现象，尤其是，在其他理论根本无法解释同样的现象时更是如此。

另一件需要强调的事情，就是所谓的"观察数据"是什么。这个变量代表的不是某个科学实验的所有结果，而是纯粹贝叶斯主义者在一生中可以得到的所有数据。尤其是，这意味着不能孤立地看待任何实验。

另外，尽管科学家用到了频率主义者的统计流程，但他们的思考基础更倾向于累积数据的贝叶斯哲学，而不是带有暗示性的所谓"科学方法"。正因如此，研究论文的开头都是一大段对过往文献的概述，用于证明这篇论文的贡献属于某个更广阔的研究领域。正如我们将在第 5 章看到的那样，科学家似乎更倾向于按照贝叶斯主义的原则而不是波普尔的哲学来思考。

渐进学习

在实践中，人们并不会回忆一生中收集到的所有数据来确定某个理论的置信度——更何况，我们有限的记忆不足以做到这一点，我们之后会再探讨这个问题。我们更倾向于以渐进的形式来学习。当然，贝叶斯公式也恰好能让我们整合收集到的新数据（ND），以此细化置信度。这个过程对应着所谓的"贝叶斯推断"。这种推断方式，或者说更新置信度的方式的基础就是以下这个贝叶斯公式的部分展开：

$$\mathbb{P}[T|ND \text{且} D] = \frac{\mathbb{P}[ND|T\text{且}D]\mathbb{P}[T|D]}{\mathbb{P}[ND|T\text{且}D]\mathbb{P}[T|D]+\sum\limits_A \mathbb{P}[ND|A\text{且}D]\mathbb{P}[A|D]}$$

为了简明起见，这里将理论记作 T，替代理论记作 A，旧数据记作 D，而新数据记作 ND。特别有趣的是获得新数据 ND 的方式与旧数据 D 完全独立的情况，在这种情况下 [①]，我们会得到下面的贝叶斯推断公式：

$$\mathbb{P}[T|ND \text{且} D] = \frac{\mathbb{P}[ND|T]\mathbb{P}[T|D]}{\mathbb{P}[ND|T]\mathbb{P}[T|D]+\sum\limits_A \mathbb{P}[ND|A]\mathbb{P}[A|D]}$$

这个公式与我们之前看到的贝叶斯公式几乎一致，除了这里的先验概率是利用在收集新数据 ND 之前得到的旧数据 D 计算出来的。换句话说，在实践中获得新数据的那一刹那，实用贝叶斯主义者就会将理论 T 的基本先验概率 $\mathbb{P}[T]$ 换成当前的置信度 $\mathbb{P}[T|D]$，而替代理论的基本先验概率 $\mathbb{P}[A]$ 也会被换成当前的置信度 $\mathbb{P}[A|D]$。实用贝叶斯主义者在贝叶斯公式中用到的正是这些当前的置信度。在之后的章节中，我们会看到这个原则不仅处于达尔文式演化的核心，同样也处于科学共识与实时机器学习可靠性的核心。

这些计算也说明，对于纯粹贝叶斯主义者来说，用理性的方式研究历史是完全可行的。对于某些人来说，历史、物种演化与宇宙学这些学科并非科学，因为它们不能通过可重复的实验来研究。有趣的是，这种思考不过是来自波普尔哲学以及频率主义统计学的单纯假象。

---

① 从技术上来说，甚至在所有理论 T 和 A 之中，新数据 ND 都应与旧数据 D 独立。

对于纯粹贝叶斯主义者而言，在尝试回溯宇宙历史的这些学科与那些研究不随时间而改变的法则的其他学科之间，并没有绝对的界限。在这两种情况下，人们要做的都是收集相关数据，然后进行贝叶斯推断来确定对于不同理论的合适的置信度。

特别要提出的是，对于纯粹贝叶斯主义者来说，将"科学"与"伪科学"分开的，不能说是这些学科中假设的可证伪性 ①，而应该是相信这些假设的人应用贝叶斯公式的准确性。科研人员对贝叶斯公式的应用要准确得多，而且我们之后会看到，科学共同体对贝叶斯公式的应用要比其中任何个体都更准确！

再谈爱因斯坦

为了更好地理解纯粹贝叶斯主义者的哲学，我们回到爱因斯坦的例子。要注意的第一件事就是，尽管爱因斯坦的广义相对论对同时期的绝大多数物理学家来说过于抽象，但它实际上简单得惊人。的确，广义相对论可以浓缩为一句话：四维时空的曲率由等式 $G_{\mu\nu} \propto T_{\mu\nu}$ 确定。细节并不重要，要注意的是这个公式只有一个参数，也就是等式的比例常数。这个常数描述了物质 $T_{\mu\nu}$ 对时空曲率 $G_{\mu\nu}$ 的影响程度。

另外，牛顿的万有引力定律 $M_1\vec{a} \propto m_1 m_2 \vec{r} / r^3$ 也只包含一个系数，它描述了物体的质量对物体之间的引力的影响程度。然而牛顿的万有引力定律也额外假设了阻碍物体加速的惯性质量 M_1 等于（或等比于）引力质量 m_1。这样的话，虽然牛顿的定律似乎更容易理解，也更容易计算，但它实际上比爱因斯坦的理论包含更多的随意之处。

今天，人们已经知道爱因斯坦的理论能被改动的地方很少。人们还证明了所有分量都是度规张量本身、其一阶导数或二阶导数，而且散度为零的二阶对称张量必定是度规张量与爱因斯坦张量的线性组合。不巧的是，解释这个数学定理需要很长的篇幅 [9]。我们只需记住，爱因斯坦方程并不是随意写出来的。

---

① 尽管如此，我们在第 7 章也会看到，所有优秀的理论都应该有预测能力，但只有在两种可能性时，理论的预测结果如果是对半开，那我们也应该承认理论在这个问题上的无知。

时空曲率引发了被我们误称为"引力"的东西，而爱因斯坦方程正是这一简单公设不可避免的结果。这也是为什么希尔伯特也独立地发现了与爱因斯坦一样的方程。这种不可避免的性质让爱因斯坦的理论在先验上远远比牛顿定理更可信。因此，即使没有任何观察结果，接受爱因斯坦的理论而不是牛顿的理论也不无道理。

在爱因斯坦确定这个方程的那一刻，他并不知道这就是他最初的公设不可避免的结论。但公式本身十分优雅，又因为在错误公式上浪费了数年而遭受挫折，爱因斯坦在这些因素的影响下产生了灵光一现的感觉。从这一刻开始，他对新理论的置信度就已经高于对牛顿运动定律的置信度，或者至少足够高，足以让他产生推翻牛顿的抱负，这也不算惊人。但最后让天平完全倒向他这边的，当然还是实验观察的因素。

在引力很"弱"时，爱因斯坦的广义相对论与牛顿的定律表现相同。实际上，在太阳系中，只有在靠近太阳的地方，引力才强得足以使爱因斯坦方程的预测偏离牛顿运动定律的预测，而当时这方面的数据还很欠缺。然而，牛顿的理论似乎不能完全解释水星的轨道，而水星是在最强的引力场中（或者用爱因斯坦的话来说，是在时空最弯曲的区域中）公转的行星。

当然，也有可能存在与祝融星类似的行星可以解释水星的轨迹。但众多天文观察者在数十年间对祝融星的寻找中一无所获。虽然证据的缺失并不能作为缺失的证据，但这只会对祝融星存在的置信度产生负面影响。

然而，未被观察到的行星影响水星轨迹这个更有可能发生的情况并没有发生，爱因斯坦的理论却能出色地解释水星的轨迹。即使爱因斯坦理论的先验置信度与牛顿力学相当，它在不依赖极不可能的假设的情况下，也能完美解释水星的轨迹，这一事实就扫除了纯粹贝叶斯主义者的所有疑问：贝叶斯公式指出，爱因斯坦理论的置信度要远远高于牛顿理论。

毫无疑问，爱因斯坦和希尔伯特从直觉上就做出了这种贝叶斯推理。从 1915 年开始，与整个科学共同体相左的是，这两位科学家早已确信广义相对论是最可信的引力理论，没有别的理论能出其右。纯粹贝叶斯主义者也同意这一点。

所有人类知识从直觉开始，然后转变为观念，最后化为思想。

伊曼努尔·康德（1724—1804）

根据贝叶斯定理，任何理论都不完美。取而代之的是一项未竟的工作，它永远处于推敲与测试之中。

内特·西尔弗（1978—　）

第5章
荣耀归于偏见

琳达问题

琳达31岁，独身，为人诚恳且充满智慧。她学习过哲学。她在还是大学生的时候就很关心歧视与社会正义的问题，也曾参加反核游行。下面哪一个陈述更有可能是正确的？

1. 琳达是银行办事员。

2. 琳达是银行办事员，并且活跃在女权运动中。

请你花点时间思考一下，在继续阅读之前大声说出你的答案。

这个问题有一个著名的名字，叫"琳达问题"，它是由阿莫斯·特沃斯基和丹尼尔·卡内曼这两位心理学研究者提出的，他们希望更好地理解人们是如何思考的。也正因为这项研究及其他工作，卡内曼获得了2002年的诺贝尔经济学奖。卡内曼在他的杰作《思考，快与慢》中写道，如果特沃斯基没有在1996年去世，这两位研究者可能会分享诺贝尔奖。

琳达问题之所以如此著名，是因为答案的错误率非常高。在特沃斯基和卡内曼的多次实验的参与者之中，85%~91% 的人给出了错误的答案。我们聪颖的人类大脑在这个问题上的表现显然比随机回答的猩猩差得多！

一些批评人士提出，选项 1 的模糊说法可能会让人觉得琳达在女权运动中不活跃。然而，即使将选项 1 替换为更清晰的"琳达是银行办事员，她在女权运动中活跃或者不活跃"，答案的错误率仍然停留在 57%——还是比猩猩更糟糕。

如果你没有正确回答这个问题，那么你可能会惊奇于其中一个选项是**正确**的，而另一个是**错误**的，但事实如此。的确，选项 2 是选项 1 的特殊情况。换句话说，如果选项 2 正确的话，那么选项 1 也正确。用维恩图来解释，由选项 2 正确的情况组成的集合是由选项 1 正确的情况组成的集合的子集。用概率的术语来说，我这里说的东西可以浓缩为不等式 $\mathbb{P}[$ 银行办事员及女权主义者 $] \leqslant \mathbb{P}[$ 银行办事员 $]$。两个事件都发生的概率必定低于其中一个事件发生的概率。这里的数学证明无懈可击。选项 1 就是**正确**答案。

即使没有选中正确答案，你还是可以庆幸自己与大部分人一样。没多少人能进行上述的数学推理。特沃斯基和卡内曼认为，与其进行数学推理，人们进行的其实是关联性的推理。他们思考的不是选项 1 和选项 2 的概率，而是选项 1 和选项 2 对于题干对琳达的描述具有多少代表性。对于 31 岁、独身、接受过高等教育、参加过反歧视运动的女性来说，选项 2 似乎更有代表性。

用偏见解释琳达问题 ※

也许有另一种更发人深省的方法有助于理解琳达问题难以置信的错误率，它会将我们直接引导到频率主义者与贝叶斯主义者之间的论争中。对于醉心于 p 值的纯粹频率主义者来说，对假说的测试就是在已知假设的情况下研究观察数据出现的概率。所以，纯粹频率主义者会对概率 $\mathbb{P}[$ 题干 $|1]$ 和 $\mathbb{P}[$ 题干 $|2]$ 更有兴趣，这里 1 和 2 分别代表选项 1 和选项 2。

认为比起选项 1，在假设选项 2 正确的情况下题干更可能正确，这是合理的。用形式语言来说，我们有不等式 $\mathbb{P}[$ 题干 $|1] \leqslant \mathbb{P}[$ 题干 $|2]$。用统计术语来说，题干

对于选项 2 来说更**似然**，而且选项 2 是**最似然**的。

不幸的是，我们在第 4 章中说到的"科学方法"通常只关心这些**似然度**。这个术语没什么帮助，反而误导了我们。它让我们更容易混淆数据在某个假设的前提下的似然度与假设本身成立的概率。对于纯粹贝叶斯主义者来说，这就是纯粹频率主义者的谬误之处。

然而这些似然度（在第 2 章中，我也把它们叫作思想实验项）只是贝叶斯公式的一部分。对于纯粹贝叶斯主义者来说，重要的是逆概率。在琳达问题的情况中，逆概率就是在已知题干的前提下每个选项的概率。你大概开始明白了，这个逆概率可以从贝叶斯公式导出。对于选项 1，贝叶斯公式可以写成：

$$\mathbb{P}[1|\text{题干}] = \frac{\mathbb{P}[\text{题干}|1]\mathbb{P}[1]}{\mathbb{P}[\text{题干}]} = \frac{\mathbb{P}[\text{题干}|\text{银行办事员}] \cdot \mathbb{P}[\text{银行办事员}]}{\mathbb{P}[\text{题干}]}$$

同样，在已知题干的前提下，选项 2 的概率可以写成：

$$\mathbb{P}[2|\text{题干}] = \frac{\mathbb{P}[\text{题干}|\text{银行办事员且女权主义者}] \cdot \mathbb{P}[\text{银行办事员且女权主义者}]}{\mathbb{P}[\text{题干}]}$$

纯粹贝叶斯主义者比较两个概率后就能得出结论。关键在于，不管表达式右边的未知量估计结果如何，只要这些量遵循概率定律，纯粹贝叶斯主义者就**必定**会得出概率 $\mathbb{P}[1|\text{题干}]$ 大于概率 $\mathbb{P}[2|\text{题干}]$ 的结论。她必定会给出正确的答案——跟纯粹频率主义者正好相反。

更妙的是，我们可以计算在已知题干的前提下，纯粹贝叶斯主义者会认为选项 1 比选项 2 的可能性大多少。的确，只要摆弄一下概率法则（请你也反复计算一下），我们就能看出第二个计算等价于：

$$\mathbb{P}[2|\text{题干}] = \mathbb{P}[\text{女权主义者}|\text{题干且银行办事员}] \cdot \mathbb{P}[1|\text{题干}]$$

换种说法，无论纯粹贝叶斯主义者提出什么假设，它们都应该符合概率法则。至此为止，纯粹贝叶斯主义者必然会得出这样的结论：在已知题干的前提下，选项 2 的概率是选项 1 的 $\mathbb{P}[\text{女权主义者}|\text{题干且银行办事员}]$ 倍。因为所有概率都小于等于 1，我们由此可得，在已知题干的前提下，无论考虑什么（贝叶斯）模型，选项 2 **总是**比选项 1 更不可能。对两个选项概率的比较可以归结为对一个思想实验的计算——在已知题干条件以及琳达是银行办事员的前提下，她活跃在女

权运动中的概率。

偏见是必要的

你可能会觉得纯粹贝叶斯主义者在这里的论证实在太复杂了。毕竟要得到琳达问题的正确答案，只需要观察到选项 2 蕴涵选项 1 就可以了。这当然有道理。我向你展示纯粹贝叶斯主义者的论证，不是为了让你更好地理解琳达问题，而是为了向你展示纯粹贝叶斯主义者的论证方式与纯粹频率主义者有什么不同。纯粹贝叶斯主义者不会满足于对似然度的计算，她在分析中也会考虑自己得出的选项 1 和选项 2 的先验概率。

用符号化的语言来说，对纯粹贝叶斯主义者而言，最重要的量不是似然度 $\mathbb{P}[$ 题干 $|1]$，而是逆概率 $\mathbb{P}[1|$ 题干 $]$。这个量可以通过贝叶斯公式从似然度得到：

$$\mathbb{P}[1|\text{题干}] = \frac{\mathbb{P}[\text{题干}|1]\mathbb{P}[1]}{\mathbb{P}[\text{题干}]}$$

特别要注意到，似然度 $\mathbb{P}[$ 题干 $|1]$ 旁边应该跟着先验概率 $\mathbb{P}[1]$。

在这本书里，我会冒一点风险，把"先验概率"这个技术名词换成会带来负面联想的"偏见"。这是我为了诚实思考所做出的努力。正因为我有着倾向于贝叶斯主义的认知偏差，所以我才要尝试为贝叶斯哲学的这个带有负面意义的版本辩护，尝试说服你，即使是这个版本也很吸引人。这跟仅依靠字词的正面联想来说服别人的假大空话术背道而驰。不要忘记偏见的字面意义：在观察前所做的判断。

所以，**偏见**正处于贝叶斯主义者和频率主义者论争的中心。这些偏见正是 19~20 世纪贝叶斯公式不被接受的主要原因。科学应当客观，而偏见似乎必然是主观的。对于频率主义者和大部分科学家来说，这些主观偏见正是贝叶斯哲学的致命缺陷。

然而，**主观毫不随意**。即使说贝叶斯偏见是主观的，它们也绝非任意而成的！贝叶斯偏见遵循概率法则，而且在更理想的情况下，它们应该（部分）出自贝叶斯公式的计算。正如偏见在琳达问题中扮演了重要角色一样，纯粹贝叶斯主义者甚至认为，这些偏见正是贝叶斯推理的力量源泉，前提是这些偏见是由正确的贝叶斯方法得来的。对纯粹贝叶斯主义者而言，为了进行正确的推理，偏见必不可少。偏见组成了理性的基础。的确，**没有偏见，就得不出任何结论**。这就是贝叶斯哲学最受争议的断言。

xkcd[①] 的太阳

面对如此违反直觉又饱受争议的断言，琳达问题这个例子不足以说明问题，所以我建议你研究兰道尔·门罗提出的一个绝妙的思想实验 [1]，而我会用自己的方法来重新阐述它。

想象一下你在法国巴黎，你手下的实习生在美国夏威夷。在午夜前一刻，他掷了两枚骰子。如果两枚都掷出 6，他就会跟你说太阳消失了；否则，他就会告诉你太阳实际上是否消失了。午夜到了，实习生打来电话，告诉你太阳消失了。你会得出什么结论？

还记得吗？要得出结论，科学方法就要排除替代的假设。要得出太阳消失的结论，就必须排除太阳仍然存在的替代假设◉。为了排除◉，纯粹频率主义者应该计算与◉相关的 p 值。换句话说，他会计算在太阳没有消失的前提下你得知现有消息[②]的概率 $p=\mathbb{P}[◤|◉]$。一个非常小的 p 值说明了在假设◉下极不可能得到数据◤，这就说明应该排除◉。

然而，在已知◉的情况下，如果你想接到刚才那通电话◤，你的实习生就必须掷出一对 6，所以概率 $p=\mathbb{P}[◤|◉]$ 就等于掷出一对 6 的概率，也就是 $p=1/36 \approx 0.028$。因此我们有 $p < 0.05$。我们可以就此得出结论，在◉的前提下，实习生告诉了你太阳消失的这个事件极不可能发生。所以我们应该否定理论◉。然而，否定理论◉，就是推翻了太阳没有消失的事实，所以得出的结论就是太阳消失了。

实在难以置信！我们跟随纯粹频率主义者的脚步，得出的结论却荒谬绝伦：仅仅因为实习生告诉我们太阳消失了，我们就应该得出太阳的确消失的结论！兰

---

① 兰道尔·门罗的网名，也是他所创作的漫画的名称。

② 在这里，◤表示实习生说太阳消失了。

道尔·门罗的结论，就是纯粹贝叶斯主义者因为觉得纯粹频率主义者得出的结论相当可笑而做出的回应："我跟你赌 50 块钱太阳没消失。"奇怪的是，与通过频率主义者要求的"科学方法"得到的结果相比，纯粹贝叶斯主义者的结论似乎更合理。

用偏见解释 xkcd

所幸，科学家有进行贝叶斯式思考的动力，不管他们有没有意识到这一点。当我向别人讲述这个思想实验时，没有人认为纯粹贝叶斯主义者不理智得可笑。要理解这个原因，就要考虑纯粹贝叶斯主义者如何确定不同理论的置信度。为什么即使在接到实习生的来电之后，纯粹贝叶斯主义者仍然更相信太阳依旧存在？

答案就在纯粹贝叶斯主义者的偏见之中。这种偏见并非随意的，而是由所有过往的观察结果决定的。如果将她的所有经历记作 V，那么贝叶斯公式就会导出：

$$\mathbb{P}[\odot|\maltese \text{且} V] = \frac{\mathbb{P}[\maltese|\odot \text{且} V]\mathbb{P}[\odot|V]}{\mathbb{P}[\maltese|V]}$$

细节可能看起来很吓人，你可以忽略它们。但我想提醒你注意 $\mathbb{P}[\odot|V]$ 这一项。这就是纯粹贝叶斯主义者在接到实习生电话之前的偏见。它是以纯粹贝叶斯主义者的所有经历为条件而决定的先验概率。这些经历包括目前为止每天都能看到太阳升起的观察结果，也包括物理课的内容。这些物理课断言，太阳是一个由等离子体组成的球，能量由氢原子核的核聚变提供，而氢的数量十分充足，足够太阳继续在数十亿年内发光发热 [2]。

所以说，**主观毫不随意**！在这个案例中，这种主观性的基础之一就是过去数个世纪的科研成果。也就是说，贝叶斯主义者经历各异，但只要经历足够丰富，看过数千次太阳升起，他们都会同意这一点：纯粹频率主义者所醉心的 p 值带来的答案并不正确。实际上，对于所有贝叶斯主义者来说，在接到实习生电话之前太阳就已消失的先验概率 $\mathbb{P}[\text{非}\odot|V]$ 极小。正是这种偏见让我们给太阳消失只赋予微小的置信度，即使实习生打来了那通电话。

一般而言，任何数据都不应该被单独分析。**数据如同碎石，如非置于宏伟建**

筑之中则毫无意义。

用偏见为萨莉·克拉克辩护

为了悟透这一点，我们来重新审视第 2 章谈到的萨莉·克拉克的案件。你可能还记得萨莉·克拉克在短短两年里就痛失了两名亲生骨肉，导致她被怀疑进行了双重谋杀。然而，我们已经知道，实际上我们感兴趣的是在已知两名新生儿死亡 🪦 的前提下，她无辜 😇 的概率 $\mathbb{P}[😇|🪦]$。对于这个情况，我们之前应用贝叶斯公式的结果是：

$$\mathbb{P}[😇|🪦] = \frac{\mathbb{P}[🪦|😇]\mathbb{P}[😇]}{\mathbb{P}[🪦]}$$

利用 p 值或似然度判断的方法将我们的注意力引到了思想实验项 $\mathbb{P}[🪦|😇]$ 上，它描述的是在萨莉·克拉克无辜的前提下解释两名新生儿死亡的难度。儿科专家罗伊·梅多犯下的错误也就是所谓的检察官谬误，其中深植着频率主义，因为它强调了这个思想实验项的值小得难以置信。毫无疑问，似然度，也就是无辜的人看着自己的两名新生儿死去的概率 $\mathbb{P}[🪦|😇]$ 小得令人感到荒诞。梅多估计这个概率是 7000 万分之一，也就是大概 0.000 001%。这比物理学中用到的阈值 0.000 03% 还要小！与检察官一样，只根据 p 值判断的纯粹频率主义者只能排除萨莉·克拉克无罪的假设 😇，将她定罪。

数学教授雷·希尔对这个判决提出的异议，归功于一项深植着贝叶斯主义的论证。希尔教授认为必须应用贝叶斯公式，也就是尤其需要考虑无罪推定项 $\mathbb{P}[😇]$。只有将这项偏见纳入推理之中，我们才能更好地理解萨莉·克拉克的处境，从而得到对她来说更准确的判决。

与某些"科学方法"的支持者所提倡的正好相反，纯粹贝叶斯主义者认为偏见并不是我们思考中需要排除的缺陷。要进行正确的思考，**偏见必不可少**。

用偏见对抗伪科学

这个将我们从琳达问题、xkcd 的思想实验以及萨莉·克拉克的审判中拯救出来的原则有着数不胜数的应用，主要用于处理高度可能或高度不可能的理论。

因此，纯粹贝叶斯主义者甚至不会花心思倾听那些声称可以凭空创造能量的人的说法。因为能量守恒定律是所有物理理论的基本原则，所以她对凭空创造能量的不可能性有着深刻的赞同偏见。除此之外，在能量守恒的假设下，这个世界上仍然非常可能有一些人出于错误的理由确信自己完成了这样的实验——我们之后会谈到诉诸权威的贝叶斯诠释。无须看那些视频，偏见足以否定这种实验。

同样，纯粹贝叶斯主义者对有关超自然现象的伪科学理论也有着强烈的偏见，无论是扭曲汤勺的心灵致动，还是预见未来的预知能力都违背了物理学的基本定律。然而，纯粹贝叶斯主义者会向这些基本定律赋予非常大的置信度。另外，大量类似事例最终都被证实是欺诈，各种认知偏差也能解释为什么参与这些实验的人会深信不疑，这些因素同样使贝叶斯主义者在伪科学的支持者尝试说服她时不会改变自己对这些伪科学的置信度。即使在伪科学理论错误的前提下，她也很可能碰到它们的支持者。

这并不是说纯粹贝叶斯主义者从来不会改变想法。但在这种情况下，需要的是非同寻常的数据 D。要让置信度转移到某个替代理论 A 上的话，那么 $\mathbb{P}[D|A]$ 都必须远大于任何可能理论 T 的思想实验项 $\mathbb{P}[D|T]$。然而我们会在第 10 章看到，选择偏差实际上会导致 $\mathbb{P}[D|T]$ 通常相当大，甚至对于那些看起来很神秘的数据 D 来说也是如此 [3]。要使替代理论 A 一下子变得与 T 一样可信，$\mathbb{P}[D|A]/\mathbb{P}[D|T]$ 就必须至少能媲美这两个理论的先验置信度比值的倒数，也就是 $\mathbb{P}[T]/\mathbb{P}[A]$①。然而近几个世纪以来，日积月累的科学知识让第二个比值巨大无比。正如卡尔·萨根所说："非同寻常的断言需要非同寻常的证据。"我们刚才正是以贝叶斯主义为基础证明了这个原则的有效性！

又或者说，为了让贝叶斯主义者从根本上改变想法，就必须向她提出从未考虑过的理论——这个论证作为说服纯粹贝叶斯主义者的方法并不成立，因为我们

---

① 请用贝叶斯公式证明这一点！

将会在第 7 章看到，纯粹贝叶斯主义者知道所有（可计算的）理论。这种替代理论的基础也应该有如主流物理理论那样可信。另外，这样的替代理论同样应该能很好地解释科学史上的物理观察结果。最后，替代理论还应该能对特定的现象做出更好的解释，正如水星轨迹和爱因斯坦广义相对论的情况。

反过来说，即使经验数据严重缺失，纯粹贝叶斯主义者也可以对某些断言赋予非常大的置信度。例如，如果我对纯粹贝叶斯主义者说，我之前攀登过喜马拉雅山脉上一座海拔超过 6000 米的高峰，然后又对她说这次登山十分痛苦，那么她无须经验数据就会相信，以我的健康状况来说，这次登山并不是小菜一碟。如果纯粹贝叶斯主义者仅凭几句证言就相信了我当时的疲惫，那是因为她怀着深深的偏见，认为我缺少无须把肺咳出来就能攀上高峰的能力。

偏见拯救科学

在科学家对经验中的反常情况的处理上，偏见也能得出非常有用的结论。我们之前也提到，在 OPERA 实验团队认为探测到了以超光速运动的中微子时，迎接这个消息的是遍及全球的怀疑。不仅理论物理学家提出了怀疑，就连实验者自身也很怀疑！之后不出任何人的意料，人们发现了实验有缺陷。物理学家对于爱因斯坦的狭义相对论——它断言任何粒子的运动都不可能超越光速——的置信度是如此巨大，以至于"实验有错误"的假设比"爱因斯坦的理论出错"更可信。

更奇怪的是，即使是数学家也可能对某些未被证明的数学定理持有巨大的置信度。今天，绝大部分数论学家相信著名的黎曼假设 [4] 是真的，许多人认为它是数学中最负盛名的未解难题。这种信念是如此强烈，以至于现在有大量定理从黎曼假设正确的前提出发，探索它的推论。

计算机科学家同样对 P ≠ NP 这个猜想持有相当高的置信度，很多人认为这个猜想是理论计算机科学中最负盛名的问题。即使这样的置信度并非基于严谨而无可争议的数学证明，但它仍然有理有据，特别是在贝叶斯主义的看法中。如果你想更好地理解数学家对未被证明的数学定理的置信度从何而来，我只能推荐你阅读斯科特·阿伦森的一篇优秀博文 [5]。实际上，阿伦森对 P ≠ NP 的置信度是如此巨大，即使证明 P＝NP 或类似结果的数学论文被发表，对其置信度的改变也非常微小。对于阿伦森来说，更可能发生的情况是这些论文有问题。历史证明，他到目前为止都是对的——这只会加强他对 P ≠ NP 的置信度。

同样的推理对更受争议的话题也成立。在 2016 年，美国政府决定允许转基因蘑菇不经过测试流程即可商业化 [6]。这一决定在转基因产品名声不好的欧洲激起了大量反对声音。允许转基因产品上市已经饱受争议，而不经过测试流程似乎更是丑闻，是对公共健康的威胁！

然而，科学家却怀着喜悦和希冀接受了这一消息。一些生物学研究者表示："研究界对此新闻感到非常满意。"这些研究者难道不是在扮演疯狂科学家？他们是否真正意识到这些东西对人类健康的潜在威胁？他们难道不是正在创造有如弗兰克斯坦的怪物？

要理解这些科学家的观点，最简单的方法就是带着（有理有据的）偏见去思考。首先你要知道，生物体中的基因无时无刻不在改变。的确，在每次繁衍之中，两性的基因会重新组合，构成一条新的 DNA 链，它此前几乎肯定从未存在过。除此之外，DNA 的突变也会不断累积，改变生物体的基因。

在自然中，紧接着发生的就是自然选择这一现象，它更青睐某些与其他个体相比基因有所改变的生物。农业中也有类似的现象，它被称为人工选择，跟自然选择一样更青睐某些个体。被人类驯化的物种，无论是动物还是植物，在数万年的时间内经受着这样的人工选择。它颠覆了这些被选择的生物，将富有侵略性的狼转变为温和的吉娃娃，将细小、难吃又有巨大果核的野生香蕉改良成了我们每天食用的香蕉品种。围绕着我们的这些生物个体，与数十个世纪之前相比，都已经在基因层面上发生了改变。

但这还不是全部，还有对本地生物多样性的改变，其原因包括对单一品种的大规模利用、对来自地球另一端的众多物种的引进、对农药和杀虫剂的大规模应用，以及最近发展出来的利用紫外线辐照加速基因突变的新技术。

所有这些对基因组的改变不仅迅急，而且缺少控制。被改变的物种面临着巨大的不确定性。正是这些因素让纯粹贝叶斯主义者在面对这些改变对人体健康的潜在危害时提出先验的疑问——即使对数十年来日积月累的众多科学研究进行的荟萃分析明确指出，转基因产品对公共健康来说并不比传统农业更危险。

但自 2012 年起，生物研究者发现了一种编辑生物基因组的全新方法。这项技术名为 CRISPR Cas9，能够逐字编辑基因组。换句话说，它能让我们确切地知道基因组发生的改动①。这样一来，纯粹贝叶斯主义者认为，与由对基因组改变的控制更宽松的方法得到的其他农产品相比，利用 CRISPR Cas9 经过严格控制的实验流程得到的转基因产品于**先验**而言更可靠。因此对于有关科学专家来说，通过 CRISPR Cas9 得到的转基因产品无须测试即可被批准商业化这一消息并没有引起什么焦虑。转基因产品比利用传统方法得到的品种更安全，纯粹贝叶斯主义者对此抱持着言之有据的强烈赞同偏见。

无论是转基因产品还是医学诊断，琳达问题还是法庭审判，实验科学还是理论科学，纯粹贝叶斯主义者在思考时都不能将偏见弃之不顾。这些偏见就是她的秘密武器，也是她的预测能成功的原因。

贝叶斯主义者对万物均有偏见

考虑某个没怎么被研究过的假设 H，它与我们几乎没有数据的事物有关②。我们应该相信 H 吗？与其冒着犯错的风险，某些科学家断言最好回答"我不知道"或者"我对此不了解"。某些贝叶斯主义者会进一步说，考虑所谓的**无信息先验分布**是一个合理的选择。这通常是一个**均匀分布**，也就是说它不偏向于任一假设。这样的话，无论 H 正确还是错误，假设 H 正确的先验概率是 1/2 似乎很合理，或者说，应该向其赋予 1/2 的先验置信度。但出于数种原因，这种做法依我看来问题重重。

第一个原因是最本质的。这种立场一般与贝叶斯主义不兼容。通常来说，即使我们对 H 没有多少研究，它也与我们研究过的问题、收集数据的对象有联系。

---

① 然而 CRISPR Cas9 目前还有一定的"脱靶效应"，即错误编辑基因组的其他地方的情况，但它相比此前的技术大有进步，目前研究者也正在探求尽量降低脱靶效应的方法，而在基因编辑后对编辑后的生物进行测序筛选也能有效降低甚至消除脱靶效应的影响。——译者注

② 作为参考，你可以将 H 看作这个假设：大爆炸不过是更古老宇宙收缩的反弹。

本章中的所有例子都典型地属于这个情况。当谈论琳达问题、太阳、审判、阴谋论、数学定理或转基因产品时，我们手头上就有大量关于这些对象事先考虑到的想法和数据。更糟糕的是，我们之后会在第 13 章谈到的斯坦悖论证明了，对知识的割裂（在统计学意义上）是不可容许的。也就是说，对于贝叶斯主义者（他们的思考都是可容许的）来说，即使过去经历的对象表面上与 H 毫无瓜葛，也不可能对 H 的置信度毫无影响。因此，我们恰好得到 $\mathbb{P}[H|V]=1/2$ 的可能性就微乎其微了。

第二个原因出于动机。回答“我不知道”就是屈服于懒惰。正如庞加莱所说：“怀疑一切与相信一切是两种同样便利的解决办法，二者都让我们免于思考。”特别是，对先验概率 $\mathbb{P}[H|V]$ 的计算精细而困难，但它在技术上不过是计算而已。即使我们不是能够瞬间完成这种计算的纯粹贝叶斯主义者，不去花点时间找到足够好的近似似乎也不合理。当然，不要忘记这种启发式计算只不过是粗略的近似。

要注意，近似的有效性有可能被纯粹理论化的论证所动摇——典型的论证就是证明某些被忽略的计算实际上对近似的精度有着巨大的影响。但最重要的是，为了找到一个理由来进行这些困难又容易出错的计算，我们必须先说服自己，“我不知道”这个回答并不能令人满意。

第三个原因关乎教育。我们如果从不表露偏见，那就永远不会暴露出错误，也就不会意识到我们的无知 [7] 以及无意识偏见的偏差 [8]。要对抗自信过度，我认为不将否定自己偏见的机会拒之门外似乎更可取。与其说“我不知道”，我更希望说出“我可能搞错了，但我敢打赌……”“我有个幼稚的想法，我觉得似乎……”或者“在发现 X 之前，我认为……”之类的话。明确说出自己的偏见，也能帮助我们更易明确看出这些偏见在经验数据上的不足之处，也就更容易让我们改变想法，我们也会更习惯拥有动态变化的信念。**学习是一支舞蹈**，那我们就一起起舞吧。这样我们就能更容易地识别出那些可以合理地相信自己直觉的情况，以及与之相对的那些直觉不怎么可靠的情况。在这些情况中，我们也更容易将判断交给数学模型或者公认的权威人士。

第四个原因关乎趣味。是的，因为发现自己的预测正确是件愉快的事情——你只要看看那些明知结果却还在重复实验的物理学家就知道了。但更重要的是，发现某种很有说服力的直觉实际上是错误的，这也许会带来极致的快乐 [9]。那些相信探测到超光速中微子的物理学家 [10]，还有那些发现相邻素数的间隔并非随机的数学家 ① 体验到的正是这一点！正如伊萨克·阿西莫夫所说："科学中最激动人心的话语（……）并不是'我发现了!'，而是'这有点怪啊……'。"没有经历过发现反直觉事实的狂喜，就不可能理解为什么它对科学家来说是生活的意义。然而，这种狂喜的关键并不在于事实违反直觉，而是在于非常可信的偏见仍然被否定了。

不幸的是，在实际生活中，我们的社会环境、教育环境和工作环境倾向于给错误蒙上污名。我们害怕出错。正因如此，"我不知道"或 $\mathbb{P}[H|V]=1/2$ 就成了如此流行的逃避方法。但这也有着非常严重的后果，特别是在数学学习中。因为数学是最容易发现错误的领域，为了避免任何错误，闭上嘴巴不表露对数学猜想的任何偏见就成了诱人的选择。更糟糕的是，这让很多人在数学上承受着某种"障碍"，甚至到了"数学焦虑"一词在英语版维基百科上拥有自己页面的程度。这种症状远不止影响到那些数学"糟糕"的人，它也会让那些太害怕出错的人出现数学能力下降的现象。

与之相反的是，我预科班第一年的数学老师，也就是让我发现数学乐趣的人，在评价我们对数学问题的解释时，毫不犹豫地说出"我相信"或者"我不信"这样的话——这一般不是委婉的说法！对我来说，意识到这一点是种解放。我们可以轻松对待数学，打赌某个定理是否正确，或者某个证明（想法）是否可行，而这也意味着，我们在这样做的时候有可能出错。但很多时候，犯下这样的错误是超棒的 [11]！正是直觉上的错误让直觉本身得以进步，观察到数学直觉的进步也同样令人愉悦！简而言之，比起其他领域，在数学中发现直觉上的错误可能是有效而正确的学习中必不可少的一环。

但这种对错误的讴歌也可能让你吃惊甚至陷入困境。医生开错药方或者切开了错误的血管可不是应该庆贺的事。同样，我们也倾向于认为，自承其罪的政治家不配得到更高的职位。在有可能影响深远的公开发言中，与其说出存在问题的发言，或者用蠢话"污染"辩论，表态"我不知道"似乎是正确的修辞策略，特

---

① 我们会在第 14 章再谈到这个话题。

别是，这也可以用来强调相关问题有多困难。

此言非虚，但我们也要看到所有这些例子中都存在道德（或者策略）层面的问题。然而贝叶斯主义并非道德哲学，所以对于什么才是**合乎道德**的行为，或者出于个人的观点应该怎么做，贝叶斯主义并没有什么论述。贝叶斯主义是一种知识哲学，它的目的是将学习和知识组织起来，而在这个意义上，我觉得为自身的错误而庆祝是合适的。

在更一般的情况下，贝叶斯主义对于**任何事情**都**强制要求**进行（概率性）预测的计算①。贝叶斯主义者总有某种偏见②，不能说出"我不知道"。概率 $\mathbb{P}[H|V]$ 必然有某个准确值，而这个准确值基本不可能恰好是 1/2。对于贝叶斯主义来说，深埋这种偏见是非常不理性的行为 [12]。

错误的偏见

这种对偏见的赞美相当惊人。毕竟在日常生活的语言中，"偏见"一词有着非常负面的含义，这也事出有因。偏见似乎会不可避免地导致各种不平等待遇和歧视。然而，我们需要认识到，知识哲学与知识的使用之间有着本质上的区别。

在探讨这个关键问题之前，我们可以回忆一下，许多偏见是非贝叶斯的，意即它们并不是通过贝叶斯公式（的近似）得到的。其中大量偏见甚至与概率定理相悖。我们已经见识过了，即使是最伟大的数学家也有无法正确应用贝叶斯公式的时候，哪怕他面对的情况相当简单。我们的偏见都没有坚实的基础，如果没有花上长时间思索偏见的来源的话就更是如此。

在推理中反复出现的漏洞之一就是贝叶斯置信度语境的缺失。比如说，有些西方电影和电视剧展现亚洲人不会开车的刻板印象。好笑的是，人们居然可以提

---

① 蒂博·吉罗谈到了所谓的知识论赌局，也就是手枪对准太阳穴的赌局。我们可以犹豫不决，但吉罗认为，比起在 H 或者非 H 上押注，抛硬币做决定更不理性，除非我们已经精确计算出 $\mathbb{P}[H|V]=1/2$。

② 当然，贝叶斯主义者对这种偏见的可靠性也有偏见，特别是面对专家的偏见，或者要考虑某个仍未了解的模型时。

出理由去相信这种刻板印象。比如，在有些亚洲国家，并不是人人都喜欢驾驶汽车，因为那里的交通十分拥挤，骑轻便摩托车或者搭公交车出行或许更方便。所以，比起汽车至上的美国人来说，认为亚洲人开车没那么好，似乎也有道理。然而，如果考虑某位在西方国家成长的亚洲人（比如我自己），他与美国人的驾驶水平差距就远远没那么明显，甚至基本不存在。**没有语境和质疑，概率检验就出问题。**

同样，任职于瑞士洛桑、纳沙泰尔和日内瓦等地大学的犯罪学与刑法教授安德烈·库恩认为，外国人的犯罪率更高。如果我让纯粹贝叶斯主义者考虑一位法国人和一位外国人，她对这位外国人犯罪的置信度会比对法国人犯罪的置信度稍微高一点。然而，如果我现在告诉她，两人都是年轻男性，社会经济地位不高，那么安德烈·库恩表示，纯粹贝叶斯主义者现在对两人犯罪的置信度应该相仿。实际上，纯粹贝叶斯主义者对外国人犯罪的置信度稍微更高的原因主要是，外国人年轻、性别男且社会经济地位不高的概率更大，这正是犯罪风险的三个主要因素。然而，一旦我们将两个人放入适当的语境，对纯粹贝叶斯主义者来说，他们到底是法国人还是外国人，对两人各自犯罪的置信度的影响就微不足道了 [13]。

一般来说，我们更喜欢描述、发表和阅读类似"A 导致 B"的因果关系。用概率术语来说，这相当于说 $\mathbb{P}[B|A]$ 远远大于 ①$\mathbb{P}[B|$ 非 $A]$。然而，这种一般化的说法一般来说并不适用于每个个体。这是因为每个个体 A 都有各种各样的特征 Z 将他与一般而言的个体 A 区别开来。适用于这个个体的数值就不是 $\mathbb{P}[B|A]$，而是 $\mathbb{P}[B|A, Z]$。然而，这两个数值可能天差地别。典型的例子就是身体质量指数（BMI），它可以用于有效地描述不同的人群，但是它对于特定个体不一定有着决定性的意义 [14]。当然，问题在于对 Z 所有可能的情况列出对应的 $\mathbb{P}[B|A, Z]$ 的话，那这样的事情就登不上报纸头条了。

更糟糕的是，这种因果关系在实际中的意义可能相当有限。的确，通常最有意义的问题是，如果某个人 Z 去做某事 A 的话，是否有可能得到 B。然而，如果将"特地去做 A"记为 A' 的话，那么 A' 跟 A 并不是一回事。举个经典例子，进行肌肉锻炼的人可以举起重物，但你如果接受一场他们的训练，那么有可能之后一

---

① 我们会在第 13 章看到，这并不完全是费希尔认为"A 导致 B"这句话包含的意义，但上面的批评意见对于费希尔的定义仍然适用。

段时间什么也举不起来了！所以，要对个体 Z 提出有用的建议，最重要的数值是 $\mathbb{P}[B|Z, A']$，而不是 $\mathbb{P}[B|Z, A]$。不幸的是，对 $\mathbb{P}[B|Z, A']$ 的估计通常要比 $\mathbb{P}[B|Z, A]$ 困难得多，比 $\mathbb{P}[B|A]$ 更是难到不知哪里去了！

　　众多偏见并不正确的另一原因，是为了更新置信度而进行的观察结果之中的偏差。这本质上还是语境的问题。我们必须意识到，这些观察结果同样被语境所影响，而且也许并不能代表其他语境中类似的观察结果。当我跟一位导游说我是个数学研究者的时候，他的回答让我大跌眼镜："但是……你也不是很老啊！"很奇怪的一点在于，人们对数学研究者最普遍的印象就是蓄着胡子的智者。然而，正如我在纠正他时说的那样："那些老数学家也有年轻的时候。"我无须严格的证明就说服了他。

　　然而，过分短视的推广、对次要特征的过度解读以及描述中的偏差，只是我们的偏见不准确的成千上万个原因之中的一小部分。除此以外，还有其他广为人知的认知偏差，比如确认偏差、认知失调以及认知捷径导致的偏差。值得一提的是，偏见不准确的重要原因之一就是它们通常建立在口耳相传而不是经验数据之上。与依赖基于贝叶斯公式的计算（哪怕只是近似）相比，我们的置信度通常更依赖喜爱与敬佩之情，这种情感来自尝试说服我们的那些人的魅力、修辞和形象。

　　人们常常指责贝叶斯主义者，说他们能选择不同偏见来扭曲他们的结论。的确，对于任何可能的结论，都存在可以得出这个结论的偏见。我愿意承认这一点。在各执一词的疯狂支持者之间的辩论中，他们唯一的目标就是胜利，而贝叶斯主义的方法的确难以辩护。如果你的目的是说服并赢得最多人的青睐，我会首先推荐你看看修辞、"标题党"和挑衅的艺术 [15]，还要（几乎）完全忘记一切知识哲学。一阶逻辑并不能让你收集到更多签名或者拥有更多话语权。

　　在对经济效益重大的企业产品进行测试（比如评测、撞击测试或者质量认证）时，刚才的问题也同样关键。在这些情况中，人们更青睐简单、明确的流程。然而合适的偏见通常极端复杂，难以建模、描述或理解。不幸的是，测试流程的可阐释性通常与贝叶斯主义的基础并不兼容。

　　虽说如此，如果在交谈时，你与对方的首要目的都是更好地理解这个世界，即使这可能要用到你不喜欢的模型，那么我认为一开始必须做的就是明确双方的偏见，然后尝试解释这些偏见的来源。只有当这些偏见足够清晰，变得足够符合贝叶斯主义时，你们才能稳步前进，应用贝叶斯公式以逐步逼近更好的理论。

简而言之，我们的偏见在本质上都不符合贝叶斯主义，但错误偏见的存在绝对不能证明贝叶斯式偏见并非必要。这样做就相当于因为没有人能理解逆否命题而弃用演绎逻辑。

偏见与道德

话虽如此，纯粹贝叶斯主义者仍然没有排除某个人的出身会影响其生理或文化特征的可能性。视频制作人莱奥·格拉塞曾这样断言 [16]："正如自然选择的情况会根据不同地区变化一样，人类群体之间的基因组成也不相同。"忽略这些差异在科学上也就站不住脚。在贝叶斯的意义上，认为个体的遗传与社会出身不会影响我们对其各种特征、能力与习惯的置信度，这种想法并不理性。

最敏感的问题并不是差异的存在，而是经常依附于不同遗传背景的道德判断。欧洲白种人消化乳糖的能力比亚洲人更好，这一能力并不能作为社会或道德优越性的理由。至于智商和数学学习的平均水平，与之相关的似乎是经济水平与教育质量，而不是我们的基因组。即使事实并非如此，认为智商更高证明地位优越的想法也只是一种基于道德判断的社会建构。作为知识哲学的贝叶斯主义对道德判断并没有什么特别的看法。

正因为道德判断和伦理如此关键，我们在本书的最后一章仍会谈到这些话题。对于被称为**效果论**（consequentialism）的规范道德哲学来说，贝叶斯主义在其中扮演了无可替代的核心角色。但作为本章的结尾，我可以现在就强调为什么展现自己的贝叶斯置信度不一定是好事，即使这些置信度都是根据贝叶斯公式计算出来的。让我举一个最显然的例子：你朋友很自豪地做了个不怎么样的西式馅饼，但你不必告诉他你内心的真实想法。通常来说，如果谎言可以让对方内心更好过，那么这种"撒谎"就是合乎道德的——虽然康德和他的信徒不会同意这一点。

关于偏见也有一个这样的例子，它可能更微妙，但同样令人烦躁甚至伤人。当我还小的时候，几百人的学校里只有两个亚洲学生，我就是其中之一，而且我不认识另一个亚洲学生！当时我是班里最矮的。关于我亚洲人身份或身高问题的评论或笑话并不一定很伤人——虽然被人起外号不是什么令人舒心的事。令我烦恼的地方在于，每一次我新认识一个孩子，这个孩子就会在我面前重复对我的种种先入之见。我总是受到这种"优待"，一直碰到相同的刻板印象。正是这种反反复复才让我难以忍受。**不，我不会功夫。**

花一年改正一项偏见并不难，这就是那些在外貌上没有显著特点的人面对的情况。但在孤立无援的情况下，每天改正同样的偏见二十次就更困难、更累人，也更令人不快。不过，我的尼泊尔导游在整整十五天里一次又一次地向其他尼泊尔人解释我不是尼泊尔人，看到他的不快我也忍俊不禁。

但还有更糟糕的，比我更应该抱怨的大有人在。有些人经常由于他们的外貌或出身带来的（也许有根据的）偏见而处于劣势。在求职面试、司法审理或者申请援助时，这个问题尤其突出。各种激励措施与它们在备受偏见的受害者身上产生的恶劣后果，形成了强烈对比，我们之后在探讨博弈论时会再谈论这个问题。为了避免这种恶果，建立适当的道德哲学体系必不可少。我们会在本书的最后一章再次讨论这个话题。

与技术创新一样，偏见有好有坏。虽然如此，我在上文中怎么强调也不为过的是，偏见首先对于思考来说必不可少，它是理性思考的先决条件。对纯粹贝叶斯主义者来说，只有那些运用自身偏见的人，才有希望达到理性。

（贝叶斯公式）在贝叶斯生前没有任何应用，但今天，由于计算机的出现，这个公式被日常应用在气候变化建模、天体物理学与金融市场分析中。

比尔·布赖森（1951—　　）

在每个非贝叶斯主义者心里，都有一名贝叶斯主义者挣扎着想获得自由。

丹尼斯·林德利（1923—2013）

第6章
贝叶斯主义的"先知"

一段起伏跌宕的历史

在很长一段时间里，频率主义者及其精神领袖罗纳德·费希尔都在迫害一批人，在他们眼中那只是一个默默无名的小学派。整整两个世纪，贝叶斯主义寥寥可数的几个忠实信徒必须秘密行动，他们不敢公开承认自己的异端信念。被频率主义禁止之后，贝叶斯主义有几次甚至被逼到了灭绝的边缘。

但依靠普赖斯和拉普拉斯的古老典籍，一小群虔诚的使徒守住了贝叶斯主义的明灯。这些贝叶斯主义的先知知道如何将贝叶斯的信条应用到现代社会中，无论是金融、工程还是科学领域。当今，一些著名大学甚至开始每周举办集会，邀请那些信徒与见习者反反复复阅读贝叶斯的箴言。现在，人们对贝叶斯主义的态度产生了如此大的改变，即使是在学术圈，承认自己是贝叶斯主义者也不再不可理喻——虽然当我为贝叶斯主义辩护时，仍然经常有人向我投以怀疑的眼光。

我花这个时间构建这个隐喻，是因为贝叶斯主义的历史本身就很激动人心，也代表着科学史的特点。与人们通常的叙事相反，科学并不只是一系列智者的灵光一现与理性的胜利。在思想的演进中，滥权、嫉妒与对抗扮演着同样重要的角色。数个世纪以来被最优秀的智者否定的想法，最后也可能会被科学共同体接受。

据作家莎伦·麦格雷恩所说，这正是贝叶斯主义的遭遇。麦格雷恩甚至为贝叶斯主义那难以置信的历史写了整整一本书，并且不惮于给它起了这样一个标题：《死不掉的理论：贝叶斯法则如何破译恩尼格玛密码、追踪发现俄罗斯潜艇并赢得一场两个世纪的论战》(*The Theory that would not Die: How Bayes' Rule Cracked the Enigma Code, Hunted down Russian Submarines, and Emerged Triumphant from two Centuries of Controversy*)。

在本章中，我提议大家一起探索贝叶斯主义那曲折动人的历史。为此，讲一点关于 17 世纪的闲话很有好处，那正是布莱兹·帕斯卡和皮埃尔·德·费马终于尝试将概率这个概念数学化的时代。

概率论的起源

帕斯卡和费马当时考虑的问题，就是当纯粹靠运气的赌局中断之后，怎么根据当前的比分来分配赌金。比如说，想象一下两位玩家各自赌上 10 欧元，进行一盘抛 11 次均匀硬币然后比较正反面出现次数的胜负。押注在次数较多（即出现 6 次或以上）那一边的玩家就能把赌上的全部 20 欧元收入囊中。假设在赌局因事中断时，比分是 4-0，那么应该如何公平地划分赌金？

从直觉上来说，4-0 领先的那一方应该分到更多的赌金，因为他最后获胜的概率更大。但他应该获得其中几分之几？为了得到严谨的答案，帕斯卡和费马需要确立一种方法来传播每一次抛硬币的不确定性。换句话说，他们知道了原因——赌局不确定性（也就是每一次抛硬币的不确定性），需要由此确定结果——两位玩家最终获胜的概率。帕斯卡和费马需要构建一套关于概率的演绎逻辑。这让他们奠定了概率论的基础，还引入了数学期望和二项分布等概念。

但帕斯卡和费马的理论仍然很不完善。真正赋予概率论血肉的人，可能是亚伯拉罕·棣莫弗。在 17 世纪末，棣莫弗因宗教迫害逃离法国，在英国皇家学会这个充满智识的环境中受到了庇护，而且可以与艾萨克·牛顿、约翰·沃利斯和约翰·洛克等人共处。在那里，他发表了题为《机会论》（*The Doctrine of Chances*）的开创性著作。该书初步概述了数学中最漂亮的定理之——中心极限定理。用这个定理可以推断出，如果将无数个微小的独立随机扰动加起来，得到的随机变量遵循怎样的概率分布。

神秘的托马斯·贝叶斯

然而，概率论中还有一个问题，棣莫弗不知道如何解决，该问题回应了大卫·休谟的哲学思考，我们在第 4 章就已经谈到过这位早于棣莫弗出现的哲学家。这个基础性问题叫作逆概率问题，但它其实就是关于归纳的问题，也就是在已知结果的前提下计算不同原因的概率。

这就是加尔文宗的教会牧师托马斯·贝叶斯出场的时候了。正如好数学家碰到难题时所做的那样，贝叶斯首先考虑了一个简单的例子。他想象有一张桌子，上面（均匀）随机地放着一个白球，而贝叶斯本人背向桌子，对白球位置一无所知。然后，贝叶斯必须从白球位置引出的结果出发，判定这个位置，或者至少给出对应的可能性。

贝叶斯的助手会将一个黑球放在桌面上，位置同样（均匀）随机。贝叶斯仍然背对桌子，同样不知道黑球的位置。接下来，贝叶斯向助手提问白球到底在黑球的左边还是右边，助手会回答他的问题。然后，这位助手会用第二个黑球重复同样的步骤，告诉贝叶斯这个新的黑球到底在白球的左边还是右边，然后重复第三个、第四个黑球，以此类推。

如果知道白球位置的话，贝叶斯就可以计算助手的每个答案的概率。所以白球位置应该是助手对贝叶斯的提问做出那些回答的原因（之一）。逆概率问题就是在已知结果的情况下确定原因，也就是在已知助手的回答的情况下，确定白球的可能位置。你可能也猜到了，贝叶斯正是通过直觉，得到了以他的名字命名的公式，从而解决了确定白球（可能）位置这个问题。

你可能会觉得，这样就终结了逆概率的问题。事实远非如此。正如本章中将会谈到的众多统计学家那样，贝叶斯行事隐秘，没有发表他的神奇公式。他是不是害怕引起论战？这似乎不太可能。他在世时曾经挺身反对乔治·贝克莱对牛顿建立的新数学体系的批评[1]。他是不是害怕质疑自己的宗教信仰？肯定不是，因为他发展逆概率理论的重要目的就是强调原因这个概念，而原因可以追溯到所谓的第一因，从而证明上帝的存在。

为什么贝叶斯没有发表他的公式？最可信的解释之一很简单，就是他没有看到他这个公式全部的美，或者自己也不相信这种美。无论如何，不少专家赞同，贝叶斯很可能不是贝叶斯主义者。

1763 年，在贝叶斯辞世两年之后，他的公式才最终得以发表，这要归功于理查德·普赖斯的不朽之作。实际上，在这两位智者之中，普赖斯反而比贝叶斯更像一个贝叶斯主义者，但他其实也没有那么秉持贝叶斯主义。另外，他同意投入出版贝叶斯遗作这一工作，动机似乎是为了证明上帝的存在。普赖斯这样断言："我的目标就是弄清我们究竟出于什么原因相信，物体的组成中存在一些固定法则，而这些法则正是物体产生的依据；我们又为何会相信，世界的框架也因此必然源自一个智能本因的智慧和能力。所以，（我的目标就是）通过终极原因确立上帝的存在。"

拉普拉斯，贝叶斯主义之父

实际上，称得上贝叶斯主义者第一人的并不是英国人，而是法国人皮埃尔－西蒙·拉普拉斯。拉普拉斯是历史上最伟大的数学家之一，他大概也是我心目中最伟大的英雄。长久以来，他为人们所熟知的原因是他对数学分析及其在天文学中的应用所做的工作，他将这些工作成果集结成五卷题为《天体力学》（*Traité de mécanique céleste*）的著作并发表。特别是，这本巨著给出了关于太阳系稳定性问题的新解答。牛顿此前已经证明了，如果宇宙中只有地球和太阳，那么它们就会组成一个稳定的系统，直到时间的尽头。然而，如果这个模型必须包括木星的话，那么相应的方程就无法求解。牛顿最后举手投降，得出的结论是只有上帝的干预才能给予这个复杂系统秩序，将行星的轨道稳定下来。

装备上以他自己的名字命名的"拉普拉斯变换"等新数学分析工具之后，拉普拉斯成功给出了太阳系其实无须上帝的干预也很稳定的理由。拿破仑·波拿巴在阅读了拉普拉斯的《天体力学》之后，问了一句："牛顿在他的书里谈到了上帝。我看了你的书，这个名词在里面一次都没有出现过。"拉普拉斯的回答是："我不需要上帝这个假设。"

然而，拉普拉斯并没有完全严谨地解决太阳系稳定性的问题，而我们绝不能责怪他。之后一代又一代数学家在这个困难得超出想象的问题上磕磕绊绊，其中包括卡尔·弗里德里希·高斯、亨利·庞加莱、安德烈·柯尔莫哥洛夫、雅克·拉斯卡尔和塞德里克·维拉尼。正如庞加莱在他自己的一篇本应证明了太阳系稳定性的论文中找出了错误那样，数学界与天体物理学界对于太阳系稳定性的置信度也是左右摇摆的。在今天，雅克·拉斯卡尔的模拟似乎获得了科学界的肯定。这些模拟预言：太阳系将在很长一段时期内变得不稳定。但请放心，要看到这一天还需要相当长的时间。

拉普拉斯在解决这个问题时遇到的困难之一就是手头上的观察结果不够准确。需要说明一下，这些数据来自公元 1000 年左右的阿拉伯人、公元 100 年左右的古罗马人、公元前 200 年的古希腊人，甚至公元前 1100 年的中国人。但不巧的是，当时的测量仪器都不够精确。拉普拉斯手头的数据是错误的，但他是怎样还能够探索这些含有错误的数据的呢？

拉普拉斯着手研究这个问题的角度也是典型贝叶斯式的。他知道此前数个世纪天文学家的观察结果，而且需要从中推断错误的原因——天体在天空中真正的位置。在意识到这个问题的结构之后，即使他当时似乎还没有听到有关贝叶斯的发现的风声，拉普拉斯还是正面进攻了这个逆概率问题。1774 年，拉普拉斯发表了《论事件原因存在的概率》（*Mémoire sur la probabilité des causes par les événements*）。这是多么出色的文章！他在论文中结合了棣莫弗之前的工作、拉格朗日创造的分析工具以及他本人的才华，以最广泛、最壮丽的方式确立了贝叶斯公式。

拉普拉斯的兴趣并不止于天文学。在之后的岁月里，他将想法发表在了两部著作中。在书中，他将数学延伸到了通常的应用领域以外。拉普拉斯还特别提出，除了可以将他的概率理论应用到天文学等自然科学之外，还可以应用到社会科学、目击证词、医学检验、法庭审判、人口普查等许多其他问题上。拉普拉斯还亲自利用自己的新理论来研究新生儿的性别，这让他以很高的置信度得出了结论：新生儿更可能是男孩而不是女孩。

对拉普拉斯来说，概率推理不过是常识的数学化。他肯定将贝叶斯公式看成思考的**正确**方式。然而，他也意识到同时代的人在应用这个公式时会重复犯下某些错误。与他同时代的人的"常识"被谬论侵蚀了。因此，拉普拉斯的著作中有一部分可以被看成认知科学的萌芽。

在他生命最后的时光中，拉普拉斯同样发展了非贝叶斯式的统计方法，它们特别依靠于他证明的中心极限定理。所以拉普拉斯也理解，对于足够大的数据集来说，这种频率主义式的做法等价于贝叶斯主义式的做法。出于处理大量数据时的便利性，拉普拉斯最终更倾向于在众多实践事例中利用非贝叶斯式的方法。拉普拉斯是一位实用贝叶斯主义者。

拉普拉斯接续法则

现在我们先讨论拉普拉斯 1774 年的文章中最巧妙的计算之一。为了展示他关于逆概率的理论，拉普拉斯引入了一个例子，其中有一个罐子，里边有大量白色和黑色纸条。这个例子实际上与贝叶斯提出的那个问题非常相似——学数学的人会说，这两个问题是**同构**的。假设罐中白色纸条的比例是未知的，拉普拉斯从罐中随机抽取了一张纸条 ①，那张纸条是白色的。我们可以对罐中白色纸条的比例有什么想法？如何解释抽取的纸条是白色的？抽出一张白色纸条的原因是什么？

频率主义的斗士费希尔很可能就会举手投降，说这个问题毫无意义。对费希尔来说，这是一个非统计学、非科学的问题，甚至是一个**没有意义**的问题。

拉普拉斯可不这样想，他提出了一个聪明的想法，就是以抽纸条之前对白色纸条的比例的**偏见**为出发点。拉普拉斯进行了先验的假设，认为白色纸条的比例是 0 和 1 之间的一个（均匀分布的）随机数。要注意到，拉普拉斯的这一随机变

---

① 根据下文，这里抽取出的纸条应该放回罐子，以保持白色纸条的比例不变。——译者注

量并不代表真实的不确定性，而是代表了他（主观上的）无知。

无论如何，拉普拉斯之后进行了贝叶斯式的推理，目的是根据抽出纸条的颜色来更新他的偏见。在应用贝叶斯公式（其实是拉普拉斯自己的公式）之后，拉普拉斯得出了这样的结论：白色纸条的后验比例仍然是一个在 0 和 1 之间的随机数。但如果要预测从罐中抽出的下一张纸条的颜色，那么他会向白色这个可能性赋予 2/3 的概率。

在更一般的情况下，如果之前已经抽取出 p 张白纸条和 q 张黑纸条的话，对于下一张从罐中抽出的纸条，拉普拉斯会向"它是白色的"这个可能性赋予 $(p+1)/(p+q+2)$ 的概率。这就是**拉普拉斯接续法则**，可以由贝叶斯公式推导出来。

不巧的是，我在本书中无法展开叙述拉普拉斯的贝叶斯式计算需要的分析工具，但我强烈建议有兴趣的人去看看他写于 1774 年的那篇文章第 30 页中的问题 1，该文章可以在互联网上免费获取。

拉普拉斯的天才之处在于结合了两种随机性：抽取纸条的随机性，以及为拉普拉斯对白色纸条比例的无知而建模的随机性。如果与拉普拉斯同时代的人肯花时间理解他对这个问题的解答中的精妙之处，科学与科学哲学的历史可能会出现又一个转折点。

比如说，拉普拉斯的接续法则使他最终能回答休谟的问题：已知连续 j 天太阳照常升起，我们能否相信明天太阳仍会升起？

如果把每一天看成一张纸条，黑色纸条对应太阳升起，白色纸条对应太阳没有升起，那么有 $p=0$ 以及 $q=j$。所以，假如应用拉普拉斯的贝叶斯理论的话，我们就可以根据这些数据预言明天太阳不会升起的概率等于 $1/(j+2)$。

拉普拉斯援引《圣经》，选择了相当于 5000 年的天数作为 j 值，这让他得出明天太阳不会升起的概率大概是一百万分之一。面对这个荒唐的结果，拉普拉斯立刻补充道："考虑到在世界万事中存在司掌昼夜与季节的原则，且尚没有任何事物能阻碍其运转，这个数目（一百万分之一）还是太大了。"贝叶斯主义者在细化预测结果时，应该考虑自己的所有知识。

不巧的是，尽管写出了这样的评注，拉普拉斯的预测仍然引来了暴风骤雨般的批评。这个预测惹来了一遍又一遍的嘲笑，这让很多人对拉普拉斯的概率理论嗤之以鼻。拉普拉斯这个不幸的预测可能是贝叶斯主义在之后两个世纪式微的主要原因。然而奇怪的是,依照现在的知识来看,拉普拉斯的公式实际上准确得惊人!

首先,我们必须修正拉普拉斯的 j 值。今天,我们知道了太阳每天升起已经持续了大约 50 亿年。这样的话,拉普拉斯的公式就告诉我们,太阳明天不会升起的概率大概是两万亿分之一。特别是,我们其实也预测了太阳在数十亿年后就不会再升起了。然而令人饶有兴味的是,天体物理学家今天也告诉我们,太阳在 50 亿年后会变成红巨星,膨胀到把地球吞噬。即使并非出于太阳向红巨星转变的原因,拉斯卡尔的模拟也指出,地球这颗蓝色行星最终会在数十亿年后脱离轨道。真是不可思议!现代物理学给了我们两个认为拉普拉斯的预测正确的理由!

有人可能认为这是一个无法解释的神奇巧合。这毋庸置疑就是运气,因为拉普拉斯的预测本质上是概率性的——什么都可能发生!另外,如果将同样的推理应用到宇宙未来是否会消失这个问题上,那么最终似乎会失败[1]。雪上加霜的是,我在这里的阐释也不完全符合贝叶斯主义[2]。然而,这个巧合其实并不像人们朴素的想象那么神奇。想象一下,我们现在希望根据某人的年龄预测他的寿命。拉普拉斯的方法[3]得出的预测就是,这个人接下来还能活上和他目前年龄一样的年数。当然,如果这个人是新生儿或老人,那么这种预测就很有问题了。然而,这不太可能发生。在绝大部分情况下,我们碰到的是 20 岁和 60 岁之间的人,由此预测的人类寿命大概在 40 岁和 120 岁之间。

更妙的是,假设人类寿命等于 100 岁,而各年龄段在总人口中的占比不相上下,

---

[1] 考德威尔、卡米翁科夫斯基和温伯格在 2003 年的一篇题为《幻影能量与宇宙末日》("Phantom Energy and Cosmic Doomsday")的论文中,正好预言了我们的宇宙在 22 亿年后会发生"大撕裂",这再次符合了拉普拉斯的预测!

[2] 这里涉及的是后验平均值,也就是说,所有对未来的预测都基于平均后验概率。与之相对,纯粹贝叶斯主义者会将所有有关于太阳明天会消失的可信的后验概率进行积分,这会得到太阳寿命的数学期望无限大的结论。然而,数学期望并不能很好地概括纯粹贝叶斯主义者的后验置信度。这样的话,纯粹贝叶斯主义者的后验中位数恰好与平均后验概率期望值处于同一数量级。用数学语言来说,如果我们假设太阳某天消失的概率是 p,并将太阳的寿命记作 $V(p)$ 的话,我们计算的就是 $\mathbb{E}_v[V(\mathbb{E}_p[p|D])]$。真正的贝叶斯数学期望是 $\mathbb{E}_{v,p}\mathbb{E}[V(p)|D]$,而贝叶斯中位数是使得 $\mathbb{P}[V(p) \leqslant x|D] \leqslant 1/2$ 的 x 的值。

[3] 实际上,拉普拉斯希望计算的只是太阳明天没有升起的概率,而不是太阳的预期寿命。

那么概率计算给出的结果就是，人类预期寿命的平均预测结果刚好是 100 岁 [①]！

这个神秘的现象被作家艾伯特·戈德曼称为**林迪效应**，后来数学家伯努瓦·曼德尔布罗和统计学家纳齐姆·塔利布也沿用了这一名称，这个名字源自一个叫作林迪（Lindy's）的餐馆，喜剧演员经常在那里讨论怎样才能在演艺界坚持更长的时间。戈德曼注意到，某位喜剧演员之后出现在餐馆的次数与他已经出现过的次数成正比。曼德尔布罗补充道："无论某人已产生的工作量有多少，日后其工作会增加同样的工作量。"然后塔利布对这个经验观察结果做出了解释，他在这里用的是所谓的**幂律**，它无处不在，比如令人惊异的**齐普夫定律**（Zipf's law）就是其中一例。它预言了在一篇文章中出现频率排第 n 位的字母，其出现频率大概就是出现频率最高的字母的 n 分之一 [2]。

拉普拉斯的接续法则有着无比惊人的大量的实际应用，其中之一就是让人们在第二次世界大战中根据俘获的纳粹坦克的序列号，推断出坦克的总数 [②]。[3]

贝叶斯主义的寒冬

不幸的是，科学在当年还没有发展到那一步。19 世纪的智者并没有看到贝叶斯推理那令人醉心的有效性，而是几乎一致否定了拉普拉斯的逆概率。数学家乔治·克里斯特尔断言："（这些概率）已经死了，我们应该将它们体面地埋葬在看不到的地方，而不是在课本和试题中介绍它们……我们应该允许自己悄悄忘却伟人的鲁莽之处。"

对于拉普拉斯方法和理论中存在主观置信度这一点，其他人的反应更刻毒。哲学家约翰·斯图尔特·密尔对拉普拉斯提出了批评，将他的哲学形容成"心智失常"甚至是"自称科学，其实是无知"。

除了被约瑟夫·贝特朗在战争的不确定性中用于决策，以及被亨利·庞加莱

---

① 的确，如果设 $X=100$，而令 x 为随机选取的某个人的年龄，那么对预期寿命的预测就是 $2x$，然后对所有 x 的值进行积分就能得到预测的平均值。我们会得到 $\mathbb{E}[2x] = \int_0^X 2x \frac{\mathrm{d}x}{X} = \frac{1}{X}[x^2]_0^X = X$。

② 拉普拉斯接续法则也出现在了所谓的末日论证中，Monsieur Phi 和我在相关视频中对此进行了讨论，详见书后注释。

在德雷福斯事件 ① 中用于排除定罪证据的有效性以外，拉普拉斯的置信度和贝叶斯公式似乎在科学领域中销声匿迹了。

20 世纪初的情况变得更糟糕，而此时涌现了频率学派的统计学家埃贡·皮尔逊、耶日·内曼和罗纳德·费希尔。即使这些天才互不理解，却都同意应该终结贝叶斯和拉普拉斯理论中的主观性。费希尔疯狂地侮辱了这些理论，用上了"谬误的垃圾"这种字眼，而内曼在他自己的置信区间理论中完全略去了所有贝叶斯式的概念，因为"如果理论的建造从一开始就不涉及贝叶斯主义和先验概率的话，任何理论都会更漂亮"。自此之后，在几乎整个 20 世纪中，"主观""先验"和"贝叶斯"这些术语被驱逐出了统计学系。

但贝叶斯主义没有死。有几个坚定不屈的人，比如埃米尔·博雷尔、弗兰克·拉姆齐和布鲁诺·德·菲内蒂，他们认为主观概率是理解赌博必不可少的数学工具。然而，他们在当时是相对来说被忽略的一群人。

费希尔在贝叶斯主义上的劲敌是地理学家哈罗德·杰弗里斯。费希尔将他的频率主义理论出色地应用在遗传学的实验中，但杰弗里斯从中看到，频率主义如果用在地震学上会出现严重的局限性。实际上，为了研究地震波的传播而重现地震，这可相当困难……对地震的测量稀少而模糊，但在得到贝叶斯方法这一武器后，杰弗里斯就知道应该如何解释他获得的数据，并由此确定地震中心，甚至正确猜测出地球的内部是液态的。然而，费希尔否认贝叶斯方法科学性的汹汹之势淹没了杰弗里斯的心平气和。

贝叶斯主义拯救盟军

第二次世界大战打响之时，学术界的统计学家都是反贝叶斯主义者。但在学术界以外，统计学的地位也不怎么样。英国政府认识到破译纳粹密码可能成为战

---

① 德雷福斯事件是法国政治史上的重要事件。19 世纪末，法国犹太裔军官阿尔弗雷德·德雷福斯被怀疑向德军提供军事情报，后被判叛国，但后来发现泄露情报者另有其人，但当时法国军方与法国政府无视证据的有效性，仍然坚持判决，在社会上引起强烈争议。案件几经波折，最后德雷福斯被平反，但其余波大大影响了法国的政治与社会风气。——译者注

争的关键，他们为此优先聘请的是文字工作者、艺术家和历史学家。幸运的是，英国数学家也加入进来，他们自称物理学家来博取英国政府的关注。相反，统计学家却被忽略了。这可能是件好事，因为被这些"真正"的统计学家唾弃的贝叶斯公式将成为此次行动的关键。

第二次世界大战用的是一种新的密码术，也就是机械密码。纳粹军队专用的密码机叫作恩尼格玛密码机（Enigma）。恩尼格玛密码机与打字机类似，其特点是将输入内容加密并打印出来。更妙的是，要解密某段密码，只需要将它输入机器即可 [4]。

好吧，并不完全是这样。这种机器的加密和解密方式依赖于机器配置。纳粹军队每天都会使用不同的机器配置，然而，恩尼格玛密码机在出厂时就包含上百万个配置方式。更大的问题在于纳粹军队手中的机器还有额外的功能，可以大大扩充恩尼格玛密码机的可能配置总数，差不多有数万兆（10^{20}）种。要测试所有这些配置简直是痴心妄想。

在温斯顿·丘吉尔等人的推动下，英国政府逐步了解到，数学将是破译这些敌方密码的关键。在布莱切利园，一支梦之队就此结成，其中包括了彼得·特温、戈登·韦尔什曼、德里克·汤特、比尔·塔特、马克斯·纽曼、杰克·古德，当然最重要的还是伟大的艾伦·图灵。

我们会在之后的章节中谈到图灵在 1936 年关于可计算性理论的大量发现。但当时，正如电影《模仿游戏》（Imitation Game）中描述的那样，图灵很快理解了应该如何将大量计算步骤自动化，从而破译恩尼格玛密码机。这让他能够建造名为"炸弹"（Bombe）的机器，这种机器每天都能破译纳粹陆军和空军的密码。然而，纳粹海军用到了更高级的恩尼格玛密码机，而要破译它的话，"炸弹"的速度不够。更糟糕的是，纳粹当局用的密码更为复杂，其原型不是恩尼格玛密码机，而是洛仑兹（Lorenz）密码机。

图灵接受的第一个挑战就是说服英国当局，无论是纳粹海军的恩尼格玛密码机还是纳粹当局的洛仑兹密码机，都是可以破译的，而且，破译这些密码的投资并不会毫无回报。英国当局在很长一段时间内并不信服。这些密码似乎过于复杂，而要破译它们，无论是在时间、人力还是硬件上都要付出高昂的代价。然而图灵的结论是，这些都是值得的。

丘吉尔最后被说服了。他后来承认："战争中唯一真正令人恐惧的，就是（纳粹海军的）潜水艇带来的危险。"这些潜水艇已经击沉了大量从大洋彼岸驶来的补给船舶。杰里·罗伯茨上尉补充道，如果这种情况长期持续下去的话，"英国可能，甚至非常可能陷入饥荒并输掉战争"。而破译洛仑兹密码机则可以让英国直接知晓阿道夫·希特勒的意图与策略，特别是有助于知道他究竟预计英军会在法国加莱还是诺曼底登陆。

图灵的研究得到了绿灯放行，接下来就要找到正确的想法了。你可能猜到了，答案就是贝叶斯公式。图灵找到了一种试探性的方法，能以定量的方式应用贝叶斯公式。图灵用的单位叫班伯里（banburismus），简称班（ban）——这其实是一座城市的名字，它提供了用于尽可能将相关计算自动化的物资。战争落下帷幕之后，图灵于战争期间在美国遇见过的一位数学家克劳德·香农提出了班伯里的一种变体，赋予它一个今天人们耳熟能详的名字：比特（bit）。我们之后会再谈到这一点。

现在，我们先回到图灵和第二次世界大战。每当某个恩尼格玛密码机的配置方式似乎能够部分解码某条信息的时候，这个配置就会获得班伯里值，或者说是贝叶斯置信度。图灵将不同配置方式的班伯里值结合起来考虑，就能够将搜索引导到优先测试更有希望的配置上。我在这里大大简化了对相关过程的叙述，但这个过程的确能让解码速度大大提高。最后，图灵及其同事与他们的机器逐渐能够解读纳粹的大部分信息。

历史学家哈里·欣斯利断言，英国数学家的工作"将战争缩短了至少两年，甚至四年"。有人甚至认为，如果没有他们的话，战争的结果并不明朗。更无可非议的是，图灵和同事的数学工作，以及对贝叶斯公式的适时应用，拯救了数千万人的生命。

然而，战争落下帷幕之后，这一切都被保密。温斯顿·丘吉尔用尽一切办法确保这种保密状态。他下令销毁所有可能暗示纳粹密码曾被破译的文件，并将贝叶斯公式（以及图灵的那些机器）深深地埋藏了起来。

频率主义海洋中的贝叶斯孤岛

战争之后，"贝叶斯"这个术语仍然是一种侮辱。在 20 世纪 50 年代，一位美国统计学家半开玩笑地说某位同事是"反对美国的，因为他是贝叶斯主义者，而贝叶斯主义会让美国政府失去威信"。另一位统计学家补充说："贝叶斯主义统计学家还不够贝叶斯。如果他们追随贝叶斯的脚步，只在死后发表文章的话，我们就能避免很多问题了。"大学中的统计学系对贝叶斯主义的反对尤为深切。在战争中与图灵并肩使用贝叶斯公式的杰克·古德曾经尝试弘扬贝叶斯方法的好处，但人们一次又一次对他的话充耳不闻。

贝叶斯的火焰却在远离学院的地方重新燃起，这要归功于亚瑟·贝利这位富有魅力的美国精算师。估算人的一生中的随机事件对于决定保险价格来说至关重要。某项风险的概率越大，为这项风险提供保障的代价就越大，所以保险价格也应该越高。然而，这些概率并非基于费希尔的 p 值，而是通过某些难以理解的公式计算而来的。知道这些公式来源的精算师十分稀少，但所有人都察觉到这些公式都会给出一致的结果。精算师的计算很有效，但没有人知道为什么！受频率主义学派训练的贝利对此相当震惊。

然而，贝利最终发现这些奇怪的精算公式，比如我们在之后的章节中会看到的神奇公式，与贝叶斯公式有着神秘的相似之处。在经过一年的怀疑之后，贝利最终拥抱了作为保险定价基础的这些类贝叶斯式的推断方法，甚至将自己接受的频率主义教育抛诸脑后，发起了反对费希尔方法的运动。1950 年，贝利发表了一篇论文，将作为精算基础的信度理论与拉普拉斯、普赖斯和贝叶斯的工作联系在了一起。他在文章中高度赞赏了主观概率的概念，宣布频率主义的"暴政"将会终结。不幸的是，在打出反对费希尔的旗帜不久之后，贝利就因为心血管疾病去世了。

还有两个半学者有着贝叶斯式的思考方式。我们先从那半个贝叶斯主义者说起。在第二次世界大战之前，安德烈·柯尔莫哥洛夫在 1933 年最终提出了一套公理，可以作为概率论的基础。对于柯尔莫哥洛夫来说，最重要的不是对概率意义的诠释，而是处理概率的规则。但即使柯尔莫哥洛夫自称倾向于频率主义，当他被迫将其概率理论应用到军事策略中时,他所发展出的一种推理方法,与一个世纪以前贝特朗的方法完全一致。

在第二次世界大战之后,概率论的数学形式化让丹尼斯·林德利和伦纳德·萨维奇开始否定费希尔的频率主义统计学。与之相对的是,贝叶斯公式是柯尔莫哥洛夫公理的直接推论,因此它在数学上有着坚实基础。此外在 1958 年,林德利发表了一篇论文,证明了被称为"信念推断"的一种费希尔的概率推断方法自相矛盾。林德利敢于拒绝向费希尔俯首称臣,他是正确的。由此大获全胜后,林德利成了倡导贝叶斯主义的活跃分子,宣称所有统计都是贝叶斯公式的某种特殊情况或近似,并在英国建立了数个偏向贝叶斯主义的统计学系。

轮到萨维奇了,他在 1954 年出版了《统计学基础》(*The Foundations of Statistics*),在书中他对概率的主观诠释进行了辩护。萨维奇与其他人不同的地方在于,他将贝叶斯公式当作"救世主"。萨维奇并不像其他人那样认为贝叶斯公式不过是众多推理工具之一。对他来说,贝叶斯公式就是**唯一**的推理工具。正确的推理就是根据贝叶斯公式进行的计算,而所有妥协都是非理性的(但有可能在实用主义上是合理的)。萨维奇对贝叶斯主义有着宗教般的信仰。

当人们问萨维奇这会不会给科学的客观性带来疑问时,他的回答是,客观性就是科学共同体中涌现出的共识,当积累的数据足够多时,这种共识就会出现。然而,萨维奇也补充道,这也是定义客观性的唯一方式。对于萨维奇来说,频率主义的方法并不客观,因为这些方法总是需要对统计结果进行解释,甚至对频率主义具体方法加以选择。此外,费希尔对统计分析的客观化尝试,尤其是他的信念推断,最终还是"一种顽固的尝试,想煎出贝叶斯的煎蛋,又不想打破贝叶斯的鸡蛋"。可叹的是,像贝利一样,正当推广贝叶斯主义的运动如火如荼之际,萨维奇死于了心血管疾病。

被实干者拯救的贝叶斯主义

贝叶斯主义统计学家没有感受到理论家的那种不安,照样推动了众多领域的变革,在这些领域中,频率主义的方法似乎不敷应用。特别是罗伯特·施莱弗和霍华德·赖法以冯·诺伊曼和莫根施特恩的博弈论为基础，结合了效用理论和主观概率，发展出包含不确定性的决策理论。由此，施莱弗和赖法将哈佛商学院转变成贝叶斯主义的温床。在他们的专著出版后不久，各商学院就以学习和教授贝叶斯统计而自豪，诺贝尔经济学奖也多次颁发给贝叶斯主义研究者，如约翰·豪尔绍尼和罗杰·迈尔森，我们会在之后的章节中再谈到。

贝叶斯统计的神奇之处在于可以处理数据稀少的情况。1950 年，某位经济学家询问统计学家戴维·布莱克韦尔应该如何推算五年内发生另一场世界大战的概率。作为一位频率主义的好学生，布莱克韦尔这样回答："啊，这个问题毫无意义。概率只对由可重复事件组成的长序列有效。但这显然是独一无二的情况。概率要么是 0，要么是 1，但五年之内我们不会知道这个概率。"经济学家这样回答："我就怕你这样说。我跟另外几位统计学家谈过，他们都这样说。"后来，在理解了频率主义统计在预测能力上的缺陷之后，布莱克韦尔归顺了贝叶斯主义。

贝叶斯统计的另一个重要应用，就是研究烟草在导致肺癌方面的危害。开展这一流行病学研究的英雄是杰尔姆·科恩菲尔德。科恩菲尔德首先遇到的就是来自反贝叶斯主义者内曼和费希尔的猛烈批评。特别是费希尔，他指责科恩菲尔德的研究中缺少频率主义方法要求的对照组和重复实验。众所周知，费希尔接受了烟草行业的资助，试图否定烟草的危害。他甚至提出了这样的假设：肺癌会使人倾向于吸烟！正如林德利那样，随着时间流逝，科恩菲尔德最后还是获胜了。科学共同体得到了统一的结论：吸烟是导致肺癌的重要危险因素。

约翰·图基则将贝叶斯统计应用到总统选举结果的预测中。1960 年，尼克松与肯尼迪的选举得票不相上下，胜负难分，没有一家电视台敢宣布最终的结果。在凌晨两点，图基最终给美国全国广播公司（NBC）电视台开了绿灯，让他们宣布肯尼迪的胜利。但直到早上 8 点，电视台才鼓起勇气正式宣布这一结果。图基利用的方法长期以来都是秘密，尤其是作为统计学教授，他不肯承认方法中有着贝叶斯的成分。

近十几年来，贝叶斯方法可谓一帆风顺，特别是在 2008 年，内特·西尔弗成为历史上第一个正确预测美国 50 个州的选举结果的人。西尔弗在 2016 年的预测就没有那么亮眼了，我们之后会再谈到这一点。

同样，很多人在遇到稀有事件这种不确定性时，为了寻找问题的实用解决方案，都不可避免地转向了贝叶斯公式。诺曼·拉斯穆森正是如此，他以贝叶斯置信度为工具，估计了核电站发生重大事故的概率；而美国国家航空航天局则聘用了一个机构，该机构利用贝叶斯主义的工具，预测火箭发射出现重大事故的概率是三十五分之一。这远远大于美国国家航空航天局自己预测的十万分之一的概率，也更贴近现实。

然而，直到 20 世纪 90 年代，贝叶斯主义的这些成功仍然罕见且不一致，但这是有理由的。贝叶斯式的计算既冗长又困难，很快就超出了数学公式的实用范畴，其中经常需要计算没有闭式的积分。贝叶斯主义似乎前途大好，但并不一定实用。使相关计算更广泛、更容易应用的理论的出现，很快就改变了整体情况。最终还是贝叶斯主义胜利了！

贝叶斯主义的胜利

20 世纪 60 年代，雷·所罗门诺夫将图灵的可计算性理论与贝叶斯公式结合起来，这就是人工智能一般性框架的前身，我们在下一章还会以更长的篇幅介绍他。就像在他之前的人那样，所罗门诺夫对频率主义和频率主义大师怀着深深的敌意："科学中的主观性通常被认为是罪恶……如果它出现，那么结果就完全不是'科学'。这就是统计学大师费希尔的意见。他希望让统计学成为'一门真正的科学'，完全脱离其中曾存在过的主观性。我认为费希尔在这个问题上犯了严重的错误，他在这个领域的工作严重破坏了科学共同体对统计的理解——从这种破坏中恢复过来的速度太慢了。"不幸的是，所罗门诺夫的想法长期以来处于纯粹理论的状态，因为他没有必要的机器对这些想法开展实验。

然而，计算机甫一出现，贝叶斯主义就终于等到了神圣的重生。弗雷德里克·莫斯特勒正是最初利用这些新工具来解决贝叶斯难题的几个人之一。然而，特别是从 20 世纪 80 年代开始，所谓的**蒙特卡罗方法**（Monte Carlo），特别是**马尔可夫链蒙特卡罗方法**（Markov-Chain-Monte-Carlo，以下简称 MCMC），给贝叶斯公式的实际应用带来了革命。与其精确计算那些无法用数学公式表达的积分，蒙特卡罗方法能够利用抽样进行积分的近似计算。而一个名为**吉布斯抽样贝叶斯推断**（Bayesian inference Using Gibbs Sampling，简称 BUGS）的程序更是宣布了贝叶斯主义的最终胜利，而近年来出现的深度学习以及其他机器学习方法也从贝叶斯的先验概率中获益，这些方法也许会导致人类历史上翻天覆地的社会变革[5]。

最后，在近几十年中，贝叶斯公式和贝叶斯主义的框架似乎给我们对智能的理解带来了变革，无论是关于人工智能还是人类智能。犹地亚·珀尔、杰弗里·欣顿和迈克尔·乔丹等计算机科学家，还有乔希·特南鲍姆、卡尔·弗里斯顿和斯坦尼斯拉斯·德阿纳等神经科学研究者，都将贝叶斯主义视为所有认知形式无法回避的支柱。我们之后会再讨论这一点。

贝叶斯无处不在

本章的结尾正适合回顾一下历史上贝叶斯统计学那宽广得让人难以置信的应用范围。我们可以写出这样的名单，排名不分先后：医学诊断、遗传学、流行病学、天体物理学、生物学、政治、战争、密码学、地理学、神学、博弈、保险、赌博、决策、经济、航空航天工程、人工智能、神经科学……

这些都是我们在本章中谈到过的领域。但贝叶斯公式的应用远远超出了这张名单所列的内容。我们还可以加上（排名仍然不分先后，而且并不全面）：运动、心理学、考古学、古生物学、教育、社交网络、自动翻译、信号处理、基因组测序、蛋白质研究、资源分配、通信、图像分析、广告、金融、规划、物流以及许多其他领域……

不巧的是，这一章实在太短，我们无法真正探索贝叶斯理论的动荡历史中的那些波折。但凑巧的是，维基百科和 Less Wrong[6] 这类网站上有着丰富的资源，可以让我们了解得更多。但我强烈向你推荐本章开头谈到过的那本莎伦·麦格雷恩的优秀著作。这本书展示了科学的进程并非一条静静流淌的长河。**学习是一支舞蹈**，充满了波折回旋。但这支舞蹈似乎不可避免会走向进步，而这里的进步似乎就是接受贝叶斯方法。

我对这一领域早有兴趣，这来自我对科学和数学的迷恋。然而，在学习几何学时，我最感兴趣的是证明是如何被发现的，而不是定理本身。同样，在科学中，我出于兴趣首先关注的是各种事情是如何被发现的，而不是这些发现的具体内容。金蛋不如会下金蛋的鹅那么令人兴奋。

雷·所罗门诺夫（1926—2009）

第7章
所罗门诺夫妖

非人类，也非机器

我有幸亲自对纯粹贝叶斯主义进行了思考。我一步步切实感受到，唯一的知识哲学应该是贝叶斯公式与理论计算机科学的某种巧妙结合。但在很长一段时间里，我不知道如何将这两块"拼图"组合起来。尽管我已经着手写这本书，但我对此仍然毫无头绪。

然后，我读到了雷·所罗门诺夫。

这是我人生中最重要的时刻之一。我完全被吸引住了。我感觉到一幅宏大拼图的所有碎片就在我眼前完美地拼合在了一起，令我瞠目结舌，我多年来追寻的知识哲学的"圣杯"显露出了身影。真是难以置信！为了得到知识，只需进行所罗门诺夫的贝叶斯计算——而其他途径很有可能通向失败。这就是纯粹贝叶斯主义者每天进行的那种计算。

不幸的是，所罗门诺夫的纯粹贝叶斯主义要求的计算非常复杂。我们那位纯粹贝叶斯主义者不可能是人类。更糟糕的是，这些所需的计算甚至超越了所有计算机的能力，因而同样不能由机器来完成。纯粹贝叶斯主义者既不是人类，也不是机器。如果我们承认丘奇－图灵论题的话，那么纯粹贝叶斯主义者只可能是超脱物理定律的妖精。

鉴于所罗门诺夫在 20 世纪 60 年代才华横溢的工作，在本章中，我会将这个实体称为所罗门诺夫妖①。但在讨论它之前，我们必须回溯几十年的时间，引入思想史上最令人赞叹的概念之一。

算法基础

在 20 世纪初，数学正处于危机之中。伯特兰·罗素刚刚发表了以他名字命名的悖论。这个具有毁灭性的悖论[1]表明，要将数学建立于坚实的基础之上实在无比困难。在缺少这种坚实基础的情况下，数学就像一座纸牌屋，稍有触碰便会轰然倒塌。戴维·希尔伯特也意识到了这一点。加固这座纸牌屋必须成为逻辑学家和数学家的最优先目标。弗雷格、康托尔、皮亚诺、罗素、怀特海、勒贝格、策梅洛、弗兰克和塔斯基，他们只是参与这项艰巨任务的伟大智者之中的一部分人。数十年来的工作累积成了对外行来说越来越晦涩难懂的著作。但希尔伯特仍未放弃。"我们必须知道，我们必将知道"，他在广播中发出了这一宣言。

但在 1931 年，一位 25 岁的年轻逻辑学家令希尔伯特的期望化为乌有。他通常被认为是历史上最伟大的逻辑学家，他就是库尔特·哥德尔。哥德尔证明了逻辑学家的一切努力都是徒劳无功的：数学的任何基础都必定只是一座纸牌屋。我们永远不可能证明这些基础无法动摇。这就是哥德尔（第二）不完备性定理[2]。

尽管无法给希尔伯特和数学界带来安慰，但哥德尔的工作以及其他逻辑学家构筑的形式逻辑有着很好的眼光，涉及第 3 章谈到的那些符号推演规则的重要性。从非常形式化的角度来看，数学可以由此归结为一门非常精确的语言，其句法和

① 我拿不准这个妖应该是什么类型，但我不忘翻阅历史，还有参考笛卡儿妖、拉普拉斯妖和麦克斯韦妖的重要性。毕竟所有这些妖都拥有一个特点，即贴近甚至超越了整个宇宙中的算法的限制！最后我决定分摊选择术语的重大责任，在社交网站上提出了一个随机孔多塞投票。

语法都非常严格。这门语言（假设它没有矛盾）中的语句可以就此分为 4 个类别：可证明、可否证、不符合句法、无法判定。另外，给定一个语句，要确定它属于哪个类别，相当于询问是否存在某个符号推演的序列可以从所谓的公理，即被承认正确的由符号组成的语句出发，最终到达给定的语句（或它的否定）。

也许正是形式逻辑这种对符号推演的研究，让库尔特·哥德尔、阿朗佐·丘奇和艾伦·图灵各自独立发现了一串"在物理学上可行"的符号推演的三个不同定义。哥德尔定义了一般递归函数这一类别，丘奇引入了 λ 演算，而图灵则发明了今天以他的名字命名的计算机器。令人震惊的是，丘奇和图灵发现，所有这些定义实际上都是等价的 [3]！

这项发现如此深刻，使得丘奇和图灵提出了所谓的"丘奇 – 图灵论题"。这一论题断言，所有"物理上可行的操作序列""纯粹机械化的符号推演""机器实行的计算"以及"算法"的概念，实际上都等价于哥德尔、丘奇和图灵的定义。正如斯科特·阿伦森说的那样："如果你花上足够长的时间来思考这件事的话，最终就会得出结论：所有计算都可以通过图灵机完成。"

艾伦·图灵的基本定理是理论计算机科学的基础，它证明了所谓**通用图灵机**的存在性。这种通用图灵机可以模拟任意图灵机，因此它能计算哥德尔的一般递归函数以及丘奇的 λ 演算可以计算的所有东西。换句话说，存在这样一台机器，只要让它执行正确的代码，它就能够完成可以想象的任何（符合物理的）计算。

从表面上看，我们可能会认为，对这个计算的概念感兴趣的人只有那些逻辑或纯理论的研究者，也许还有一些研究模拟的科学家。然而，我们可以将丘奇 – 图灵论题诠释为这个宇宙的一条物理法则，因为它提出，在宇宙中没有任何计算机器能够解决图灵机不能解决的问题。这个假设牵涉整个宇宙！因此，如果丘奇 – 图灵论题正确，那么用上整个宇宙的计算能力都不能完成某件通用图灵机无法计算的事情。换句话说，这个宇宙中的所有东西都可以用通用图灵机来模拟 [4]。特别是，如果丘奇 – 图灵论题被证实的话①，那么我们的大脑就不外乎是一台图灵机。

---

① 就连量子力学都可以用图灵机来模拟（特别是，如果我们采用多世界诠释或者德布罗意 – 玻姆诠释的话）。然而，利用经典的机器进行这样的模拟所需花费的时间会比量子计算机所需的时间长得多，差距呈指数增长。

丘奇 – 图灵论题对新技术产业有着深远的影响。这是因为，从计算的意义上来说，既然我们的大脑不可能超越通用图灵机，那么我们不如大力投资通用图灵机的生产。这些名称各异的通用图灵机已经占据了我们的日常生活。我们今天把它们叫作计算机、平板电脑或者智能手机 [①]。

"模式" 是什么？

无论是在数学、物理还是技术上，图灵机都有着众多应用。但我讨论图灵机不是出于这些原因，而是出于哲学上的原因。这是因为在认识论的意义上，要严格定义数学家经常粗略谈到的"模式"或"规则性"的概念，图灵机似乎是最完美的工具。

考虑以下数列：1, 2, 4, 8, 16。你知道下一项是什么吗？你很可能会猜 16 的下一项是 32，甚至对这项猜测特别有自信。但为什么呢？我只给出了这个数列的一个非常有局限性的抽样——只有 5 个数据点，为什么它之后的项看起来那么容易预测？你对自己猜测的高置信度又有何依据？

你脑海中的论证大概是这样的：1 乘以 2 就能得到 2，将 2 变成 4 也是乘以 2，从 4 到 8、从 8 到 16 也是这样。所以问题中的数列就应该是将前一项乘以 2 得到的。这个模式这么规则而简单，似乎必定会延伸下去。换种说法，存在一个非常简单的算法，也就是计算的规则，可以产生这个数列中的每一项。根据奥卡姆剃刀（我们之后会再谈到），算法如此简洁似乎就是一种几近决定性的论据。

然而，上文中的数列还有一种完全不同的解释方法。我们先画一个圆（图 7.1），然后在圆上取两个点，画出一条通过这两个点的直线。这样圆的内部就被分成了两份。在圆上再取第三个点，然后画出它与之前两个点的连线，我们实际上就画了一个圆内接三角形，把圆分成了三角形和外面的 3 个部分，也就是一共 4 个部分。如果再加上第四个点，画出它与其他三个点的连线的话，圆就被分成了 8 个部分。加上第五个点的话，圆就会被分成 16 份！

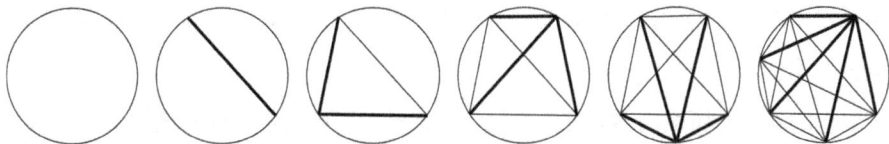

图 7.1 逐步添加新的点以及它与之前的点的连线，圆就会被依次分成 1、2、4、8、16、31 份

所以 1, 2, 4, 8, 16 这个数列就对应着每次在圆上添加一个点，然后画出它与其他点的连线之后，将圆划分成的份数。于是，为了得到下一项，我们可以计算加上第六个点之后圆被切成多少份。结果会让你大吃一惊，这个数字是 31，而不是 32！所以，这就是补全该数列的另一种方法 [5]。

如此一来，我们必须重新考虑一开始应该对数列下一项的猜测赋予多少置信度了。应该给数列添加 31 还是 32？存在唯一的正确答案吗？我们对于不同的答案又应该赋予多少置信度？数列的下一项还有没有第三种可能性？

我们仍然觉得，即使数列下一项有充分的理由是 31，而且该项也许还有别的可能性，但 32 仍然是最可信的。我们有没有办法将这种想法严谨地叙述出来？

所罗门诺夫复杂度

1963 年，数学家安德烈·柯尔莫哥洛夫做出了肯定的回答。柯尔莫哥洛夫依靠哥德尔、丘奇和图灵关于计算的概念，定义了一种方法，用于衡量类似 1, 2, 4, 8, 16, 32 和 1, 2, 4, 8, 16, 31 这种数列的复杂度。这种复杂度今天又被称为柯尔莫哥洛夫复杂度，它已成为可计算性理论中的基础概念。

但柯尔莫哥洛夫并不是第一个想到这个复杂度概念的人。所罗门诺夫对此知道得更早，在 1960 年就发表了相关研究的初步报告。所以，把这个概念叫作所罗门诺夫复杂度才更准确！然而，大概是因为所罗门诺夫不巧将他的复杂度与在美国被认为是异端的贝叶斯主义联系在了一起，所以最终还是俄国的柯尔莫哥洛夫的研究结果被广泛阅读和引用。讽刺的是，所罗门诺夫在 2003 年被授予柯尔莫哥洛夫奖，获奖原因正是他发现了柯尔莫哥洛夫复杂度！

因此，从某种意义上来说，本章也是对所罗门诺夫的致敬，我在这里斗胆不沿用被广泛接受的术语，将相关概念称为所罗门诺夫复杂度，而不是柯尔莫哥洛夫复杂度。

粗略地说，所罗门诺夫复杂度就是运行时能生成给定数列的最短源代码的长度。但所有程序员都知道，这段最短源代码的长度取决于采用何种编程语言。用 Java 写的源代码几乎总会比用 Matlab 写的长。所以所罗门诺夫复杂度并没有良好的定义，它依赖于使用的编程语言。如果我们考虑直接用机器语言写成的源代码的话，那么它就依赖于我们考虑的图灵机①。

万幸的是，这种依赖性并不太大。这是因为，有一些被称为"编译器"的计算机程序可以将用某种语言写成的源代码翻译成机器语言，或者用另一种编程语言写成的代码。写成一个编译器可能要花很长时间，但它的代码长度是有限的，而且关键在于，这个长度不依赖于需要翻译的源代码。

我们详细探讨一下。考虑两台通用图灵机 M 和 N。令 C 为一个从 M 到 N 的编译器，也就是一段运行在机器 N 上的代码，它可以将机器 M 上的源代码翻译成可以在机器 N 上执行的代码。这个编译器源代码 compiler(N, M) 的长度也就独立于需要翻译的任何代码的长度。

现在假设我们有一段在机器 M 上运行的源代码 S，它会生成一段数列。我们可以通过下面的方法获得一段在机器 N 上运行后生成同样数列的源代码。我们首先写出编译器 C，然后写出源代码 S，接下来我们让图灵机 N 执行经编译器 C 翻译的源代码 S。于是图灵机 N 就会进行源代码 S 在图灵机 M 上执行的那些计算。粗略地说，我们可以将这个过程写成 $M(S)=N(C, S)$。也就是说，机器 N 会生成正确的数列[6]。

更厉害的是，这样得到的在图灵机 N 上运行的源代码并不比图灵机 M 上的源代码长多少，它的长度就是 S 的长度加上 C 的长度。所以，该数列在 N 上的所罗门诺夫复杂度至多是它在 M 上的所罗门诺夫复杂度再加上一个独立于数列本身的常数，如果将数列记作 L，写成公式就是 $K_N(L) \leqslant K_M(L)+$ compiler (N, M)。将同样

① 值得注意的是，用 Java 写成的最短代码大概一点也不像用 Java 写成的"优秀代码"。这种最短代码一般包含一个解压缩函数，而大部分代码是压缩过的结果。这样的源代码对于人类来说肯定很难读懂。

的论证用在从 N 到 M 的编译器上，就能得到不等式 $K_M(L) \leqslant K_N(L) + \text{compiler}\ (M, N)$。我们就此得到结论，除去一个加法常数以外，机器 M 上的所罗门诺夫复杂度与机器 N 上的复杂度相同。

虽然这些论证看起来很晦涩，但我们只要记住这一点：一个数列的所罗门诺夫复杂度的确不是一个**客观**的量，虽不中，亦不远矣——特别是当我们考虑那些"合理"的通用图灵机时。无论如何，计算机科学家已经习惯了这一点。而且之后我们会再看到，这种所罗门诺夫复杂度的主观性正是所罗门诺夫妖的概率主观性的来源。就像计算机科学家那样，贝叶斯主义者也已经习惯了这一点。

我们回到数列 1, 2, 4, 8, 16。要搞清楚这个数列最"显然"的下一项到底是 31 还是 32，我们可以研究数列 1, 2, 4, 8, 16, 31 和 1, 2, 4, 8, 16, 32 的所罗门诺夫复杂度。根据奥卡姆剃刀，所罗门诺夫复杂度最小的数列就是最可能的答案。当然，因为所罗门诺夫复杂度有主观成分，所以这个问题的答案也是主观的。然而，所有计算机科学家都会觉得，在所有"合理"[①] 的编程语言里，接上 32 的第二个数列比第一个"代码更好写"。

实际上，我们的例子对于所罗门诺夫复杂度的直接应用来说还是太简单了。这是因为，在这种情况下，在很多编程语言中生成这个数列的最简洁的方式就是将它一项一项直接写出来。在考虑长得多的数列时，所罗门诺夫复杂度才会变得更重要。

一般来说，如果我们现在考虑的是 2 的前 100 个次方而不是前 5 个次方的话，这时写出整个数列的每一项就变成了繁重的任务。对于所有"合理"的编程语言来说，程序员都可以做得更好，写出一个小程序来逐次计算这些 2 的次方。在这种情况下，这个数列的所罗门诺夫复杂度就显然比数列的长度小，无论用什么编程语言，只要这个编程语言是"合理"的即可。所以，我们可以合理地说这个数列的第 101 项非常可能是 2^{100}。

[①]　对于任何数列，我们都可以构造一个编程语言，其中只需要几个指令就能生成这个数列。然而，如果数列很复杂，那么能够简洁地描述这个数列的编程语言似乎就既不太"合理"，也不"自然"，它更像是一个专门为这个数列而优化的语言。

算法与概率的联姻

要研究由精确无误的计算规则产生的数列，所罗门诺夫复杂度的确是个美妙的概念。然而，一旦我们转向经验科学，模糊性和误差的入侵就无法避免。如果数列对应的是物理量的测量或者社会科学中的数据，我们就应该预料到数列的这些项不会与 2 的次方精确吻合。假设我们得到的数列实际上是 0.9, 2, 4.1, 7.9, 15.8，我们现在希望在测量误差为 0.2 左右的情况下预测出一个接近 31 或者 32 的值。

这时就必须用到概率的语言了。尤其是在预测时，与其进行确定性的预测，比如预测数列的下一项恰好是 32，我们更希望做出概率性的预测。通常来说，我们认为 32 是非常可能的，但 31.9 或 32.2 等数字也很有可能。因此，一个定义良好的概率性预测应能计算数列中下一项的所有候选数值的正确的出现概率。

将哥德尔、丘奇和图灵的可计算性理论与贝叶斯、普赖斯和拉普拉斯的概率理论结合起来，我们就得到了关于"一个理论是什么"的全新定义。这个定义正是所罗门诺夫智慧的结晶。对于所罗门诺夫来说，理论就是图灵机上的一段源代码，给定某个数列，它就会计算这个数列出现的概率。

此前为使叙述简单易懂，我只谈到了数列。然而，根据我们之后会谈到的香农的研究工作，所有数据序列都可以翻译成 0 和 1 组成的数列。这些数列又叫作**0-1 序列**。因此，计算机科学家认为，一般而言，感官接收的所有数据，无论是眼睛看到的图像、耳朵听到的声音、鼻子闻到的气味，还是中耳测定的平衡感，都可以用一个（非常长的）由 0 和 1 组成的数列① 描述 [7]。对于所罗门诺夫来说，一个理论就是一个算法，给定某个有限 0-1 序列，就能计算出它的概率。

这种关于理论的定义可能看起来太狭隘。许多公认的科学理论，比如演化理论和牛顿运动定律，看起来都不是能计算 0-1 序列概率的算法。的确如此。从某种意义上来说，我们可以认为这些理论按照所罗门诺夫的标准是过于含混、模糊或者不完整的。

然而，有一个更有趣的观点：现在真正进行概率计算的，正是依据这些理论

---

① 感官接收的信息量估计大概在每秒 10^7 和 10^{10} 比特之间，虽然这些信息很快就被大大压缩了。

思考的大脑。我们可以对这些大脑讲述一段演化的历史，然后它就会回答这段历史可信度的估计值。然而，如果我们相信丘奇－图灵论题的话，这些大脑进行的不过是一台拥有适当源代码的图灵机也可以做到的计算。因为我们讲述的演化史可以编码为一串 0 和 1 的数列，所以，一般来说科研工作者（在这个例子中是演化学家）说到底离所罗门诺夫的体系也没有太遥远。

可以说，演化理论和牛顿运动定律都对应着一组子程序，进行预测的算法可以调用这些子程序。实际上，科学中的理论常常就是一组方程，计算机科学家能够利用算法结构为它们建模，然后将这些结构与解方程的算法结合起来，这些算法我们在学校里都学过。这样一来，我们就得到了不同的代码库，对于能进行可信预测的算法来说当然非常有用。

所以我们可以认为，这些至关重要的代码库对应着某种基本法则。科研工作者的日常用语经常将不随时间变化的理论与用于预测的额外数据分开。比如说，物理学家会区分物理**定律**和宇宙的物理**状态**，计算机科学家也经常将算法的**指令**与运行算法时所用的**数据**区分开来。我们也倾向于认为物理**定律**拥有一种独立于任何物理**状态**的真理性（或者有效性）。

然而，图灵证明的正是**定律**和**状态**在本质上没有区别。毕竟所有指令序列（或物理定律）都可以编码成用于通用图灵机的数据。跟数据一样，任何指令序列（或物理定律）也只是一段信息。约翰·冯·诺伊曼赖以构建现代计算机体系结构的基本原则也正是这一点，它保证了得到的结果是如假包换的通用图灵机。在这一体系结构中，**指令**和**数据**都是计算机储存中的信息，而它们之间没有本质上的区别 [8]。

至此，所罗门诺夫认为，唯一值得关注的信息就是拥有**预测能力**的算法的描述。要求算法具有预测能力，是为了明确指出对于奥卡姆剃刀的应用至关重要的"理论的复杂度"概念。这是因为，物理定律本身可能看起来很简单：$\vec{F} = m\vec{a}$ 这个公式只需要寥寥几个符号，"都是因为外星人"这句话也不长。但这是因为这些法则本身并不具有预测能力。要拥有预测能力，它们就必须与详细程度不等的宇宙物理状态描述结合起来。

正是这一点让我们可以区分不同定律的复杂度。有些定律需要对宇宙状态极为详细的描述才能输出预测，最终就构成了所罗门诺夫复杂度极高的复杂结构。用算法的术语来说，这种定律与对物理状态的描述组合成一段极长的源代码。反之，那些通过对宇宙物理状态的非常简略的描述就可以做出预测的理论远远简单得多，因而在先验上也更可信。

总而言之，所罗门诺夫认为，值得考虑的理论应该包含对宇宙物理状态的（部分）描述，因为它首先必须具有预测能力。在理想情况下，这种理论也应该考虑到给定宇宙物理状态的不确定性，但最重要的是，最终它必须做出（概率性的）预测。毕竟一个理论应该只有给出**可计算的**预测才值得考虑。这是因为，如果我们相信丘奇–图灵论题的话，只有这样的预测才能在这个宇宙之中实现。

我们如果跟随所罗门诺夫的脚步，那就也要相信所有值得考虑的理论组成的集合恰好是所有计算 0-1 序列概率的算法组成的集合。正如阿伦森认为"你如果花足够长的时间来思考，最终就会得出结论：所有计算都可以通过图灵机完成"。我现在也这样说，你如果花足够长的时间来思考，最终就会得出结论：任何具有预测能力的理论都是所罗门诺夫意义上的理论。

所罗门诺夫的偏见 ※

作为合格的贝叶斯主义者，所罗门诺夫接下来提出了要将不同的预测性理论进行比较，判断这些理论各自的置信度。当然，为了做到这一点，首先要在所有对 0-1 序列进行概率计算的算法组成的集合上取一个先验概率。为了让所罗门诺夫的这一偏见与贝叶斯主义相容，其中一个条件就是不同的预测性理论的先验置信度之和必须等于 1。

当然，许多方法可以做到这一点。但是，因为拥有 n 个字符的源代码的数目会随着 n 呈指数增长，所以从直觉上来说，与较短的源代码相比，较长的源代码的置信度呈指数减少。这实际上就必然相当于使用某种非常强大的奥卡姆剃刀，我们之后会再谈到。

更加实际的情况是，给定某个编程语言或图灵机，要给可计算的预测性理论组成的集合选定先验概率分布，有下面这种非常典型的方法[1]。令 $c_n \geqslant 0$ 为对应着预测性理论的长度为 n 的源代码数目。我们可以认为所有这样的源代码的先验概率都等于 $1/(c_n 2^n)$[2]。换句话说，某个理论 T 的先验概率取决于选定的语言中对这一理论的描述长度 $K(T)$，具体的等式[3]就是 $\mathbb{P}[T] = 1/(c_{K(T)} 2^{K(T)})$。

特别要提到的是，这个先验概率与所罗门诺夫复杂度密切相关，因为先验概率依赖于预测性理论的描述长度。然而这些描述的长度与选用的编程语言有关，所以它们是**主观的**。也就是说，我们刚才将贝叶斯先验概率的主观性与所罗门诺夫复杂度的主观性联系在了一起。根据图灵机的通用性与编译器的存在性，我们得出结论，这些主观性都是随意的……但其实也没那么随意！

所罗门诺夫曾如此雄辩地解释道："长期以来，我感觉我的算法概率理论依赖于一台参考机器的事实是这些概念中的一个严重缺陷，我曾尝试寻找一台'客观'的通用机器。当我最终找到了这样一台机器时，我发现自己并不需要它——它对我没什么用处！（……）没有数据也能预测，但没有先验概率就不可能预测。"

贝叶斯主义造就所罗门诺夫妖 ※

现在我们构造了所罗门诺夫的偏见，剩下的就是应用贝叶斯公式来决定那些所罗门诺夫定义下最可信的理论了！假设我们目前为止观察到了一个 0-1 序列[4] $a_1, a_2, \cdots, a_n$。某个预测性理论 T 的贝叶斯置信度可以通过下面的贝叶斯公式得到：

$$\mathbb{P}[T \mid a_1, \cdots, a_n] = \frac{\mathbb{P}[a_1, \cdots, a_n \mid T]\mathbb{P}[T]}{\mathbb{P}[a_1, \cdots, a_n \mid T]\mathbb{P}[T] + \sum_{A \neq T} \mathbb{P}[a_1, \cdots, a_n \mid A]\mathbb{P}[A]}$$

---

[1] 这当然不是唯一可以想象的概率分布。但重点在于，因为长度为 n 的理论数目 c_n 会随着 n 呈指数增长，所以在任何"合理的"偏见中，某个理论的先验置信度都随着其描述的长度增加而呈指数下降。

[2] 从技术细节上来说，我们需要对 $c_n = 0$ 的情况进行特殊处理。

[3] 我隐藏了许多技术上的难点，它们来自图灵机在可计算性上的限制……我们之后会谈到其中一些限制。

[4] 注意，与频率主义统计相反的是，我们并没有做出任何独立同分布的假设，也就是说，我们从来不会假设这些随机变量是独立的，更不会假设它们的分布相同。

这里的预测性理论 A 是 T 的所有替代理论。

然而，这并不是所罗门诺夫妖的目的。它的目的是进行预测，而不是计算置信度，即使这些置信度很有用。要达到其目的，我们可以利用条件概率来计算给定的理论 T 的预测。根据预测性理论 T，数列 $a_1, a_2, \cdots, a_n$ 接下来的一项是 1 的概率是

$$\mathbb{P}[a_{n+1} = 1 \mid a_1, \cdots, a_n, T] = \frac{\mathbb{P}[a_1, \cdots, a_n, 1 \mid T]}{\mathbb{P}[a_1, \cdots, a_n \mid T]}$$

将这两个等式结合起来，我们就最终得到了所罗门诺夫妖的预测结果，正如我们在第 3 章中看到的那样，它是通过对不同理论的预测取加权平均得到的，其中的权重就是每个理论的贝叶斯置信度。我这里省去了一些计算细节，但我希望你也能自己做一遍，最后得到的预测就是：

$$\mathbb{P}[a_{n+1} = 1 \mid a_1, \cdots, a_n] = \frac{\sum_T \mathbb{P}[a_1, \cdots, a_n, 1 \mid T]\mathbb{P}[T]}{\sum_T \mathbb{P}[a_1, \cdots, a_n \mid T]\mathbb{P}[T]}$$

这个神奇的公式又叫所罗门诺夫归纳法，所罗门诺夫妖为了进行预测而整天计算的正是这个公式！真是难以置信！这个奇妙的公式就是贝叶斯公式最纯粹、最完美的形式。也就是说，纯粹的贝叶斯主义就相当于进行上面的计算，不多也不少！

特别是，一旦选定了图灵机或者编程语言，所有模糊之处就不复存在。理性、思考和预测并不相当于遵循数个模糊、任意且有时互不相容的规则组合，这种事情只有人们难以理解的智者才能做到。智慧可以归结为单纯的计算，而这就是所罗门诺夫妖进行的计算。

所罗门诺夫完备性

所罗门诺夫归纳法的基本定理，就是所罗门诺夫所说的其公式的完备性。粗略地说，所罗门诺夫归纳法的完备性表明，如果数据中存在某种**可计算的**模式，那么所罗门诺夫妖最终会发现这一模式，所需时间与模式的所罗门诺夫复杂度成

正比 [1]。

更准确地说，数据越复杂，所罗门诺夫妖为得知其中隐藏的结构所需的信息量就越大。但所罗门诺夫完备性证明了必需的信息量绝不会超过数据的精致度（sophistication）[2]，即使隐藏其中的结构带有随机涨落的"噪声"！

对我来说，有了这个基本定理，再加上任何其他方法似乎都不可能比这做得更好或者至少持平的事实，就基本上是支持贝叶斯主义的最终论据了——即使我们必须首先相信所有预测性理论都是所罗门诺夫式的理论，而且最完美的论证应该是证明任何拥有这一性质的方法，必然是某种形式的所罗门诺夫归纳法。

所罗门诺夫归纳法的不可计算性

因此，在这种狂热面前，你可能会提出一个疑问：那所罗门诺夫归纳法岂不终结了对知识哲学的探求？在我看来，大体来说的确如此。但所罗门诺夫归纳法有一个巨大的缺陷，促使我不得不写出本书剩余的内容。实际上，所罗门诺夫归纳法太复杂，难以实际应用。这不仅是我们自身或者我们认知能力有限的问题——你可能还记得，即使是埃尔德什，他也奋斗了一番才理解了贝叶斯公式的一个简单情况——对于计算机也是如此。

所罗门诺夫归纳法是**不可计算**的。这是什么意思？这就是说，不存在任何图灵机可以严格地执行这种计算。这个事实有个非常简单的原因，但那无关紧要，而另一个原因却更微妙、更无可挽回。

---

① 更准确地说，所罗门诺夫完备性定理断定，如果存在某个有待发现的相关理论 T，那么 T 的所罗门诺夫复杂度就可以作为所罗门诺夫妖的所有预测错误的累计总和的一个上界。如果用第 15 章会谈论的 KL 散度来衡量这些错误的话，对于只用到两个字符的编程语言，我们就会得到 $\mathbb{E}_a\left[\sum_{n=0}^{\infty} D_{KL}\left(\mathbb{P}[\cdot|a_{1:n}, T^*] \| \mathbb{P}[\cdot|a_{1:n}]\right) \middle| T^*\right] \leq 2K(T^*)$。此外，我们也能解释休谟的一致性原则，它其实相当于假设基础理论 T^* 的存在，但丘奇－图灵论题正好保证了这一点。而在网络广播 Axiome 的第七集开头，我也指出了所罗门诺夫完备性能解决所谓"grue"的逻辑悖论。

② "精致度"一词在这里有着非常精确的定义，我们会在第 18 章中介绍。

简单的原因是，要严格执行所罗门诺夫的计算，就必须同时考虑无限个预测性理论，这是出于算法有无穷个这一单纯的原因。然而，没有任何计算机或者计算机网络能进行这种无限长的计算。

话虽如此，我们可以这样回应：根据先验概率的构造，过于复杂的理论对应的概率无论如何都会呈指数递减，因此可以被忽略。如果我们忽略这些理论的话，因为我们知道它们对所罗门诺夫归纳法的预测结果影响有限，那么不就可以做出所罗门诺夫归纳法的一个非常好的近似了吗？不幸的是，这也不行。

所罗门诺夫归纳法真正的难点并不是需要考虑的理论的数目，而是这些理论所需的计算。今天，在计算机上运行的算法一般很快、很流畅，这是因为软件工程师在算法上面花了心思！但一般来说，我们其实很难得知某个算法会不会很快结束，而想要知道它的计算会终止，还是会越来越复杂，永不休止，这也同样困难。

这种算法最惊人的例子之一就是锡拉丘兹猜想，它也叫作科拉茨猜想、乌拉姆猜想、捷克猜想或 $3x+1$ 猜想。我们向这个算法输入一个正整数。如果这个整数是 1，那么算法就停止；如果它是偶数，那么算法就将它除以 2；如果它是奇数，那么算法就将它乘以 3 再加 1。然后，算法会在得到的结果上重复同一套运算。锡拉丘兹猜想的问题是：无论输入什么正整数，这个算法是否最终都会停止[9]？

看起来无比奇怪的是，我们还不知道这个叙述非常简单的问题的答案，连怎么尝试解决这个问题，甚至连解法是否存在都不知道。大数学家埃尔德什·帕尔这样说："数学还没有准备好回答这样的问题。"

这可能就是图灵发现的不可计算性的一个例子。在利用图灵机定义计算的概念之后，图灵立即提出了这样的问题：我们能不能在运行某项计算之前就预计到它是否会停止？换句话说，我们能不能构造一台图灵机，它能够在有限的时间内预测出其他图灵机是否会在有限的时间内停止？

你可能觉得图灵的这个问题有点像咬着自己尾巴的蛇，这并不是偶然。在康托尔的对角线法、罗素悖论以及哥德尔不完备性定理的启发下，图灵通过自指论证证明了这些问题的答案都是否定的。我们无法在所有情况下预计计算是否会停止，因此我们说停机问题是**不可计算**（或者不可判定）的[10]。

而这对于所罗门诺夫归纳法来说是个大问题。这是因为，要进行所罗门诺夫

归纳法，就必须计算不同理论 T 的预测结果 $\mathbb{P}[a_1, \cdots, a_n|T]$。在理想情况下，我们应该考虑所有对应的计算会终止的结果。然而，如果我们相信丘奇－图灵论题的话，我们就不可能在物理上断定这些计算是否会终止。所以，这个论证的一个惊人结论就是，经过有限的计算时间之后，不可能排除某些预测性理论的计算仍未终止但终将停止的可能性。

更糟糕的是，我们同样不可能预计这些理论之后可能得出的预测是否会大大改变此前的结果，所以，一般来说我们在有限的计算时间内无法衡量当前结果的有效性。所罗门诺夫归纳法不仅不可计算，而且它的所有近似都不可计算！

所罗门诺夫不完备性

这个令人尴尬的结论给了人们拒绝贝叶斯主义的动机。超脱物理定律与丘奇－图灵论题的所罗门诺夫妖当然可以在一组数据中检测出所有规律，但它在物质世界没有等价物。我们，以及我们的计算机，似乎都很可能受丘奇－图灵论题的制约，所以我们也似乎不可能进行所罗门诺夫归纳法的近似计算。一般而言，我们在物理上永远不可能得出对贝叶斯公式的近似计算的一个合适的置信度。这个智慧方程又有何用？

所罗门诺夫的回答就是他的另一个定理。这个定理断言，所有这样的算法都必然是不完备的。更准确地说，所有可计算的知识哲学都不可能检测出数据中的所有规律。这就是惊人的所罗门诺夫不完备性定理，它比哥德尔的不完备性定理还要让我感到惊艳！

换个说法，无论你的知识哲学是什么，只要它是**可计算**的，那就存在某些可能存在的世界会让你上当受骗，你会在其中**一直**做出非常错误的预测！**可计算性**和**完备性**是两种不兼容的性质①。

这样的话，所罗门诺夫归纳法不可计算这一糟糕性质恰好让它逃脱了可计算知识哲学的不完备性定理。对于所罗门诺夫而言，这种不可计算性并非病态，而

---

① 证明的梗概就是，存在数据的某种模式会让进行预测的算法出错。重要的是，与所罗门诺夫归纳法不一样，这一模式是可以计算的。

是所有合乎要求的知识哲学必备的性质。

对实用的追求

所罗门诺夫令我赞叹，同时又让我感到绝望。他的理论稳固地建立在计算机科学与概率论最基本的概念之上。所罗门诺夫的构造自然得不可思议。我的意思是，这正是我在长期思考贝叶斯主义时就开始考虑到的，如果我思考的时间足够长，而且拥有足够的认知能力，那么我也会得出同样的构造。但与此同时，所罗门诺夫得出的结论却如此一致、直接、出人意料——尽管我越思考贝叶斯公式，就越有这样的预感……

知识与理性是我们无法企及的。这一限制让我们只能满足于近似，我们甚至不知道怎么衡量这些近似的有效性。更不幸的是，因为我们的计算能力与时间的资源总是有限的（这是物理法则的结果），所以我们只能将自己限制在所罗门诺夫归纳法的一种极粗浅的形式中。

而且，这样的限制会随着观察数据量的增长而越发严重，这就是大数据的情况。今天，我们的数据，无论是数字的还是感官的，都需要用 GB、TB、PB、EB 甚至 ZB 来衡量 ①。也就是说，我们在现实中研究的数列 $a_1, \cdots, a_n$ 包含着上亿甚至上亿亿项！储存这样的数据已经是一种幻想，而在这种情况下希望对其进行所罗门诺夫归纳法的近似计算就更是痴人说梦。因此，这会迫使我们更加谦虚谨慎 [11]。

面对这个令人绝望的情况，这本书剩下的部分与当今科学界、统计学界和人工智能学界一样，只能满足于某种**启发性**的知识哲学。我们无法得到**完整**的知识，但我们也许仍然可以得到**足够**的知识。要做到这一点，在知道如何获得**完整**知识的前提下，我们会在本书中尝试从所罗门诺夫妖那里获得灵感，尽量做到贴近它的预测。

因此，自此之后我希望引入另一种哲学（尽管它并不精确）和另一位虚构人物。这种哲学就是实用贝叶斯主义，这个虚构人物就是实用贝叶斯主义者。与纯

---

① GB（gigabyte，吉字节）、TB（terabyte，太字节）、PB（petabyte，拍字节）、EB（exabyte，艾字节）和 ZB（zettabyte，泽字节）大约分别对应 10^9、10^{12}、10^{15}、10^{18} 和 10^{21} 字节。——译者注

粹贝叶斯主义者相反，实用贝叶斯主义者在计算资源和储存空间方面都受到限制。因此，对他来说，利用众多迅速、高效的算法计算，胜于花大量时间运行寥寥几个运行时间非常长的算法。所以，实用贝叶斯主义者必须对算法有着切实的认识。

实际上，与纯粹贝叶斯主义相比，实用贝叶斯主义所需的关于计算和信息的理论更精巧、更先进，我们一般将它称为**理论计算机科学**，而计算机科学的实验性或经验性领域中关于计算的经验也可以作为理论计算机科学的补充。由哥德尔、丘奇和图灵自 20 世纪 30 年代起草创的这个现代科学领域已经成为当今科学研究中人们理解甚少，却最迷人、最有前途的领域之一。

信息科学并非只是现代技术的实用技巧。实际上，我立志成为有能力的贝叶斯主义者，对贝叶斯主义者而言，要得出最优的使用知识哲学，理论计算机科学的概念就是最重要的工具库——当然，前提是我们已经确实得出了正确的理想化知识哲学。在《量子计算公开课》（ *Quantum Computing since Democritus* ）一书中，计算机科学家斯科特·阿伦森甚至提出要将理论计算机科学改名为**量化认识论**（ quantitative epistemology ）。他特别强调了算法复杂度理论对于所有知识哲学的重要性 [12]。

然而，我建议你先将这种对知识哲学的寻求放到一边，我们会从第 14 章开始重新花大量篇幅来探讨这一点。从现在开始，我建议你先观察贝叶斯原则如何无处不在——无论是在密码学、社会学、生物学，还是在科学共识的形成之中都有它的身影。在后面的几章中，我们会稍微离开贝叶斯主义，探索一些看似遥远的领域，但我们会一次又一次地发现，在所有这些变化多端的现象背后，实际上总是潜藏着贝叶斯主义的原则。

你宣称不关心隐私是因为你没有什么好隐瞒的，这就像你说不关心言论自由是因为你没什么好说的。

爱德华·斯诺登（1983— ）

敌人了解整个系统。

克劳德·香农（1916—2001）

第8章
保守秘密

保密

  战争期间，高级将领希望得知士兵吸食大麻的比例。问题在于，如果高级将领询问士兵是否吸食大麻，为了避免被惩罚，士兵基本上会做出否定的回答。高级将领需要一份回答者不会被定罪的调查问卷，而且这份调查问卷要在数学上保证答案的私密性。你能否猜到他们是怎么做到这一点的？

  在军队中，保密是常见的挑战。传说尤利乌斯·恺撒在收发信息时顺序替换字母来加密信息。字母 A 被字母 D 代替，字母 B 被字母 E 代替，C 被 F 代替，以此类推，这叫作移位密码。后来的军队将领利用更复杂的密码，用字母表中的任意字母代替 A，而用另一个字母替换 B，等等。我们将这种密码称为**替换式密码**，因为所有字母都被其他字母全盘替换了。

  与恺撒所用的移位密码不同，替换式密码的好处在于其可能的编码方式是个天文数字。实际上，在移位密码的情况中，可能的编码方式总数就是顺序替换字母方式的总数，因为字母有 26 个，所以移位方式有 26 种（其中一种是不移位）。这样做的问题在于，破译者只需要测试 26 种移位方法就能解开密码。

然而，如果我们允许任意替换字母的话，那么编码的可能数目就从根本上提高了。这是因为，我们可以将 A 换成 26 个字母中的任意一个，然后将 B 换成剩下的 25 个字母中的任意一个，再将 C 换成剩下的 24 个字母中的任意一个，以此类推。由此，我们能看到替换密码的数量是 26×25×24×…×2×1，又写作 26!（读作 "26 的阶乘"）。这个巨大的数字大约在 10^{26} 这个量级，相当于宇宙中恒星的总数！要在宇宙年龄之内测试所有这些可能性，即使是计算机的计算速度也不够。

第二次世界大战和技术进步带来了密码学的机械化。在纳粹最重要的战争机器之中，有几种机器的用途并不是直接杀戮，而是对秘密信息编码和解码。这些机器就是我们在第 6 章谈到的恩尼格玛密码机和洛仑兹密码机。这些机器包含的组合方式同样数不胜数，要测试所有组合简直是妄想。

今天的密码学

自此之后，技术环境的改变让我们得到了互相联网的超级计算机。人们每天通过互联网发送上亿条信息。为了保证这些信息的私密性，密码学变得空前重要。

我们需要接收朋友的电子邮件，但要保证任何人都无法监视。我们需要连入社交网络，但要保证任何人都不能假冒我们。我们需要向银行提出金融交易的请求，而银行必须能够证实这些请求的确来自客户，而不是有人冒名顶替。

密码学就是这些日常生活问题的解决方法。正因为有了密码学，贸易双方才能享受一条全新的信息交流渠道，它让商业交易变得更便捷。如果没有它，PayPal、亚马逊、网飞（Netflix）、优步（Uber）和爱彼迎（Airbnb）等大量企业就不可能面世[1]。

这一类密码学本质上依靠的是 1976 年和 1977 年的两项大发明：第一项是惠特菲尔德·迪菲和马丁·赫尔曼提出的迪菲 – 赫尔曼密钥交换，第二项是罗纳德·李维斯特、阿迪·沙米尔和伦纳德·阿德曼提出的 RSA 加密算法。迪菲 – 赫尔曼密钥交换非常巧妙，让爱丽丝和鲍勃 ① 能通过互联网上的公开通信来创造一项共享的秘密信息。借助这一共享的秘密信息，爱丽丝和鲍勃就能决定一种共有的加密方式，然后用它通过互联网进行安全的通信，即使他们在现实中从未碰面过！

迪菲 – 赫尔曼密钥交换此后被用于大量诸如 WhatsApp 的应用之中。这一协议能在数学上保证即使是拥有这些应用的企业也不可能阅读人们的加密通信 ②。今天，我们倾向于认为这是理所当然的，但在迪菲 – 赫尔曼协议发明之前，这一点是否终有一天会实现还曾是未知之数。

另外，RSA 加密算法打开了非对称密码学的大门。在使用 RSA 时，爱丽丝应先生成一对密钥，并将公钥公开，将私钥保密。然后鲍勃或其他人利用爱丽丝的公钥进行加密就可以向爱丽丝发送加密的信息。只有爱丽丝能够解密这些信息，因为解密必须用到私钥。

更妙的是，爱丽丝也可以对她发给鲍勃的信息"签名"，只要将信息（的散列摘要）用私钥加密就可以了。如果鲍勃能用爱丽丝的公钥解密这条信息，那么他就会知道只有爱丽丝能发出这样的信息。这是因为，要将信息（的散列摘要）加密成可以用公钥解密的密文，私钥是必不可少的。用这种方式对信息"签名"的话，爱丽丝就可以认证自己的身份，向银行或者社交网络证明它们收到的信息的确来自本人而不是有人冒名顶替。

在刚才走马观花看到的所有密码学的例子之中，安全性都是由编码方式的海量可能性以及任何破译者都需要尝试其中大部分可能性的假设来保证的。这样的话，如果一共有 10^{20} 种可能性，即使破译者能排除 99% 的可能性，那么破译者还需要测试剩下的 10^{18} 种，即使是现代计算机也需要花上很长时间才能破译。

然而，这些论证都忽略了贝叶斯主义者最喜欢的两件工具：偏见与贝叶斯公式。

---

① 密码学传统上将通信双方称为爱丽丝（Alice）和鲍勃（Bob），而尝试窃听双方通信的第三方被称为伊芙（Eve）。——译者注

② 实际上，这个结论依赖于一个未被证明的猜想，也就是离散对数问题不可能在多项式时间内解决，此外还依赖于量子计算机仍未出现的事实。

用贝叶斯主义破译密码

1568 年 5 月 2 日，几经波折，苏格兰女王玛丽·斯图亚特流亡海外，希望到英格兰的表亲那里寻求庇护。但因为天主教徒认为，对于这个刚刚将新教定为国教的国家，玛丽才是王座的正统继承者，所以她的表亲英格兰女王伊丽莎白一世将她视为政敌，在接下来的 19 年内一直将她囚禁。

玛丽正是在监狱中开始熟悉密码学的。因为其通信被女王的手下截查，玛丽总是利用替换密码来进行秘密通信，特别是与一位叫安东尼·巴宾顿的人。然而，这些密信似乎最终都被破译了，其中暴露了谋杀女王的密谋。这项密谋被叫作"巴宾顿阴谋"，东窗事发后，玛丽最终在 1587 年 2 月 8 日被处死。

然而，在没有计算机的情况下，这些替换密码是如何被破译的？我们之前看到，替换密码的总数要比宇宙中的恒星还要多，所以如果伊丽莎白一世女王的手下要全部测试所有可能性，那就根本不可能破译玛丽的密信。为破译替换密码，女王的手下利用了他们的偏见，而在破译玛丽密码的情况中，他们用到的就是关于英语的偏见。

在英语中，字母 E、T、A、O 和 I 比其他字母出现得更频繁。因此，密信中出现得最多的字母有可能就是由字母 E 替换而来的，而出现得第二频繁的字母可能替换的就是 T，以此类推。但还不止于此！英语中的单词非常固定，因此能组成单词的字母组合少之又少。这样的话，一旦我们解码出"T*E"，要确定缺失的字母"*"是什么，我们就会猜"*"很可能是 H、I 或者 O。更厉害的是，如果这是某个句子的第一个单词，我们可以非常肯定它就是 H。

可以看到，概率的语言突然自行出现了。实际上，刚才提出的那些直觉论证背后都隐藏着贝叶斯公式。这就相当于给定了加密后的信息，计算我们对于原文以及加密编码的置信度。换句话说，这就相当于在给定结果的条件下推断原因。这正是贝叶斯公式适用的场景。

正是出于类似的原因，随机生成的密码要比"123456"更安全。黑客对于用户选取的密码有一种合理的偏见，因为他们知道某些密码比其他密码出现得更频繁。一位狡猾的黑客运行的算法就会先测试那些最有可能的密码。在第二次世界大战中，图灵的那些破译密码的机器也利用了相同的原则。

当然，在玛丽的置换密码这个例子中，能够作为原因的集合非常庞大，这使人类不可能完成相应的贝叶斯计算。然而，密信是逐字母加密的这一事实让人们能将编码的集合分组，从而简化密码的分析。说穿了，就是我们可以先考虑 E 被替换成了什么字母，然后再考虑 T，以此类推。

图灵尝试破译恩尼格玛密码机和洛仑兹密码机的时候可没有这种优良条件。为了破译这些更复杂的密码，图灵首先利用后面章节会讲到的对数标度，将贝叶斯计算进行了形式化。伟大的克劳德·香农之后将图灵的计算严格化，由此发展出了关于通信与密码学的数学理论。

自此，计算机科学家非常注意不让加密信息拥有任何能用于破译密码的性质，比如我们刚才谈到的那些性质。有趣的是，正如香农发现的那样，为了达到这个目标，一个好方法就是首先将原始信息尽可能压缩。这是因为在将信息压缩的同时，我们能够摧毁其中的刚性结构，比如"T*E"这个单词中的星号只能对应寥寥几个字母的事实。

今天，只要量子计算机仍未面世，由香农、迪菲－赫尔曼和李维斯特－沙米尔－阿德曼的数学出发构建的密码体系在数学上就被认为是安全的。有人也提出了其他更稳固的密码体系，它们又叫**后量子密码体系**。然而，我们仍未证明任何算法，无论是经典算法还是量子算法，都无法破译这些密码，而该问题和"P 对 NP"这一著名问题有着紧密的联系。

随机调查问卷

但是，所有这些密码学都无法解决高级将领调查士兵吸食大麻的问题。士兵当然可以对回答进行加密，但如果某个人将这些回答解密，那么回答的私密性就被破坏了，而士兵也会拒绝诚实作答①。然而，如果没有人能解密这些回答，那么

---

① 我们可以想象有一个瓶子，让士兵匿名投放他们回答的问卷。然而，我们之后会看到，匿名性（一般来说）并不能保证私密性。比如说，有可能对瓶子做了手脚，里边除了某位士兵的回答之外，其他都是否定的回答。这样一来，就可以通过瓶子里有没有肯定的回答来确定这位士兵的回答。

这个问题就毫无进展，因为他们什么都不会知道。

在某种意义上，我们希望让高级将领能够知道关于士兵的某些信息，但无法知道任何一位士兵的具体信息。

有一个绝妙的技巧就是将回答**随机化**。更准确地说，每位士兵在回答之前都要先抛一枚硬币。如果背面向上，那就诚实作答；如果正面向上，那就做出肯定的回答。最重要的是，当高级将领询问某位士兵有没有吸食大麻时，他不知道也永远不可能知道硬币是正面向上还是反面向上的。这样一来，就算士兵的回答是肯定的，高级将领也不可能知道肯定回答的原因到底是士兵吸食大麻，还是抛的硬币正面向上。换句话说，士兵有一个可行的借口来抵赖。但是如果将不同士兵的回答收集起来，将领就能够得知士兵中吸食大麻的比例。

原因在于，假设收集的问卷有 200 份，其中 160 份的回答为肯定，其余 40 份的回答为否定，因为我们知道所有回答中约一半是出于抛硬币正面朝上，而这就是士兵做出肯定回答的原因。所以，肯定回答之中大约有 100 份是被硬币决定的。剩下的问卷有 100 份，其中有 60 份为肯定回答，40 份为否定回答，这些回答都是诚实的。也就是说，我们可以推断出大约 60% 的士兵吸食了大麻[1]。我们成功对士兵进行了调查，又没有暴露任何一位士兵的隐私[2]！

其实并不尽然。如果我们用贝叶斯的方式思考的话，就会察觉我们关于某位随机抽选的士兵吸食大麻的先验概率发生了变化。这样的话，在调查之前，高级将领可能认为有 20% 的士兵吸食大麻。调查结果可能大大改变了将领对某位随机抽取的士兵吸食大麻的偏见，它从原来 20% 的概率变成了大概 60%。当然这并不惊人，毕竟这就是调查的目的。

然而困难在于，将领难免对在问卷中做出肯定回答的受访士兵心生疑虑。这是因为，如果士兵做出了肯定而非否定的回答，他吸食大麻的可能性还是大于做出否定回答甚至没有回答的人。要计算遵循贝叶斯主义的将领对于做出肯定回答的士兵吸食大麻的置信度，我们还是要应用下面的贝叶斯公式：

---

① 作为合格的贝叶斯主义者，我们实际上应该应用在第 6 章看到的拉普拉斯接续法则，这会给出 61/102 的结果，或者应该从比拉普拉斯拥有更多信息的偏见出发。此外，不要忘记同样应该计算这样得到的比例的不确定性！

$$\mathbb{P}[\text{❋}|\text{肯定}] = \frac{\mathbb{P}[\text{肯定}|\text{❋}]\mathbb{P}[\text{❋}]}{\mathbb{P}[\text{肯定}]}$$

我在这里替你算好了。（但还是请你自己也算一下！）根据上面的数据，将领对于某位做出肯定回答的士兵的确吸食了大麻的置信度应该是 75%。这个结果与对没有参加调查的士兵的 60% 置信度形成了强烈对比。换句话说，士兵一旦接受问卷调查，就会受到轻微的责备。其隐私即使没有被完全侵犯，也并没有被完全保密。

反过来说，士兵的隐私在另一种情况下就被完全侵犯了，那就是做出否定回答的情况。这是因为，假设这位士兵没有撒谎，将领就能肯定他没有吸食大麻。然而，这实际上可能是一个严重的问题，因为出于神秘的原因，未来研究也许会发现被送往战场而没有吸食大麻的士兵患上结肠癌的概率极高，于是保险公司会希望提高那些确定没有吸食过大麻的士兵的保险费。

为了不侵犯任何人的隐私，我们必须修正调查机制。为此，在硬币正面向上的情况下，士兵此时应该抛第二次硬币，这就决定了他的回答。换句话说，在这种修正中，所有士兵都有二分之一的机会诚实作答，在四分之一的情况下由于抛硬币结果而做出肯定回答，在另外四分之一的情况下由于抛硬币结果而做出否定回答。跟之前一样，我们知道将领可以确定士兵吸食大麻的比例。

此外，如果跟之前一样应用贝叶斯公式的话，将领对于某位做出肯定回答的士兵确实吸食了大麻的后验置信度就是 82%。而反过来的话，这次将领对于某位做出否定回答的士兵却吸食过大麻的置信度就不是 0 了，而是 33%。这两个数值当然都应该与对没有参加调查的士兵吸食大麻的置信度 60% 进行比较。人们尤其习惯用比值 82/60 和 60/33 来衡量私密性。在这个情况下，私密性的损失因子不会超过 2。

随机调查的私密性

我们在这里计算的这些比值依赖于吸食大麻的人数的比例，即 60%。然而将领在调查之前不可能预计到这一点。从这一项观察出发，理论计算机科学家辛西娅·德沃克发明了一个新理论，用以从数学的角度研究隐私。这个理论的核心就是**差分隐私**（differential privacy）。

与我们之前的分析恰好相反，差分隐私的目的是在士兵接受调查之前就保证某种程度的隐私。换句话说，这个概念希望确定，无论吸食大麻的士兵比例如何，将领必须让接受调查的士兵承受的最严重的隐私损失是多少[3]。

假设有 1% 的士兵吸食大麻，考虑某位做出肯定回答的士兵，他的确吸食过大麻的后验置信度可以用贝叶斯公式计算出来：

$$\mathbb{P}[\maltese|肯定] = \frac{\mathbb{P}[肯定|\maltese]\mathbb{P}[\maltese]}{\mathbb{P}[肯定|\maltese]\mathbb{P}[\maltese]+\mathbb{P}[肯定|非\maltese]\mathbb{P}[非\maltese]} = \frac{\frac{3}{4}\times0.01}{\frac{3}{4}\times0.01+\frac{1}{4}\times0.99} \approx 0.029$$

这一置信度几乎是在这位士兵没有回答的情况下的 3 倍！实际上，在吸食大麻的士兵比例趋向于零的极限情况下，这个倍数恰好等于 3。这也是最糟糕的情况。我们说抛两次硬币的随机调查是 (ln3)- 差分隐私的。

辛西娅·德沃克的差分隐私与目前仍被广泛采用的朴素假名化方法①形成了强烈对比，尤其是在流行病学中，朴素假名化就是将被调查者的真实名字隐去。然而，如果我们知道某个人的年龄、性别、地址、社会经济地位、饮食习惯或者教育水平的话，那么一般来说将这些信息与网上能访问的其他数据进行交叉印证就可以确定这个人的身份。**假名化毫无隐私保证。**

差分隐私的定义 ※

辛西娅·德沃克的差分隐私是一项非常普适的准则，用于识别那些可以证明提供了隐私保证的调查方法。与随机调查的情况一样，想象一下你现在希望研究不同个体的数据来提取有用的信息。这样做的话，一旦得知了有用信息，你的后验置信度一般来说就会与偏见产生分歧，毕竟这就是提取有用信息的目的。然而

① 在隐私领域，假名化（pseudonymization）与匿名化（anonymization）是两个相似的概念。"假名化"意即将数据的某些部分用代号代替，而"匿名化"则是对数据中可以辨识个人的信息进行修改，使数据无法直接或间接用于识别个人。——译者注

从直觉上来说，私密性要求你的后验置信度不能区分被研究的个体，不管是群体内部的区分，还是研究个体与数据未被分析的群体之间的区分。

正是如此。对于某个提取信息的机制，如果被分析的个体的后验概率与未被分析的个体总是差不多，那么我们就说它是差分隐私的。根据传递性，这同样意味着被分析的个体之间存在无法区分性。比如说，假设爱丽丝和查理都被分析了，而鲍勃没有接受分析，那么根据差分隐私性的定义，爱丽丝和鲍勃的后验置信度必然是相似的，而鲍勃和查理之间也是如此，于是爱丽丝和查理也就拥有相似的后验置信度了。

利用更严格的描述，在不失普遍性的情况下，德沃克假设被分析的个体的数据都存放在所谓的**数据库**之中。对于德沃克而言，需要保证的正是这一数据库的差分隐私。要做到这一点的诀窍在于，除了少数几个已被证明拥有差分隐私性的机制以外，禁止数据库被其他任何方式读取。

最极端的情况当然是这样的提取机制不存在，这等价于所有提取机制返回的信息都与数据库完全无关。在这种情况下，我们无法提取关于数据库内容的任何信息。这完全等同于数据库根本不存在，或者数据库被加密但没有人能够解密的情况。此时数据库显然是完全私密的，但它也一点用处都没有。

实际上，普遍来说，没有任何方法能提取某些有用信息而不至少部分侵犯数据的私密性。德沃克的研究工作正是对有用信息提取与隐私之间取舍的量化。粗略地说，某个提取信息机制丢失的差分隐私数量可以用两个参数 ε 和 δ 来衡量。一个 $(\varepsilon=0, \delta=0)$ - 差分隐私的机制就能完美保证隐私，但也无法提取任何信息。

现在就只剩下 ε 和 δ 的定义了。为此，我们回到一开始的直觉定义上。我们之前看到，对处于数据库中的爱丽丝与处于数据库外的鲍勃，差分隐私的机制不应该使他们在后验置信度上产生区分。要做到这一点的办法就是保证即使将爱丽丝的数据从数据库中删去，查询机制返回的结果在本质上仍然与之前的结果一样（因此也不可能与鲍勃区分）。

更准确地说，令 X 为一开始包含爱丽丝的数据库，Y 为去除爱丽丝的数据后得到的数据库，令 R 为查询机制返回的结果。拥有差分隐私性的机制对于数据库 X 和 Y 返回的结果 R 都应该是相似的，而 ε 和 δ 这两个参数衡量的就是这种相似性。

a

用符号来说的话，对于数据库中的某个查询机制，无论我们考虑的是什么数据库，如果数据库中的某个个体与数据库以外的个体相比，其某种给定特性的置信度至少以 $1-\delta$ 的大概率变为至多 e^ε 倍的话，那么我们就说这个机制是 (ε, δ) - 差分隐私的 ①。换句话说，对于后验置信度来说，爱丽丝就像根本不在数据库之中一样。

严格地说，差分隐私可以写成在数学上更容易处理的不等式。某个返回结果 R 的机制是 (ε, δ) - 差分隐私的，当且仅当对于所有数据库 X 和 Y，如果两者的差异只是添加或者去除了某个个体的数据时，那么就有不等式：

$$\mathbb{P}[R|X] \leqslant e^\varepsilon \mathbb{P}[R|Y] + \delta$$

作为特殊情况，我们可以证明，为了保证差分隐私性，返回的结果 R 应该是关于数据库的一个随机函数。也就是说，如果进行两次相同的差分隐私查询，那么两次查询返回不同结果的概率必不为 0。

拉普拉斯型机制

差分隐私可能看起来很累赘，然而它在某些应用中其实也并不麻烦。所谓**拉普拉斯型机制**就是一个典型例子，它能让我们进行满足差分隐私性的调查，并能给出完全可以接受的结果。

举个例子，假设你是一家拥有患者信息的医院。你希望在不泄露患者隐私的情况下计算肺癌患者的比例。为此，与其直接查出数据库中患有肺癌的患者总数，不如向这个总数加上一个根据拉普拉斯概率分布抽取的随机数作为扰动，然后揭晓这一随机处理的结果。

我就不在这里详细介绍拉普拉斯概率分布了 ②，你只需要知道它取决于某个参数，也就是对结果扰动的典型大小。要达到 $(\varepsilon, \delta=0)$ - 差分隐私性，这项扰动大概应该处于 $1/\varepsilon$ 量级。这样的话，如果某个拉普拉斯型机制回应说有 243 位肺癌病人，你就知道这个数目并不对，真正的数目应该差不多是 $243\pm1/\varepsilon$。

---

① 在之前随机调查的情况中，我们有 $\delta=0$，$\varepsilon=\ln3$。

② 它的概率密度函数是 $f(x)= \dfrac{1}{2b} \exp(-b|x|)$，因此方差是 $2b^2$。

这似乎不太令人满意，但是我们必须将这种不确定性与任何调查都会有的统计涨落进行比较。假设我们随机调查了 500 个人，这样的抽样只是刚刚有一点代表性。实际上，如果整体人口患有肺癌的比例是 $n/500$，那么每调查 500 人，我们预计有大约 $n \pm \sqrt{n}$ 个人患有肺癌 [1]。因此，调查的不确定性大概在 $\sqrt{n}$ 这个量级。

这样一来，如果我们预期发现 n 个个案，那么就可以根据 n 的数值来调整差分隐私所需的不确定性，取 $1/\varepsilon = \sqrt{n}$，也就是 $\varepsilon = 1/\sqrt{n}$。这时，我们可以保证 $(1/\sqrt{n}, 0)$- 差分隐私性，而本质上并没有降低调查的准确性。特别是如果调查的人数众多，那么它就几乎是完全私密的。

组合健壮性

近十年来，(ε, δ)- 差分隐私已成了计算机科学中被研究得最多而又最激动人心的概念之一。除了人们在直觉上认知到这个概念的重要性以外，我们也可以将它的逐步流行归结于差分隐私机制的两个基本性质：与后续计算组合后的健壮性，以及隐私损失的逐步可加性。

首先来看一下组合健壮性。我们之前看到，对数据进行朴素假名化的缺陷在于，通过查阅其他数据集，人们有可能利用相关的元数据，也就是年龄、性别、地址等与数据相关联的信息进行交叉印证，从而将数据去匿名化。比如说，这样的技术曾被用于追踪使用匿名地址的恶意账户的持有人。

在这里要记住的是，即使是精心构思出的数据假名化方法，也并不一定能保证隐私。即使某种假名化方法在数据发布时似乎够用，也不能保证将这些数据与其他信息结合起来之后，仍然能够保证这一方法的健壮性。

假名化的这一弱点正是差分隐私的力量。无论是在调查结果刚公开时，还是在数个世纪之后将这些公开结果与其他数据库进行交叉印证时，差分隐私机制对于经其处理的数据仍然有相同的隐私保证。

即使在极端情况下，这种隐私保证仍能保留下来。想象一下，爱丽丝同意了

---

① 这个结果来自中心极限定理，或者对于概率学的纯粹主义者来说，该结果也可以通过类似切尔诺夫不等式的集中不等式来推导。

向某项研究贡献数据，但参加这项研究的其他个体其实都是虚构出来的，他们的信息都是已知的。即使数据库中除了爱丽丝以外的个体数据都是已知的，只要这个数据库的唯一访问方式是 (ε, δ) - 差分隐私的话，那么爱丽丝的数据仍然是 (ε, δ) - 差分隐私的！

　　无论爱丽丝的数据是否处于数据库中，在这两种情况下对于爱丽丝的置信度的变化幅度不会超过 e^ε 的概率至少是 $1-\delta$。无论是在查询机制得出的结果刚刚被公布之时，还是在经过数个世纪这项结果与其他数据集进行了交叉印证之后，这一点都成立。

隐私损失的可加性

　　当然，只有在数据库仅仅允许之前说到的 (ε, δ) - 差分隐私的机制查询的情况下，上面的说法才成立。在现实中，我们可能希望利用多种不同的 (ε, δ) - 差分隐私机制来对数据库进行多次查询。

　　差分隐私的另一个基本性质就是差分隐私的损失是累加的。也就是说，如果我们先利用一个 $(\varepsilon_1, \delta_1)$ - 差分隐私的机制查询，然后再利用另一个 $(\varepsilon_2, \delta_2)$ - 差分隐私的机制查询的话，那么差分隐私的总损失至多是 $(\varepsilon_1+\varepsilon_2, \delta_1+\delta_2)$。

　　这个引人注目的定理可以用一个有关置信度的粗略论证来理解 [4]。在执行第一个机制之后，与没有查询数据库的情况相比，数据库中某个个体的置信度至多变成之前的 e^{ε_1} 倍的概率至少是 $1-\delta_1$。在执行第二个机制之后，该个体的置信度至多变成之前的 $e^{\varepsilon_1}e^{\varepsilon_2}$ 倍的概率至少是 $(1-\delta_1)(1-\delta_2)$。然而，简单的代数计算告诉我们，$(1-\delta_1)(1-\delta_2) \geqslant 1-(\delta_1+\delta_2)$，还有 $e^{\varepsilon_1}e^{\varepsilon_2} = e^{\varepsilon_1+\varepsilon_2}$。将这些信息组合起来，我们可以推出，在相继应用这两个机制之后，置信度至多变成之前的 $e^{\varepsilon_1+\varepsilon_2}$ 倍的概率至少是 $1-(\delta_1+\delta_2)$。这正好相当于说根据这两个机制依次查询至少是 $(\varepsilon_1+\varepsilon_2, \delta_1+\delta_2)$ - 差分隐私的。不同机制的相继执行会导致差分隐私损失的累加！

　　这个好消息也揭示了隐私的一个重要难点。我们对数据库进行的查询越多，对其中数据隐私的侵犯就越严重。实际上，在设计保护隐私的系统时，相当重要的一点就是控制其整个生命周期，并且预备在差分隐私性达到临界值时将它彻底删除。提前预计隐私系统的生命周期也有助于优化对数据查询的回应。这是因为在提取的有用数据量相同的情况下，不考虑未来的查询而逐个响应查询的隐私系统，其差分隐私性要低于对所有问题的回应统一进行优化的系统的差分隐私性。

第一种情况就是所谓的在线查询（或者实时查询），第二种情况就是所谓的离线查询。某些应用可以直接处理离线查询，在得到对这些离线查询的回应后就将数据库删除。然而在实践中，隐私系统的设计者通常受到只能考虑在线查询的限制，因为在设计隐私系统的时候，人们一般不知道它将会接受什么查询。特别是当这些查询来自用户而不是系统设计者时，一般都属于这种情况。

你也想象得到，关于差分隐私还有很多需要讨论的问题。这个概念在 2006 年才被发明出来，至今这个领域的研究依然火热。

在实践中可行不通！

但是，理论思想和实际应用之间有着各种复杂的障碍，医院及其他机构中的数据库很可能仍需要一段时间才会更换成差分隐私的。尽管有些人已经开始行动了。[5] 这种系统的设计者和用户尤其需要更好地理解一般意义上的隐私，以及常用的假名化技术的局限性。

话虽如此，现在我们还不清楚差分隐私是不是保障数据隐私最理想的概念。差分隐私在某些情况下可能过于局限，特别是因为无论数据库中有什么数据，无论尝试破坏数据库私密性的黑客拥有怎样的先验置信度，差分隐私都必须保障隐私的安全。这样的要求太高了！此外，还要考虑到你一生中失去的隐私就是你在所有参加过的隐私机制中失去隐私的总和。

一种更激进的隐私保障方法就是禁止信息的聚合，让每个人成为自己信息的唯一保管者。二三十年前，在互联网还没有来到我们身边之前，这也许还是可以想象的，因为每个人的数据都与其他人的数据保持着物理上的距离。当时每个人都有自己的计算机（或者软盘），而我们的数字信息在物理上都被限制在居所之中（虽然还有在公共机构中数据被打印并保存的问题……）。

然而在今天，我们的私人数据在全球互联网的服务器之间漂流，甚至没有人知道自己个人资料的地理位置。更糟糕的是，很多这样的数据都必定储存在谷歌、苹果、Facebook 和亚马逊等互联网巨头的那些庞大的数据中心里。无论是你的 Facebook 个人档案、机票预订还是度假照片修图，大部分对这些数据的处理现在也是在数据中心里完成的。Facebook 甚至可以预测下一个你很喜欢但你的配偶不喜欢的文章或者视频。

同态加密

然而希望还在。所谓的同态加密可能很快就能颠覆我们与数据以及数据中心的关系。这种加密法的原则就是将私有数据的处理交给数据中心，但同时保证数据中心无法读取或者理解它们正在处理的数据。

同态加密已经被用于电子投票的数据安全与隐私保障，网上也有相关的原型产品，比如 Helios 和 Belenios。它们的大体机制如下。每位投票者都拥有一个私钥，可以用于加密投票并对其签名，但别人无法解密。这些加密后的选票之后会通过一组可以公开验证的运算组合起来，得出被加密的最终结果。然后，投票者的私钥会被组合起来，构成某种"超级密钥"，用于对最终结果解密，但它只能解开最终结果。这样做的话，我们就能在数学上保证最终结果有效，同时不会泄露任何一位投票者选票的隐私。

即使这些算法和密码学上的技巧在原则上已经解决了电子选票的设计问题，电子投票也不能完全保证传统隔间投票选举的所有良好性质。比如说，投票者可以在隔间中独处而不受任何人监视。然而，如果投票者通过手机投票，那他就可能被不法分子威胁，强迫他投出特定选票。更糟糕的是，投票人的机器有被病毒或者黑客攻击的风险，它们可能会让投票者认为自己投出了某种选择，而实际上病毒或者黑客会让选票变为另一种选择。

虽然如此，对我来说，问题并不在于加密的电子投票是否完美，而是在于它是否优于现在实施的投票方法——这种方法包含众多缺陷，比如非常耗时。但我不打算在这个问题上发表长篇大论，因为它也掺杂了道德因素，超出了知识哲学的范畴。

我们回到同态加密。在电子投票的情况下，这种加密法可以将加密后的选票整合成最终结果，虽然这个结果是加密的，但同样完美反映了所有选票。这就是同态加密的全部魔力：计算机对数据进行了处理，得出了完全正确的答案，但它无法得知这些数据到底是什么！

从数学的角度来看，电子投票中用到的是相对简单的同态加密，只需要将赞成和反对票加起来，这只用到了加法。然而，现代同态加密研究的"圣杯"是实现比加法复杂得多的运算。实际上，理想情况是让计算机能够在加密数据上运行任意算法，却无法对其解密。这样的话，利用手机或者计算机，你足不出户就能对地球另一端的数据中心发出请求，让它处理你的加密数据，从这些数据中计算出结果，然后仅仅返回这一结果。接下来，你用包含密钥的手机将数据解密。这样的话，你就可以随意阅读电子邮件、查看度假时拍的照片，或者聆听音乐，而数据中心甚至任何人都不会知道你下载的是什么数据！

实际上这样的同态加密已经出现了，但可惜的是，它的效率还太低。要进行所需的操作，数据中心必须跳出各种繁杂、多端的舞步。利用目前的同态加密算法，这些数据中心如果要对加密数据进行相同的操作，就需要花费远超现时不加密处理所需的时间、储存空间和电力。但是毕竟研究进步神速……

赌局就是交吹牛税。

亚历克斯·塔巴罗克（1966—　）

什么样的博弈就决定了参加者什么样的行为。我们今天面对的问题并不单纯是人们失去了信心，还有身处的环境对信心演进的阻碍。

尼基·凯斯

第9章
博弈已成定局

"心计"

巴黎综合理工学院是法国最负盛名的工程及科学**大学校**（grande école）之一，建立于1794年，在1804年被拿破仑一世转为军校，因为他认为这是招募军队指挥官的好地方。今天，巴黎综合理工学院仍受法国国防部管辖。正因如此，在入读巴黎综合理工学院时，所有法国学生都必须参加为期三周的基础军事训练，三周之后就是决定分配的时间了。

每一届学生有400人，其中大概有130名会被分配为陆军所属，60名海军所属，60名空军所属，60名宪兵所属，剩下的90名学生被分配至军队的其他部门、警察局、消防部门和政府人道主义组织中。由于招募的都是未来的工程师，学院的管理层想了个妙计，与其随机分配，不如让学生自行决定分配。因此学生们开发了一个叫作"心计"（magouilleuse）的软件。每位学生将自己的健康情况与分配志愿输入软件中，而软件会将所有数据混在一起，运行一个不知道在干什么的算法，然后就决定了学生的分配。

研究类似软件的性质是一个有趣的课题，多年以来它一直占据着我的脑海。事实上，这个问题是如此吸引我，以致我将它选为毕业论文的主题。但令人失望的是，经过多年研究之后，即使可以说我因此更好地理解了"心计"这个问题，但我的毕业论文仍然没有完全解决这个问题。

难点之一很单纯，就是确定"心计"的目的。在我遭受"心计""毒手"的时候，如果我相信那些人的说法的话，它的实现其实就是对二次损失的最小化。也就是说，如果某位学生被分配到了第一志愿，那么"心计"就会给出 1 点罚分，如果被分配至第二志愿的话就给出 4 点罚分，第三志愿就是 9 点。一般来说，如果被分配到第 n 个志愿，那么罚分就是 n^2 点。然后"心计"会尝试最小化罚分的总和，最终得出的选择相当随意且富有争议性，我在毕业论文里也花了大量篇幅来探讨这个问题 [1]。

我们先把这个远非显然的主要难点放到一边。我现在想要强调一个公开的秘密，它是巴黎综合理工学院学生之间永恒的话题。想得到好分配的话，就不能表露出真实的意愿，手段就是将最想要的志愿放在第一位，接下来在第二、第三志愿中填写的则是那些大有人气的分配部门，比如海军和宪兵。这样一来，因为这些部门很受欢迎，所以它们只会分配给填入第一志愿的人。对"心计"来说，如果学生没有被分配到第一志愿，那就可能被分配到第四甚至第五志愿，它们的罚分很高。这样做的话，"心计"就会更青睐那些应用了这个策略的人，而蒙受损失的则是那些输入了真正志愿就结束的人。"心计"并不鼓励诚实。

糟糕的是，这种令人困扰的现象不止出现在"心计"中。选举前夕经常出现关于到底应该随心投票还是随理性投票的无休止的争论。在 2002 年法国总统选举的前夕，左派出现了大量候选人，也得到了大量选票。但左派的选票相当分散，这对于左派的主要候选人利昂内尔·若斯潘来说非常致命。若斯潘在两轮单一选择投票中的第一轮就被淘汰，本来应该是希拉克和若斯潘势均力敌的第二轮，变成了希拉克和勒庞不堪回首的第二轮。希拉克以巨大支持率获胜——但这只是假象。数百万没有给若斯潘投票的左翼法国人很后悔没有投出"有用"的票。

"心计"或者两轮单一选择投票这类决策机制激发的行为正是机制设计理论专

门研究的对象。这一理论的"圣杯"就是设定不同个体（比如综合理工学院的学生或者投票者）之间相互作用的规则，鼓励这些个体表达真正的偏好（或者更一般来说，以符合伦理的方式行动），得出相对令人满意的结果（为学生公平分配志愿或者选出一位能广泛代表人民意愿的候选人）。我们将会看到，贝叶斯哲学对这个理论颇有贡献，而且也因此获得了多个诺贝尔奖。

但在讨论之前，我们先谈谈机制设计理论的基石，也就是博弈论。为此，我们先到英国一趟。

平分还是独占

在电视游戏《金球》（*Golden Balls*）的尾声中，萨拉和史蒂文在游戏的最后一个环节"平分还是独占"（split or steal）中争夺共计 100 150 英镑的奖池。两位参赛者面对面，每人手上都有两个球，一个写着"平分"（split），另一个写着"独占"（steal）。每位参赛者都要选择其中一个球。如果两位选择的都是"平分"，那么他们就平分奖金。如果其中一位选择"平分"而另一位选择"独占"的话，那么选择"独占"的参赛者就能独占整个奖池。最后，如果两位选择的都是"独占"的话，那么他们就只能两手空空回家了。

在做出选择之前，两位参赛者可以讨论大概半分钟。于是萨拉苦苦哀求史蒂文平分奖池，眼中满含泪水。史蒂文尝试安抚萨拉，向她保证会平分奖池。讨论就这样结束了。两位参赛者各自秘密进行了选择。悬念揭晓的时刻到了，主持人请两位参赛者亮出他们的选择，所有人看了都大吃一惊。虽然史蒂文选择了"平分"，但萨拉选择的却是"独占"，萨拉把整个奖池都偷走了！史蒂文目瞪口呆，意志消沉。萨拉坐立不安，眼神四处游移，但的确是她赢得了 100 150 英镑！

正如我们的日常生活那样，在"平分还是独占"这个游戏里，不确定性无处不在。我们非常依赖彼此之间的决策，而我们的影响力相当有限。在这样的情景中，与其强迫他人以某种方式行动，更合理的方法通常是预计他人的行动，然后做出适应性的举动，即使是激进活动也有它的作用。由此而来的概念上的困难，就是其他人的行动也会取决于我们的行动，如刚才所说，我们的行动同样取决于他人的行动，而这又依赖于我们的行动……循环不休。

1951年，在一篇只有28页而且只包含两个引用的博士论文中，未来的诺贝尔经济学奖获得者约翰·纳什为了砍断这种无限推理提出了纳什均衡的概念。所谓纳什均衡，指的是博弈中的这样一种情况：每位参加者对于其他参加者的对应行动都有着最优的应对。这样的话，在已知其他所有人的行动之后，每位参加者都有意愿坚持本来的策略。这也正是纳什均衡被称为均衡的原因：一旦所有参加者都选定了行动，那么我们可以预期他们会保持在这个均衡状态上。

奇怪的是，简单考虑一下就会发现，萨拉和史蒂文的策略组成了纳什均衡。这是因为，如果知道史蒂文会选择"平分"，萨拉就乐于选择"独占"，因为这样的话她的收益就会翻倍。而对于史蒂文来说，如果他知道萨拉会选择"独占"的话，那么从"平分"换成"独占"也不会得益，因为在这两种情况下，史蒂文都只能口袋空空地回家。

这（几乎）就是囚徒困境的情况。这个困境是由梅里尔·弗勒德和梅尔文·德雷舍在1950年构思出来的，然后由艾伯特·塔克做出了严格的叙述。在囚徒困境中，两名同谋者被警察逮捕，警察分别审问他们。如果其中一名同谋者被同伴告发，那么他的刑期就会增加。然而，警察对两名同谋者分别保证，告发对方可以获得减刑，无论对方有没有告发自己。这样的话，无论对方做出什么行动，每名同谋者告发对方都可以获得减刑。所以，相互告发就是纳什均衡，甚至是唯一的纳什均衡。

但是如果两名同谋者相互告发的话，那么两人都会被判刑，而如果他们都保持沉默的话就可以避免这一情况。这个故事的教训就是对个人的激励并不一定与整个群体的利益一致。在"平分还是独占"中，霸占整个奖池基本上类似于在囚徒困境中告发同谋者。在这两种情况下，所实行的策略对于个体来说是最优的，但对整体来说则是次优的。

贝叶斯式游说

然而，这些例子当然被过分简化了，不能真正代表史蒂文、萨拉以及囚徒困境中两位同谋者的思考过程。这是因为除了经济收益和刑期时间以外，在众人眼前背叛别人也有着巨大的心理代价。比如说，不难想象史蒂文会更希望选择"平分"而不是"独占"。赢取全部奖金但要忍受另一位参赛者、观众以及家人鄙夷的目光，这可能是难以忍受的重负。因此，无论萨拉的选择是什么，选择"平分"可能对史蒂文来说就是最优策略。

如果史蒂文在知道萨拉会选择"独占"的时候，更希望看到萨拉丢掉所有奖金的话，那么事情就变得有趣起来了。也就是说，现在想象一下史蒂文希望看到的结果排序如下：平分 / 平分、独占 / 独占、独占 / 平分、平分 / 独占，每一对中的第一个是史蒂文的选择，第二个是萨拉的选择。这样的话，史蒂文的最优策略就依赖于萨拉的选择。如果萨拉选择了"平分"，那么史蒂文会更倾向于选择"平分"；但如果萨拉选择的是"独占"，那么史蒂文也会希望选择"独占"。

史蒂文和萨拉在事前的讨论（还有贝叶斯哲学）就在这里扮演了重要角色。这样的讨论可以影响史蒂文关于萨拉会做出的不同选择的置信度。显然在我们考虑的情况中，萨拉成功说服了史蒂文她会选择"平分"。她做得很成功，史蒂文很快就相信她的确会这样做，甚至忘记了另一种可能的行动，因此他后来如此失望。

此外，沟通本身也可以用贝叶斯的方式来准确描述，毕竟沟通就相当于揭示一项信息，对方可以据此更新置信度。为此，经济学家埃米尔·卡梅尼察和马修·根茨科在 2011 年考虑了检察官如何才能在信奉贝叶斯主义的法官面前尽可能对嫌疑人定罪。惊人的是，他们证明了一名优秀的检察官可以说服法官定罪的人数要高于法官认为有罪的人数！

具体情况是怎么样的呢？法官作为一名合格的贝叶斯主义者，必定对嫌疑人是否有罪有着自己的偏见。假设这个偏见是 $\mathbb{P}[😈]=0.3$。此外，我们假设只有在对于嫌疑人有罪的置信度大于等于无罪的置信度时，这位贝叶斯主义的法官才会将其判为有罪。为了说服这位法官，检察官会要求进行某项有些特殊的调查。如果嫌疑人有罪的话，调查能够证明他有罪；但如果嫌疑人无罪的话，调查有可能出错，7 次中有 3 次会显示嫌疑人有罪，即使嫌疑人实际上是无罪的。检察官知道这一点，而法官也知道这一点。

当然，这样的话，如果调查显示嫌疑人有罪，可能只是因为调查出错了。然而，这只会让法官更加怀疑嫌疑人有罪。贝叶斯计算可以准确得出这项后验置信度的怀疑程度：

$$\mathbb{P}[😠|🔪] = \frac{\mathbb{P}[🔪|😠]\mathbb{P}[😠]}{\mathbb{P}[🔪|😠]\mathbb{P}[😠] + \mathbb{P}[🔪|😇]\mathbb{P}[😇]} = \frac{1\times 0.3}{1\times 0.3 + \dfrac{3}{7}\times 0.7} = 0.5$$

换句话说，作为贝叶斯主义者的法官一旦知道调查显示嫌疑人有罪，那么法官认为他有罪的后验置信度就相当于认为他无罪的后验置信度，于是就会判他有罪 [①]。这样的话，所有在调查中显示有罪的嫌疑人都会被定罪。但是调查显示有罪的概率可以通过全概率公式计算出来：

$$\mathbb{P}[🔪] = \mathbb{P}[🔪|😠]\mathbb{P}[😠] + \mathbb{P}[🔪|😇]\mathbb{P}[😇] = 1\times 0.3 + \frac{3}{7}\times 0.7 = 0.6$$

也就是说，法官有 60% 的概率将嫌疑人定罪，虽然他对嫌疑人有罪的先验置信度只有 30%。法官必然给太多嫌疑人定了罪！

但要搞清楚的是，这并不一定是法官遵循贝叶斯主义的缺陷。如果他没有利用贝叶斯公式，而是仅仅依靠先验置信度的话，法官就会判定所有嫌疑人无罪，跟之前的错误率相同。法官的目的不是使定罪的人数与有罪的人数相同，而是使错误率尽量小 [②]。

这样的话，有没有可能欺骗某位贝叶斯主义者的法官，使他的错误率提高？答案是否定的。这是因为贝叶斯推断拥有一项惊人的性质，让它可以与其他形式的归纳法区分开来：只要法官正确地解释所有额外信息，并且应用贝叶斯公式的话，正确率的期望值就不可能减少 [③]。也就是说，计算数学期望的话，贝叶斯主义者总会得益于额外的信息。

---

① 将 3/7 换成 3/7 − ε 的话，我们可以得到基本上相同的结果。

② 也要注意到，在这里考虑的情况中，将无辜的人定罪和宣告有罪的人无罪的代价对于法官来说是相同的。要处理关于在不确定性下进行公平判决的种种道德哲学，只需要对问题进行简单修改即可。

③ 更一般地说，考虑某位贝叶斯主义者，他的效用函数 u 符合冯·诺伊曼和莫根施特恩的公理。他需要在不知道某个变量 x 的情况下做出某个决策 a。如果没有额外的信息 y 的话，这位贝叶斯主义者会选择 $\sup_a \mathbb{E}_x[u(a, x)]$。假设现在他知道了 y，那么他会尝试最大化 $\sup_a \mathbb{E}_x[u(a, x)|y]$。其收益的先验期望值就是 $\mathbb{E}_y[\sup_a \mathbb{E}_x[u(a, x)|y]]$。只要 $\mathbb{P}[x|y]$ 是通过贝叶斯公式计算得来的，那么贝叶斯主义者就知道了 y 会有所得益，也就是 $\mathbb{E}_y[\sup_a \mathbb{E}_x[u(a, x)|y]] \geqslant \sup_a \mathbb{E}_x[u(a, x)]$。

谢林点

我们回到"平分还是独占"。如果我们现在想象萨拉的偏好与史蒂文相同的话，这个游戏就会变得更加有趣。在这种情况下，两个人都希望平分奖池。实际上他们只需要说服对方自己会选择平分，那就会一切顺利。

然而，即使是最细微的怀疑也会摧毁这一切。如果史蒂文不慎说错了话，给对方一种他可能不会选择"平分"的印象的话，那么萨拉可能会提高她对史蒂文选择"独占"的置信度。这个置信度可能会变得很大，到了某个地步，萨拉可能会更倾向于选择"独占"而不是"平分"，因为她害怕遭受被史蒂文抢去眼前奖金的屈辱。但如果萨拉将这种犹豫流露出来的话，史蒂文也可能预计她会选择"独占"，因此他也会选择"独占"来对抗。

这就是所谓的协调问题，在这里，我们有两个对称的纳什均衡①：其中一个均衡是萨拉和史蒂文都选择了"平分"，皆大欢喜；另一个均衡则是两个人都选择了"独占"，扫兴而归。但如果两人不协调的话，结果对两个人来说都会更糟糕，要么是因为看到另一位参加者抢去了奖金，要么是因为观众会向自己投来鄙夷的眼光。也就是说，游戏的结果是由他们各自会对对方做什么的置信度决定的——错误的置信度可能会给双方带来灾难！

当然，这类协调问题远远超出了"平分还是独占"的范畴。在某些电影的桥段中，两人暗生情愫，却不敢向对方表露爱火，只因怀疑对方对自己是否有兴趣。错误的置信度可能会断送这一段美丽的爱情故事，而整部电影的看点往往就是双方如何在离奇的状况下学习到了正确的置信度！

我们的传统、协议和规程就是为了解决这些协调问题而存在的。这些构筑社会关系的元素就是所谓的**谢林点**，这个名字来源于 2005 年诺贝尔经济学奖获得者托马斯·谢林。用贝叶斯主义的语言来说，这些谢林点可以用于对社会中其他人的行为建立先验置信度。

做出理性的证明似乎经常需要对这些谢林点的良好预测，它们也因此在个体行动中发挥了重要的作用。所以我们可以想象，如果信任和诚实在身处的社会中

---

① 实际上还有第三个纳什均衡，就是萨拉和史蒂文都随机选择"平分"或者"独占"。

是稳妥的谢林点的话，史蒂文和萨拉最后一定会选择"平分"。反过来说，如果社会的规范不是相互信任，怀疑才更为明智的话，史蒂文和萨拉可能就更倾向于选择"独占"。

混合均衡

"平分还是独占"还有最后一个变种，可以让我们探索到个体互动的其他微妙之处。现在假设史蒂文和萨拉都很想要这笔钱，并且他们保证如果某个人赢得了整份奖金，就会给对方 1 万英镑作为补偿。这样的话，他们现在的偏好就是：独占 / 平分，获利 9 万英镑；平分 / 平分，获利 5 万英镑；平分 / 独占，获利 1 万英镑；独占 / 独占，获利为 0。

奇怪的是，如果萨拉宣称她要选择"独占"，那么史蒂文就完全有意愿选择"平分"，这会让萨拉对自己的选择更放心。反过来说，如果史蒂文宣布要选择"独占"，两人的角色就倒过来了。因此，这个博弈拥有两个反对称的纳什均衡，它产生了一个发人深思的难题：每位参与者都希望说服对方接受对自己有利的那个纳什均衡。在现实中，这会让每位参赛者都宣称希望拿到整份奖金，而且尝试比对方显得更有说服力。

这种策略看上去可能很荒诞。然而，当尼克和亚伯拉罕在"平分还是独占"中面对面争夺一共 1.3 万英镑的奖金时，令人震惊但无比有效的策略出现了。尼克突然说："亚伯拉罕，希望你相信我，我 100% 会选择'独占'。"惊慌失措的亚伯拉罕似乎觉得自己无能为力，暗自思忖："你的脑子怎么想的？"然后又想道："你是个白痴！"

但尼克不是白痴，他只是想保证亚伯拉罕有全部的动力去选择"平分"——因为尼克并不想搞阴谋诡计，他自己也选择了"平分"！最令人目瞪口呆的是，亚伯拉罕在电台节目 *Radio Lab*[2] 的采访中承认了他一开始的确是想选择"独占"的。尼克的策略可谓完美。

现在想象一下，受尼克的启发，史蒂文和萨拉两人都选择模仿他的策略。然而，他们两人在事前的讨论中都没有被说服。于是他们面临的就是一个本质上非常贝叶斯的问题。两个人都不确定对方会怎么做，于是就必须以先验置信度为基础进行概率推断。

比如说，假设史蒂文认为萨拉选择"平分"和"独占"的概率是一半一半，如果他选择"独占"的话，就有 1/2 的概率会得到"独占 / 平分"的收益，也就是 9 万英镑，而另 1/2 的概率则是得到"独占 / 独占"的收益，也就是 0 英镑。史蒂文的期望收益就是 4.5 万英镑。

反之，如果史蒂文选择"平分"，那么他有 1/2 的概率获得"平分 / 平分"的收益，也就是 5 万英镑，而有 1/2 的概率会获得"平分 / 独占"的收益，也就是 1 万英镑。他的期望收益就是 3 万英镑。史蒂文的计算驱使他选择"独占"而不是"平分"，因为"独占"的期望收益更高[①]。

因为这本书讨论的是贝叶斯理论中的主观概率，我需要强调这里涉及的关于史蒂文和萨拉的概率绝对不是频率主义中的那种概率。尽管我在这里出于简明易懂的需要采用了频率主义的语言，但史蒂文和萨拉并非每天都在参加"平分还是独占"。此外，潜在收益代表的是他们各自生活中一个孤立而独特的情况，但我们讨论的并不是这个游戏的平均收益。在这里，期望收益，或者说收益的期望，对应的是他们各自根据主观概率预测的收益。

回到史蒂文和萨拉的情况。现在我们假设这两个人都非常聪明，他们也知道对方同样聪明。因为在事前讨论中，史蒂文和萨拉都明确给出了会选择"独占"的印象，所以他们就碰壁了。为了走出绝路，史蒂文突然确认他会以 4/5 的概率选择"独占"，否则就选择"平分"，然后他建议萨拉也这样做。

于是萨拉就开始进行期望的计算。假设史蒂文言出必行，如果萨拉选择"独占"的话，那么她就有 4/5 的概率会获得 0 英镑，有 1/5 的概率获得 9 万英镑，得出的期望收益就是 1.8 万英镑[②]。反过来，如果萨拉选择"平分"的话，那么她就有 4/5 的概率会获得 1 万英镑，1/5 的概率获得 5 万英镑，期望收益也是 1.8 万英镑[③]。

---

① 我们在这里假设所有参加者都希望得到金钱，并且厌恶风险，也就是说获得数量为 x 的金钱时，效用 $u(x)$ 的值为 $u(x)=x$。

② 这一步的算式是 $4/5 \times 0 + 1/5 \times 9 = 1.8$。

③ 这一步的算式是 $4/5 \times 1 + 1/5 \times 5 = 1.8$。

于是她得出结论，她的选择并不影响期望收益。此外，她也意识到，如果听从史蒂文的建议，那么她也能激励史蒂文坚持他的策略。萨拉不仅接受了这项建议，甚至保证她也会以 4/5 的概率选择"独占"。用术语来说，这就是所谓的**混合纳什均衡**，也就是说，参与者的策略是随机的。

如果史蒂文和萨拉都最大化各自的收益并拒绝不平等的话，纳什的理论保证他们会采取的策略正是这一混合均衡[1]。然而，这一纳什均衡与大部分纳什均衡一样，不是最优的，因为如果史蒂文和萨拉都选择"平分"的话就能获得更好的收益。

后来的诺贝尔经济学奖获得者罗伯特·奥曼就对此做出了贡献。1974 年，奥曼提出可以引入所谓的信号，也就是某种"红灯"，用以协调参加者的决策。

比如说，这种信号可以是一枚硬币的正反面。如果硬币掷出正面，那么史蒂文就选择"独占"，而萨拉选择"平分"；如果硬币反面向上，那就反过来。这种外部信号的绝妙之处就在于，一旦得到了硬币的结果，史蒂文和萨拉就完全有动机听从硬币的安排。也就是说，已知信号和对方根据信号会做出的行为，史蒂文和萨拉的最优策略就是采取信号提示的行动。于是这几乎是一个纳什均衡。这又被称为相关均衡。所有纳什均衡都可以表示为没有信号的相关均衡。

然而添加信号可以大幅改善纳什均衡。在史蒂文和萨拉的情况中，在看到信号之后，预期收益变成了 5 万英镑。换句话说，信号让他们可以做得跟每个人都没有意愿偏离"平分 / 平分"的情况一样好[2]！

贝叶斯博弈

博弈论与贝叶斯哲学的主观概率结合起来就构成了一座威力巨大的军火库，可以用来进攻那些具有不确定性的复杂决策问题。扑克就是这样的例子。在一局扑克的开头，每位玩家都知道自己的手牌，但不知道其他玩家的手牌。然而当游戏逐步展开时，某些玩家会放弃赢钱的机会（又叫"盖牌"），而其他玩家则会额

[1] 纳什证明了所有对称博弈都有一个（可能是混合的）对称均衡。
[2] 不难看到纳什均衡的凸包包含在相关均衡的集合里。然而，相关均衡组成的集合一般比纳什均衡的凸包要大，有时候由此可以得出明显优于任何纳什均衡组合的相关均衡！

外下注。

　　纯粹贝叶斯主义者会利用贝叶斯公式来调整自身对其他玩家手牌的置信度。比如说，如果对手比平常更加咄咄逼人，下注也更大的话，她就会认为对方手上的牌比较好。当然，这并不能证明对方手牌确实好，但为了做出最优的决策，更新置信度并根据新的置信度来调整策略是必不可少的。

　　这种富有不确定性的情景中的博弈论又被称为贝叶斯博弈论，这真是个没什么独创性的名字。这个理论来自约翰·豪尔绍尼在 1967 年发表的三篇系列论文，他后来于 1994 年与纳什一起获得了诺贝尔经济学奖。通过添加其他玩家手牌或偏好的不确定性，豪尔绍尼让博弈论变得更为现实，并使之适用于更多的实际问题，在这些问题中，决策所需的信息并不完整。

　　豪尔绍尼也利用了贝叶斯的语言来解释混合纳什均衡的重要性，以此解释了个人策略的不确定性如何来自偏好的不确定性。这也提示了豪尔绍尼纯化定理的存在。而更为关键的是，豪尔绍尼最终将贝叶斯哲学放到了经济思考的中心。后来于 2007 年获得诺贝尔经济学奖的罗杰·迈尔森，曾在 2004 年这样断言："现代信息经济学的统一性与应用范畴都来自豪尔绍尼的框架。"

　　在贝叶斯的语境下，纳什均衡的等价物被称为贝叶斯 - 纳什均衡。在这个情况中，每位参与者执行的策略都是对于其他人的策略的最优应对。然而，要在贝叶斯的语境中理解"策略"这个概念，还存在一点微妙之处。在这里，策略就是某种根据私密信息做出的行动，这种私密信息可以是个人偏好，也可以是手牌。比如说，在扑克游戏的情况中，这样的策略可能就是如果有一对 A 的话就加倍下注，否则盖牌——这个策略很可能不是最优的。

贝叶斯机制设计 ※

　　我们终于可以回到对"心计"的讨论了。乍看起来，与其开发"心计"之类的软件，不如尝试建立一个学生之间的协商机制，最终得出总体的分配决定。抛开这种替代方法令人望而却步的复杂度不谈，机制设计理论给出了一个漂亮的定理。依靠贝叶斯的原则①，这个定理证明了我们总是可以将情况化归为相对简单的情况，其中有一个中央权威（在这里是"心计"软件）会收集所有学生的偏好，然后得出总体决策。这个定理是显示原理的推论[3]。

要理解这一原理，我们来考虑任意的机制 M，其中每个个体都在自身贝叶斯置信度的指引下以最大化效用期望的方式行动。也就是说，每个个体的行动都符合机制 M 的贝叶斯－纳什均衡。一旦机制执行完毕，我们就获得了整个群体的决策 x，比如向军队不同部门的分配。显示原理让我们可以通过某种超级版"心计"得到相同的整体决策 x。这个超级版"心计"会收集每个个体的偏好，然后模拟每个个体在机制 M 中根据贝叶斯－纳什均衡所做的行动。这样的话，它就能计算所有结果，由此推出群体的总体决策 x。这就是超级版"心计"决定为整个群体选择的决策。

这种模拟的高明之处就在于，在每个个体眼中，他们所做的就是说明自己的偏好。然后超级版"心计"就会从中推断出结果。更妙的是，与单一选择投票和巴黎综合理工学院使用的"心计"不同，每个个体都完全有动机诚实地出示自己的偏好。这是因为如果某个个体给出的不是自己的偏好，那么超级版"心计"就会根据这个不属于他的偏好来模拟这个个体。该个体在模拟中的行为也就并非对他而言最优的，这就让他无法出于个人利益来影响整体的决策。

所谓的"律师与客户保密特权"依靠的正是这个巧妙的方法。这是因为我们希望得出对被告的判决。在理想情况下，这项判决需要考虑只有被告知道的某些信息。然而一般来说，被告没有动机说出他知道的一切——特别是如果他知道自己有罪的话。于是法庭建立了一个可以让原告和被告进行辩论的互动平台，而最终的判决正是这一互动平台的结果。"律师与客户保密特权"这项原则其实就是添加了可以模拟原告和被告辩论的中间人，无须原告和被告的直接介入。这些模拟原告和被告的中间人就是检察官和辩护律师。然而，为了让律师能忠实地模拟原告和被告，他们必须知道客户所知道的一切。为此，必须使客户有动机向律师展示他们所知道的一切，而这正是"律师与客户保密特权"尝试做出的保证。

在博弈论中，显示原理的主要应用就是解释为什么我们会有兴趣在（几乎）

---

① 显示原理也有非贝叶斯的版本。

不失一般性的情况下，建立一个收集所有人的私密信息来做出整体决策的中心化机制。特别是，这一原理让我们能发现某种应用非常广泛的机制，可以保证整体决策能最大化所谓的"社会福利"，也就是个体效用的总和，同时也鼓励参加者诚实作答。这个引人注目的方法又叫 VCG（Vickrey-Clarke-Groves）机制，它的名字来自 1996 年诺贝尔经济学奖获得者威廉·维克里、爱德华·克拉克和西奥多·格罗夫斯 [4]。

迈尔森的拍卖

在只有一件物品的拍卖之中，社会福利的最大化意味着将拍卖的物品转让给出价最高的人。VCG 机制通过让这个人付出第二高的出价就能保证他购得拍卖物品。然而这种被称为"第二价格拍卖"的方法似乎并不能最大化卖家的收益。对于卖家来说，直接将物品以最高出价卖出不是更好吗？

2007 年诺贝尔经济学奖得主罗杰·迈尔森给出了惊人的否定回答。如果物品总是会被卖给出价最高的人，那么无论要付的价格是如何确定的，只要竞拍人全都像贝叶斯主义者那样最大化自己的期望效用，那么卖方的期望收益都会是一样的！这正是令人震惊的迈尔森收益等价定理 ①。

但迈尔森的这个定理依赖于一个小小的技术细节，由此可以看出实践中人类互动的复杂性。要使迈尔森的定理适用于这一情况，就必须假设竞拍者和卖家对于每个人为获得商品准备付出什么价格都有着某个共同的先验置信度。这是贝叶斯博弈论中普遍采用的假设，为的是简化计算并避免引出形而上学的问题。然而，这个假设并不正确。"所有模型都是错的"。

在一般的情况下，实际上存在着所谓的"高阶信念"问题，也就是说，竞拍者对另一位竞拍者对于自身准备付出多少价格的置信度有某种信念，以及他对认为另一位竞拍者认为他认为对方偏好持有某种信念，等等。有趣的是，我们可以意识到纯粹贝叶斯主义者一直都在考虑类似的想法。然而这些高阶信念的研究极

---

① 与 VCG 机制一样，这个定理假设每位参加者的效用都是所谓的"拟线性效用"。此外，迈尔森收益等价定理同样假设不同竞拍者认为物品具有的价值是独立等概率分布的。

端困难，远远超出了这本书的范畴。我们现在回到豪尔绍尼和迈尔森提出的框架，其中收益等价定理是正确的。

卖家是否有可能通过另一种拍卖获得更好的期望收益呢？迈尔森对此的肯定答案就没那么惊人了。在 1981 年的一篇美妙的论文中，迈尔森成功确定了对卖家而言最优的拍卖法 [5]。这种拍卖的技术细节有些复杂，但其基本想法很简单。要最大化收益，卖家就应该利用自身的贝叶斯偏见。特别是，如果出价显然低于自身对竞拍者实际上预计肯付出的价格的置信度，那么卖家就应该拒绝出售这件物品。当然，这样做的话，卖家从拍卖中不能取得任何收益的概率就不为 0，但期望收益才是最重要的。

迈尔森的拍卖解释了为什么外国游客的讨价还价那么糟糕。原因很简单，在众多国家里，卖家估计外国游客会比本地人愿意花更多的钱。更糟糕的是，如果外国游客和本地人抢着买相同的某件货物，迈尔森的拍卖会让卖家在协商中区别对待两者：可能只有在外国游客的出价至少是本地人的出价的两倍时，卖家才会接受交易。我们可以认为卖家与本地人串通抬高了价格——现实中也许就是这种情况。但我们不一定需要这种情况才能解释卖家的贩卖策略。卖家在这里只是应用了迈尔森的拍卖，区别对待了那些他认为愿意付出更高价格的顾客。这并不只是讨价还价的技巧的问题，而首先是一个关于贝叶斯置信度的问题！

贝叶斯主义的社会影响

迈尔森拍卖的一个重要结论，就是贝叶斯主义者的最优行为会导致个体之间出现出于偏见的歧视。这不是在说应该出于伦理的理由否定迈尔森的理论。迈尔森的理论是一个数学定理，并不依赖任何伦理基础，没什么可否定的。同样，在这个情况中，因为贝叶斯推理会导致在道德上不如人意的结果而将其禁止，就像因为百万富翁们借助思考变得越来越富有而禁止其思考一样。

迈尔森的理论中出现的道德价值就在卖家和买家的偏好之中。如果说有什么需要斗争的话，那就是卖家和买家那些在伦理上值得商榷的偏好。然而，迈尔森的理论真正指出的是，卖家情有可原而又微不足道的偏好也可以导致在道德上被社会唾弃的行为。问题通常不在于歧视的始作俑者希望加害他人，而在于他们没有足够的勇气去做正确的事。**最严重的过错中的真正问题通常并不是造成损害的意愿，而是缺少不造成损害的意愿。**

当然，迈尔森拍卖的情景按理说并非如此富有争议——虽然游客还是经常抱怨他们遭受的差异对待，甚至某些群体因为富有而被打上烙印。然而，请你拒绝那些看似更合情理的替代方案。在招募新员工、对嫌疑人进行判决，或者计算保险附加费时，是否应该利用自己的偏见？

对于纯粹贝叶斯主义者来说，这是一个超出知识哲学范畴的问题。我们面对的这个问题关乎伦理、道德、价值、目标和偏好。纯粹贝叶斯主义者在这些问题上给不出任何意见。

但在决策时忽略偏见是一种越来越流行的道德价值，特别是在知识分子之中。与我们之前看到的一样，计算机科学研究中一个很大的领域就是保证个人资料的私密性，目的是使其他人无法细化他们的贝叶斯置信度。

然而，在某些情况下，一些人的身体状况也会使我们无法像对待其他人一样同等对待他们。将巴黎综合理工学院的学生分配至军队的不同部门就是这样的问题。在"心计"软件中，出于个体身体素质的原因，无法避免区别对待不同的学生。这样的话，与其忽略个体之间的差异，在道德哲学中加入某种处理个体差异的合理方法也许会更为妥当。

实际上，利用偏见一般来说甚至可以确定什么政策更符合伦理。比如说，世界上许多国家的公共汽车都要求乘客向老人、孕妇和残疾人让座。也就是说，这些公共汽车都要求乘客利用人们的外表来建立偏见，以照顾那些更可能得益于就座的人。

更普遍地说，正如我们会在本书最后一章中看到的那样，在道德哲学的一个分支中，偏见是合乎道德的。这种道德哲学就是效果论。对于效果论者来说，只有我们的行为的（可能的）结果才是最重要的。贝叶斯效果论者于是就必须利用贝叶斯主义的整个工具库来最优化其行为能带来的好处。然而，这个工具库也包含了他的偏见。忽略这些偏见就是一种罪过。

偏见尤其可以帮助我们更快速、更有效地帮助那些需要帮助的人，因此，忽略这些偏见似乎并不道德。

初始的力量被注入数种甚至一种生命形态之中，即使这个星球一直按照引力决定的法则周而复始地运动，但从如此简单的起点出发，却演化出了众多无限美好而神奇的生命形式，并将继续演化下去。这种对生命的视点无比壮丽。

查尔斯·达尔文（1809—1882）

第10章
达尔文遇上贝叶斯

幸存者偏差

在第二次世界大战中，英国空军雇用了统计学家亚伯拉罕·瓦尔德研究战机装甲的最优化。英国空军注意到，除了前部发动机所在之处以外，从战斗中返回的战机被打得遍体鳞伤。于是空军得出结论，应该减轻前部装甲来强化后部装甲。瓦尔德惊呼：**这不对！**他的看法是，事情正好相反，飞机只有后部中弹证明了应该加强飞机的前部装甲。

瓦尔德的这个说法相当惊人。但其实本质上类似于查尔斯·达尔文对生物中复杂结构的出现做出的解释。在这两种情况下，我们当中大部分人所忽略的微妙之处正是淘汰的过程，或者说，我们注意的只是选择中的幸存者。在瓦尔德的情况中，被淘汰的就是那些前部中弹的飞机，这些飞机的发动机被摧毁甚至爆炸，因此无法返航。与之相似的是，达尔文断言那些因缺陷而无法繁衍的动物物种不可避免走向灭亡，因此，在至今仍然存活的物种中，重大缺陷极少。

达尔文的演化理论受到了科学界的一致赞赏，但时至今日，它仍有许多伪科学的批评者。智能设计论证正是这些人用以反驳的工具，这项论证如下。想象一下你在沙漠的正中，如果你偶然发现一块奇形怪状的石头，那么你不会惊奇于它是自然过程的产物。然而，如果你发现了一块结构精巧的钟表，那么认为它可以通过完全自然的过程产生，似乎太愚蠢了。钟表的精巧结构似乎只能用有一位拥有智慧的设计师精心制作来解释。同样，人体那令人惊叹的精巧结构，从骨骼与肌肉的生物力学，到免疫系统的组织，再到灵巧的眼睛以及复杂得难以理解的大脑，都只能是智能设计的结果，而这位拥有智慧的设计者只能是上帝。

这个论证可能看上去很有说服力。然而，除了其中将"拥有智慧的设计者"与上帝混为一谈这一点值得商榷以外，它也低估了我们上文所说的淘汰过程——达尔文将其称为自然选择。

加利福尼亚的五彩蜥蜴

我们现在来到美国加利福尼亚州的中央谷地，那里生活着三种不同的雄性蜥蜴，粗略来说，它们是橙色蜥蜴、蓝色蜥蜴和黄色蜥蜴。这些雄性蜥蜴属于同一物种，所以它们会寻求与同一种雌性蜥蜴进行繁殖。但它们在繁殖上拥有截然不同的特性和策略：橙色蜥蜴非常粗暴，它们控制着特定的领地，并且与自己领地中的所有雌性交配；蓝色蜥蜴是忌妒心很重的"一夫一妻制"实行者，它们会控制伴侣的一举一动；最后，黄色蜥蜴是那种偷偷摸摸的花花公子，只要碰到雌性就飞扑上去。

达尔文的演化理论指出，最有能力繁衍的蜥蜴就是能够存续的那些蜥蜴。然而有趣的是，不同雄性蜥蜴的繁殖能力取决于当前其他的雄性蜥蜴种群。

举个例子，假设大部分雄性蜥蜴是粗暴的橙色蜥蜴。这样的话，每只橙色蜥蜴都会占据一个庞大的"后宫"，从而无法很好地监视雌性蜥蜴。这时，偷偷摸摸的黄色蜥蜴很容易就能与那些未被监视的雌性蜥蜴"幽会"，这样的话，雌性蜥蜴因偷偷摸摸的黄色蜥蜴受精的可能性比因粗暴的橙色蜥蜴受精的可能性高。我们预期偷偷摸摸的黄色蜥蜴的数量会逐渐超过粗暴的橙色蜥蜴。

现在想象一下，占主流的是偷偷摸摸的黄色蜥蜴。那么嫉妒的蓝色蜥蜴就可以诱惑雌性并据为己有，这样的话，所有雌性蜥蜴就会逐步与蓝色蜥蜴结合。因此，偷偷摸摸的黄色蜥蜴就无法找到名花无主的雌性蜥蜴，从而无法繁衍。于是嫉妒的蓝色蜥蜴就会导致偷偷摸摸的黄色蜥蜴灭绝。

最后，我们假设绝大部分雄性蜥蜴是嫉妒的蓝色蜥蜴。这样的话，粗暴的橙色蜥蜴就会与这些嫉妒的蓝色蜥蜴争斗，将雌性蜥蜴一个一个地扩充进自己的"后宫"。这些嫉妒的蓝色蜥蜴就都会变成单身，也无法繁衍。它们最后就会消失，而获益的是那些粗暴的橙色蜥蜴。

总结一下，大体来说，橙色会输给黄色，黄色会输给蓝色，而蓝色会输给橙色。这跟"石头、剪刀、布"很相似，石头能打败剪刀，剪刀能打败布，而布能打败石头。这个博弈拥有唯一的纳什均衡，就是随机选择这三个选项。这也在意料之中。人们在现实中观察到这三种雄性蜥蜴在自然环境下共同存在，就像是它们根据"石头、剪刀、布"的纳什均衡进行了选择一样！也就是说，虽然纳什均衡这个概念本来只能由拥有智慧的参与者实施，但它似乎也完全可以应用到达尔文式演化的结果上。我们会看到这并非偶然。

洛特卡 – 沃尔泰拉动力学 ※

生物学家约翰·梅纳德·史密斯在 1972 年提出了演化稳定策略这一概念。史密斯将这种策略定义为种群的特定构成，在遭受构成不同的（相对较小的）外来种群入侵时（比如投放 100 只黄色雄性蜥蜴）也能维持稳定。在现实中，这一般对应着种群由于统计涨落产生的随机变化。这种统计涨落是否会对种群产生深远影响？或者说，达尔文式演化是否会将种群的构成重新引向统计涨落出现之前的状态？

为了回答这些问题，我们将会深入、细致地探索达尔文式演化的一个简化模型。"所有模型都是错的"，但我们将要谈到的模型对于众多生物学家来说相当有用。

令 $x(t)$ 为某个变种的个体在时刻 t 的数量。在下一代 $t+1$ 中，我们知道种群的个体数量需要加上出生的数量并减去死亡的数量。这些出生数量和死亡数量大概与种群个体数量成正比，相应比例就是出生率（记作 %😀）和死亡率（记作 %💀）。于是种群大小就会变成 $x(t+1)=x(t)+(\%😀)\,x(t)-(\%💀)\,x(t)=x(t)+(\%😀-\%💀)\,x(t)$。也就是说，种群变化幅度与种群大小 $x(t)$ 成正比。令适应度 fitness $=\%😀-\%💀$ 为相应比例。我们由此就得到了支配种群大小演化的方程：$\dot{x}=x(t+1)-x(t)=\text{fitness}\cdot x$。

上面的方程对于特定变种的个体来说是成立的。我们现在用下标 i 区分不同变种，就能得到洛特卡 – 沃尔泰拉（Lotka-Volterra）方程 $\dot{x}_i=\text{fitness}_i\cdot x_i$。这些方程更准确，指出了不同变种的适应度是如何随着其他变种种群大小而变化的。正如我们之前看到的那样，当粗暴的橙色蜥蜴在种群中占优时，偷偷摸摸的黄色蜥蜴的适应度就会增加[1]。

然而，我们感兴趣的不是种群中每个变种 i 的个体数目 x_i，而是每个变种 i 所占的比例 z_i。在进行一些代数运算之后（留作练习），我们就得到了支配种群中不同变种所占比例变化的方程：

$$z_i(t+1)=\frac{(1+\text{fitness}_i)z_i(t)}{(1+\text{fitness}_i)z_i(t)+\sum_{j\neq i}(1+\text{fitness}_j)z_j(t)}$$

你猜到了吗？支配演化的方程不过是伪装之后的贝叶斯公式！实在难以置信！与主观概率对应的是比例 z_i。从 t 变为 $t+1$ 时，这些概率会依据某种贝叶斯推断过程产生变化，其中的思想实验项由 $1+\text{fitness}_i$ 代替。最后，分母是配分函数，可以保证 z_i 的和在 $t+1$ 时仍然为 1。

这就是经过分析后令人目瞪口呆的结果。如果将时刻 t 的适应度看作理论 i 解释直到时刻 t 所得到数据的能力，那么达尔文式演化与理性客体毫无二致！

这种比较也许看似荒谬，却有另一引人注目的定理作为佐证（即使它在数学上是显然的）。这个定理由生物学家约翰·梅纳德·史密斯在 1973 年证明，它断言达尔文式演化产生的种群变种比例必然属于纳什均衡。惊人的是，这些纳什均衡对应着拥有智慧的理性客体在博弈中采取的策略。换句话说，正如沙漠中的钟表一样，纳什均衡所刻画的比例分配似乎只能是出于智慧客体的某种意图的结果，

[1] 洛特卡 – 沃尔泰拉的经典形式假设适应度是种群大小的线性函数。

至少人们会有这种朴素的信念。但事实并非如此。

看似是智慧的果实，却只是达尔文式演化不可避免的结果。这就是梅纳德·史密斯的这一定理令人瞠目结舌的结论。

遗传算法

达尔文式演化远远不止是人类智慧苍白的复制品，实际上它能轻易创造出人类智慧也难以想象的结构——常被引用的经典例子就是人类大脑。虽然演化知道怎么将它设计出来，但即使有了超级计算机，神经科学到现在还无法完全理解人类大脑。

来自达尔文式演化的这种精巧复杂如此摄人心魄，令计算机科学家与应用数学家转向了所谓的**遗传算法**，用以找出某些问题的答案，而除此以外的解法无人知晓。这些遗传算法除了模仿自然选择，还模仿了杂交与变异。

比如说，假设我们希望确定一个访问法国最大的 100 个城市的方法，使得路程费时最少。这个问题又叫作旅行推销员问题。每个访问城市的顺序都是问题的可能解答，而我们的目标是找出最优的解答。这个问题的难点在于可能的解答有如恒河沙数，一共有 $100! \approx 10^{157}$ 个可能的路线。即使我们将地球上所有超级计算机组合起来，列出所有排列，完成这一任务所需的时间也远远超过了宇宙的年龄。

遗传算法对于这类问题的处理无比高效。这种算法的原则就是维持一个多样化的种群，其中包含有前途但并非最优的解答。在每一步迭代时，算法会选择种群中的两个解答，对其进行杂交操作，在其中添加（有益的）变异，然后进行选择，其中最差的解答会被淘汰。奇怪的是，这种达尔文式的优化方法好得惊人，甚至是许多情况下最优秀的解法！

达尔文式演化在这种情境下比人类的智慧要做得更好。所以，自然的精巧作为反驳演化理论的论点并不令人信服。但我们在第 11 章仍然会谈到这个问题。

构筑自己的意见？

科学与伪科学之间的区别，是被称为"怀疑主义""批判性思考"或者"探索派"的思想运动偏好的话题。这一思想运动主要讨论伪科学支持者的常见诡辩与认知偏差。这些论证中的错误的确相当糟糕，是大量阴谋论、替代医学和超常现象的基础。

对于某些人来说，对这些问题的正确反应是构筑自己的意见。然而，这种反应的危险在于，有些事情必须具有大量知识或者经验储备才能得出足够切中要害的意见，但这种反应难免导致对这些事情的怀疑，甚至是无法避免的偏见、误解和错误。例如琳达问题、p 值争议或者差分隐私的概念就属于这一类情况。某些更重要的问题，比如疫苗的有效性、谷歌和 Facebook 的算法，以及气候变化的人为因素，也都属于这类情况。除非你花上好几年细细研究这些问题，否则你自己形成的意见必定缺乏足够的信息，也因此无足轻重。

我们十分希望即使只花上几个小时，最终也能在这些问题上得出正确的答案，但事实远非如此。比如说在琳达问题中，直觉会使我们的错误率比一只随机选择答案的黑猩猩的错误率还要高。统计学家汉斯·罗斯林就证明了这一点。对于许多问题，比如女性平均受教育时间、自然灾害造成的死亡人数、世界贫困人口等，我们的表现比无知还要糟糕 [1]，我们一贯选择的都是错误答案！

更糟糕的是，要估计应该对自己的直觉有多少信心，对我们来说难上加难。因此，即使花上相当长的时间思考并汲取有关某个问题的信息，我们对于自己理解了多少，以及自己的意见是否考虑了足够多的信息，了解起来可能还是相当困难的。雪上加霜的是，德里克·穆勒的博士论文 [2] 证明，哪怕是对物理现象完全正确的视频解释，也可能会提高学生对自身直觉的信赖，即使学生刚才观看的视频解释完全否定了这些直觉！

我们每个人都经历过太多次这种反复出现的自信过度了。你可能也明白，这就是我在本书中尝试克服的主要认知偏差。这也是贝叶斯公式、埃尔德什在蒙蒂·霍尔问题中遇到的困难，以及所罗门诺夫不完备性迫使我们承认的东西：我们总是过分自信。正如伟大的逻辑学家伯特兰·罗素所言："世界上所有问题的根源在于，笨蛋和盲信者总是无比自信，而更有智慧的人却一直在怀疑。"艾蒂安·克莱因 [1] 补充道："要尽量避免得出结论。"

实际上，"只靠自己"去相信任何事物是个难于登天的任务，其中布满无法逾越的障碍。我很不建议你这样做。如果构筑正确的意见那么容易的话，那高等研究就不需要花那么长的时间了，而且知识也不会被如此切分为相互隔绝的学科了。如果没有足够的财力、时间和认知能力去沉浸在特定问题的详细研究之中的话，那么我们就难免需要依靠他人的意见。这并不是个坏习惯。实用贝叶斯主义者也更倾向于利用其他人在数十年甚至数百年中做出的工作来细化自身对世界的理解。即使是纯粹贝叶斯主义者也知道，其他个体能访问众多她无法访问的数据，所以她有不少东西可以向这些人学习。

单个科学家并不可靠

所以，要理解我们身处的这个世界，诉诸权威是一个强大、有效且实用的工具。然而这也带来了下面的问题：谁是最可靠的权威？爱因斯坦提出的论证是否比莎士比亚的论证更有价值或者更值得相信？我们可不可以盲目信任科学家？

在面对这些问题时，某些探索派学者（也就是捍卫批判性思维的人）和某些科学家会强调科学方法的客观性。他们认为，科学家得出结论的方法就是完全严谨、客观并且经过同行评议的论证。因此，他们的结论比伪科学家的结论更有价值，因为伪科学家并不遵循这一方法。

然而，优秀的探索派学者会提防这种粗糙而刻板的论证。首先，某些伪科学或多或少遵循的是科学方法的路线。此外，贝叶斯主义否定了这种科学方法的客观性，甚至也否定了它的正确性！但更重要的是，科学工作者几乎从来不按照科学方法做事。

在科学文献中任意选取一篇论文，论文的作者很有可能并没有提出什么假设，也没有确定某个带有限制的实验流程，同样没有根据这个流程来进行实验，最后

---

[1] 艾蒂安·克莱因是法国的物理学家及科学哲学家。——译者注

也没有用 p 值得出结论、完成论文。无论是现代还是过去，科学更像是一连串的试错、建模、模拟、参数调整，以及实验中的质疑。通常只有在获得所有结果之后，论文的写作才开始。写作时，作者选取的角度通常忽略了实验室中绝大多数错误线索，为的是更好地将新发现组织起来，并推出一个引人深思的结论——大部分读者也觉得这相当值得赞赏。

更糟糕的是，科学工作者同样无法避免那些导致伪科学的认知偏差甚至诡辩的茶毒。这是因为，正如我们在第 1 章和第 2 章中看到的那样，即使是最优秀的科学工作者，面对某些简单却令人困惑的问题也无能为力，就像埃尔德什在面对蒙蒂·霍尔问题时那样。曾经有很长的一段时期，最优秀的科学家认为地球是宇宙的中心 [3]、几何必须是欧几里得几何 [4]，或者人工神经网络是人工智能研究的死胡同——当我在 2011 年第一次看到人工神经网络的数学描述时，我的反应就是这样的！

即使是伟大的爱因斯坦，做出过对于许多物理学家来说如同奇迹的突破，他也曾经反复犯下错误，比如在 1913 年为有问题的广义相对论前身做辩护 [5]，还有为了强行加入稳态永恒宇宙的可能性而在广义相对论方程中引入了一个宇宙学常数 [6]——他自己将其称为 "一生中最大的错误"。无论是现在还是将来，即使像最优秀的科学家那么聪明的人，拥有的认知能力也有极限。

还有更严重的问题。学术界体系中的一些激励措施与对认知偏差的永恒斗争并不相容。这是因为，某个科学工作者的声誉，或者仅仅是保留当前职位的能力，依赖于其思想的独创性和发表论文的数目。在这种情况下，科学工作者有着充足的动机去疯狂捍卫自己的思想，而且通常超出了贝叶斯公式允许的范围。科学工作者甚至有动机去杜绝贬损自己过去提出的并曾给自己带来荣誉的理论，即使这些理论最终被否定了。最后，科学工作者却没有动机去花时间验证与其竞争的理论的正确性，因为科学期刊不会发表对已有理论的巩固工作。

最后，在某些极端但确实存在的情况中，某些科学工作者的科研经费来源要求他们得出某些预定的结论，比如说那位向烟草产业出卖了灵魂的罗纳德·费希尔。然而，我们也无法完全排除这些不正常的经费来源。

这几个论点似乎伤害了科学工作者的可信度。此外，当我看到某些著名科学家在公开演讲中使用某些论证捷径时，我对他们的言论的置信度就遭到了沉重打击。从我自己的角度来说，在为 Science4All 或 ZettaBytes 制作视频时，我倾向于极度回避技术难点，从而传递出令人信服而且饶有趣味的清晰信息，因为这些视频的首要目的是推广数学和计算机科学。正是出于这个原因，我曾多次向受众说谎——包括在这本书中。我深深仰慕的其他科学家在我之前也说过这种有意的谎言，但这一点都不出人意料。在介绍哥德尔的定理时却没有介绍一阶逻辑的那些人，必定也要说一点小小的谎言。力图面向一般大众推广科学会迫使我们在措辞中更偏好流畅，而非严谨。

诉诸权威

话虽如此，某些专家在某些特定问题上的意见对我来说有着完全不同的价值。我在预科班第一年时的数学老师就是这种情况。跟很多学生一样，我对他那些意见的重要性心悦诚服。如果我们的想法在某个数学问题上有冲突的话，我不仅会立马开始强烈怀疑自己，甚至还会完全否定自己的信念。但更重要的是，我很快就会相信他的想法，并尝试理解这些想法的根源。

同样，如果某位著名科学家多次令我震惊于其见解中的智慧，那么当他针对其专门领域的特定问题说出惊人的意见时，无论我在听到这个意见之前相信的是什么，我对这位科学家表达的意见的置信度都会急速上升。

举一个例子。某位研究逻辑的朋友有一次跟我说，跟粗糙的论证以及维基百科上写的正好相反，存在这样的数学模型，其中所有实数都是可定义的。我曾多次见识过他在数理逻辑方面的造诣，即使我对维基百科的数学页面有着很高的置信度，我还是开始严重怀疑我此前的想法，甚至很快就相信了我朋友的说法，即使我并不明白为什么他会相信有这么一回事。

无比奇怪的是，我的反应是理性的！这是因为，贝叶斯公式迫使我们在这种情况下接受诉诸权威的论证。我们将某个权威承认某个论点这一事实记作👍，将论点本身的正确性记作✔或✘。贝叶斯公式要求我们计算下面的后验置信度：

$$\mathbb{P}[\checkmark|\text{👍}] = \frac{\mathbb{P}[\text{👍}|\checkmark]}{\mathbb{P}[\text{👍}|\checkmark]\mathbb{P}[\checkmark] + \mathbb{P}[\text{👍}|\text{✗}]\mathbb{P}[\text{✗}]}\mathbb{P}[\checkmark]$$

假设你在先验置信度上否认这一论点，也就是说，$\mathbb{P}[\checkmark] \approx 0$，$\mathbb{P}[\text{✗}] \approx 1$。我们可以合理地认为，如果论点正确的话，那么权威就会承认它，由此 [1] 得到 $\mathbb{P}[\text{👍}|\checkmark] \approx 1$。于是我们得到下面的近似：

$$\mathbb{P}[\checkmark|\text{👍}] \approx \frac{1}{1\times 0 + \mathbb{P}[\text{👍}|\text{✗}]\times 1}\mathbb{P}[\checkmark] = \frac{\mathbb{P}[\checkmark]}{\mathbb{P}[\text{👍}|\text{✗}]}$$

这样的话，粗略地说，你对这一论点的置信度会乘以 $1/\mathbb{P}[\text{👍}|\text{✗}]$。也就是说，当且仅当权威在已知论点错误的情况下非常不可能持有目前的立场时，贝叶斯公式才会提示你接受诉诸权威的论证。

这就解释了为什么纯粹贝叶斯主义者会无视那些权威气候怀疑论者。石油企业有着巨大的经济效益，它们能找到愿意捍卫其观点的人，这一点毫不令人意外。除此之外还有巨大的选择性偏差。如果某个节目愿意给气候怀疑论者提供发声的渠道，那么受邀者捍卫气候怀疑论的概率必然等于 1，即使他的论点是错误的。

尽管如此，这个论证对于对立阵营同样有效。即使气候变暖是错误的，某位激进环保主义者为气候变暖辩护的概率仍然接近于 1。如果激进环保主义者可以这样说的话，那么那些被邀请到媒体上露面的科学工作者也可以这样说，这出于我们在上面说过的那些认知偏差，而科学工作者也是这些偏差的受害者。一言以蔽之，对于类似气候变暖这样牵涉重大经济或政治利益的富有争议甚至引起意见两极分化的问题，诉诸权威的论证几乎毫无效果。

更一般来说，贝叶斯公式表明，**如果你知道某个人要说什么，那么你听他说话也学不到什么**。更准确的说法是，如果你已经知道某位权威的立场，那么你对某个论点的置信度就不可能因这位权威展露其立场而合理地上升。原因在于，如果你几乎确定某个人会支持这个论点，也就是说，假设 $\mathbb{P}[\text{👍}] \approx 1$，那么通过贝叶斯公式就能得出下面的近似：

$$\mathbb{P}[\checkmark|\text{👍}] = \frac{\mathbb{P}[\text{👍}|\checkmark]}{\mathbb{P}[\text{👍}]}\mathbb{P}[\checkmark] \approx \mathbb{P}[\text{👍}|\checkmark]\mathbb{P}[\checkmark]$$

---

① 只要 $\mathbb{P}[\text{👍}|\checkmark]$ 不是特别小，论证仍然成立。

然而所有概率都小于等于 1。于是我们有 $\mathbb{P}[\text{👍}|\checkmark]\leqslant 1$，由此可以得到（近似的）不等式 $\mathbb{P}[\checkmark|\text{👍}]\lesssim\mathbb{P}[\checkmark]$，所以诉诸权威的论证并不成立 ①。这个贝叶斯定理的推论，就是**如果对方（贝叶斯主义者）知道你想说什么，那么你说的话就不会改变对方的信念。**

反之，我那位研究数理逻辑的朋友说的话令我无比惊讶。因此，假设他的断言没有根据，那么他做出如此断言的概率 $\mathbb{P}[\text{👍}|\text{❌}]$ 几乎是 0。实际上，这一概率甚至小于我对于自己的推理和维基百科都出错的先验置信度，即使这些置信度本身已经非常微小。正因如此，在我们讨论之后，即使不理解那位朋友的论证，我还是心悦诚服地认为他是对的 [7]。

所以，有时候我相信某些自己没有理解的事情。甚至可以说，我之所以相信这些事情，都是因为诉诸权威的论证。有些人断言这不是理性的。然而，即使我当下不知道这些事情是否正确，这事实上也是唯一理性的后验立场——至少在相信贝叶斯公式的情况下 [8]。

科学共识

我们回到气候变化的问题。我们已经看到，任何一位科学工作者都不能作为权威。此外，与其挑出某位气候学的专家，探索派学者通常更重视气候学界的意见。然而意见只有一个，气候学界的绝大部分工作者相信气候在变化，而且这种变化来源于人类——在报道中，这个群体中这样认为的人数通常超过 98%。但如果每一位科学工作者都不可信的话，为什么整个学界的意见就更为可信呢？

对于这个问题，纯粹贝叶斯主义者有一个重要的答案：与每个成员相比，科学共同体对贝叶斯公式的应用更恰当。如果将科学共同体想象成一块土地，那么不同的理论 T 则是在这块土地上生活着的不同物种的动物。在每个时刻 t，最令人信服的理论更能繁衍下去。这些理论更容易被科学工作者所接受。我们将在时刻 t

---

① 我们仍然可以合理地假设，在自身论题正确的情况下，权威人士为其辩护的可能性至少等同于论题错误时的可能性，这样的话，我们就有不等式 $\mathbb{P}[\text{👍}|\checkmark]\geqslant\mathbb{P}[\text{👍}|\text{❌}]$。在这个情况下，我们的确有 $\mathbb{P}[\checkmark|\text{👍}]\approx\mathbb{P}[\checkmark]$，也就是说，你即使知道👍也并没有学到什么。

接受某个理论 T 的科学工作者的比例记作 $p_T(t)$，洛特卡 – 沃尔泰拉方程就能应用到思想的演化上 [①]：

$$p_T(t+1) = \frac{\text{fitness}(t,T)\,p_T(t)}{\text{fitness}(t,T)\,p_T(t) + \sum_{A \neq T} \text{fitness}(t,A)\,p_A(t)}$$

你明白我要说什么了吗？**不同理论在科学共同体中的达尔文式演化，正是伪装过的贝叶斯推断！**

换句话说，这就像是科学共同体应用了贝叶斯公式来使最可信的理论脱颖而出。正因如此，科学共同体理应拥有的置信度要远远超越其中任何个体的意见。只要理论的适应度与思想实验项相关，那么科学共同体就比其中任何个体都更能贴切地应用贝叶斯公式 [②]。

"标题党"

通过类比，我们可能会认为某个群体中最普遍的意见也是最可信的。这一论点在人们维护民主原则时经常被引用，但它却是一种谬误。原因很简单：在某个群体中传播得最广的理论，也就是适应度最高的理论，并不一定是最可信的理论，而是传播性最强的理论 [9]。

在 2016 年美国总统大选结果刚刚出炉之后，德里克·穆勒就在视频频道 Veritasium 上发布了一个视频 [10]，承认了自己一开始有着天真的乐观心态。跟许多人一样，他认为互联网能够让人们更快地分享真相。他期望这会让整个世界趋向于共同的价值观和（对科学的）信仰。然而，正如穆勒自己解释的那样，现实并非如此。穆勒观察到了这种分歧，甚至看到了意识形态的两极化。CGP Grey 的视频中似乎隐藏了对此现象的解释 [11]。CGP Grey 提出，某个理论在互联网上的扩散能力首先取决于它引发情绪反应的能力，而不在于它解释观察数据的能力。也就是说，就像情绪一样 [12]，不同的理论在互联网以及一般大众中的适应度似乎与它

---

① 为了方便，不失一般性，我将 fitness+1 换成了 fitness。

② 我们甚至可以再加上科学共同体对不同理论的探索以及我们在第 17 章会谈到的 MCMC 算法之间的相似之处。

们的"标题党"效应有着更紧密的联系，而不是贝叶斯公式中的思想实验项。

更糟糕的是，根据伯杰和米尔克曼的一篇论文[13]，CGP Grey 指出，传播得最广的理论正是那些会引发愤怒的理论，而在面对其他同样会引发愤怒的对立理论时，这些理论更能有效传播。因此，两个针锋相对的理论就有如两个共生的物种。它们互相滋养，共同占据整个生存领域。

也就是说，网络上那些理论的适应度有利于意识形态的两极化，以及助长两个互相对立的理论各自的支持者之间的愤恨，而这本质上与这些理论的逻辑基础和经验基础毫无关系。这也许就是 21 世纪初以来极端意识形态抬头的原因[14]。

在更普遍的情况下，那些或简短或惊人、或激昂或愤懑、或动人或感伤、有时诱惑、有时批评、有时充满野心、有时暗藏诡计、有时党同伐异、有时激进极端、有时造谣中伤、有时血泪控诉，甚至毫无根据的信息，它们的传播似乎能与危险的肿瘤相比。在整个社会的尺度中，"标题党"似乎更青睐那些短视且断然的政治立场、不安全感以及毫无根据的希望，而不是那些有根有据、深思熟虑的长远视角。但更重要的是，它让民主投票变得盲目、偏颇且非理性。

市场的预测能力

一位经济学家曾给一般的投票者绘制了一幅令人有些不悦的画像。根据美国选举与民意调查结果的经验数据，一般投票者比一无所知的人的决定还要糟糕。一般投票者甚至是非理性的，经济学家甚至利用经济学模型解释了这一结论。这个模型的核心是一个观察结果：任何一张选票产生任何影响的概率都几乎是 0。这样的话，投票时利用选票表达自己非理性信念带来的这种愉悦就会远远超出依据理性投票带来的那些非常不可能出现的影响，而依据理性投票需要强大的认知能力。也就是说，一般投票者理性地选择了非理性[15]。

有人提出了民主决策的替代方案：资本主义和市场规律。有人甚至断言，正因为有了市场和游说集团，美国的民主才没有陷入由唯利是图、过度监管与严重的保护主义组成的混乱。因此，在美国，移民权利最大的保护者并不是美国民众，而是谷歌、Facebook 之类的企业，它们的经济实力强烈依赖于担任公司中大部分职位的高技术移民，而这些企业的营业额也强烈依赖于自身在国际上的形象。

美国国防部高级研究计划局建立了"政策分析市场"（PAM）系统。在这个在线市场中，网民可以向不同的假设下注，比如美军在伊拉克的伤亡人数，或者下一年是否会出现针对以色列的恐怖袭击。你也大概能想象到，由美国政府倡导的这一新项目饱受批评，很快就获得了"恐怖市场"的称号。这一项目立刻就被终止了。

然而，初步分析表明这是一个极有希望的方法。惊人的是，这种在线博彩市场似乎能出奇有效地进行预测，比如赛马结果或选举结果。参与者的想法非常接近实际最终发生的情况。毕竟这跟民主投票不同，赌上的是真金白银，因此参与者在表达意见之前会仔细花长时间搜寻信息并思考。更妙的是，跟选举中的投票者不同，如果博彩的参与者对于自己的预测没有足够的置信度，他们就不会表达自己的意见。这样的话，他们就不会用盲目、偏颇且非理性的信念污染整体数据。

然而，将市场的预测能力归结于参与者的专业素养是一种错误。1988 年，《华尔街日报》的 4 名员工做了一件好玩儿的事情，就是在股票上随机下注。每个月他们都用飞镖来选择一份要买入的股票。之后月复一月，他们将作为飞镖玩家的收益率与 4 位专业投资人的收益率进行比较。在 100 个月之后，他们总结了结果：飞镖玩家在 100 次中有 39 次打败了专业投资人。也就是说，专业投资人获胜的优势并不明显。更糟糕的是，几位经济学家表明，即使说专业投资人获得了胜利，那也都是因为《华尔街日报》刊登了他们对股票的选择，从而形成了一种广告效应！最糟糕的是，即使有这种偏差，专业投资人在 100 次中也只有 51 次跑赢大市平均盈利水平（又叫道琼斯平均指数）[16]。

诺贝尔经济学奖得主丹尼尔·卡内曼曾经仔细研究过投资者与市场。他发现的情况对投资者而言更加严峻。他发现，交易员的每月评级在连续几个月之间几乎没有任何关联，仿佛交易员的成功就是独立同分布的随机变量。此外，卡内曼指出最成功的交易员在市场上最不活跃，这就像是在说，要获得最大的利润，只需要盲目信赖市场，而不是尝试跑赢市场 [17]。

所有这些经验都似乎一次又一次地表明，市场比其中任何一个投资者都更有能耐，更不用说跟我们中的任何一个人比了。这怎么可能？

我在这里的解答跟之前对科学共同体意见的重要性的解释一样：市场对贝叶

斯公式的应用要比市场中的任一位参与者对它的应用更准确！为了理解这一点，我们先将每位投资者的大脑考虑成一个预测理论。作为合格的贝叶斯主义者，我们希望对那些做出过正确决定的大脑增加置信度，而对那些做出过错误决定的大脑减少置信度。你猜到了吧，这就是市场做的事情！

为说明这一点，考虑某位投资者 T。令 fortune(T, t) 为 T 在时刻 t 的财富。根据市场的累乘性质，他在下一个时刻的财富就是 fortune(T, $t+1$)=perf(T, t)·fortune(T, t)。这正是之前的洛特卡 – 沃尔泰拉方程，但种群中的变种 i 变成了投资者 T，而变种的适应度 fitness 变成了投资者的表现 perf。

如果我们考虑投资者 T 在时刻 t 的市场份额 part(T, t) 的话，就能得到如下的演化方程：

$$\text{part}(T,\,t+1)=\frac{\text{perf}(T,\,t)\,\text{part}(T,\,t)}{\text{perf}(T,\,t)\,\text{part}(T,\,t)+\sum_{A\neq T}\text{perf}(A,\,t)\,\text{part}(A,\,t)}$$

其中 A 代表的是 T 以外的投资者。我们又一次得到了某种贝叶斯推断！与之前一样，股票市场整体对贝叶斯公式的应用比其中任何一位成员都要好。与科学共识一样，市场共识似乎也比任何一位市场专家更可靠！

但这个分析中有三个可商榷之处。第一点就是市场预测与贝叶斯的预测相反，它并不是投资者各自预测的加权平均值。实际上，将投资者的预测转化为市场预测的机制更像是加权中位数，而不是加权平均值，因为均衡价格会将投资者分成两部分，认为这一价格过低的那一部分正是那些会向其投资的人（这也就会让价格上升）。此外关键在于，投资者的市场份额越大，他对均衡价格的影响也越大。

其余两个可商榷之处的问题就更大了。首先，我们必须考虑持续流入的新投资者，他们的财富并非来自市场中的博弈。最引人注目的例子就是以比特币为代表的所谓的"加密货币"，相关新投资者的资金并不是通过以往的正确投资方法赚来的。这些新投资者的流入就像是给那些从未自证的理论带来了额外收益。正因如此，这种流入也消去了这些理论在过去造成的挫败。这就像消去了市场的长期记忆，从而令市场更偏向于短期的结果。

另一方面，某些投资者还会提前离场，原因之一就是很多交易员甚少考虑长期从事这一工作——现在的常态甚至变成了有些年轻人不会在同一个企业中就职五年以上！如果要获得擢升，一般来说需要在几年内获得辉煌的成绩，那就不妨下重本并承担短期的风险。

这两个效应，再加上其他我没有想到的效应，大大损害了市场的预测能力。一般来说，这些效应就是金融泡沫的成因。

金融泡沫

我们先从荷兰谈起。在 17 世纪初，郁金香成为红极一时的佳品。当时的荷兰人纷纷抢购郁金香的球茎，需求迅速膨胀，但供给却没有增长，这就导致了郁金香球茎的价格迅速上升。实际上，这种价格上升似乎无法避免，因为优秀的投资者以非常高的价格购买了大量郁金香球茎，然后以更高的价格将其卖出。这些投资者获得了大量财富，成为金融市场的大玩家。1635 年，对于郁金香的疯狂追捧达到了一株郁金香的价格能买下一座庄园的程度。这就是所谓的"郁金香狂热"。

但在 1637 年，郁金香的价格突然停止上升。投资郁金香球茎的人开始害怕存货的价格会下跌，于是不惜亏本也要将其卖出，这就让价格开始下跌。但价格下跌得越厉害，希望尽快卖出存货的投资者就越多，价格因此继续下降。更可怕的是，价格越低，买家就越希望等待价格继续下跌，因此存货越来越难找到买家，而卖家就必须继续下调出售的价格。这就是投机泡沫的破灭过程 [18]。

在人类历史上，这种情形远非绝无仅有。2008 年，所谓的"次贷危机"严重冲击了美国的信用市场，后果席卷全球。这场危机的起点是美国不动产市场投机泡沫的破裂。在次贷危机之前，许多美国人不惮于通过借贷来购入住宅，因为他们预计住宅上涨后的价值足以填补大部分贷款。随着越来越多美国人和银行相信不动产价格会继续上升，人们越来越乐于购买住宅，而不动产的价格也因此不断上升，购买者也更乐意贷款购买住宅。

然而，一旦不动产价格停止上升，利用上涨后的价值来填补贷款的策略就受到了考验。越来越多的家庭无法偿付贷款，必须出售他们的住宅。但出售住宅的人越多，住宅的价格也就下降得越厉害，无法偿付贷款的人就越多。这个恶性循环放大了这一现象。

更不妙的是，银行贷款变成了复杂的衍生产品，被出售给华尔街的投资者，但投资者没有预见到这一切。就是这样，大量美国公民的债务违约变成了大型投资机构的金融无底洞，这些投资机构的垮台导致大量企业倒闭。这就变成了全球性的灾难 [19]。

在这里，我们看到了市场预测能力的根本极限。新投资者的经常性流入、其他投资者的经常性流出，都会使市场动态与贝叶斯公式产生分歧。尤其是市场的这些特性使其更加短视。这就是行动较缓慢的政策与投机泡沫之间不兼容的地方。用统计学的术语来说，市场的高速度必然导致对近期历史的过度解读。这就是市场长期预测的置信度远远不如科学共识的原因。

对技术史的分析证明了技术的进步是指数式
的，这与对应着"线性直觉"的一般常识正
好相反。因此，我们在 21 世纪将不只体验
到 100 年的进步，而可能是大约 20 000 年的
进步（以今天的节奏计算）。

雷·库兹韦尔（1948—　）

第11章
指数超乎直觉

那些大得过分的数

"线性增长就是 1、2、3，指数增长就是 1、2、4。它们好像没什么不同。
（……）但在第 30 步时，线性增长只达到 30，我们的直觉也是这样的，而指数增
长已经达到了 10 亿。"未来学家雷·库兹韦尔这样说道，"我们的直觉是线性的，
但信息技术的现实是指数式的，这个差异相当深刻。"

对于库兹韦尔来说，我们对指数增长的错误认识在短期内可能会导致我们稍微
低估新技术的影响，但在五年以上的长期视角下则毫无疑问会导致对其严重的低估。
但在讨论这一点之前，我们最好先体验一下极其巨大的数字可以有多大。

我们先从看起来很合理的数字开始。100 万这个数字在日常生活中频繁出现，
以至于我们会觉得人们应该理解了这个数有多大。2016 年 11 月，Dr Nozman 成为
第一位订阅数超过 100 万门槛的法语网络视频科学主播。足球运动员的年薪可以
用百万欧元来计量，一些国家的人口通常也以百万量级来衡量。

然而，我们不能将对这个数字的熟悉程度等同于对它的理解。100 万是个很大的数字。一个人即使能达到一秒数一个数字的速度，每天数 8 小时，也很难在一个月内数到 100 万①。100 万是一个我们可以想象的数字，但从 0 开始向它步步迈进却无法企及。

但在真正巨大的数字面前，100 万只相当于一粒细沙。10 亿就已经比它大得多了！那些最富有的人的年收入以十亿欧元计，这可是我的年薪的 1 万倍！为了理解这个数字多么巨大，我们可以强调这一事实：按照比例，我手上的 1 欧元就相当于这些亿万富翁手上的 1 万欧元。这样一来，就像我不会花时间在路上捡起 1 欧元的硬币一样，那些亿万富翁在面对别人给予的价值 1 万欧元的资产时也不会为此动一根小指头。

我们也可以换一种看法。一些研究表明，只要年收入超过 7 万欧元，金钱就不再能够带来幸福。或者说，某个年收入超过 7 万欧元的人在统计意义上不会比年收入恰好为 7 万欧元的人更幸福 [1]。现在想象一下，一位亿万富翁知道了这一点，决定每年要恰好花费 7 万欧元。10 亿欧元就足够他无须工作上 1.4 万年！换个说法，如果他每年收入 10 亿欧元，就足以保证让 1.4 万人获得足以达到幸福最大值的财产——其中也包括他自己！

但在物理学的尺度上，10 亿只能算是个小得可怜的数值。我们的银河系包含千亿颗恒星，我们的大脑是由千万亿个神经元连接构成的，我们这个地球包含数百亿亿颗沙砾，而一滴水则是一亿亿亿个分子组成的集合体。面对如此庞大的数字，人们更喜欢用类似 10^{24} 这样的记号，它表达的是 1 后面接上 24 个 0 的数字。这些数字是字面意义上的天文数字。

但这些数字也就局限于是天文数字了。即使现代物理学让我们遇见了更大的数字，用 10 的次方就足以表达物理上的各种极限。比如说，根据某些现代物理学理论，时间是离散的，它流逝的单位是普朗克时间，大约是 10^{-43} 秒。这样的话，宇宙大爆炸以来只经过了约 10^{60} 个基本时间单位。此外，在整个可观测宇宙中的原子只有大约 10^{80} 个 [2]。

---

① 原文的时间是一年，但一天有 86 400 秒，一年共有超过 3000 万秒，一秒数一个数字，数到 100 万绰绰有余。但一个月只有约 250 万秒，实际上需要每天数约 9.26 小时，才能在一个月内数完 100 万个数。——译者注

计算的"玻璃天花板"

物理上的限制必然会转化为我们的计算能力的上限。在今天，计算机科学家通常认为需要超过 10^{90} 个计算步骤的算法在人类历史内不可能完成，毕竟这个计算步骤的上限要远大于自大爆炸以来经过的时间单位数。

这个数字也可以从其他物理假设推导出来。根据爱因斯坦的质能关系与海森堡不确定性原理推导出来的布雷默曼极限（Bremermann's limit）表明 [1]，在物质宇宙的某个封闭体系中，每单位质量的物质可以提供的计算速度是有限的，而这个限制就是每 1 千克物质至多提供约 1.36×10^{50} 比特每秒的计算。但整个地球的物质总量是有限的，大约是 6×10^{24} 千克。因此，即使用上整个地球的物质总量，计算的速度也无法超过 4×10^{75} 比特每秒。也就是说，如果进行 10^{90} 次计算，那么用上整个地球的物质总量也至少需要数百万年。

这个计算的"玻璃天花板"的假设，正是密码学家赖以保证通信安全的原则。密码学家假设，现实中用到的密码协议必须需要超过 10^{90} 个计算步骤才能破译。如果做到了这一点，那就意味着在今天利用这些技术加密的信息不仅在明天无法被破译，甚至在从今往后的数百万年间都不可能被地球上的人类破译，由此保证了被加密数据的绝对安全。

当然，通过收买特定的人员或者他们的知识，还是有可能破译这些加密数据的，而所谓的"社会工程学"技术通常也是计算机安全问题出现的主要原因。更糟的是，我们仍然不太了解算法的能力，目前无法确定是否存在能够绕过密码学家认为必不可少的 10^{90} 次运算的算法。这个问题甚至涉及所谓的"P 对 NP"问题，它是理论计算机科学中最重要的未解问题。实际上，自 1997 年彼得·肖尔的发现以来，我们甚至知道，如果能够建造出拥有足够大的量子内存空间的量子

---

[1] 关于计算的物理极限，原书采用的是兰道尔原则（Landauer's principle），它来自玻尔兹曼方程，给出了不可逆的比特运算最少需要的能量。根据太阳系总能量的估算，可以得出整个太阳系至多可以进行多少次不可逆的比特运算。但计算不一定只能在不可逆的情况下进行，所谓的"绝热量子计算"就是一种可逆的计算方式，从而不受兰道尔原则的限制。经过与原书作者的沟通，此处改为适用范围更广的布雷默曼极限，下文中的数字也做出了相应的修改。——译者注

计算机，那么就可以利用量子算法来破译目前使用的众多密码协议，其中也包括 RSA 加密算法。

现在我们来详细叙述一下 RSA 加密算法，它是所谓的**非对称加密**，也就是说，RSA 的使用者拥有两个协同使用的密钥：公钥 e 和私钥 d。重要的是，给定公钥 e，用户可以先秘密选取两个足够大的素数 p 和 q，然后迅速计算出与公钥 e 对应的私钥 d [①]。然而，为了让其他人能够向自己发送加密信息，用户应该同时披露这两个素数的乘积 $N = pq$。这样的话，如果攻击者能够将 N 分解为两个素数 p 和 q 的乘积的话，他就可以按照用户执行过的步骤，根据公钥 e 迅速计算出私钥 d，这样他就破译了 RSA 加密算法。

因此，RSA 的安全性完全依赖于这样的假设：没有人能够将整数 N 分解为素数的乘积。这就是所谓的整数分解问题。目前来说，我们仍然不知道是否存在某种快速的（经典）整数分解算法。对于 RSA 的安全性来说，因为没有不存在性的证明，我们只能祈望没有人会找到这样的算法。很不巧的是，肖尔的量子算法能够迅速解决整数分解问题，而且真正意义上的量子计算机面世似乎只是时间问题了……

整数分解问题的难度也许看似惊人。我们可能会觉得，只要尝试将 N 除以任何比它小的数 a 就足够了。我们甚至可以证明只需要对 2 和 $\sqrt{N}$ 之间的所有整数进行试除。然而在现实中用到的 N 巨大无比，一般来说在 10^{300} 这个量级。需要进行试除的数大概有 $\sqrt{N}$ 个，在这里大概就是 10^{150}。然而我们之前看到，可以将 10^{90} 看作物质世界中能够进行的运算次数的上限，而 10^{150} 远远超出了这一上限。

指数爆炸

所有计算的"玻璃天花板"似乎是一个无法达到的极限。这是因为对于线性增长来说，它是在物理学意义上无法企及的。然而非常违反直觉的是，惊人的指数增长实际上很快就能达到这个数量级。

---

① 更准确地说，用户应该计算出满足 $ed = 1 \bmod (p-1)(q-1)$ 的 d 值，可以利用欧几里得算法对 e 和 $(p-1)(q-1)$ 的最大公约数的计算得到。我在这里省略了一些细节。

传说[①] 古代印度某位国王很喜欢一位智者向他呈献的国际象棋游戏，于是他让智者自己选择想要的报酬。智者谦卑地回答道，只要第一天在棋盘第一格中放 1 粒米，第二天在下一格中放 2 粒米，然后在下一格中放 4 粒，接下来放 8 粒，等等，放满棋盘之后他就满足了。国王惊异于这个微小的要求，于是就接受了。这是个严重的错误！在 64 天以后，国王就欠下了几百亿亿粒米的债务，这大概是今天全世界稻米年产量的 1000 倍！可以说国王向智者欠下了永恒的债务 [3]。

国王欠下呈指数增长的债务有些出人意料。同样，只需将一张纸对折 42 次，其厚度就会达到地球和月球之间的距离；对折 103 次的话，其厚度就会达到可观测宇宙的直径！然而，可观测宇宙非常非常大，直径几乎有 1 亿亿亿千米！而且，只需 103 次，指数增长就能超越天体物理学的极限！

我们在谱系图中也能发现这种疯狂的增长。这是因为我们每个人都是（生物学意义上）双亲的后代，所以在回溯历史时，祖先的数目会呈指数增长。通过计算机模拟，在考虑过往文明在地理位置上的迁移后，罗德、奥尔森和张（音译）估计 [4]，目前存活的所有人都有同一个生活在 2000 到 5000 年前的祖先[②]。的确，我们每个人都是几百等的血亲！不仅如此，活在这位最近期共同祖先之前的人类，要么就是目前存活的所有人的祖先，要么就不是我们之中任何人的祖先 [5]！

同样，在学术界中，人们常说博士导师就是学术父母，而我们的学术父母的学术父母就是我们的学术祖辈。更进一步的话，我们可以回溯学术族谱，发掘出我们的学术祖先。就像米卡埃尔·洛奈是哈代、艾萨克·牛顿和伽利略的学术后代那样，我则是乔治·丹齐格、卡尔·弗里德里希·高斯和莱昂哈德·欧拉的学术后代。我甚至发现自己的学术祖先包括耶日·内曼，（我们可没法选择自己的祖先！）还有皮埃尔-西蒙·拉普拉斯。（我为此感到非理性的骄傲！）但是在我们的学术族谱中出现这些名人并不令人意外，一来，数世纪前的数学家并不多，二来，由于某些人有多个学术父母，所以学术祖先的数目也会指数增长。

---

① 这一传说中的出场人物姓名不可考，而且有多个版本。作者给出的国王名字是 Belkib，而智者的名字则是 Sessa。为免误会，此处删去具体名字，仅仅以"国王"和"智者"称呼两位角色。——译者注

② 不能将最近共同祖先与其他概念混同起来，比如"所有母亲的母亲"线粒体夏娃。因为母系族谱不会呈指数增长，所以线粒体夏娃必定更为久远。

如果说指数增长令人目瞪口呆，那么指数下降也一样。将一颗糖对半分开，重复六十几次后，就必须切开糖的分子才能对半分开。同样，顺势疗法一般会将有效成分的浓度稀释成之前的百分之一。这样的话，即使一开始有效成分的分子数目是个天文数字，只需 12 次稀释就能在统计意义上保证其中不再含有任何有效成分的分子！这产生于分子浓度在一次又一次的稀释中的指数下降。

对很多人来说，生物从（几乎）什么都没有到涌现出如此的复杂度似乎并不现实。但人们无法理解自然选择如何使不同物种达到现在的复杂度，这可能与我们对世界的线性直觉有关。正如我们在讲解洛特卡 – 沃尔泰拉方程时看到的那样，生物本身会繁衍。在有丝分裂中，一个细胞会分裂成两个细胞，而其中每个后代细胞又会各自分裂成另外两个细胞，以此类推。在每一步中，细胞的总数会乘以 2。这样的话，在几天到几个月的时间内，一个单独的卵细胞可以变成一个复杂的生命体，其中包含数万亿个细胞。

当然，变异和自然选择导致的生命体复杂度的指数增加更"缓慢"，特别是与技术进步相比。然而，演化发生在我们无法想象的漫长时间之中，大概有数亿年之久。正因如此，虽说在世纪的尺度上演化不会产生很多可觉察的变化，但我们必须意识到，自第一个活细胞出现以来已经过了数千万个世纪。这些巨大的数量已经超出了我们的理解能力，如此长的一段时间内的指数增长就更不用说了！

在没有数学模型的情况下断言达尔文式演化没有足够的时间创造出生命的复杂性，其实就是依靠自身对于大数以及指数增长的直觉来得出结论。因为这种直觉本质上是错误的，所以不值得我们相信，而且由此而来的结论同样不可靠。

另一个例子也能帮助我们理解这一点。目前世界总人口每年增长 1.1%。这样的增长难以忽视，但似乎也并非毫不合理。但是，简单的计算 [6] 表明，如果按照这个增长率，在 8604 年后，世界总人口就会增长到这个程度：组成所有人类个体的粒子数目会超过宇宙中所有粒子的总数！指数增长可能在非常短的时间内难以察觉，却能在一段不太长的时间内侵占整个宇宙。

但反过来说，只要每位妇女生育孩子的数目小于 2（这是许多发达国家的情况），那么宇宙历史上人类的个体总数就会受到惊人的限制！如果每位妇女平均有 1.9 个孩子，那么无论年龄如何，从过去到未来的全人类的个体总数就会只处于数千亿这个数量级。这样的话,即使生物学家成功让我们得以永生,人口过多也只会是个暂时性的问题 [7] !

要感受指数增长的疯狂,我强烈建议你去玩一个叫作《通用回形针》(*Universal Paperclips*)的在线游戏。但要小心,这个游戏很容易上瘾。它展示了博斯特罗姆叙述的一个寓言。一个人工智能尝试最大化回形针产量,为了达到这个目的,它大举投资科研,加速推进技术的进步。人工智能在技术上越进步,发展就越快,但这一增长是指数式的,而且毫无节制。在仅仅玩了两天之后,《通用回形针》就将我们从每次只能生产一个回形针的开端带到征服并占领整个宇宙这个不可避免的结局。

印度 – 阿拉伯数字的魔法

我们回到密码学。我们之前看到,密码学家经常用到 10^{300} 这个数量级的整数 N,这样的整数非常大,即使是 $\sqrt{N}$ 步的计算也会超出物理上的限制。我们是如何能够谈及这种超出物理极限的大数的呢?

人类历史上的许多伟大帝国,比如古埃及帝国和古罗马帝国,在很长一段时间内都只用一种非常低效的方式来表示各种数字。比如说,1888 这个数写成罗马数字就是 MDCCCLXXXVIII。此外,古罗马人在发明新符号表达越来越大的数字这一方面上有着种种限制,甚至无法写出类似 100 万那样的数字——除非把 1000 个 M 排成一排!

但是,古巴比伦人、中国人、日本人,尤其是古代的印度人和阿拉伯人有了一个聪明的想法,那就是位值制计数法。这种计数法最大的特点就是符号的位置决定了它的数值。这样的话,正如我们都知道的那样,即使 12 和 21 用到的符号完全相同,但它们是不同的数字。

我就不描述印度 – 阿拉伯数字体系是如何运作的了,你应该在小时候就学过。但是,你可能没有注意到一点,这种计数法具有出众的简洁性。即使它只用到有限个符号(又叫数字),表达某个数值需要的数字个数要比数值本身小得多。比如说 10^{100} 这个超出了物理限制的数,但我们的计数法是如此高效,只需要 101 个数字就可以将它表示出来——一个 1 后面跟着 100 个 0。

在某种意义上，这种计数系统甚至是最优的。这是因为要表达从 0 到 $10^{100}-1$ 的所有数，这几乎就是最简洁的方式了。毕竟 100 个数字的所有可能组合都用上了。实际上，某个数的大小是用数字表达它所需长度的指数函数。换句话说，任意整数 x 差不多是 10 的 x 的数字个数那么多次方。另一种等价的说法是，某个数的数字表达的长度是对数级别的。某个数的对数大概就是要表达这个数所需的数字个数，比如说 $\log_{10}(10^{100})=100$。

与指数增长相反，对数增长慢得难以置信。例如，在已经排好序的数组中寻找某个元素所需的时间就是数组长度的对数。也就是说，即使需要处理的数组跟宇宙一样大，人们也可以在几百次迭代后找到所需的元素——唯一的限制就是光速是有限的！

这一发现正是计算机科学中最根本的概念的核心，这个概念就是地址。想象一下，你现在想在网上找到某项信息。令人惊异的是，尽管网上的信息需要以 EB（10^{18} 字节）甚至 ZB（10^{21} 字节）来计量，但只要有了你想要搜寻的信息的地址，也就是它的统一资源定位器（Uniform Resource Locator，以下简称 URL），那么你可以几乎瞬间就找到想要的信息！

此外，信息的 URL 简短得难以置信。它的长度是整个网络大小的对数！因此我们可以将整个 URL 放在内存中，而 URL 指向的信息就不一定了[8]。之后我们在谈到实用贝叶斯主义者对记忆储存的管理时也会再次提到地址这个基本概念。

更准确地说，对数与指数一样，都依赖于一个被称为基数的参数。1、2、4 这个数列是基数为 2 的指数递增数列，这是因为在每一步中，我们都将数列中的元素乘以 2 来得到下一个元素。换句话说，数列中的第 $n+1$ 项可以写成 2^n。反过来说，x 的以 2 为底的对数就是要得到 x 从 1 开始乘以 2 的次数。因此，$\log_2(2^n)=n$，因为 2^n 可以通过 2 自乘 n 次得到。如果 x 不是 2 的乘方，那么取以 2 为底的对数就是确定使得 $2^y=x$ 的实数 y 的一个自然而巧妙的方法。

本福特定律

打开网络上世界各国依照人口排序的列表，观察一下这些人口总数的第一个数字，你会惊讶地发现一个令人困惑的现象：它们的首位数字通常更多是 1 而不是

9！这个惊人的观察结果并不局限于国家人口总数。如果观察河流长度、YouTube 频道订阅数或者百万富翁的年收入的话，在这些情况中，最常出现的首位数字还是 1，而且它作为首位数字出现的次数大概是 9 作为首位数字的 6~7 倍！这就是令人吃惊的本福特定律 [9]。

本福特定律的根源是一项经常在许多系统中出现的性质。比如说，就像我们在第 10 章谈到的洛特卡－沃尔泰拉方程那样，很多动力系统在内部引发的连锁反应都可以用指数增长来描述。比如说，YouTube 频道订阅数的增长一般就是指数式的，比如说订阅数每 6 个月就会翻倍。假设订阅数在这 6 个月中在 1000 和 2000 之间，那么在接下来的 6 个月中订阅数就会在 2000 和 4000 之间，再过 6 个月之后就会在 4000 和 8000 之间，之后的 6 个月就会在 8000 和 16 000 之间。从这里我们就能看到本福特定律是怎么来的。在 6 个月的时间中订阅数处于 1000 和 2000 之间，而处于 9000 和 10 000 之间的时间却不足 1 个月。这也就提示了为什么订阅数的首位数字为 1 的情况是首位数字为 9 的情况的 6 倍。

为了更好地理解指数增长，很有必要更换我们研究的尺度。与其研究订阅数本身，我们可能更希望研究订阅数以 2 为底的对数。我们知道 $1024=2^{10}$，以及 $2048=2^{11}$。这样的话，经过 6 个月后，订阅数以 2 为底的对数就会从 10 变成 11，再经过 6 个月就会变成 12，然后是 13，以此类推。你明白了吗？订阅数以 2 为底的对数每 6 个月就会增加一个单位。

但在我们刚刚构建的对数尺度上，订阅数的对数处于 10 和 11 之间的时间等于它处于 11 和 12 之间或 12 和 13 之间的时间。现在假设我们观察的是不同频道的订阅数在增长过程中不同的时刻。可以预期的是，这些订阅数的对数处于 10 和 11 之间的可能性与处于 13 和 14 之间的可能性一样。用数学术语来说，订阅数的对数的分布差不多是均匀的 ①。[10] 这就是本福特定律成立的技术条件：如果某个数量的自然尺度是对数尺度（而且跨越了几个数量级）的话，那么这一数量的首位数字为 1 的可能性就大约是首位数字为 9 的可能性的 6 倍 ②。

---

① 实际上，达维德·卢阿普尔指出，科学频道各自订阅数的对数差不多呈正态分布。

② 严格的等式是 $\mathbb{P}$[首位数字 $=d$]$=\log_{10}(d+1)-\log_{10}(d)$。首位数字是 1、2、3、4、5、6、7、8、9 的概率分别是大约 30%、18%、13%、10%、8%、7%、6%、5%、5%。

对数尺度

对数尺度在物理和化学中比比皆是。要等比例画出太阳系几乎是不可能的，因为行星的大小与它们之间的距离相比实在无比渺小，而行星之间的距离与银河系的大小相比则几乎为 0，但银河系的大小跟星系之间的距离相比就像根本不存在，而星系之间的距离在深邃的可观测宇宙面前则什么也不是！反过来的话，微观尺度、纳米尺度甚至亚原子尺度则跨越了多个数量级，因此不可能将组成原子核的质子和原子核结合而成的分子同时表示出来。要同时考虑所有这些尺度的话，对数尺度必不可少。

同样，声音强度、地震震级和溶液酸碱度通常都以对数尺度来衡量，分别是分贝、里氏震级和 pH 值。这些常用单位实际上分别等于（或改变符号之后等于）气压变化幅度、地震波能量与氢离子浓度的对数。

这些对数尺度也解释了研究对象的累乘性质。我们实际上非常熟悉将测量值之间的差异解释为乘法倍数的说法，在处理许多情况时都会用到这种方法。举个例子，我们一般会说拥有 20 万名订阅者的频道与拥有 100 万名订阅者之间的差异要小于 20 万名订阅者与 50 名订阅者之间的差异。然而，这句话在加法尺度上毫无意义，因为在第一个情况中，两者的差距是 80 万名订阅者，而在第二个情况中，两者的差距"只有"199 950 名。

但与之相反的是，我们的直觉却与乘法尺度一致。的确，从 20 万到 100 万，只需将订阅数乘以 5；但从 50 到 20 万，就需要乘以 4000。

乘法尺度的意义实际上等价于对数尺度所揭示的东西。20 万和 100 万在对数尺度上的差距等于 $\log_2(1\ 000\ 000) - \log_2(200\ 000) \approx 2.3$，而 50 和 20 万在同一个对数尺度上的差距则大约等于 12。正因如此，对数尺度经常用于表示和比较那些以相乘而不是相加来计算变化的对象。

令人好奇的是，没有受过数学教育的小孩子和原始部落的土著人对数字的直觉似乎也偏向于乘法而不是加法。如果有人要求他们将从 1 到 10 的数按比例排列，他们会将头几个数字隔得更开，而将最后几个数字靠得更近。这很像对数尺度（图 11.1）——即使他们的排列实际上并不完全是对数尺度。

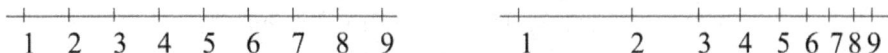

图 11.1　加法尺度与对数尺度

　　与之相反的是，所有接受过数学教育的人都会将这些数等距离排开，也就是按照加法尺度排列。我们对于数的直觉会受到学习内容的强烈影响。学校教给我们用加法来思考的方法，让我们学会放弃乘法的直觉。然而，加法尺度并不比乘法尺度（或者说对数尺度）更自然。

对数

　　正如米卡埃尔·洛奈在他的频道中做出的详细解释那样[11]，加法尺度与乘法尺度似乎属于两个不同的直觉领域。一个是加法、减法、算术平均和积分的领域，而另一个则是乘法、除法、几何平均和渐近等价的领域，后者也是 YouTube 频道订阅数、地震强度与达尔文式演化所属的领域。对于雷·库兹韦尔来说，这也是技术进步所属的领域，而对我们来说，它首先是贝叶斯公式的领域！

　　从数学的角度来看，这两个领域并非毫无关联，甚至还有中介机制或翻译方法连接着两个领域。我们已经讨论过这些中介机制了，那就是对数和指数函数。指数函数可以将加法领域的对象转化为乘法领域的对象。由此，数量之间的加法就会转变为它们的指数函数之间的乘法。反过来，对数函数会将乘法领域的对象转化为加法领域的对象。也就是说，对数函数可以将我们不熟悉的那些对象和运算传递到我们更熟悉的领域中①。

　　因为加法比乘法简单，所以在计算器出现之前，这些翻译方法在数值计算中占据了中心地位。在几十年以前，如果学生和科研工作者要将 a 和 b 相乘，他们会先用对数表（或者对数尺）查出 a 和 b 的对数，然后将这些对数加起来，最后再利用反对数表将加法得到的结果翻译到乘法领域中，从而获得所需的结果②。这种方法虽然看起来有点累赘，却是当时快速、准确地进行复杂乘法计算的最好做法。

---

①　用符号来说的话，我们有 $2^{m+n} = 2^m \times 2^n$ 以及 $\log(xy) = \log(x) + \log(y)$。

②　也就是说，我们计算的是 $ab = 10^{\log_{10}(a)+\log_{10}(b)}$。

同样，因为加法比乘法简单，所以艾伦·图灵在战争时期曾经用对数来进行与贝叶斯公式相关的计算。将贝叶斯概率翻译到加法尺度上得到的加法单元（大概）就是图灵所说的"班伯里单位"①，而正如我们之后会看到的那样，它与香农的著名单位"比特"有着密切联系——也因此与熵和 KL 散度等概念有关。

现在，我们写出在对数尺度下的贝叶斯公式：

$$\log \mathbb{P}[T|D] = \log \mathbb{P}[D|T] + \log \mathbb{P}[T] - \log \mathbb{P}[D]$$

通常人工智能研究者更喜欢使用这个版本的贝叶斯公式，而它在统计物理以及认知科学中也有众多应用。

贝叶斯公式抢到了哥德尔奖

但计算机科学家也只是最近才理解应该如何利用疯狂的指数增长。2012 年，阿罗拉、哈赞与卡莱发表了一篇引人注目的论文 [12]，将众多不一致但相似的概念整合并统一成了一个简洁高效得难以理解的算法。这个算法就是**积性权重更新算法**（multiplicative weights update method）。在这里最重要的修饰语当然是"积性"。这个算法的精髓在于利用乘法尺度来选择，而不是衡量算法性能用到的加法尺度。令人惊异的是，这个技巧虽然简单，却能让这三位研究人员有效地解决众多之前几代人都束手无策的问题。

积性权重更新算法是如此优雅，甚至令阿罗拉、哈赞和卡莱认为他们的算法是计算机科学中最重要的思想之一。因此，他们在论文的开头就提议，计算机科学的基础课程应该包括这个算法，与"分治法"等更为人知的方法并列。

积性权重更新算法的有效性见证了加法领域与乘法领域之间的重大差异。该算法最近才被发现并完全理解的事实表明这个差异非常违反直觉。它佐证了库兹

---

① 图灵感兴趣的实际上只是概率之间的相对度量，又叫相对概率。图灵的单位"班伯里"实际上被用来衡量形如 $\log_{10}\left(\dfrac{\mathbb{P}[T_1|D]}{\mathbb{P}[T_2|D]}\right) = \log_{10}\mathbb{P}[T_1|D] - \log_{10}\mathbb{P}[T_2|D]$ 的数量（乘以一个乘法常数的话，这就相当于香农比特数之差，因为比特用的是以 2 为底的对数）。这就让图灵能够绕过配分函数的计算。

韦尔的说法，我们关于指数增长的直觉实在错得离谱。

积性权重更新算法最瞩目的成功之一就是机器学习中的提升算法（boosting）。但在解释提升算法与积性权重更新之前，我们先绕个道，回到启蒙运动时期的法国，看看孔多塞侯爵的一个绝妙的想法。

在这个年代，众多法国哲学家都在倡导权力分立，而孔多塞考虑的则是司法判决是由一位称职的法官进行更好，还是由多位没那么专业的市民组成的陪审团进行更好。孔多塞提出了一个简单的模型，其中每位市民都能够以大于 1/2 的概率 p 得出正确结论。在这个情况下，整个陪审团做出错误判决的概率会随着陪审团人数增加而指数递减 ①。因此，孔多塞得出的结论就是人数足够多的陪审团要比一位称职的法官更可靠。

然而孔多塞提出的情景简化过度，在现实中没有意义，特别是因为其中最大的假设就是每位市民判断的独立性。但是陪审员必定会进行互动，要预计到其中最健谈的陪审员会对其他人产生影响——而现代的心理学实验，比如所罗门·阿施的实验，证明了群体效应可以令个体在短时间内相信那些明显错误的陈述。

更糟糕的是，每位成员的判断会以什么方式相互关联是很难预计的，而对陪审员之间审议过程的经验研究 [13] 得出了相当令人不安的结论，因为审议过程似乎会将陪审员推向比最极端的陪审员意见还极端的结论。

如果有各种基本正确但不太可靠的意见，而且这些意见可能互相关联的话，有没有办法将它们结合起来，得出特别可靠的整体意见？这就是计算机科学家迈克尔·卡恩斯和莱斯利·瓦利安特在 1988 年提出的问题。

1997 年，罗伯特·夏派尔和约阿夫·弗罗因德对这个问题做出了肯定的回答。他们的解法被称为自适应提升算法（adaptive boosting，以下简称 Adaboost），这个结果让他们赢得了 2003 年哥德尔奖这一殊荣 ②，也引出了由维奥拉和琼斯设计的首

---

① 令 n 为陪审团的人数，利用切尔诺夫不等式，我们可以证明判决错误的概率小于等于

$$-n^2 \frac{\left(p-\dfrac{1}{2}\right)^2}{2p(1-p)}。$$

② 哥德尔奖是欧洲理论计算机学会与美国计算机学会在 1993 年共同设立的奖项，旨在奖励理论计算机领域中最杰出的工作，是理论计算机领域中分量最重的奖项之一。——译者注

个人脸探测算法。Adaboost 非同寻常的成功可能会让人觉得它是一个无比精巧的算法，但它其实只是利用了指数增长和线性增长之间、对数尺度与常用尺度之间以及乘法领域与加法领域之间的差异。

更厉害的是，与积性权重更新这一推广一样，Adaboost 不过是化了妆的洛特卡–沃尔泰拉方程。也就是说，它不过是贝叶斯公式的近似！

我们稍微看看其中的细节。假设现在有几位专家，他们的意见各不相同。一开始我们没有数据能用于区分这些专家的能力，所以我们就认为这些专家之间都是无法区分的。这样的话，我们得出的结论就是这些专家意见的简单平均值。然而，随着我们逐步将专家意见与数据进行比较，对于某一位给定的专家，我们会将他的意见的权重乘以他的意见与实际数据的吻合程度，将得出的结果作为新的权重。此后，我们得出的结论仍然是不同专家的意见的平均值，但这个平均值需要根据各位专家的权重进行加权。更准确地说，某位专家的置信度就是其意见的权重与所有专家的意见权重之和的比值。

贝叶斯主义者的度假方法

为了更好地理解 Adaboost，我们来看一个简化的例子。假设你每年都会去一个遥远的国家度假，为了选择目的地，你询问了 n 位朋友，让他们各自给出建议。一开始你不知道应该听哪位朋友的建议，于是你就在纸上列出所有建议，从中随机选择一个，这就是你的目的地。

今年你抽中了尼日利亚。现在就是将那位建议你去尼日利亚的朋友的预测结果与实验数据对比的时候了。为此，很不幸的是，你必须忍受一趟到地球另一端的愉快旅程！你的确度过了一段极其愉快的假期，即使存在感染埃博拉病毒的风险也不足为虑。

即使你幸福得都要上天了，还是不要忘记更新你对朋友的置信度。为此，你应该向那位建议你去尼日利亚的朋友的意见权重乘以一个能代表你有多享受这次旅途的数。你很享受这次尼日利亚的旅程吗？那么你可以向这位朋友的意见权重

乘上一个稍大的数 [1]。[2] 然而，为了细化你对每位朋友的置信度，你同样必须想象，如果听从了他们的建议，你会度过怎样的假期。在最理想的情况下，你必须试一试他们推荐的所有度假地点，但你没有那么多假期。对你来说幸运的是，你的朋友们自己就试过了这些推荐的地点，而且他们很喜欢讲述自己的假期。所以你很容易就知道自己对他们的旅程大概会有多满意。这样的话，你就要对每位朋友的意见权重乘以一个反映你估计对他们各自的旅程有多满意的倍数 [3]。

又一个夏天要到了，你又要选择下一个度假目的地了。为此，你召集了朋友们，向他们征求新的建议。你再一次在这些建议中随机选择，但这次，你选择第 i 位朋友的建议的概率与这位朋友的意见权重成正比。也就是说，这个概率就是对第 i 位朋友的置信度。这样的话，如果这位朋友在过去几年的眼光都很准的话，那么他的建议被抽选到的可能性就更大。

这个朴素的方法一眼看去似乎相当复杂，而且不太令人信服。然而，Adaboost 与积性权重更新算法可以在数学上保证你做出的决定几乎可以媲美只听从最可靠的朋友的意见所做出的决定！这样做的话，在某种可以严格叙述的意义上，Adaboost 可以保证你相继做出的决定几乎是最优的 [4]。

需要强调的重点之一，就是向不同的朋友赋予的初始置信度长远来说几乎没有任何影响。我们之前假设了每位朋友的置信度都是相等的，但是因为这些置信度会以指数方式演变，在算法经过几次迭代之后，初始置信度就几乎消失了。

---

[1] 为了使计算过程更漂亮，我们假设向朋友的意见权重乘上的倍数应该是 $1+\eta m$，其中 η 是一个比例常数，而 $m \in [0, 1]$ 则代表了你对这次旅程的满意程度。

[2] 原作者在此处叙述有误，原文为"可以乘以 0.9"，但根据原注，向意见权重乘上的倍数必定大于 1。经过与原作者讨论，译者对此处进行了适当的修饰。——译者注

[3] 令 w_i 为第 i 位朋友的意见权重。我们要向 w_i 乘上 $1+\eta m_i$ 这个倍数，其中 m_i 就是对他提出的度假地点满意程度的估计值。对第 i 位朋友的置信度就由以下类似贝叶斯的公式给出：

$$新置信度(i) = \frac{(1+\eta m_i)\cdot 原置信度(i)}{(1+\eta m_i)\cdot 原置信度(i) + \sum_{j \neq i}(1+\eta m_j)\cdot 原置信度(j)}。$$

[4] 更准确地说，我们可以证明 $\mathbb{E}[\sum_t m(t)] \geq (1-\eta)\{\max_{i\in[n]}\sum_t m_i(t)\} - \frac{\ln n}{\eta}$，其中 $m_i(t)$ 是你对第 i 位朋友在第 t 年提议的度假满意度（的估计值），而 $m(t)$ 就是你对第 t 年的实际度假地点的满意度。

在更一般的情况中，贝叶斯置信度的指数式演变意味着在寥寥几次贝叶斯推断之后，先验置信度的作用很快就消散了。正因如此，在面对足够多的数据时，贝叶斯置信度的任意性其实没有我们的线性直觉所暗示的那么大。**主观毫不随意。**

技术奇点

关于技术进展，库兹韦尔走得更远，他指责技术界与学术界没有理解技术的指数增长性质，比如摩尔定律就（粗略地）断言了计算机的计算能力每两年就会翻一倍。同样，经济学家布林约尔松和麦卡菲指出，人们对于过去的各种事件赋予了过高的重要性。如果关注各种经济指标，无论是人口还是农业产量，我们就能明显看到一个重要的现象，它超越了所有零星发生的事件，无论是古罗马帝国的崩溃、印刷技术的发明还是对美洲大陆的征服。这个重要现象就是经济指标势不可当的指数上升。

布林约尔松、麦卡菲、库兹韦尔以及其他许多人认为，这种新技术促成的指数增长说明未来会与过去大大不同。人工智能、3D 打印、纳米技术和遗传学上的进步都昭示着这样的未来，其中高质量消耗品的大量生产不再需要人类劳动，世界范围内的饥荒和疾病都能得以根除，我们的生活方式也会有翻天覆地的变化。

视频主播 CGP Grey 在一个题为《招聘：谢绝人类》(*Humans Need Not Apply*)的优秀纪录片中指出，即使在并不遥远的未来，人类的工作甚至会被嫌弃。对 CGP Grey 来说，技术可能很快就能演变到这样的地步，以后（几乎）人类能完成的工作都可以由机器以更低廉的价格更好地完成 [14]。布林约尔松和麦卡菲也有着相同的观点，他们预言许多工作将会消失。我自己也被这样的论证说服了，我在 2014 年预测了 2034 年失业率会超过 80%——如果到了那时你发现我错了，请一定要提醒我这件事！

但麦卡菲并不是一位失败主义者，恰恰相反，他在一次 TED 论坛 [15] 中谈到了 "我们这个时代最美妙的新经济"。他还补充道："那里没有竞争。"物质丰裕是有保证的。我们可以重新构思这个社会，其中人们不再需要工作——条件是机器生产的物资得到了合适的分配。这种事情在人类史上还从来没有发生过！

尼克·博斯特罗姆看得更长远，他认为技术进步可能并不是指数式的，而是超越指数式的。要理解这一点，我们得回到指数增长的特点：在每一次迭代时，技术或它的某个量化指标都会乘以一个常数。然而对于博斯特罗姆来说，技术越进步，它继续发展的速度就会更大。换句话说，在每一次迭代之后，技术会乘以一个每次迭代都会增加的数值。

这个现象可以用微分方程来建模。我在这一段要用一点数学术语。如果你不熟悉这些术语的话可以直接跳过。指数增长对应着微分方程 $\dot{x} = x$，而博斯特罗姆眼中的技术进步则更贴近 $\dot{x} = x^2$ 这种形式。但这种方程的解形如 $x(t) = 1/(1-t)$，也就是说，这种增长如此迅速，在有限的时间 $t=1$ 内，x 就会达到无穷大。

经过这样的短暂思考，我们得出的结论就是技术演变可能存在一个奇点，在那个时刻，所有技术会突然达到物理极限。这个技术奇点通常被解释成超级智能（也就是超越人类的人工智能）开始改进自身智能的时刻。因为这个超级智能比它的设计者要更聪明，所以它能够找到超出我们能力的技术解决方案，它的自我改进从而也会不受控制地加速。在非常短的时间内，它就会完全改变我们生活的世界。而且它的行为从根本上无法预见，因为这些行动都来自一个远远超越我们的智能 [16]。

博斯特罗姆并没有贸然猜测这个想象中的奇点降临的准确日期，但他并没有排除奇点会在 50 年内出现的可能性。雷·库兹韦尔则更为大胆，他预测技术奇点会在 2045 年出现。这个预测让许多人大为吃惊。对于大部分人来说，这个预测甚至看上去滑稽到了令人脸红的程度。但对于库兹韦尔来说，这只是因为大部分人无法摆脱线性直觉而已。

我对这样的预测持保留态度，但我对自己的保留态度持更多的保留态度，因为我已经多次察觉到自己对于指数增长的直觉有着很大的局限性。

如无必要，勿增实体。

奥卡姆的威廉（1285—1349）

简洁是最大的精巧。[①]

莱昂纳多·达·芬奇（1452—1519）

第12章
挥动奥卡姆的剃刀

上星期四……

2002 年，通达·林恩·安斯利在美国俄亥俄州被控谋杀房东。安斯利声称她以为自己活在《黑客帝国》(*Matrix*) 电影三部曲的"母体"之中，以此为自己辩护。在这一系列好莱坞电影中，"母体"是一项计算机模拟，绝大部分人类活在其中。人类在这个虚拟宇宙中相互交流了如此长的时间，以至于（几乎）没有人能够将模拟与现实分开。他们将模拟出来的宇宙当成了现实。

但《黑客帝国》不过是电影，而相信这部电影里的事情通常被视为不理智的表现。安斯利被认为患有精神疾病，也因此被判无罪。对很多人来说，《黑客帝国》只是虚构作品，只有精神有问题的人才会相信它是真实的。

然而，斯蒂芬·霍金等著名科学家并不惮于认真考虑《黑客帝国》中的假设。

---

① 这句格言虽然被认为来自达·芬奇，但这种说法只能追溯到近代的文献，而且达·芬奇的著作中并没有出现这句话。它一般被认为是后人的杜撰。——译者注

尼克·博斯特罗姆甚至提出了一个相当有说服力的论证来支持这个假设：如果技术允许的话，或许人类比起现实更喜欢在虚拟世界中滑雪，在那里没有严寒，雪崩也不会对人身安全造成威胁。人们可能会逐渐更偏爱虚拟宇宙，这样的话，"母体"可能就是所有足够先进的文明将迈向的未来。然而，发达的文明拥有较多的人口。所以，我们可以预计宇宙中的大部分智慧生命生活在类似"母体"的结构中。但这样的话，如果我们随机选取宇宙中的一个智慧生命个体，比如说我们自己，那么这个个体的确处于"母体"之中的概率非常接近 1。因此，有关"母体"的假设不仅值得考虑，甚至非常可能是正确的。因此，向其赋予一个难以忽略的置信度也并非毫无合理之处 [1]！

我们甚至可以走得更远，走进那些晦涩的形而上学理论之中。有一个相当极端的理论叫作"上星期四主义"（Last-Thursdayism）。根据这个理论，整个宇宙都是上星期四创造出来的，包括整个地球、我们的所有文明、所有古迹、所有书籍，甚至所有回忆。如果你相信自己去年夏天在尼日利亚度过了一个假期，那只是因为在上个星期四一切被创造出来的时候，你的大脑包含着在尼日利亚度假的回忆。更厉害的是，上星期四主义是无法证伪的，而且完全合乎物理法则。无论我们将来观察到什么现象，都可以在上个星期四找到它的原因 [2]。

但对于卡尔·波普尔来说，上星期四主义与"母体"假设一样都没有任何价值，因为它们是无法证伪的理论。这种回应看上去可能很诱人，但我们在第 4 章看到了，波普尔的可证伪性既没有经验上的对应物，又没有理论基础。我在这里就不再重复了。

能恰如其分地用于否定上星期四主义和"母体"假设的经典思想并不是波普尔的哲学，而是**奥卡姆剃刀**，这个名字来自哲学家奥卡姆的威廉。我们也把它叫作节俭原则、经济原则或者简洁原则。在 1319 年，奥卡姆这样写道："Pluralitas non est ponenda sine necessitate." 意即"如无必要，勿增实体"。换句话说，简洁的理论更可取。

但是，我们其实很难看出为什么上星期四主义在简洁程度上比不上"可观测宇宙在 130 亿年前突然出现，然后产生了星系、恒星、行星、生物以及人类大脑这些复杂事物"这个替代理论。奥卡姆的简洁原则尽管表面看似简单，但实际并不单纯！看上去简单的东西不一定简单，而看上去复杂的东西也不一定复杂！

事实上，要严谨理解理论简洁性，必须用到算法复杂度之类的有关复杂度的理论。所以，要正确描述奥卡姆剃刀的话，所罗门诺夫的工作似乎是无法避开的基石。

足球里没有命中注定

但现在我们先着重阐述奥卡姆剃刀为何至关重要，特别是在构筑预测性理论这方面。统计学与机器学习方面的研究者需要这些预测性理论，而他们发现，如果没有奥卡姆剃刀的话，就会经常陷入所谓的"过度拟合"（overfitting）陷阱之中束手无策，我们也可以把它翻译成"过度诠释"。要理解过度拟合带来的不良后果以及奥卡姆剃刀（有可能）扮演的"救世主"角色，我们先讲一点闲话，看看一个处于过度拟合统治之下的领域：体育。

加时赛已经开始了，吉尼亚克射中葡萄牙队右边门柱的景象仍然萦绕在法国球员和球迷的心头。2016 年欧洲杯法国对葡萄牙这场决赛对法国来说似乎胜利在望，毕竟在之前法国本土举办的两次大型国际足球赛事中，法国队都赢到了最后——除了有一次在第二次世界大战之前举办的赛事中落败，但那完全是另一个时代了。另外，法国在 1984 年和 2000 年都赢得过欧洲杯，就好像冥冥之中有种规律，会保证法国每 16 年都能夺得欧洲杯。最后，法国队的历史证明，只有在拥有一位特别出众的球员时，他们才能取得最终胜利。在 1984 年欧洲杯是普拉蒂尼，在 1998 年世界杯与 2000 年欧洲杯是齐达内，而在 2016 年欧洲杯大出风头的则是格列兹曼。

然而在加时赛结束后，在这场决赛中进了唯一一球的却是葡萄牙。葡萄牙成了欧洲杯冠军，推翻了一切预言以及一切看似已然确立的统计规则。统计骗了我们！

但统计也许没有骗人。报纸标题写着，2016 年欧洲杯总是令人大跌眼镜。在四分之一决赛中，德国首次在国际足球锦标赛中击败意大利。在半决赛中，法国战胜了德国，这是法国自 1958 年世界杯季军战以来对阵德国的第一场胜利。葡萄牙在此前对阵法国的所有赛事中惨遭十连败，这次决赛是他们首次战胜法国队。

这些黑马都获得了胜利。

格列兹曼似乎度过了完满而引人注目的一年，而且他自身的表现也让他成为金球奖获得者的大热门，这就像是足球界的诺贝尔奖。然而在 2016 年欧洲杯中，格列兹曼在打败曼努埃尔·诺伊尔带领的德国队之后，却在决赛中输给了克里斯蒂亚诺·罗纳尔多带领的葡萄牙队。而几个月之前，他的俱乐部马德里竞技在欧洲冠军联赛中，继打败曼努埃尔·诺伊尔所属的拜仁慕尼黑后，却在决赛中输给了克里斯蒂亚诺·罗纳尔多所属的皇家马德里。几个月之后，获得当年金球奖的是克里斯蒂亚诺·罗纳尔多——格列兹曼只排第三名。

我刚才提到的这些分析在体育新闻中都很常见，其中统计数字的用途是揭示那些神秘、惊人甚至令人不安的规律。然而对于机器学习的专家来说，这些分析可能没有任何价值，因为它们很可能是一种过度拟合。的确，如果观察足球历史并摆弄过往的比赛统计数据的话，人们总是能找到令人瞩目的统计规律。每一个新结果都会摧毁其中的某些规律，比如法国每 16 年赢得一次欧洲杯，但可能成立的统计规律足够多，不会出现所有规律都失效的情况。恰恰相反，数据累积得越多，摆弄数据获得虚假统计规律的方法就越多。

这就是过度拟合出现之处。如果事后解释的数目比数据增长得还快，那么无论数据是什么，我们都能找到办法解释它们。体育评论员花时间比较所有运动员在所有比赛中的所有信息时通常就是这种情况。这就是为什么每过几天我们就会发现某位运动员创造了新纪录。

过度诠释的灾难

泰勒·维根在他的网站"虚假相关"（Spurious Correlation）上讽刺了这种过度拟合的现象。维根喜欢对网上的大量时序数据进行比较，系统地从中寻找那些高度显著的相关关系，然而这些相关关系在理论上如此不可能发生，实在无法让人认真对待。

通过这种方法，我们可以发现尼古拉斯·凯奇出演电影最多的年份就是泳池中溺亡人数最多的年份，而人造奶油消费较高的年份往往伴随着美国缅因州的高离婚率；此外，某年选出的美国小姐年龄越大，当年因烫伤而死亡的人数就越多。幸运的是，即使在这些统计结果广为人知之后，政治家也没有尝试打断尼古拉斯·凯奇的电影生涯、禁止人造奶油或者向美国小姐的评委施加压力……

泰勒·维根展示的这些事例非常令人着迷，原因正是人们倾向于否定任何因果联系，即使这些联系有着明确的相关性。这些例子作为教育素材非常出色，可以提醒人们相关性不等于因果，特别是在过度拟合的可能性很高的时候——而我们的情况正是这样，因为用于测试相关性的数据集个数远远大于每个数据集中的数据个数。在这里，相关性就相当于那些事后解释，而它们的确远远大于每种数据的抽样大小。

然而，面对任何显著相关性都否定因果关系的存在不是我们大部分人会做出的反应，而过度拟合的陷阱也并不仅限于体育领域。我们在新闻中也能经常看到大量的过度诠释，人们对其非常认真，而它们导致的后果可能相当严重。

为了教育大众，FiveThirtyEight 网站提供了一个界面 [3]，你可以在其中轻松摆弄与美国政治相关的数据。在捣鼓几下之后，你可以找到一组数据证明你支持的党派对于美国经济有着正面影响；而更厉害的是，只需要花几秒，你就能找到一项 p 值超过了"科学方法"所需阈值的数据！也就是说，这项数据足够显著，可以发表在科学期刊上——那么显然也够格发表在《纽约时报》上！

FiveThirtyEight 的方法能够得出任何预先给定的结论，因为这个网站提供了大量方法来衡量某个政治党派对经济的影响。那里有不同的经济指标（失业率、通货膨胀、国内生产总值、金融市场）、权力机关中各党派在不同位置的代表（总统、州长、参议员、众议员），还有各种对这些领导者的相对重要性的比较方法，人们甚至还可以选择是否将经济衰退纳入考虑。最重要的是，人们可以选择各种参数的组合，比如说同时考虑失业率和国内生产总值，因此这个网站可以提供高达 2048 个关于某个政治阵营如何影响经济的可能解释。

然而你要记得，即使真正显著的效应并不存在，p 值方法每 20 次就会有一次得出显著的结果！因此，在这个情况下，我们预计会有一百多项统计满足可以发表的科研标准！更奇怪的是，如果再摆弄一下网站上的数据，我们就会察觉到，要得到无论是对民主党有利还是对共和党有利的显著统计结果都很容易。也就是说，只要对 FiveThirtyEight 上的数据捣鼓足够长的时间，你就可以轻松发表一篇题为《证明 x 会损害经济的 50 个统计数据》的"标题党"①文章，无论 x 是民主党还是共和党！

但 FiveThirtyEight 的网页界面实际上能做的非常有限。如果一位记者受到编辑部的压力，而自己又对计算机足够熟悉，或者认识一位足够熟悉计算机的朋友，那么他很容易就能生成上万甚至上亿种某个政治阵营对经济的影响的可能解释，足够在接下来的一百年里每天都发表上万条统计学上的显著结论。这就是过度拟合贻害深远之处。在探索言之有理的解释时，无论为什么立场辩护，人们都必然能找到有显著性的统计数据作为佐证——人们甚至通常不会意识到这些统计数据的发现并没有什么神奇之处。**即使每个统计数据都不太可能具有显著性，但所有统计数据都没有显著性更不可能。**

这个简化后的结论解释了为什么在社会话题、种族主义相关政策、恐怖主义、粮食与宗教等话题中会出现众多互相冲突的文章。毕竟某个主题在人群中引发的好奇心越大，就会有越多的记者花时间研究这个主题。这是一个恶性循环，恶果就是会产生互不相容的信念。这些信念的基础几乎完全来自过度拟合，但我们中的大部分人看不见这种过度拟合，因为我们读到的只是记者熟练地采集并选择出来的具有显著性的统计数据，而这些记者又被老板逼着要引起轰动。而如果我们将这些东西与第 11 章谈到的"标题党"结合起来的话，那么似乎不可避免会直接导致失控的虚假信息的泛滥。

目前，绝大部分对自己深信不疑的活动分子一直被困于过分拟合这个陷阱中，无法脱身。当人们要为自己的立场辩护时，只需探索足够多的可能解释，就能从中找到似乎能论证这个立场的解释。只要人们花足够长的时间搜索，总会找到一个事后编造的解释[4]。

不幸的是，据心理学家乔纳森·海特所说，社会科学中的实验一次又一次表明，人类总是先选好立场，然后再用（自己相信是）理性的论据来为自己的立场辩护。理性对我们来说只是一种工具，用于为我们预先建立好的信念寻找或者

---

① 这些计算非常粗略，并非真正正确，但也大概说明了我们能从 FiveThirtyEight 提供的分析工具中得到些什么。

"喷出"解释。然而，这些事后的解释无处不在，只需要一个足够好的理由，我们就会对自己想要相信的东西深信不疑[5]。

这就是我们不断在犯的错误，这就是迷信与超自然信仰出错的地方，这也是上星期四主义有问题的地方。

对于所有新观察结果来说，都存在一个新的解释，可以将这个观察结果变得与上星期四主义相容。实际上，上星期四主义的信奉者在解释这个围绕着我们的世界时，最终发展出的宇宙模型都会与科学家们构筑的宇宙模型一样。但这样的话，上星期四主义这个假设就会变得多余，它无法让人们解释该理论其他部分无法解释的东西。正因为这个假设是多余的，所以奥卡姆剃刀会把它剃掉。

追寻简单性的复杂旅程

你现在也明白了，奥卡姆剃刀是对抗过度拟合倾向的工具。奥卡姆剃刀提示我们，当每次发现新数据时，与其在相互竞争的各种理论之间来回切换，不如忽略那些过于复杂的理论，哪怕这会导致所有数据不能得到完美解释。毕竟，一般来说数据的成因众多，要进行完美的解释简直是天方夜谭。

骰子掷出6，空气中每个分子的位置都有可能对这个结果产生影响。然而跟踪空气中的每个分子并不现实，特别是因为这些分子的个数远远超出了时至今日制造的所有计算机的储存空间总和。但掷骰子比我们更感兴趣的各种社会问题远远简单得多。如果我们无法完全解释骰子如何掉到桌子上，那么要对政治、恐怖主义和营养学方面的问题得出最终结论的期望就完全是呓语了。我们必须接受并拥抱模型的不确定性。"所有模型都是错的"，这是件好事！

第一个理解不进行完美解释的重要性的人大概就是被称为"现代科学之父"的伽利略。他最伟大的天才之举就是挑战亚里士多德的物理学，断言并不是越重的物体就天然地下落得越快。伽利略的这一思想又被称为自由落体定律，但它对于实验来说却是荒谬的。捡起一根羽毛和一块石头，然后让它们自由下落，你就会看到伽利略错了。

但伽利略的天才之处就在于，他理解到物体下落的内在性质只是它运动的一部分原因。各种物体都受到空气的作用力，而羽毛更甚。空气对较轻的物体的阻碍大于对较重的物体的阻碍，这种阻碍甚至可以让鸟类飞起来。伽利略因此提出，如果没有空气，那么空气的效应也会消失，而我们就会观察到物体本质的下落过程，它应该与物体的质量无关。伽利略指出，在真空中所有物体都会以相同的速度下落。

人们经常说伽利略登上了比萨斜塔的塔顶来测试他的自由落体定律，但这个故事很有可能完全是由伽利略的学生捏造出来的。毕竟如果伽利略实际做过实验的话，他就会观察到更重的物体因为受空气阻力影响较小而下落得更快。可以肯定的是，伽利略的实验并不是实际的实验，而是思想实验，我在这里就不细说了 [6]，它证明了"物体质量是影响物体下落的唯一因素"这个假设是自相矛盾的——除非假设物体的质量对于下落没有本质上的影响。

出于同一种思考方式，伽利略还有另一个天才想法，那就是相对性原理。这一原理断言，一个坐在船上没有窗户的密闭货舱中的人不可能知道这艘船是不是在运动。他曾这样说过："运动如同无有。"在这个问题上，实验同样不一定会确证伽利略的说法——我们可以想象这艘船在运动时会比停泊在港口时晃动得更厉害。然而理论与实践之间的差异足够微弱且任意，使得伽利略对于自己提出的运动相对性有着充足的信心。不久之后，他对相对性原理的这种置信度让他将太阳放置在了宇宙的中心 [7]。

在这两个例子中，伽利略的天才之处体现在他偏好原理的简洁与优雅，而非它们与实际的符合程度。这就是为了避免其他人陷进过度拟合的陷阱而应用奥卡姆剃刀的杰出例子。半个世纪以后，轮到艾萨克·牛顿提出动力学基本原理，这一原理可以用 4 个符号来概括：$\vec{F}=m\vec{a}$。两个世纪后，詹姆斯·克拉克·麦克斯韦在说明他写出的方程可以同时解释电、磁和光的时候，强调的也是这些方程的简洁与优雅。所有这些绝妙的理论都基于同一个原则：去掉互不相容的多个特设解释，用简单而普适的原理来代替它们，哪怕要付出理论不能完美解释所有现象的代价。

世事并非一贯简单

然而，如果你相信最优秀的理论必定简单，那可就错了。气象模型的极端复杂已经众所周知，而现代神经科学强烈暗示，对人类大脑的理解不可避免需要复杂得可怕的模型——可能必须跟大脑本身一样复杂！

同样，2016 年在围棋上打败李世石的人工智能 AlphaGo 也是如此复杂，必须用计算机才能将其表示出来。Cepheus 和 Libratus 这两个在扑克上打败人类选手的人工智能也是如此 [8]。

实际上我们在讨论所罗门诺夫妖时，已经看到了研究某个现象所必需的复杂度是什么：数据（遵循的概率分布）的所罗门诺夫复杂度。即使艾伦·图灵当时没有认识到这个概念的形式定义，他对这个概念的理解却已经比任何人更深远。图灵于 1950 年发表的那篇具有历史意义的论文就已经提出了"能够跟人类一样说话的计算机最少需要多少复杂度"这个问题。依靠当时神经科学的初步进展，图灵估计，要建立能与人类一样进行交流的模型，最简单的算法也需要数十亿字节。也就是说，对于图灵来说，口头语中的所罗门诺夫复杂度大概就在十亿字节这个数量级上。我们会在第 14 章更详细地探讨这个话题。

同样，生物学、社会学与经济学中众多现象的所罗门诺夫复杂度可能远远超出这个数量，因此我们的大脑也就不可能理解这些现象，因为大脑储存空间的上限似乎只有几千万亿字节。因此，在面对生物学、社会学和经济学时，一切简单模型都必定失败。

然而庞大的模型会将我们暴露在过度拟合的风险中。允许我们在不出现过度拟合的情况下提升复杂度的方法已经成为数据科学中的流行用语，那就是**大数据**。我们手头上的数据越多，我们就越能提升模型的复杂度。这个原则甚至还有一种严谨的阐述方式，那就是统计学习基本定理 [9]。粗略来说，这个定理确定了调整某个模型中的参数时必需的抽样数目，或者反过来说，给定抽样的数目，这个定理就会告诉我们需要考虑的模型要多复杂才合适。

统计学习基本定理中用于量化复杂度的指标是 VC 维度，这个名字来自两位计算机科学家弗拉基米尔·瓦普尼克和阿列克谢·契尔沃年奇斯。这一概念的严格定义对我们来说有点太复杂 ①。[10] 粗略地说，VC 维度计量的是我们能够对给定

---

① 在这里，一个假设就是一个函数 $X \to Y$。由假设构成的某个集合 $\mathcal{H} \subset Y^X$ 的 VC 维度，就是满足以下条件的 X 的最大子集 X_{max} 的大小 $|X_{max}|$：所有形如 $X_{max} \to Y$ 的函数都可以通过将 $\mathcal{H}$ 中的某些假设限制到 X_{max} 上得到。

数据做出的特定解释的数目。我们可以从统计学习基本定理得出的规则大概是，抽样数目应该是我们考虑的所有解释组成的集合的 VC 维度的大约 100 倍 [①]。

交叉验证

目前为止，我重点强调的是过度拟合的问题，因为这大概是我们最经常犯的错误。然而，反过来也存在所谓的"拟合不足"，或者说"诠释欠缺"的问题。拟合不足就是没有足够重视理论与实际之间的差异。通常，在偷懒忽略不利于自身信念的数据时，人们就算犯了拟合不足这个错误——即使对于人类的情况来说也是如此，与机器学习算法不一样，这个问题通常要归结于认知偏差。

在过度拟合与拟合不足之间找到平衡点是数据科学中的经典问题，通常被认为悬而未决。有时候人们会用偏差 – 方差困境（bias-variance dilemma）[11] 来说明这个问题。想象一下，现在我们希望预测某些数据 x 的性质 y。为此，我们可以收集大量 (x_i, y_i) 的配对例子。令 S 为这些配对例子的集合，$f(x, S)$ 为我们的预测。

现在假设 S 是一个随机的训练集。我们会得到的均方误差是

$$\mathbb{E}_S[(f(x, S) - y)^2] = (\mathbb{E}_S[f(x, S)] - y)^2 + \mathrm{Var}_S(f(x, S))$$

这个公式可以写成"误差平方等于偏差平方加上方差"。也就是说，误差可以分解为两部分。首先，第一部分误差来自算法平均而言在预测上的不准确度，这就是偏差；然后，另一部分误差来自不同训练集之间差异导致的预测浮动，这就是方差。

于是，拟合不足对应的情况是使用的学习算法过于刻板，无法很好地适应数据，因此导致预测中的偏差。要解决拟合不足的问题，最简单的办法通常就是增加学习算法的复杂度。一般来说我们可以增加参数的数目，然而，这样就会有过度拟合的风险。过度拟合就是过分贴近数据，因此训练集抽样中的随机因素对其

---

① 这一结论的形式化描述需要用到概率近似正确学习（probably approximately correct learning，简称 PAC-learning）的概念。粗略地说，统计学习基本定理断言，要以某个大概率 $1-\delta$ 确定某个解释对于假设集合 $\mathcal{H}$ 来说是"$\epsilon-$ 最优"的话，至少需要的抽样数目是 $\Omega\left(\dfrac{\mathrm{VCdim}(\mathcal{H}) + \log(1/\delta)}{\epsilon^2}\right)$。

影响过大。要避免这样的浮动，适当的做法是减少参数的数目。问题在于，要先验地得出合适的拟合程度是个棘手的问题，因为这似乎属于数据本身的内在性质。

在实践中，数据科学家会使用**交叉验证**的方法。对最优秀模型的搜索被分成两个阶段。首先，我们考虑那些复杂度不超过某个水平 K 的模型，一般来说就是那些拥有至多 K 个参数的模型，然后我们在其中选择能最好地解释训练集的模型。接下来我们会计算选出的模型在另一组被称为"测试集"的数据上表现如何。

所谓的交叉验证，就是优化这个复杂程度 K。首先从非常小的 K 值开始，这时我们暂时处于拟合不足的区域中，考虑的那些模型过于死板，无法对数据进行解释。当 K 增加时，算法在测试集上的表现会越来越好。这并不令人意外，因为我们允许模型拥有更大的灵活性。然而这种表现的上升在某一点处会停止，我们在这里就进入了过度拟合的区域。尽管最优秀的模型在训练集上的表现越来越好，但它在测试集上的表现自此之后却会降低。找到使这种转变发生的 K 值正是对抗过度拟合这一危险的最好的方法之一（图 12.1）。

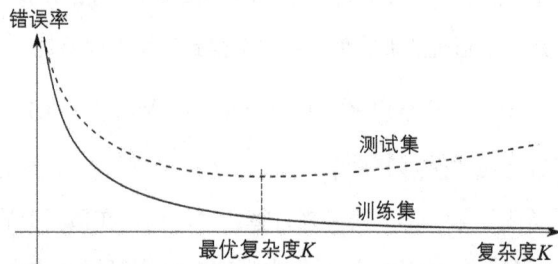

图 12.1 实线表示训练集的错误率，模型的复杂度越大，这一错误率也越低。虚线表示测试集的错误率，它代表通过训练集计算而来的参数的泛化能力。我们看到在这里需要做出权衡。复杂度过高会损害泛化能力

交叉验证中的 K 值就是数据科学家所说的"超参数"（hyperparameter），与之相对的是模型在交叉验证第一步中被优化的那些参数[12]。

但是交叉验证也有局限性。比如说，它假设测试集只会被用于测试模型的超参数。但通常发生的情况是某个测试集被用来测试大量不同的学习模型，ImageNet、CIFAR、MNIST 等机器学习比赛就是这样的情况。这样的话，**测试集就变成了某种意义上的训练集**。于是人们有可能会过度拟合测试集。

蒂布斯兰尼正则化

1996 年，统计学家罗伯特·蒂布斯兰尼有了一个新想法，他引入了另一个超参数来调整**线性回归**。线性回归可能是科学中最常用的技巧。早在 18 世纪末，博斯科维克、拉普拉斯、勒让德和高斯就已经定义了这种拟合法，并将其用于消除天体测量误差以及在这种误差存在的情况下进行预测 [13]。

线性回归的作用之一，就是让我们能够通过 p 个潜在的原因来解释某个感兴趣的变量。假设有 n 组抽样数据，当 n 比 p 大得多时，我们可以毫无问题地应用线性回归。然而在遗传学等诸多问题之中情况就反过来了，潜在原因的数目 p 大于抽样大小 n。这时，高维线性回归就是个非常糟糕的主意了，因为它必然会导致严重的过度拟合。

蒂布斯兰尼提出，可以测量线性回归的复杂度并惩罚过高的复杂度。比如说，如果某个牵涉大量潜在原因的线性回归结果要被保留下来，那么它对数据的解释就必须远远优于那些牵涉潜在原因数量更少的线性回归结果。这一原则的提出催生了所谓的 LASSO 回归 ①。LASSO 回归用到的技巧之后被推广并应用到机器学习的众多问题之中，我们将这些应用统称为**正则化**（regularisation）。

让我们的大脑皮层以及其中大量神经元部分避免过度拟合的也许就是某种形式的正则化。毕竟，我们会活大约 3×10^9 秒，但我们的大脑包含大约 10^{14} 个神经连接，过度拟合的风险非常大。然而，正则化可以让我们根据抽样来调整模型的拟合程度。正则化技巧已经在实践中无数次证明了它们大有用处，这些技巧已经成为数据分析中不可或缺的工具，无论分析手段是线性回归、线性分类还是神经网络。

然而正则化也有其神秘之处。为什么它可以作为迈向最优解释的重要向导？统计学习基本定理对这个问题给出的回答还很不完全。更好的解答提示来自稳健优化（robust optimization）。

---

① 线性回归相当于将某个变量 y 的解释分解为不同原因 x_1, ⋯, x_p 的线性组合再加上误差 ϵ。这样的话，我们有 $y = \beta_1 x_1 + \cdots + \beta_p x_p + \epsilon$。经典的做法就是确定参数 β_1, ⋯, β_p，使得抽样数据中预测误差平方 ϵ^2 的和达到最小值。蒂布斯兰尼的绝妙想法在于最小化这个平方和与向量 $(\beta_1, \cdots, \beta_p)$ 范数的某个组合，通常会采用 1- 范数，也就是所有 β_i 的绝对值之和。

稳健优化

稳健优化的动机来自下面的观察：所有数据中都埋藏着不准确性甚至错误。在机器学习中，我们会说数据中有**噪声**。因此，所有通过优化得到的解答都必定只有在面对带有错误的数据时才是最优的。在面对正确的数据时，这些解答甚至可能完全不合适。

为了在数据存在噪声时仍然得到足够高效的解答，稳健优化首先会识别出一个不确定性集合 ①，其构造方式能使实际数据以非常高的概率处于这个不确定性集合之中。然后稳健优化会选择一个对于不确定性集合中的所有可能数据都有效的解答。更厉害的是，即使面对不确定性集合中最糟糕的数据，稳健优化也可以选择最合适的解答。它优化的是最坏的情况。

令人惊讶的是，强调测量数据的不准确性可以让我们解释神经元经常不正常工作的**有用之处**。神经元欠缺稳定性实际上可能是一张王牌，而不是天生的缺陷。当某个神经元运行出错时，它会扰乱信号，就好像是有人为了在原始数据中加入不确定性而稍微改变了数据集那样。在一次又一次细化自身对于这个世界的模型后，我们的大脑会因此探索到各种不同的不确定性并为其做出调整，而不是配合只包含一开始那种噪声的数据。

此外，目前许多深度学习的使用者也用到了这个技巧。他们利用人工神经元网络来发现不同的模型，用于解释一些庞大的数据库。这些使用者会在不同的时刻随机关闭一小部分神经元，然后在这种情况下测试神经网络的功能。这种技巧又被称为随机失活（dropout）。人们发现它是对抗过度拟合的一种无比强大的手段。

正则化与稳健优化都可以用于对抗过度拟合，但这两种技巧之间有什么联系呢？实际上它们是等价的。在众多问题中，我们可以证明，所有通过正则化得到的解答都可以通过先选择某个不确定性集合然后再对其应用稳健优化得到。反过来说，给定某个不确定性集合，我们通常可以确定与其等价的正则化。也就是说，我们可以将正则化看成某种处理数据噪声的方法，以此解释它的有效性 ②。[14]

---

① 在一维的情况下，不确定性集合对应的是置信区间。

② 这一点的证明通常需要用到优化理论中的对偶理论。

但还有更厉害的方法，比这厉害得多。

用贝叶斯方法解决过度拟合 ※

我们可以用贝叶斯主义的术语来自然地解释正则化。回想一下通过对数翻译到加法领域中的贝叶斯公式，它可以写成：

$$\log \mathbb{P}[T|D] = \log \mathbb{P}[D|T] + \log \mathbb{P}[T] - \log \mathbb{P}[D]$$

机器学习与稳健优化中的方法一般就是在给定数据的前提下选择最可信的理论 T。这一理论又被称为最大后验（maximum a proteriori，以下简称 MAP）模型，它能使 $\mathbb{P}[T|D]$ 最大化，也就等价于使 $\log \mathbb{P}[T|D]$ 最大化。

这时，$-\log\mathbb{P}[D]$ 这个量并不重要，因为它与 T 无关。因此，计算 MAP 模型相当于求出 $\log \mathbb{P}[D|T] + \log \mathbb{P}[T]$ 的最大值。在这两项中，第一项是似然度的对数，衡量的是理论或模型解释数据的能力，而第二项是先验概率的对数。

这个先验概率相当于可以用于正则化的一项。更神奇的是，不同参数的先验概率之和为 1 这个要求会让我们希望参数遵循的概率分布满足某些性质，即当参数值变大时，相应概率应该呈指数递减，趋向于 0。这就变成了某些常用的正则化方法！正则化因此可以被看作贝叶斯公式的推论[①]！

更妙的是，无论是在不确定性集合还是在正则化中，所有看似随意的超参数实际上都证明了在寻找可信模型时先验置信度的不可避免性——或者说有效性！正则化很有用，因为它会迫使我们引入偏见。然而我们之前已经看到，偏见正是理性的支柱之一。

但纯粹贝叶斯主义者会在正则化与稳健优化的应用方法中看到欠缺之处。大部分机器学习算法最终会得出唯一一个模型，只会选择唯一一个理论 T。然而，集成学习或者自助投票等方法引导我们将不同的机器学习算法结合起来，尤其是可以利用 Adaboost 等技巧。这是因为，这些方法说明如果在优秀理论之间取平均值的话，通常得到的结果要比其中最优秀的理论还要好，因为这是对抗过度拟合的

---

① LASSO 实际上也相当于假设先验分布是我们在第 8 章看到的拉普拉斯分布！

绝佳办法。互不相容的模型组成的森林要比其中每一棵树更睿智 [15]。

举个例子，当网飞（Netflix）举办奖金为 100 万美元的机器学习大赛时，最优秀的胜利者考虑了 800 个不同模型的平均值 [16]！然而，计算最优秀模型的平均值正是贝叶斯公式的要求！

许多研究人员已经意识到了这一点。例如在 2016 年，亚林·加尔发表了他的博士论文《深度学习中的不确定性》（"Uncertainty in Deep Learning"），加尔在其中证明了机器学习中的大量常用技巧都可以用贝叶斯主义的语言重新诠释。我们刚才说到的随机失活正是这种情况！这是因为每一组失活神经元都对应着一个模型。因此，整个神经网络的预测可以通过取不同模型预测的平均值得到，其中每一个模型都可以由一组失活神经元得出。

只有贝叶斯推断才是可容许的 ※

甚至有一个定理强调了偏见的重要性："没有免费午餐"定理。简单地说，这个定理断言不存在最好的机器学习算法。更准确地说，无论你用什么办法来选择模型，都存在这样的问题，你的方法会在这种问题上面被其他方法超越，而这些其他方法一般会利用适当的先验置信度。

与"没有免费午餐"定理互补的另一定理关心的则是统计决策论中贝叶斯推断的可容许性。想象一下，现在有某一项你不知道的基础信息 θ，但你接收到了与 θ 相关①的一项信息 x。现在你必须做出一项决策，而这项决策的效果取决于 θ。当然，你的决策可以与 x 相关。你现在还是不知道 θ 是什么，但我们假设如果 θ 是已知的，你就会知道什么样的信息 x 在等着你。你应该做出什么决策？

在贝叶斯式的方法中，你首先会注意到自己知道 $\mathbb{P}[x|\theta]$ 是多少。然而，你不知道 θ 的值。怎么办？当然要利用偏见！贝叶斯主义者会考虑某个先验置信度 $\mathbb{P}[\theta]$，然后进行贝叶斯推断来确定 $\mathbb{P}[\theta|x]$ 的值。现在他既然知道了 θ 可能的值，就可以最优化自己的决策了。

---

① 事实上，这并不是必要的假设。

贝叶斯推断可容许性定理正是如此断言的，无论你的决策机制如何，无论贝叶斯主义者的偏见是什么，都存在未知信息 θ 的某个取值，使得贝叶斯主义者会得到比你更好的结果 ①。因此我们说贝叶斯主义的方法是**可容许的**。当然，这不是在说这个方法比你的方法更好，这都要取决于 θ 的值。

但这个可容许性定理最令人着迷的并不是这个方面。它同样证明了，在某些合理的额外假设下，无论你采用什么决策机制，都存在某位持有特定偏见 $\mathbb{P}[\theta]$ 的贝叶斯主义者，无论 θ 取什么值，他的决策至少跟你的一样好，甚至比你的更好！换句话说，所有可容许的决策机制组成的集合正是所有贝叶斯方法组成的集合 [17]。所有非贝叶斯的替代方案都会处处劣于某个贝叶斯方法！

奥卡姆剃刀来自贝叶斯主义！

我们最后来到我对贝叶斯公式的沉思中最为愉悦的时刻之一。我在午饭时间走进了瑞士洛桑联邦理工学院的同事的办公室，两位同事当时正在讨论**奥卡姆学习**这个概念，它与奥卡姆剃刀关系密切。于是我开始思考奥卡姆剃刀的贝叶斯诠释问题。贝叶斯公式有没有可能蕴含了奥卡姆剃刀？

考虑用于描述理论的某个语言，这个语言可以是法语、数理逻辑或者计算机编程语言。于是，每个理论都可以用这个语言中的（可能非常长的）一句话来描述，即由该语言的符号组成的有限序列。令 T_n 为所有可以用 n 个符号组成的句子描述的理论组成的集合。为了与贝叶斯主义相容，这些理论的先验置信度应令 n 个符号对应的所有理论的总和置信度 $\mathbb{P}[T_n]$ 对于所有 n 的总和等于 1。也就是说，贝叶斯主义要求以下条件必须成立：

$$\mathbb{P}[T_1]+\mathbb{P}[T_2]+\mathbb{P}[T_3]+\mathbb{P}[T_4]+\cdots=1$$

但是，每个 $\mathbb{P}[T_n]$ 的值都是正数，这里有无数个这样的值。于是，无穷级数理论告诉我们，如果这些正数项的无穷求和是有限的，那么这个求和中的每一项 $\mathbb{P}[T_n]$ 必然随着 n 的增大变得任意小。这个想法突然划过我的脑海，我立刻凑近白

---

① 除非你的决策总是跟贝叶斯主义者选择的决策一样好。

板，写下了

$$\sum_{n=1}^{\infty} \mathbb{P}\left[T_n\right] < \infty \Rightarrow \lim_{n \to \infty} \mathbb{P}\left[T_n\right] = 0$$

但写下这个公式相当于说需要更多符号来描述的理论会拥有更低的先验置信度！
贝叶斯公式蕴含了奥卡姆剃刀！

贝叶斯公式甚至能走得更远，向我们精确指出了拥有更长描述的理论在何种程度上更不可信。这是因为 n 个符号对应的理论总数会随着 n 指数增长，从中我们可以得出某个需要 n 个符号来描述的理论，它的先验置信度会随着 n 指数下降！换句话说，更复杂的理论因此并不只是置信度更低，而是置信度会指数下降！

我被这个甘美的发现慑服了——而我当时还没有遇到所罗门诺夫妖。这个发现不仅巩固了贝叶斯公式，而且让我们揭开了奥卡姆剃刀能被广泛接受的秘密。对于纯粹贝叶斯主义者来说，奥卡姆剃刀并不是需要努力接受的哲学原则，而是贝叶斯范式中的一个数学定理。

谎言有三种：谎言、该死的谎言和统计数据。

本杰明·迪斯雷利（1804—1881）

政客使用统计方法就像醉鬼使用电灯柱：不是为了光明，而是为了支撑。

汉斯·库恩（1919—2012）

第13章
真相在撒谎

公立医院还是私人诊所？

你病得很重。经过一点研究之后，你发现对于自己的疾病来说，你在公立医院的存活率是 50%，而在私人诊所的存活率能达到 80%。你应该选择去私人诊所而不是公立医院，不是吗？

这是当然！

不要那么急。经过更多搜索之后，你发现了一些统计数据，其中区分了两类病人：普通患者与危重患者。一方面，在私人诊所中，普通患者的存活率是 90%，这还不错；然而在公立医院中，这些普通患者的存活率是 100%。另一方面，大多数危重患者会死亡，但公立医院仍然能设法拯救其中 40% 的患者，比起只能拯救 10% 的危重患者的私人诊所来说要好上不少。

现在我们先思考几分钟。这里发生了一些极其古怪的事情。无论是救治普通患者还是救治危重患者，公立医院都比私人诊所好得多，然而总体而言，表现更好的却是私人诊所！这怎么可能？既然每位患者在公立医院的预后都比在私人诊所好，那么私人诊所的总痊愈率怎么会比公立医院更高？应该到哪里就医？请你暂停一下，花点时间思考这些问题。

你可能觉得有些困惑，但你要知道这完全是正常现象。我刚才利用虚构的数字向你介绍的正是**辛普森悖论**，这个悖论极具破坏性。比起其他悖论，它更尖锐地指出了统计数字可能产生惊人的误导，而对统计的分析需要艰苦的脑力劳动以及丰富的专业素养。不幸的是，这样的专业素养极端罕见，而在统计的诠释中，"半桶水"的思考什么也算不上。

拉里·沃瑟曼在他的统计学课本中写道，这个悖论"对于很多人来说非常棘手，其中包括那些接受过良好教育的统计学家"。科普视频频道 Science Étonnante 的达维德·卢阿普尔在有关这个主题的视频 [1] 的开头就打了个赌："我确信你一旦看了这个视频，就不会再用以前的眼光来看待人们展示的统计数据了。"

如果我写的对你来说够清楚的话，那么本章应该会颠覆你诠释统计结果的方法。克制、慎重和谦虚应该会成为关键词——而我希望之前的章节已经足以鼓励你做出这样的反应。尤其要记住的是，表面上正确且合乎规范的统计数据实际上几乎远远不成定论，而且比人们靠直觉所相信的更不能作为结论。

理解辛普森悖论的钥匙是被称为"混杂因素"的概念。在上面的情况中，混杂因素就是患者就诊时的身体状况。如果说私人诊所的存活率比公立医院高，那不过是因为私人诊所的患者在就诊时健康状况更好。因此，私人诊所的 80% 存活率对应的基本上就是普通患者的存活率，而反过来说，公立医院的 50% 存活率如此低，那是因为它基本上对应的是危重患者的存活率。

我一直以来觉得辛普森悖论并不是悖论，或者说它其实很平常。只要将数据列表填好，就不难看出公立医院对于每种患者来说都更好，以及为什么私人诊所在整体上仍然能获得更好的统计数据。然而，辛普森悖论指出的困难之处并非在填好数据表之后用数学来解决问题，真正的问题在于，在实际中通常只能获得 50% 和 80% 这些数字。但我们真的希望得出结论！更糟糕的是，我们即使花时间去思考，通常也很难意识到正确的混杂因素，从而避开辛普森悖论这个陷阱 [2]。

在任何情况下，我们必须抗拒做出结论的诱惑。艾蒂安·克莱因曾这样反复说过:"要尽量避免得出结论。"

相关并非因果

学术期刊《新英格兰医学期刊》(*The New England Journal of Medicine*)在 2012 年曾发表过一篇短文,名为《巧克力消费、认知能力与诺贝尔奖得主》("Chocolate Consumption, Cognitive Function, and Nobel Laureates")。这篇文章指出,食用巧克力对于智力有正面影响。这个惊人的断言来自不同国家的(人均)巧克力消费量以及(人均)诺贝尔奖获得次数之间极其清晰的相关性。描述这一相关性的图表很快就传遍了整个互联网。《费加罗报》也发表了一篇文章《吃巧克力,得诺贝尔奖》("Croquez du Chocolat pour Avoir le Nobel")。

但是,"要尽量避免得出结论"。相关性绝对无法证明原因与结果之间的联系。因此,即使不能否定巧克力对智力的影响,我也很肯定还有别的方法能更好地解释不同国家的巧克力消费量与诺贝尔奖获得次数之间的相关性。我请你也思考一下这个问题。

当政客、激进分子和律师出于自身利益选择统计数据时,这些数据的问题就会变得特别麻烦。这是因为,用操纵混杂因素的方法一般来说都可以搜刮到表面上看似支持某个政治立场的统计数据。正如温斯顿·丘吉尔所说:"当我要求得到新生儿死亡率的统计数据时,我想要的是一个证明,证明在我当首相时夭折的婴儿比任何其他人当首相时都要少。这就是政治中的统计。"

举个例子,有个现象非常奇怪,而且时常出现:在警力增加之后,犯罪率也会增加,就好像打击犯罪会不可避免地鼓励犯罪那样。这样的相关性会暗示增加纪律部队预算这个想法不可行。电视上会这样报道:"惩戒没有用处。"然而我们要意识到,这个结论依靠的是对统计数字的错误阐述,因为还有另一个更简单的方法可以解释这个相关性:警力增加之后,警察巡逻的频率也会增加;犯罪分子可能没有增加,但的确有更多的犯罪分子被警察逮捕了,因此犯罪率必然增加。

同样,如果我们让更多人负担得起医学诊断的费用,那必定会发现更多病人。因此,医疗手段的改善通常会导致患者数量的增加!我们也可以用这个方法解释注射过疫苗的孩子与自闭症之间的相关性。注射过疫苗的孩子会得到更好的健康监测，如果他们患有自闭症，那么病情很可能会被诊断出来。反过来说，因为没有注射疫苗却患上自闭症的孩子通常没有得到健康监测，所以他们的自闭症很有可能不会被诊断出来。

这里的情况就是所谓的选择偏差、幸存者偏差或者说淘汰偏差——所有这些情况事实上都是某种达尔文式演化。统计数字揭示的实际上更偏向于获得统计的方式，而不是因果联系。要避免任何曲解的话，正确理解我们面前的这些统计数字是非常重要的。犯罪率揭示的并不是犯罪人数，而是那些被抓获的犯罪分子的数目。同样，自闭症的统计数字是那些被诊断出来的患者数量，而不是实际的自闭症患者数量。要注意这些模糊之处！

虽然这样说，但巧克力消费量和诺贝尔奖获得次数之间的相关性似乎并不属于选择偏差。我们来寻找一下相关性的另一种合理解释。给定 A 和 B 之间的相关性，人们会倾向于认为是 A 引起了 B。但事实上，A 和 B 之间的相关性这个概念是完全对称的。如果 A 与 B 相关，那么 B 也与 A 相关。所以，某个相关性的解释可能只是把人们希望得出的因果关系倒过来而已。

例如，高水平的运动员通常是那些热爱竞赛的人。我们可能会认为运动能力达到非常高的水平之后，运动员就会产生竞争意识，刺激对获得大奖的渴望——这可能有些道理。然而，最简单的解释可能是竞赛意识不足的运动员不会足够投入，因此达不到非常高的水平。正是竞争意识让运动员能够达到高水平。

我们在许多情况中也能看到这个效应。举个例子，掌权的政客通常有一种对权力的渴望，一流数学家对数学的优美有着深刻的赞赏，登上头条的新闻通常特别跌宕起伏、引人入胜。在所有这些情况中，相关性的解释其实就是政客、数学家和新闻头条都经过了系统性的选择或者淘汰。

另一个例子就是大型活动中警察人数众多与发生大量事故的相关性。并不是警察在场导致了事故，而是发生事故的风险很高才导致了大量警察到场。在所有这些例子之中，相关性并不能说明 A 导致 B，反而可能说明 B 导致了 A。

但是拥有诺贝尔奖如何会导致巧克力消费量上升，这一点并不清楚。为了理解这一相关性，我们转到另一个奇怪的相关性上：工作时在室外休息会降低预期寿命。即使没有进行具体研究，我也很乐意打赌这个相关性在统计学上是显著的。为什么呢？请你在读下去之前花一点时间思考一下。

　　这个相关性实际上可以用其中两个变量的共同原因来解释，那就是吸烟。这是因为在工作时，吸烟者往往会比非吸烟者花上更多时间在室外休息。然而，吸烟是肺癌的主要原因。因此，在室外花上更多时间休息的人就是那些吸烟者，他们更有可能患上肺癌，从而可能在更年轻的时候死亡。所以这个相关性可以通过共同原因来解释。

　　巧克力消费量和诺贝尔奖获得次数之间的相关性是不是这种情况呢？是不是存在某些因素会使某些国家消费更多巧克力，同时也会使这些国家获得更多诺贝尔奖？非常有可能。其实，那些消费更多巧克力并获得更多诺贝尔奖的国家都是发展程度非常高的国家。这些国家的居民享受着极高的生活质量，消费大量奢侈品，也拥有著名的大学。所以，我们考虑的相关性在这里也可以通过共同原因来解释，那就是财富。人们会说财富是一个能解释巧克力消费量和诺贝尔奖获得次数之间的相关性的混杂因素 [3]（图 13.1）。

图 13.1　巧克力消费量与诺贝尔奖获得次数之间的相关性可以通过财富这一混杂因素来解释，它同时推动了巧克力的消费以及诺贝尔奖的获得。这个图示也对应着一个贝叶斯网络。我们在第 17 章会再提到这个话题

　　识别正确的混杂因素可能是统计学中最困难的任务。到现在为止，我们看到的例子都相对简单。但混杂因素有时候更微妙且难以捉摸。

寻找混杂因素

　　比如，根据一个出色的 Ted-Ed 视频 [4] 所说，英国的一项研究表明，在 20 年

内，存活的吸烟者比非吸烟者更多。这样的研究有可能会被那些受烟草业资助的政客或律师一次又一次地强调。这些统计数字本身可能没有什么可指责的地方，但问题在于怎么解释这些数字。我们尤其绝对不能从中得出"烟草有益身体"的结论。为什么呢？因为其中有一个重要的混杂因素。你能看出来吗？

这个视频举的另一个例子就是美国佛罗里达州的死刑。有关种族主义针对黑人的辩论在美国引发群情激昂——"Black Lives Matter"运动就是例证。因此人们对佛罗里达州的死刑进行了统计研究。黑人嫌疑犯是否更有可能被判极刑？统计数字指出并非如此，而一位否定种族不平等的政治候选人很快就开始强调这项研究。

然而这里存在一个混杂因素：受害者的肤色。因为罪犯与受害者通常拥有相同的肤色，所以黑人嫌疑犯更经常被控谋杀黑人受害者，而白人嫌疑犯则更经常被控谋杀白人受害者。然而，给定嫌疑犯的肤色，法官会在受害者是黑人的情况下更宽大。反过来说，给定受害者的肤色，黑人嫌疑犯实际上明显比白人嫌疑犯更经常被判死刑。这就是那些抱怨司法中种族不平等的候选人所强调的统计数据。

在《科学》（*Science*）期刊博客的某一集中 [5]，犯罪学研究者安德烈·库恩同样断言，在绝大部分国家，外国人中犯罪者的比例要比本地人更高的这个事实同样只是辛普森悖论导致的有偏差的统计数字。安德烈·库恩表明，如果年龄、性别和社会经济地位相等的话，那么外国人是犯罪者的先验可能性实际上跟本地人相同。

与某些政客的弦外之音不同，外国人群与本地人群在统计数据上有差异，并非因为外国人与本地人的本性有着根本的差异。库恩的分析表明，这一差异实际上来自两个群体在人口统计上的差异：外国人更多是没什么财产的年轻男性，而与之相比，本地人相对来说更可能是富有的年老女性。在这个思考的指引下，那些看似应该不利于外国人的统计数据就变得完全无关紧要了！

目前为止我们看到了不少例子，现在我们回到吸烟者的例子。你知道怎么确定那个能解释吸烟者存活率更高的混杂因素了吗？

请你在阅读这本书时的休息间隔中多花些时间来思考这个问题。由此你可以感受到自己有多无知，还有在辛普森悖论的影响下诠释统计数字有多困难。

回归平均

我们现在继续寻找那些不明显的混杂因素。以色列空军的教官观察到，被批评的飞行员之后会明显进步；然而令教官大跌眼镜的是，那些被表扬的飞行员之后没有进步。更糟糕的是，鼓励或者称赞似乎会让他们退步，他们就好像躺在功劳簿上睡大觉！教官应该批评还是表扬？

然而，不同的科学研究表明，与前面的说法正好相反，在教育上奖励比惩罚更有效。因此"所有教育者可能都认为鼓励对学习有害"这种想法是错误的。实际上到底如何？科学共同体犯错了吗？或者说空军教官提出的经验结论中是否存在某些混杂因素？

要避免辛普森悖论这一陷阱，纯粹贝叶斯主义者的偏见是不可或缺的[①]。思考的时候不利用偏见，或者不引用数据以外的模型，就相当于把自己的脚绑起来，然后跳进混杂因素的陷阱！我们之前也看到，公立医院和私人诊所之间存在天然的差异（患者就诊时的身体状况），而外国人和本地人之间也是这样（年龄、性别与社会经济地位），白人嫌疑犯与黑人嫌疑犯之间同样如此（受害者的肤色）。受批评的飞行员和受鼓励的飞行员之间会不会也有某种天然的差异呢？

当然有！那些受批评的飞行员之所以受批评，是因为他们之前的表现特别差；而那些受表扬的飞行员之所以受表扬，是因为他们之前的表现特别好。然而，飞行员如果某天犯错了，第二天可能就不会再犯，无论他有没有被批评。同样，那些在某天立下出色功绩的飞行员，第二天要重复做到这一点可能很困难[6]。

我们刚才揭示的现象正是辛普森悖论的一个特殊情况，有些人也将它叫作**回归平均**。我们可以用"雨过天晴"这个成语来概括这种现象。如果今天的天气特别糟糕，那么明天天气更糟糕的概率就很小，因为今天的天气作为与明天天气比较的基准来说本来就非常糟糕了。反过来说，齐达内的儿子们也不太可能超越他的水平（即使我希望他们做得到），因为跟他们比较的基准本来就是一位出众的球星。这个现象也解释了为什么肩负整顿异常恶劣状态的重任的政府官员很有可能

[①]　尤其是在尝试解释 $\mathbb{P}[B|A] \neq \mathbb{P}[B|$ 非 $A]$ 时，我们会尝试确定某些可供援引的特征 Z，它必须令 $\mathbb{P}[Z|A]$ 和 $\mathbb{P}[Z|$ 非 $A]$ 之间有着巨大差距，并且使 $\mathbb{P}[B|A, Z] \approx \mathbb{P}[B|$ 非 $A, Z]$。

得以胜利摆脱困境——无论他们有没有采取应对措施。

斯坦悖论

1955 年，查尔斯·斯坦发现了回归平均问题的一个神秘解法。想象你必须根据飞行员的表现估计他们的水平。从直觉上来说，我们可能会高估表现更好的飞行员，也可能低估在展示时笨手笨脚的飞行员。我们能否避开辛普森悖论这个陷阱呢？

斯坦做出了肯定的回答。与其单纯只衡量飞行员的表现，不如同时利用个体表现与整体表现，这样的话，我们确实可以更好地估计飞行员的水平。这就是人们所说的**斯坦悖论**①。这有点令人吃惊，利用其他人的表现怎么可能改进有关某位特定飞行员的预测结果？

其实斯坦悖论比这种说法更奇怪。斯坦悖论同样指出，结合不同飞行员水平、不同国家巧克力消费量以及不同医院病人存活率的朴素估计，就确实能更好地估计所有这些指标！其中非常神秘的地方在于，这种对估计值的改善必然存在，即使飞行员水平、巧克力消费量和存活率的计量单位完全不相容！

这一点让人无比困惑，也非常违反直觉。即使这三个参数之间绝对没有任何因果联系，即使这些参数的指标之间没有任何关系，斯坦悖论仍然指出，要估计每一个参数，考虑其他两个参数总会带来好处。也就是说，在严格的意义上，即使模型的可诠释性得到了保证，但**知识的割裂在统计上是不可容许的**。

跟之前一样，可以用贝叶斯的方式解开斯坦悖论的谜团。关键在于添加一些与需要估计的各种数量相关而且有解释能力的抽象概念。然而这些概念其实并不

---

① 用形式化的语言来说，对于 $1 \leqslant i \leqslant n$，我们根据平均值 θ_i 未知（可以是巧克力的消费量或者医院病人的存活率）的正态分布抽取独立随机变量 $x_i \leftarrow N(\theta_i, 1)$。所谓的（最小二乘）朴素估计量，就是 $\hat{\theta}_i^{naive} = x_i$ 这个估计。但我们有办法做得更好，比如说利用詹姆斯－斯坦（James-Stein）估计量 $\hat{\theta}_i^{JS} = \left(1 - \dfrac{n-2}{\|x\|_2^2}\right) x_i$。这是因为，当 $n \geqslant 3$ 时，无论 θ 取什么值，θ^{JS} 的均方误差都会比 θ^{naive} 的要小，也就是说，$\forall \theta, \mathbb{E}\left[\|\theta^{JS} - \theta\|_2^2\right] \leqslant \mathbb{E}\left[\|\theta^{naive} - \theta\|_2^2\right]$。我们说朴素估计量不是可容许的，因为它比另一个估计量更差。其实詹姆斯－斯坦估计量同样不是可容许的，而所有贝叶斯估计量都是可容许的。

是混杂因素，而更应该被称为简明因素。所以斯坦悖论正是证明了这些简明因素在确定最可信模型的过程中是不可或缺的。

一般来说，我们通常希望将不同的认识领域区分开来。我们会将哲学课题留给哲学家，将经济课题留给经济学家，将物理课题留给物理学家，将数学课题留给数学家，难道不对吗？的确不对。根据斯坦悖论，所有理论的大统一不仅是理论研究者搞出来的大杂烩，而且是在寻找可信模型的过程中必须踏出的一步[①]——贝叶斯主义作为统一的知识哲学，重要性就在这里。

在只考虑飞行员的情况中，所有飞行员的平均水平就是简明因素的例子。潜在的贝叶斯模型就相当于假设飞行员的水平等于平均水平再加上随机涨落。飞行员的表现则是飞行员的水平再加上另一个随机涨落。实际上，我们在这里构造的正是一个贝叶斯网络，而对它的研究正处于众多现代人工智能研究的核心。我们之后会再谈到这个话题。

无论如何，比起分别处理每位飞行员情况的模型，我们注意到前面所说的模型拥有远远更少的参数，因此它在理论上更可信。但更重要的是，如果对每位飞行员的平均水平加入先验置信度的话，贝叶斯推断就能用于这个模型。因此，如果给出某个合理的先验置信度，这种贝叶斯推断就会给出类似斯坦统计估计量的某种机制。也就是说，当我们尝试将这个问题转化为适用于贝叶斯原则的形式时，奇怪的斯坦悖论就消失了！

内生分层的失效

然而在今天，贝叶斯类型的方法在实践中仍然不受青睐。很多人更偏爱所谓的**分层方法**。这些方法就是将相似的子群体区分开来，比如说比较年龄、性别与社会经济地位相同的外国人和本地人、在受害人肤色相同的前提下比较黑人嫌疑人和白人嫌疑人，以及比较年龄相同的吸烟者和非吸烟者。

然而大约在 2010 年，某些统计学家开始强调"人工"做出的分层选择带来的

---

① 每一个人都必须衡量自身无知的程度，尤其是在非其专业的领域中。

疑难问题。这些选择通常都是随意做出的，给人一种缺乏客观性的印象——即使对于贝叶斯主义者来说这种反对意见毫无价值！分层选择本身可能并无根据或者并不充分，这会导致错误的结论。最后，分层选择必须进行人工干预，因此需要大量时间与工作量。有没有办法将分层选择自动化？**内生分层**就此诞生。

2015 年，我在美国麻省理工学院参加了一个统计学的研讨会，全世界最著名的几位统计学家也在同一个报告厅。报告者阿尔韦托·阿瓦迭花了不少时间讨论报纸上的一篇文章 [7]，其中提到了萨拉·戈德里克－拉布及其合作者所完成的对美国威斯康星州学生相关数据进行内生分层的结果 [8]。内生分层将学生分为三个类别：进入大学时能完成学业的可能性似乎不大的学生、完成学业的可能性中等的学生，以及很有可能完成学业的学生。数据分析表明，对于第一组学生来说，得到奖学金这一事实对他们的净影响是正面的。与那些完成大学学业的可能性似乎不大而且没有获得奖学金的人相比，那些同样没什么可能完成学业的奖学金获得者表现得更好。

到此为止没什么问题。然而同一个内生分层分析也证明了，对于第三组学生，也就是那些入学时能完成学业的可能性很大的学生来说，获得奖学金实际上会产生负面影响！这种情况就像是当我们成绩不错时，如果有人给了我们更多的钱的话，我们就开始"膨胀"了……

或者并非如此。令报告厅中的一些人意外的是，阿瓦迭指出内生分层得出的结论并没有根据。分层的自动化创造了它本身的**回归平均**！内生分层的结论并非来自数据，而是内生分层本身产生的假象！

难以置信！都 2015 年了，地球上最优秀的统计学家仍然发现一些相对简单的统计模型在根本上就是错误的，而某些一流统计学家却仍然在随意使用这些模型！

几个星期之后，我请了几天年假，去探望一位在美国硅谷的朋友。这位朋友在某个互联网巨头那里工作。我跟他分享了自己现在深深沉迷于统计学中那些布满陷阱的微妙难点。几个月之前，美国斯坦福大学的拉梅什·乔哈里教授就已经把我镇住了。当时他在研讨会上证明了，只要我们收集足够多的数据，用以得出结论，p 值方法最终必定会否定任何假设——我们在第 5 章就讲过这个问题了！

比起乔哈里对 p 值的批评，我的朋友对阿瓦迭对内生分层的批评更有兴趣。他让我再向他解释一次，然后又让我解释了第二次、第三次。然后他突然向我惊呼:"但是我觉得我们之前测试新产品的时候就是这么做的!"

实际情况是,为了进行测试,我这位朋友测量了用户的点击数,然后将它与旧产品的点击数进行了对比。他并没有测量到在统计学上显著的差异——乔哈里会说他等待数据的时间还不够长!但是内生分层让他能够得出结论。

根据他的分析,对于点击率一开始较低的用户来说,新产品比旧产品表现得更好;但对于点击率一开始较高的用户来说,情况就反过来了。我的朋友甚至找到了事后的解释,主要根据的是不同用户的地理位置。这个解释佐证了结论,但这个来自内生分层的结论在根本上就错了。

几天之后,我给这位朋友发了阿瓦迭发表的文章,他回复我说:"我分析了其中一项实验,看到其中用到了一个内生变量(……)来将结果分类。实验本身还行,但是之后对群体的分析方法是错误的(……)。解决办法就是利用一个不改变分组方式的外部变量。谢谢你让我想到这一点!我已经向其他人分享了这个分析,之后的实验就会(得到)正确(的分析)了……"

一个像我这样钻研理论的人,看到理论在实践中产生如此直接的影响,这是何等荣幸!但可惜我从来没有收到他的公司的酬金……

进行随机化吧!

辛普森悖论证明了,对数据的正确分析必须研究这些数据以外的混杂因素。但如果我们只有数据的话,怎么样才能找到这些混杂因素?我们应该如何对抗辛普森悖论?

虽然我之前对罗纳德·费希尔的描述相当负面,因为他对于自己立场的那种教条主义和针对反面意见的激烈反驳都确实对统计学的发展有着相当不良的影响,但我们还是要重复、强调并赞扬他说过的这句话:"要进行随机化。"

的确,为了在某个人群中测试某个产品,我们必须比较暴露于某个变量或者产品的人群以及未受影响的人群。第二个人群因此也被称为控制组或者证据组。然而,为了对抗所有混杂因素,我们不应该将对人群的划分交给随机性。但其实我们正应该这样做!我们应该将这个任务完全交给随机性。这是因为对人群的划分是系统性地进行的，也就是由科学家选择的系统决定的，或者是由环境因素决定的，因此我们确定其中会存在混杂因素。即使这些混杂因素扮演的角色可以忽略不计，我们也必然无法肯定情况的确如此，因此我们必然无法全盘相信实验的结果。

在费希尔式的传统做法中，测试新药物的药学标准就是随机双盲测试。在这种测试里，医生会给每位患者开出新药或者安慰剂的处方。重点在于，无论是患者还是医生都不知道处方中的药物是新药还是安慰剂。这一点非常关键。一方面，这是因为存在安慰剂效应。如果患者相信自己的确服用了药物，但实际服用的却是安慰剂，那么这会对患者的健康产生正面的生理效应。患者的健康会比知道自己服用安慰剂的时候更好。

另一方面，医生也必须绝对不知道他开出的处方是新药还是安慰剂，这是因为，实验证明了那些自愿开出安慰剂药方的医生在动作上缺乏信心与热情，这个效应如此明显，会导致患者身上的安慰剂效应下降。随机双盲测试能让我们控制这样的混杂因素，从而令实验结果确实对应我们希望研究的现象，也就是新药的实际功效 [1]。

在更一般的情况下，这种对混杂因素的控制正是优秀传统科学实验的存在意义，也就是那些根据伽利略开启的传统进行的科学实验。在理想情况下，这些科学实验可以进行次数庞大的重复，每次重复都执行两类几乎完全相同的实验，而这两类实验的唯一区别就在于我们希望确定其效应的变量。"在所有其他情况相同的前提下 [2]"，我们就能确确实实地研究这个变量了。

---

[1] 从技术上来说，随机化实际上就是比较 $\mathbb{E}_z[\mathbb{P}[B|A, Z]]$ 与 $\mathbb{E}_z[\mathbb{P}[B| 非 A, Z]]$，而不是比较 $\mathbb{P}[B|A]=\mathbb{E}_z[\mathbb{P}[B|A, Z]|A]$ 与 $\mathbb{P}[B| 非 A]=\mathbb{E}_z[\mathbb{P}[B| 非 A, Z]| 非 A]$。与我们在第 5 章提出的批评意见相反的是，$A$ 在这里的确对应着服用药物的事实，而不是在过去服用过这种药物的事实。尽管如此，得出的结论仍然可能是 A 没有效果，但对于 Z 的某些值来说它可以救命，而对于另一些值来说却会造成灾难性的后果。更糟糕的是，所有形如 $\mathbb{E}_z[\mathbb{P}[B|A, Z]]$ 的数值都依赖于我们考虑的 Z 的分布。然而人们鲜少强调这个分布造成的偏差。

[2] 我们注意到一个有趣的事实，就是这个概念假设我们已经确定了所有可能变化的因素。例如，自由落体不仅可能依赖于物体的高度，还可能依赖于它的势能。如果我们相信经典物理正确的话，那么对于特定的物体，我们不可能在维持势能恒定的情况下，只测试高度对落体的影响。"在所有其他情况相同的前提下"这个概念似乎实际上就预先假定使用了某个模型，因此与知识的所有其他侧面一样，这一概念在根本上就是主观的。

　　然而，这样的科学实验只能代表我们日常所做的科学实验中极其微小的一部分。即使是科学家也满足于仅仅在不同的时间和地点用不同的材料重复进行实验。更糟糕的是，大数据的降临开启了无孔不入的数据采集，罗纳德·费希尔所主张的随机化也被纳入其中。但如果说辛普森悖论让我们懂得要强调什么东西的话，那就是原始数据并没有告诉我们一切。采集这些数据的情景对于数据分析来说至关重要。那些外国人的年龄、性别和社会经济地位是怎么样的？那些白人罪犯的受害者又是谁？去私人诊所的是哪些患者？接受实验的患者知不知道那是安慰剂？为什么那个飞行员被批评了？

　　因此，不通过费希尔式的随机化而采集到的统计数据中遍布着有关数据情景的陷阱。**没有语境和质疑，概率检验就会出问题**。我们绝对不能盲目相信这些数据，必须以最大的谨慎来进行解释，同时绝对要有怀疑精神。对于纯粹贝叶斯主义者来说，我们绝对要在洞悉（多个）先验可信模型的情况之下解释这些数据，因为这些模型会指出统计分析所需的合适的混杂因素。即使这样，也不能忘记这些模型的可信度是有限的。"所有模型都是错的"，特别是，"要尽量避免得出结论"。

　　然而，这种对统计的怀疑当然不应该被解释成对其他方法的接受。恰好相反，如果连统计数据都可以在任何时候将我们轻易引向错误，那么我们就更应该警惕那些无法找到依据的信念了！

苏格兰黑色绵羊的回归

　　我们现在可以回到在第 4 章看到的那个故事，也就是生物学家、物理学家和数学家到苏格兰旅行，在那里发现了一只黑色的绵羊的故事。你可能还记得。数学家对物理学家的过度推广不以为然，因为物理学家认为绵羊的另一侧，也就是他们看不到的那一侧，也应该是黑色的。

　　但是物理学家的解释似乎也不是十分离奇。毕竟某只动物一侧的颜色与另一侧的颜色有着非常清晰的相关性。恰好一半白色、一半黑色的猫毕竟非常罕见，而看到这只猫的角度恰好使得看到的部分正好只有一种颜色的概率就更低了。物理学家的推广似乎并非毫无道理。

　　然而动物某一侧的颜色似乎并不能决定另一侧的颜色，反过来也不成立。怎么解释动物一侧的颜色几乎总是与另一侧相同呢？在这里同样有一个共同原因，就是考虑的那只动物的基因。实际上，如果我们回溯时间的话，那就会发现一只动物原本来自单个细胞，它包含着被称为脱氧核糖核酸（以下简称 DNA）的分子。然后，这个细胞会自我复制，而其中的 DNA 分子会复制成完全相同的另一份。正因如此，同一只动物的所有细胞中都包含着相同的 DNA，而它通过基因的表达决定了动物两侧的颜色。

但有趣的是，这个解释其实非常现代，毕竟 DNA 的结构在 1953 年才被发现。数千年间，人们无法得知上面说到的那个共同原因的解释。然而，我们很难想象有人会觉得动物两侧颜色之间的相关性可以用因果关系来解释。那么人们是怎么解释这种相关性的呢？如果不提到 DNA 分子的话，怎么解释动物通常全身都是一个颜色？

猫是什么？

2012 年，谷歌因一条奇怪而又令人不安的公告登上了各大新闻头条。据这些头条所说，谷歌的人工智能发现了"猫"这个概念[9]！很多人可能觉得这是个平平无奇的新闻，但对我来说，这是机器学习的一个里程碑式的惊人突破，可能比 AlphaGo 在四年之后大败李世石给人留下的印象更深刻、更出人意料。

要理解这一点，首先要说明谷歌的人工智能是一个人工神经网络，带有一些接收器，让它可以"看见"数字化图像。谷歌给这个人工神经网络展示了 1000 万幅图像，其中不包含上下文。然后，谷歌将这个人工神经网络放进某种相当于核磁共振成像的处理系统中，用以测量它暴露在其他图像中的时候神经元的实时激活状态。谷歌意识到其中某些神经元大体上当且仅当向其展示的图像包含一只猫时才会激活！

真正给人留下深刻印象的是，这并不是谷歌在设计这个人工智能的时候设定的目标。这个人工智能的目标是以最合理有效的方式分析、处理并解释图像中的内容。人工智能必须为它看到的那些图像建立一个模型。为此，它必须做的事情之一就是解释图像中某些像素颜色之间反复出现的相关性。比如说，当图像中的某些像素构成了眼睛的形状，那么在它的左边或者右边不远处通常会有一份与这些像素相似的复制品。一只眼睛的图像通常伴随着另一只眼睛的图像。怎么解释眼睛很少单独出现这一点呢？

最惊人的其实是，这个问题的解释似乎大体符合我们之中大多数人会给出的答案：因为照片拍到的动物通常有两只眼睛。人、狗和猫（几乎）都拥有两只眼睛这个事实对我们来说似乎如此微不足道，人们几乎不会对它花上任何时间进行思考。我们是如此习惯于日常生活中的事物，以至于我们甚至不再寻求解释——但这其实是个迷人的生物学问题，需要对视差的数学理解！

但对我来说更迷人的是，我们竟然可以（大体上）对于什么是人、什么是猫、什么又是狗达成共识。我们甚至没有意识到这些概念既抽象又模糊！猫是什么？怎么定义猫这个概念？更重要的是，猫**存在**吗？

要理解"猫"这个概念的奇怪之处，我们可以先强调这个定义有多么模糊。人们一般认为猫就是两只猫交配后产生的东西，换句话说，猫的双亲都是猫。到这里为止还没有什么惊人的东西，甚至这可能还是非常显然的东西。但其中大有深意。

比如说现在有一只猫，它的双亲都是猫，它的双亲的双亲也是猫，它的双亲的双亲的双亲也是猫，以此类推。但是这种对时间的回溯并没有尽头！根据这种推理，我们必须回溯生命演化树，到达猫还没有出现的年代！的确，如果我们回溯到几亿年甚至几十亿年前，我们会到达一个没有哺乳动物、脊椎动物，甚至连真核生物都不存在的时代！猫的双亲都是猫，或者说猫就是两只猫交配后产生的东西，这些说法在逻辑上就有矛盾 [10]。

我预计到有些读者会提出用 DNA 的概念来定义猫这个概念。然而这会导致几个问题。首先，我们还没有对猫的所有基因组进行测序，而我们可能永远无法对所有猫的基因组进行测序，因为未来的猫现在还没有出生！所以怎么定义一组与猫对应的 DNA 代码并不是一个显然的问题。其次，即使我们成功做到了这一点，还要对动物进行基因组测序才能断定它是不是猫，这个解决方案在现实中完全不可行。再次，人们也许会严肃地考虑，包含猫的全套 DNA 的一个单独的猫细胞，比如猫毛中的细胞，它算不算一只猫？最后也是最重要的一点就是，DNA 这个概念在大约半个世纪之前完全不存在。往好了说，这意味着薛定谔、达尔文和亚里士多德在谈论猫的时候其实不知道自己在说什么。

我们必须理解这个显而易见的事实："猫"这个词并没有一个令人满意的严谨的定义。如果我问你猫是什么，你无法给出一个普遍适用、毫无争议的定义。而这不是什么惊人的事情，毕竟你不是通过这种方式学到怎么认知并使用"猫"这个概念的！如果你大概知道猫是什么，那是因为你已经看过上千张甚至上百万张猫的图像，你也听说过猫，也读过有关猫的材料。你通过观察大量数据学到了猫是什么。但你从来没有看见过关于"猫是什么"的形式定义！实际上，在人类历史中，没有人知道怎么给出"猫是什么"的形式定义。

还有更神奇的。必定存在第一个想到"猫"这个概念的人。因为这个人是第一个想到这个概念的，不会有人教他这一点，所以这个人就自己发明了"猫"这个概念。为什么？他又是怎么做到的？人类引入的新概念从何而来？这种能力是人类智慧特有的吗？

我觉得谷歌人工智能的发现非常震撼人心，因为它给出了这些问题的答案。不，这并非人类智慧特有的能力，因为谷歌的神经网络同样做到了这一点。而它做到这一点是因为它希望分析、综合并解释数字化图像中不同像素颜色之间的相关性，它希望得到一个模型来描述自己看到的东西，而它找到的模型自然导致了"猫"这个概念的诞生！

诗性自然主义

这就将我们引向了本章最吸引人的问题。猫是抽象模型中的概念，但如此一来，猫是否**存在**？这个问题听起来很傻。你可能很想大喊一声："那当然啊，我们天天都能看到它们！"但如果我们考虑在今天最可信的物理理论——粒子物理学的标准模型——的话，那么整个宇宙不过是由量子场构成的，而量子场的激发态会被量子化，形成电子、夸克、光子以及其他物质的组成部分。无论在这个模型中，还是在物理中，我们都无法找到"猫"这个概念的容身之处。物理理论甚至否定量子场以外的对象的存在。因此，物理的标准模型否认猫的存在。我们最多只能说它是以某种特定方式排列而成的一堆电子、质子和中子。

物理学家肖恩·卡罗尔在他的杰作《大图景》一书中就提出了这样的问题，

当我们看到猫在追老鼠的时候，"这只猫想把老鼠吃了"这种说法在科学上是正确的。我们应否接受猫、老鼠以及猫可能拥有的意向的存在呢？

对于肖恩·卡罗尔来说，即使理论物理学否定了这些概念的现实性，谈论猫、老鼠和意向仍然是讨论我们刚才给出的情况的**正确**方式。这是因为，这样做的话，我们实际上考虑的是现实中的另一个模型，它当然与理论物理学中的概念存在冲突，但在进行预测方面并不会变得格格不入。特别是所谓的**涌现**现象，它能够作为对现实的不同描述的沟通桥梁，其中一些描述更精细，但过于复杂，而另一些更粗糙，但更有用。这种现象即使在物理学中也广为人知，诸如温度和气压等概念就是从宏观视点涌现而来的——即使粒子物理学否认这些概念的存在。

肖恩·卡罗尔以此支持被他称为**诗性自然主义**（poetic naturalism）的认识论新立场。他认为所有关于现实的理论都是某种诗歌，引入了自身特有的概念，自身能做出预测。据卡罗尔所言，这些有用的概念也指向某种形式的现实。这种想法也类似于斯蒂芬·霍金和列纳德·蒙洛迪诺提出的"依赖模型的实在主义"（mode-dependent realism），根据这个概念，所有理论都定义了它自身的现实。所以根据粒子物理学，猫并不是真实的；但在我们更熟悉的现实模型之中，猫**的确存在**，而这个模型也会说追着老鼠跑的猫很有可能想吃掉老鼠。

卡罗尔、霍金和蒙洛迪诺的立场似乎至少部分符合贝叶斯主义。纯粹贝叶斯主义者会强烈否定模型以外任何东西的存在。对于所罗门诺夫妖而言，只有传感器测量到的实验数据，知识可以归结为在给定这些数据的前提下确定最可信的模型。无论如何，这就是谷歌的人工智能的运作方式。因此，猫之类的抽象概念只是理解相关性所用到的可信模型的一部分，或者说是在进行预测时所需的计算里的中间步骤。

此外，这些抽象概念也恰好是混杂因素（或者说简明因素），它们允许我们不通过因果联系来解释不同的相关性，而我们之后会看到这些概念在大量机器学习模型中扮演着关键的角色。正是这些抽象概念解释了为什么公立医院比私人诊所好，以及为什么认为一侧为黑色的绵羊另一侧也是黑色的置信度很高是合理的。

最后，这些概念的存在性或者现实性并不重要，"所有模型都是错的"。重要的是，在帮助纯粹贝叶斯主义者解释接收到的数据时，以及帮助她进行预测时，这些概念都很有用。

正确问题的近似解答的价值远远大于错误问题的精确解答的价值。

约翰·图基（1915—2000）

真理（……）实在过于复杂，除了近似以外都不可行。

约翰·冯·诺伊曼（1903—1957）

第14章
又快又（足够）好

素数的奥秘

2016 年 3 月 11 日，罗伯特·莱姆基·奥利弗与卡纳安·孙达拉拉詹在实验中发现了素数的最后一位数字并不是随机的。这些数字倾向于避免重复。最后一位数字是 3 的素数（比如 23 和 43）之后的下一个素数，其最后一位数字更常是 7 而不是 3。对于数学界来说，这是个令人无比惊讶的消息；但对于其他人来说，最惊人的事可能是这个发现会令人吃惊……

素数就是那些因数只有 1 和自己的数。头几个素数是 2、3、5、7、11、13、17，等等。对它们的研究迷住了数千年以来一代又一代的数学家。超过 2000 年前，欧几里得就证明了存在无穷个素数。2002 年，阿格拉沃尔、卡亚勒和萨克塞纳找到了能判定某个数是不是素数的多项式时间算法。2012 年，张益唐证明了存在无穷对相邻的素数，它们之间的差小于 7000 万。人们已经发现了关于整数乘法结构的这些基本砖块的许多结论。

　　然而，大量基础问题仍然悬而未决。哥德巴赫猜想断言，所有大于 2 的偶数都能表达为两个素数之和。孪生素数猜想断言，存在无穷组相差 2 的素数，比如 3 和 5、41 和 43、137 和 139。黎曼猜想则断言，可以通过某个神秘函数——**黎曼 ζ**（也写作 "zeta"）**函数**的一些数学性质来推知素数的分布。我们之后会再讨论这些问题。

　　最难的未解问题之一就是寻找能计算第 n 个素数的快速算法。另一个几乎等价的问题就是利用快速算法来确定小于 n 的素数个数。任何解决这些问题的人都会载誉而归！然而，这并不是说这些问题终有一天会被解决。直到今天，据我所知，最好的算法就是德莱格利斯和里瓦在 1996 年发表的算法，但这个算法的计算时间仍然是 n 的位数的指数函数。

　　这就带来了预测问题的另一个难点。素数的这个情况，既不是本质上随机的，又并非在认识论上不确定的，甚至也不是混沌的。如果素数都在本质上无法预测的话，那就是因为，预测第古戈尔 [①] 个素数所需的计算量对我们的大脑和计算机来说肯定过于庞大了！

　　拉姆齐定理同样提出了一些问题，我们知道解决方法，但这些方法全都需要不可思议的计算量。比如说考虑下面这个问题：确定顶点数最小的完全图，使得如果将边染成红色或者蓝色的话，无论染色方法如何，都可以保证至少有一个拥有 n 个顶点的子图，其中所有边都是同色的。如果你不明白这里说的是什么，没有关系，细节并不重要。

　　如果 $n=3$，那么我们一直以来都知道答案是 6，证明很简单。如果 $n=4$，我们知道答案是 14，但证明"就没那么简单了"，这是数学家埃尔德什·帕尔的说法。那么 $n=5$ 是什么情况呢？"没有人知道，答案是 41 和 55 之间的某个数字 [②]。"

　　"假设现在外星的邪恶生命对人类说：'告诉我（$n=$）5 的答案，否则我就毁灭人类。'我会开玩笑说，在这种情况下最好的做法就是利用数学和计算机算出这个答案，"埃尔德什这样说，"如果它们要求的是（$n=$）6 的答案的话（……），那么最好的做法就是在它们摧毁我们之前摧毁它们，因为我们不可能解决（$n=$）6

---

① 1 古戈尔等于 10^{100}。

② 截至本书出版之时，我们只知道答案在 43 和 48 之间。

的情况。"某些问题不可能解决，不是因为我们不知道怎么去解决它们，而是因为解决这些问题所需的计算能力远远超出了物理允许的范畴。

素数定理

在无法绕过必要的计算的情况下，数论研究者自然会转向近似计算。第一个这样做的人是卡尔·弗里德里希·高斯。在 1800 年前后，高斯开始对相邻素数的间隔感兴趣。3 和 5 的间隔是 2，而 7 和 11 的间隔是 4。高斯计算出，平均来说，小于 100 的相邻素数平均间隔是 4，而小于 1000 的相邻素数平均间隔是 6，小于 10 000 的相邻素数平均间隔是 8.1，小于 100 000 的相邻素数的平均间隔是 10.4。也就是说，如果我们考虑的素数大小变成之前的 10 倍的话，相邻素数之间的平均间隔就要加上 2 多一点（更准确的数值是 2.3）。

这有没有让你想起什么？在这里，乘法（乘以 10）被转换成了加法（加上大约 2.3）。相邻素数平均间隔似乎是这些素数的对数函数。高斯是通过下面这个直觉领会到这个结论的：小于等于 n 的素数个数，记作 $\pi(n)$，似乎可以用 $n/\ln(n)$ 来近似，其中 $\ln(n)$ 是所谓的**自然对数** [①]。自然对数就是底为欧拉常数 $e \approx 2.718$ 的对数。

高斯做出了明确的猜想，就是用 $n/\ln(n)$ 来近似 $\pi(n)$ 的话，当 n 趋向于无穷大时，相对误差会趋向于 0！我们也说，当 n 趋向于无穷大时，$\pi(n)$ 等价于 $n/\ln(n)$。这个猜想在 1896 年变成了素数定理，因为两位数学家雅克·阿达马和夏尔-让·德拉瓦莱普桑成功独立证明了这个对素数精确分布的近似描述。即使这只是一个近似，不能告诉我们素数的准确位置，但这个出色的定理已经成为数论的标志性结论之一！

1854 年，高斯的学生，也就是那位才智过人的波恩哈德·黎曼，在 $\pi(n)$ 的近似上走出了更远的一步。借助另一个同样神秘的 ζ 函数，黎曼成功得到了 $\pi(n)$ 的一个准确公式。特别是，通过某些被称为 ζ 函数零点的数可以计算出 $\pi(n)$ 的精确值。

当然，这里有陷阱，还是两个陷阱。第一个陷阱就是我们并不确切知道这些

[①] 我们能看到 $\ln(10) \approx 2.3$，符合高斯的观察结果。

零点在什么地方（而著名的黎曼假设 [1] 正是指出了所谓的非平凡零点实际上都处于复平面的一条竖直直线上）。另一个陷阱就是这些零点有无限个，也就是说，黎曼提出的精确计算方法需要无限的计算量。

τ 的近似

话虽如此，无穷计算在数学里遍地都是。这些计算中最著名的可能是周角率 τ（它与历史上"喧宾夺主"的圆周率 π [2] 的关系是 $\pi=\tau/2$）。在 14 世纪，伟大的印度智者摩陀婆就发现了一个惊人的等式 $\tau=8-8/3+8/5-8/7+\cdots$；也就是说，周角率 τ 不过就是奇数倒数的交错和的 8 倍！

我们可能会认为这种无穷计算毫无用处。但事实上，无穷计算在应用数学的简单模型中无处不在，流体力学方程（导数和积分都是无穷步的计算结果）就是一个例子。这是因为，即使无穷计算只代表了一种不可计算的理想情况，但它一般能指出进行近似计算的巧妙方法。比如摩陀婆的等式就能用于计算 τ 的近似值，也就是说，它可以用于计算半径已知的圆的周长。工程师在实践中使用的正是这类近似方法。

如果你在常用的计算器或者谷歌上查询 τ 的值，它们很有可能会撒一点小谎，只给你提供小数点后十几位数字的近似值。这个问题并非只在 τ 上发生。你的计算器对于那些二进制表示并非有限的数都处理得非常糟糕 [3]，这样的数包括无理常数，例如 e 和 $\sqrt{2}$，还有某些有理数，比如 1/3 和 0.2。此外，因为计算器只能处理近似值，所以它可能会得出一些违反常理的结果，比如说 $(1/3)\times3\neq1$，或者在 x 比 y 大得多的时候会得到 $(x+y)-x=0$，即使 y 本身大于 0。

数学家经常会认为，在计算机上进行的计算只不过是数学理论的近似。所罗门诺夫妖的立场却完全相反。对于所罗门诺夫妖来说，实数之类的对象只不过是一些让我们可以构建算法并对其更好地进行思考的模型。特别是对于尝试追随所罗门诺夫妖步伐的计算机科学家来说，他们用于尝试衡量置信度的模型并不是由实数作为参数组成的模型，而是那些储存在计算机文件中的模型，其中用到的只是数学模型中实数的截断。正因如此，与数学的理想状态相反，人工神经网络的大小可以用字节来计数[①]。

渐近展开

如果说对 τ 这样的数值进行高精度计算毕竟获益有限，那么对物理学、生物学或者数学中出现的曲线、函数和行为进行近似就会产生大量的应用。通过素数定理对素数计数函数进行近似就是这样的情况。

更一般的框架中存在这样一项工具，它对于任意模型都可以计算出比模型本身简单得多的近似版本。这项工具就是渐近展开。一般来说，渐近展开可以让我们用一条直线来逼近圆上的一小段圆弧，或者用平面来逼近（相当圆润的）地球的一小块表面。用代数术语来说，这相当于用形如 $y=ax+b$ 的仿射方程来逼近所谓的**非线性方程**。对于那些变化足够小的现象来说，这种近似完全是可以接受的。这就解释了为什么我们要在学校里花上这么长的时间来研究这些简单的方程，以及为什么这些方程在科学中无处不在[②]。

对物理学家来说不可或缺的渐近展开，最精彩的例子可能就是爱因斯坦的广义相对论方程。它的渐近展开可以导出牛顿力学！换个说法，就是牛顿的力学定律，特别是关于万有引力的定律，只不过是爱因斯坦方程的近似，在有限的场景里完全适用。这种有限的场景就是所谓的"弱引力"情况[③]。[4]

我们能看到，有些科学的捍卫者还坚持断定牛顿定律在适用范围内是"正确"的。纯粹贝叶斯主义者可不这样认为。"所有模型都是错的"，或者用贝叶斯的术

[①] 此外，神经网络的性质也强烈依赖于这种数学模型的截断。因此，假设某个神经网络有 n 条边，那么"符合数学的"神经网络的 VC 维度至少是 $\Omega(n^2)$，而对于实数权值的任何有限截断都会使它的 VC 维度变成只有 $O(n)$。

[②] 用数学术语说的话，这种渐近展开对应的是泰勒 – 拉格朗日近似。例如，我们考虑一个无限次可导的函数 $f: \mathbb{R} \rightarrow \mathbb{R}$。这个函数 f 在点 x_0 处的"线性化"对应的就是将 x_0 周围的 f 函数值近似为 $f(x) \approx f(x_0) + f'(x_0)(x-x_0)$。通过下面的公式提取高阶项，我们可以得到更好的近似：
$f(x) \approx \sum_{k=0}^{n} \frac{f^{(k)}(x_0)}{k!}(x-x_0)^k$。泰勒 – 拉格朗日定理量化了这些近似的误差有多小。

[③] 更准确地说，这应该是时空曲率极小的情况。

语来说，绝对不能将所有置信度都放到同一个模型中。

不止于此，纯粹贝叶斯主义者实际上几乎不会对牛顿运动定律赋予任何置信度，因为这些定律可以解释的事物严格少于广义相对论与量子力学的某种得当的结合（即使不太稳固）可以解释的事物，而在描述上却不会明显更简洁。

实用主义的限制

纯粹贝叶斯主义者的问题在于不实际。回想一下，纯粹贝叶斯主义者最纯粹的形式就是所罗门诺夫妖，但它是违反物理定律的！其中一点就是，纯粹贝叶斯主义者在进行必需的计算时并不受时间的限制，她可以瞬间解开量子场和时空曲率的方程，或者确定第古戈尔个素数。

然而在现实中，计算能力是有限的。我们之前也看到了，在地球上执行超过 10^{90} 个计算步骤是种不切实际的愿望。这就大大降低了我们用贝叶斯公式进行计算的能力。如果纯粹贝叶斯主义者希望研究所有可以用不超过 1000 个字符描述的理论（大概两三页），那么她就必须对其中每个理论都计算似然项 $\mathbb{P}[D|T]$！然而这些理论的数目无比庞大。假设我们只用到 26 个字母，这就对应着 26^{1000} 个理论的素材。这样的话，纯粹贝叶斯主义者就必须至少进行 26^{1000} 次计算。这在物理上是远远不可能的。

然而，我们回顾一下，纯粹贝叶斯主义者在这里要处理的不仅是能用 1000 个字符表达的理论。作为比较，人类大脑包含大约 10^{15} 个突触，这意味着对大脑的完整描述至少需要 10^{15} 比特的信息。研究所有包含这么多字符的理论，至少需要 $2^{10^{15}}$ 次计算！因此，即使能用到古戈尔个宇宙，对这些理论应用贝叶斯公式也完全是一种幻想。

图灵的机器学习

1950 年，艾伦·图灵将这个关于算法不可避免的复杂度的论证过程漂亮地转移到了人工智能问题上。在一篇发表在期刊《心灵：心理学与哲学季度评论》（*Mind, a Quarterly Review of Psychology and Philosophy*）上，题为《计算机制与智能》（"*Computing Machinery and Intelligence*"）的论文中，图灵首先提出了一个与算法执行所需时间没什么关系的问题："机器能思考吗？"图灵尝试回答的就是这个问题。然而"思考"这个词的模糊性让他尝试将问题精确化。与其考虑这个问题，图灵提出了另一个问题，就是机器是否能像人那样行动。

更准确地说，图灵提出了以下的测试：要求一位人类 A 与另外两个实体 X 和 Y 进行书面通信，而这两个实体 X 和 Y 分别是人类 B 和一台机器。如果人类 A 无法分辨 X 和 Y 之中哪一个实体是人类 B 的话，那么机器就通过了测试。换句话说，如果机器知道怎么模仿人类，而任何人类都无法分辨出这台机器不是人类的话，那么机器就成功通过了测试。这就是图灵所谓的"模仿游戏"，我们今天将它称为**图灵测试** [5]。

在论文的第 3 节到第 5 节中，图灵重提了他 1936 年的工作，严格定义了机器到底是什么——这个概念推动了计算机的发明，接着就是数字时代的到来！然后在论文的第 6 节中，图灵否定了尝试证明机器不可能思考的 9 个经典论证。但更重要的是，在论文的第 7 节，图灵预料到了其测试中的难点及解决方法。即使仍然不能说计算机当时已经存在，但图灵不仅已经预料到了它们会在未来出现，而且还预料到了它们以后的性能将足以在模仿游戏中取胜："（工程上的进步）似乎不可能不足够（使其通过测试）。"对于图灵来说，"这个问题主要是编程问题"。

特别是，图灵以惊人的远见推测出，能成功通过图灵测试的程序代码至少需要大概 10^9 个字符来描述。也就是说，用我们在第 7 章引入的术语来说，图灵自己猜测，图灵测试的所罗门诺夫复杂度应该以十亿字节来计量。为了得到这个估计值，图灵依靠的是他所知的唯一一台能通过图灵测试的机器。对，我说的就是人类大脑！毕竟还有什么能比人类更善于模仿人类呢？对图灵来说值得庆幸的是，当时的神经科学已经给出了人类大脑复杂度的估计值，提出人类的神经元之间大约有 10^{11} 到 10^{15} 个突触——现代的估计值处于 10^{14} 和 5×10^{14} 之间。

图灵提出，只有一小部分突触对于通过图灵测试来说是必不可少的，这就是需要 10^9 个字符这个数字的来历。图灵补充道："根据工作时的节奏，我每天大概可以写 1000 个字符的代码，因此，60 个人一起这样工作 50 年，如果写出来的东西都没有进废纸篓的话，就能完成（编写一个能通过图灵测试的算法的）任务。

更为迅速的方法也同样可取。"

图灵这个天才般的灵光一闪并非只对图灵测试适用。可以打赌，许多任务同样需要非常长的程序才能解决，比如说对自然语言的掌握、"常识"的内化以及共情的艺术。更不妙的是对于某些任务，尤其是生物学和社会科学中的任务来说，可能需要长度超过人类大脑大小的算法才能解决。这样的话，不仅我们写出来的算法无效，而且大脑也必然无法解决这些任务。

预测下一次金融危机可能就超出了我们大脑那有限的认知能力。"如果人们不相信数学很简单，那是因为他们没有意识到生活有多复杂。"约翰·冯·诺伊曼如是说。这个断言可以用严谨的形式表达，方法就是测量不同学科的所罗门诺夫复杂度 ①——或者第 18 章引入的所罗门诺夫精致度，它更合适！

我们回到图灵的研究。同样出于他无比的智慧，图灵注意到人类大脑能够通过图灵测试。于是他猜测，通过模仿人类大脑成功完成图灵测试，我们能更好地构建能够通过测试的机器。然而图灵也注意到，儿童教育同样是大脑最终发育过程中的重要一环。"儿童的大脑可能类似于我们在文具店买到的笔记本，"图灵这样写道，"没什么机关，但有许多张白纸 ②。"图灵从而提出，为了帮助机器填满它自己的白纸，可以让它从数据中学习。学习机器的概念，也就是能够学习的机器，就此诞生。

因此，**学习机器**这个想法能够让机器自己写出包含数十亿字符的程序——必要时可以写得更长。用更贴近算法的语言来说，这相当于肯定了机器学习最终可以让我们研究并探索那些描述长度超过十亿比特的算法。而更关键的是，引导这种探索的并非程序员的指尖，而是原始数据，就像儿童接收到的那样。

需要特别指出，图灵的这段论证反驳了众多知识分子的想法，其中还包含一些专家，他们经常这样说："机器学习效果不错——但数学家不知道为什么。"这是 2015 年《连线》（*Wired*）杂志上一篇文章的标题。然而早在 1950 年，艾伦·图灵就预言了机器学习未来会取得成功，甚至明确指出它会在 20 世纪末出现！更厉害的是，关于机器学习会在众多任务中超越人类编写的程序这一情况，图

---

① 不巧的是，停机问题会导致所罗门诺夫复杂度无法计算。

② 我们将在第 19 章看到这个观点现在已经被神经科学否定，根据正是贝叶斯的原则！

灵已经强调了它的确切原因：只有机器学习才能探索那些长度超过十亿字节的算法空间 [6]。

同样，某些专家经常指责那些庞大的神经网络无法被明确解释。然而，巨大而高效的神经网络无法用寥寥几个字符描述出来，至少无法以准确的方式描述出来，这并不令人意外。这是因为，如果神经网络能被简单描述的话，这个不太长的描述就会是简短的一种算法，它能够生成另一个算法（神经网络），并借此解决图灵测试之类的问题。这样的话，这个简短的算法就能解决图灵测试。然而，我们刚才推测，这项测试无法被简短的算法解决。

现在剩下的就是明确指出用什么方法来探索长度巨大的算法组成的空间。然而艾伦·图灵并没有指出要做到这一点可以使用的方法，他只是断言学习能力将会是关键。在 21 世纪初，人们提出了大量的方法。我们之前已经谈到过其中几种。不分先后的话，我们可以举出线性回归、逻辑斯谛回归、决策树、决策森林、支持向量机、神经网络、贝叶斯网络，还有马尔可夫随机场。我们会在本章和后面几章中再详细讨论最后这三个机器学习算法。

现在，我重复一下纯粹贝叶斯主义者提出的建议。即使只能考虑那些长度至多为 10^9 个字符的算法，纯粹贝叶斯主义者也会希望测试并比较所有这些算法。这样做所需的计算量（远远）大于 2^{10^9}，即使用到古戈尔个宇宙，花上比这些宇宙的年龄长得多的时间，这种计算量也实在不现实。因此，如果图灵正确认识到了其测试的所罗门诺夫复杂度，那么在现实中利用纯粹贝叶斯主义者的方法来解决图灵测试的话，得到的结果必然是失败。

实用贝叶斯主义

为了解决像图灵测试那样拥有巨大的所罗门诺夫复杂度的问题，实用贝叶斯主义者只能放弃贝叶斯公式。他更应该利用那些所需时间没有超出现实可能性的方法。由此我们需要调整"有用"这个概念。对于纯粹贝叶斯主义者来说，置信度高的理论就是有用的；但对于实用贝叶斯主义者来说，置信度很高，但所需计算时间超出常理的理论实际上并没有用。因此，实用贝叶斯主义者将注意力转向了所需计算时间较短的理论之中更可信的那一部分。

这就让我们能够解释素数定理给出的近似以及牛顿运动定律在实用中的置信度了。对于纯粹贝叶斯主义者来说，这两种描述都没有任何用处，因为两者分别被素数的精确计算以及爱因斯坦的广义相对论超越。然而实用贝叶斯主义者则乐于拥抱这些近似方法，因为它们对计算的需求明显小得多。计算 $n/\ln(n)$ 的近似值需要的时间是 n 的对数，而牛顿理论中的向量和微分计算与爱因斯坦理论中的张量计算相比远远更快。只要在我们身处的场景中，这两种近似精确到足以被接受（分别是 n 值很大的情况和弱引力的情况），那么对于实用贝叶斯主义者来说，这两种近似就比精确的版本更**有用**！

这种与计算时间有关的"有用"概念同样可以作为对神经网络惊人的成功的首要解释。这是因为，神经网络，或者至少是所谓的前馈神经网络，与那些更精细的算法相反，需要的计算时间不长，而且必定有所限制（图 14.1）。实际上，如果我们考虑前馈神经网络的一个足够广泛的定义，那么这些网络组成的集合恰好就是快速并行算法的集合。因此，在前馈神经网络上进行机器学习，其实就相当于利用快速算法尽可能好地对数据进行解释（如果可能的话，也要利用合适的贝叶斯先验置信度）。所以，这就是迈向实用贝叶斯主义的第一步。

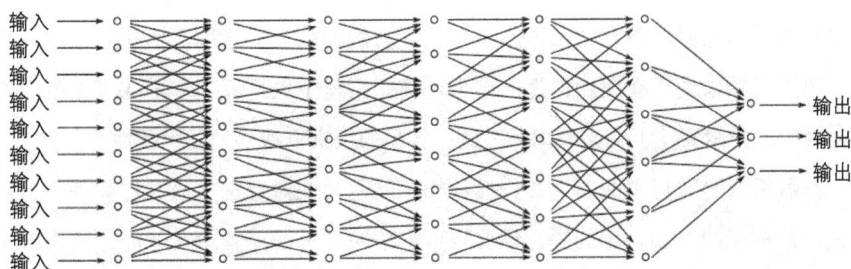

图 14.1 神经网络就是神经元之间一系列通信以及神经元本身进行的基本计算的总和。如果这种通信是无环的，我们就说这是个前馈神经网络，从直觉上来说，也就是通信只会朝一个方向进行，从来不会形成一个闭环

神经网络并非唯一的快速算法。计算线性回归同样能快速得到预测，但它可能有点太快了。在我和拉希德·格拉维合作的一篇论文[7]中，我们甚至确定了众多机器学习方法的共同弱点，就是它们考虑的算法有着严格限制，在并行化之后计算时

间只有寥寥几步。问题在于，这样我们就忽略了所有运行更慢的算法。然而，出于某些原因（我们会在第 18 章再谈到），我们可以打赌，在分析原始数据以及解决某些对我们来说重要的问题时用到的许多关键算法，其实必然是相对较慢的算法。这一点将引出一个深度学习获得成功的理论解释。我们之后会再谈到。

次线性算法

到这里为止，我非常感兴趣的还是那些有可能获得置信度的算法的性质。我同样确定，要寻找最优预测算法，囤积海量数据是必不可少的。

然而，并不是所有数据都有价值。就像在沙漠深处安装的监视摄像头传来的视频流那样，实际上绝大部分收集来的数据毫无意义。问题在于，在这个大数据的时代，单单读取这些没有意义的数据来验证它们，真的没有意义，所需的时间就已经不切实际了——我就是这样说服自己不去查阅收到的全部邮件，这种做法没问题的！

为了解决这个问题，理论计算机学家将注意力投向了所谓的**次线性算法**。这些算法的特点就是在不花时间读取所有数据的情况下，仍然能够提取数据集里最核心的内容。也就是说，这些算法能够在读取输入数据时"一目十行"。

这种算法在历史上最典型的例子就是谷歌的算法。在谷歌上搜索几乎瞬间就能得到结果，然而，谷歌的数据库包含了互联网的数百万亿网页中相当大的一部分。对于谷歌来说，在向用户返回结果之前探索整个数据库根本不在考虑范围之内，因为这样做要花上几天时间！因此，谷歌的搜索算法必须是次线性的。

谷歌用到的技巧跟图书馆和词典一样，就是预先对数据库排序和整理，迅速完成对数据库的查阅。比如说，词典将单词按照字母顺序整理，就能让使用者很快知道希望查找的单词应该会在什么地方。更厉害的是，利用字母顺序，给定词典中的一页以及要查找的单词，使用者就能知道这个单词应该在词典中这一页的前面还是后面。一般来说，在（按照全序关系）排序过的数据库中查找数据非常迅速。所谓的**二分算法**（大概就是你用词典查单词的时候用的方法）的计算时间是数据库大小的对数。

然而谷歌、图书馆管理员和词典使用的算法都需要预先进行大量的计算。要将所有网页整理并排序，除非对其全部访问，否则不可能做到。即使如此，我们能否在既不检索整个数据集，也不预先对其进行处理的前提下，将有用的信息提取出来呢？令人惊讶的是，对于某些有用的信息以及某些数据来说，答案是肯定的。傅里叶变换就属于这种情况。

在 19 世纪初，约瑟夫·傅里叶等人就曾研究过傅里叶变换，它是一种对声音、图像、视频以及股票走势等信号的描述方式进行变换的方法 [8]。我们在这里就只讨论声音信号。

声音可以通过鼓膜附近气压的变化来描述。但还有另一种等价的描述方式，它对于音乐的谱写来说特别简单，那就是利用组成声音的频率来描述这个声音。傅里叶变换就像一个双语词典，能够将声音的振动变化描述转换为频率描述。这样的翻译有着很多用途，一个原因是要改善声音的话，调整频率通常比调整振动更有效，另一个原因就是声音通常只由为数不多的几个频率组成。

实际上，傅里叶变换已经占据了我们的日常生活，据理查德·巴拉纽克教授所言，就连我们的计算机和电话每天都会进行数十亿次傅里叶变换。在每次听音乐、查看数字化图像，或者观看视频的时候，我们都在让机器进行傅里叶变换。

因此，计算傅里叶变换的算法如果有任何加速的可能性，都会在程序计算或者计算所需硬件的方面带来数十亿欧元的收益，更不用说用户节省下来的等待时间了。在 1964 年，詹姆斯·库利和约翰·图基就完成了一项壮举，大幅缩短了（离散）傅里叶变换的计算时间。尽管最简单的算法需要的时间与数据量的平方成正比，但库利和图基的算法，又叫**快速傅里叶变换**，可以在接近线性的时间内完成①。也就是说，要对一百万字节（1MB）的数据进行计算的话，快速傅里叶变换只需要数百万次运算（对于现代计算机来说，这相当于几毫秒的计算），而不是朴素算法所需的 100 万乘以 100 万次运算（差不多 1 分钟的计算）。

然而在大数据的时代，快速傅里叶变换还是太慢了，尤其在处理上十亿字节（GB）甚至上万亿字节（TB）的数据时更是如此。我们能不能让傅里叶变换变得比现在更快？在 2012 年，哈桑尼耶、因迪克、卡塔比和普赖斯 [9] 发现，答案是肯

---

① 也就是说离散傅里叶变换所需的时间复杂度从 $O(n^2)$ 变成了 $O(n \log n)$。

定的。也可以说他们提出了一个巧妙的算法，可以对信号最主要的 k 个频率进行近似计算，而需要的时间大概在 k 乘以数据量的对数这个数量级[1]。重点在于，这个叫作**稀疏傅里叶变换**的精妙算法的运行时间是次线性的，也就是说它几乎忽略了整个待处理的信号，却能得知这个信号大概是什么。

思考的多种模式

虽然次线性算法在计算机科学中仍不是主流，但我们的大脑似乎喜欢使用这种算法。谁又未曾一目十行读完书面材料，漫不经心地听别人讨论，或者吃饭时根本没有在意食物的味道呢？奇怪的是，有时候文章中的某些词语、讨论中的某些话题或者食物中的某些味道会吸引我们的注意力。当这种情况出现的时候，我们似乎突然就切换到了思考状态。我们会开始使用更缓慢、更精确的算法来仔细分析文章的含义、讨论的深意与本地特色菜的独特味道。

我在这里描述的，正是诺贝尔经济学奖得主丹尼尔·卡内曼的杰作《思考，快与慢》的核心。卡内曼区分了两套思考系统：系统一和系统二。系统一就像稀疏傅里叶变换，非常迅速、有效、勤奋，但有可能出现严重错误；系统二就像精确傅里叶变换，很慢且需要大量能量，懒惰但更正确。

据卡内曼所说，我们通常会将自己等同于系统二，而且几乎不会意识到系统一的存在。然而，在绝大部分时间内主导的都是系统一，而这会让我们经常犯错。试试这个：球拍和球的价格一共是 1.1 欧元，球拍的价格比球高 1 欧元，那么球的价格是多少？

很可能你立刻就看到了答案，但这个答案是错的。根据卡内曼所说，如果这种情况出现，那是因为系统一匆匆忙忙给出了第一个想到的答案；只有在之后，也许是当你看到这里的时候，你的系统二才会开始质疑系统一。

我们可能会认为卡内曼希望说服我们放弃系统一，尽可能经常让系统二运作。并非完全如此。毕竟即使系统二得出的结果更正确，但对于大脑来说，使用系统

---

[1] 它的复杂度实际上是 $O(k \log^2 n)$。

二更疲劳。思考有其代价。然而，正如所有演员、钢琴家和冲浪者都知道的那样，我们不可能一一思考自己的所有行为与动作。我们最终必须能够自然且自发地做出这些动作，无须大量有意识的思考。

要做到无须长久思考就能做出合格的动作，演员、钢琴家和冲浪者用的是同样一套方法：他们的系统二会迫使系统一学习所需的动作。对于那些希望学习或者授课的人来说，这可能是最重要的意见。与其说学习是将信息塞进脑中，不如说是让系统二来教导系统一，使得系统一发现一条捷径，能够迅速解决那些系统二已经知道怎么解决，但要花上许多时间和能量的问题。也就是说，**学习的根本就是发现又快又（足够）好的捷径**。

迈进后严谨阶段！

数学的学习似乎也是如此进行的。在今天，如果有人问我一个关于加法、指数或者图灵机的问题，那么对我来说，不通过系统二就能回答这些问题也并非毫无可能。这是因为，长年以来我的系统二已经成功教会系统一如何在不花费脑力劳动的前提下回答这些问题！我的大脑中储存着大量捷径，能用于解决大量数学问题，即使是那些对于年轻学生来说略感困难的问题。某些人把这种能力称为数学能力，还有些人把它称为数学直觉。我更愿意把它称为系统二通过努力发现的高效捷径。

但这不是系统一的数学训练中最重要的方面。数学家、菲尔兹奖获得者陶哲轩在他的博客中 [10] 将数学学习分为三个阶段，分别叫作前严谨阶段、严谨阶段和后严谨阶段。简单来说，学生首先会开始摆弄数字和数学概念，而不会忧心于自己执行的那些代数操作的有效性。然后，随着时间流逝以及接受的数学教育越来越多，严谨性的时刻就会到来，而且很快会转变为纯粹主义：一切都应该用形式化的语言做出解释。最后，后严谨阶段属于研究者，他们花上大部分时间构建不同的启发式论证，用来得出定理证明的大体轮廓，其间会暂时舍弃之前学到的形式体系。关键在于，第二个阶段似乎是到达第三个阶段的必经之路。

陶哲轩的说法可以用系统一和系统二的语言来理解。前严谨阶段对应的是系统一和系统二都没有学会严谨性的情况。当系统二发现严谨性及其重要性时，严谨阶段就开始了。在这个阶段中，系统二会教导系统一，让它意识到自身直觉的局限性。但更重要的是，系统一会由此学会测量自身的置信度，这样就能够更好地做出决定，判断自己能解决问题，还是需要向系统二求助。只有经过这种困难的学习过程，系统一才能成为系统二的完美协助者，而不会在重要的时候拖后腿。因此，成为一名优秀的数学家，基本上相当于让系统一足以在这方面胜任——但要达到这一状态，严谨阶段必不可少。

话虽如此，即使到了后严谨阶段，系统二仍会不断教导系统一，让它能够进步。这就是在莱姆基·奥利弗和孙达拉拉詹发表了关于素数最后一位数字的研究结果之后，所有数论学家的大脑中发生的事情。这个发现惊动了数论学家的系统一，它关于素数的直觉基于素数定理，而这一捷径预言相邻素数的最后一位数字大多是独立的。在这个情况下，这个捷径出错了。自此之后，数论学家可能进行了某种近似贝叶斯推断，以减少素数定理这一捷径在相邻素数的情况中应用的置信度。

丹尼尔·卡内曼的双系统思考模型对于实用贝叶斯主义者来说的确很有趣。当然，这个模型是错的。但毕竟"所有模型都是错的"。然而卡内曼的模型似乎很**有用**——即使第 17 章暗示还存在负责创造性思考过程的第三个系统。

在实践中，尤其是在面对大数据的时候，大部分用到的算法大概是迅速的启发式算法，甚至是次线性的。然而拥有更缓慢但更正确的算法仍然是必要的。此外，如果我们拥有数个更缓慢、但我们知道足够正确的算法，那么我们就可以用这些算法来训练那些快速的启发式算法。

假如我能打个赌，（作为合格的贝叶斯主义者，我喜欢打赌！）我会说这就是未来人工智能的模样。

贝叶斯的近似

因此，实用贝叶斯主义者会对他研究的现象进行大量模拟。然而，他必须做的最重要的近似就是对那个能让他学习的公式的近似：他必须找到对贝叶斯公式进行近似计算的方法。我们可以大体找出五种方法。

　　第一种方法就是限制候选模型的数量。这个数量的上限可以很大——我们可以考虑上万甚至上亿个候选模型。然而，为了能够对贝叶斯公式进行精确计算，这个数量不能以指数增长，当然也不能像带有参数的模型那样有无限个。这个方法一般会以我们之前说到的积性权重更新算法作为补充。

　　第二种方法相当于只计算某个置信度很高的模型，甚至是找出最可靠的模型。这就是我们在第 12 章看到的所谓"最大后验模型"。也就是说，会搜索使得 $\mathbb{P}[T|D]$ 最大化的预测性理论 T。然而，我们有很多算法能够最大化这一类数量，比如梯度下降法（gradient descent）、最大期望（expectation maximization，简称 EM）算法，以及生成式对抗网络（generative adversarial network，以下简称 GAN）。但别忘了，后验最大化方法只是贝叶斯公式的粗略近似，尤其是，它只停留在单一的模型下，所以它会落入过度拟合的区域。

　　第三种方法在于忽略配分函数，它作为贝叶斯公式的分母，需要对所有可以想象的模型进行比较。这样的话，不同模型的权值之和可以不等于 1。我们之后在第 17 章会特别看到，即使在这种情况下，利用所谓的 MCMC 算法或者对比散度（contrastive divergence）算法，我们仍然能够进行预测。

　　我这里想提到的第四种方法是最奇怪的，它允许自身不按照概率法则进行计算。塞缪尔·罗德里克斯在 2014 年提出的方法就是这样的例子，它修改了条件概率的定义，允许不满足贝叶斯公式的概率运算 [11]。所谓的**平方和算法**（sum of squares algorithm）也属于类似的类型，博阿兹·巴拉克和达维德·施托伊雷尔等研究者认为这可能是某种意义上的**最优算法** [12]，它引入了伪概率的概念。伪概率是我们所知道的概率的一种推广，但它可以取负数值。这种放宽得到的结果似乎拥有计算更迅速的优势，而如果解释得当的话，这些结果仍然非常有用。

　　第五个方法，也是最后一个方法，其实就是考虑一组有限的概率法则，如果不要求完全符合数据的话，其中进行的运算就能够迅速完成。这种方法有多种变体，其中有高斯混合模型（gaussian mixture model）、变分贝叶斯方法（variational bayesian method）和期望传播（expectation propagation）。关键在于，拥有一种衡量概率分布之间相似程度的方法至关重要。这个任务并不简单！对不确定性进行适当的量化并不是一个直观的工作。刚好，这就是下一章的主题。

绝对确信是未受教育的人和狂信者的特权。对科学界而言，这是一种无法触及的理想。

　　卡修斯·杰克逊·凯泽（1862—1947）

小成就可以用工作能力来解释，惊人的成功则归因于方差。

　　纳齐姆·塔利布（1960—　）

第15章
不走运导致的错误

FiveThirtyEight 与 2016 年美国总统大选

　　有如晴天霹雳，与所有人的期待相反，在 2016 年 11 月 8 日，候选人唐纳德·特朗普被选为美利坚合众国总统。这一结果出人意料，因为所有民意调查都预言了特朗普会落败。第二天，我的同事们纷纷挪揄我：这次贝叶斯模型失效了。比如说，内特·西尔弗及其 FiveThirtyEight 团队[1]认为，特朗普竞选成功的机会只有28.6%，而希拉里·克林顿成功的机会却是压倒性的 71.4%。贝叶斯主义失败了。

　　但也有可能并非如此。我打赌，许多看到这些数字的人会将它们与选举的票数结果，也就是每位候选人收到的选票所占的百分比混淆起来。但 FiveThirtyEight 的数字衡量的并不是这个，而是有关未来美国总统会是谁的贝叶斯置信度。

　　我们回到两个小孩的谜题。如果你不知道其他条件，那么打赌两个小孩不会都是男孩似乎也很合理。作为合格的贝叶斯主义者，你会向这种情况赋予 25% 的概率（为了方便，假设每个孩子是男孩的概率都是二分之一）。现在想象一下，你发现这两个孩子的确都是男孩。要否定贝叶斯方法，这个理由真的充分吗?

我甚至要主张 FiveThirtyEight 的预测并不代表贝叶斯方法失效，反而代表着它的胜利。即使众多专家都已经预计希拉里·克林顿会被选为总统，但对 FiveThirtyEight 结果的正确解释应该是呼吁人们持有更大程度的谨慎。28.6% 的概率不足以被忽略，如果某个事件以这样的概率发生，那么一般来说这也算不得惊人。连续生了两个男孩并不违反概率法则。

此外，纯粹贝叶斯主义者从来不会尝试单独判断某个模型的有效性——这只是一次又一次地强调"所有模型都是错的"。纯粹贝叶斯主义者会不断衡量某个模型相对于其他模型的有效性。然而在唐纳德·特朗普竞选成功这个例子中，众多模型都曾高声、强势地宣言了他不可避免会失败。与这些拙劣的竞争者相比，无论是在 2016 年的美国总统选举中还是在此前的总统选举中，FiveThirtyEight 的贝叶斯模型显然表现更好。

你现在可能会说贝叶斯主义者就像从来事不关己的先知，或是江湖骗子，既说天会下雨，又说天会放晴。人们有时也说，科学不会做出实验无法否定的近似预测。这其实是对科学史的误解。理查德·费曼曾经就这样说过:"人们追寻确定性，但是确定性并不存在。"还有一个特别的领域，其中人们对概率的核心地位达成了共识，那就是量子力学。

量子力学是概率性的吗?

人们通常用薛定谔的猫来说明量子力学的不确定性。在这个思想实验中，一只猫被关在装有放射性原子的箱子里，其中还有一个装置，当放射性原子衰变时就会放出毒气。量子力学预言，只要箱子保持封闭，这只猫就会处于一种奇怪的量子叠加态，成了一只**既死又活**的猫——在数学上，这与一只**要么存活、要么死亡**的猫完全不同。

但我们先把量子力学的奇怪之处放到一边，把注意力集中到另一个没那么奇怪的方面。当我们打开箱子的时候，猫有一定的概率还活着，也有一定的概率已经死了。它变成了要么存活、要么死亡的状态。但更重要的是，我们不可能预见猫在被观察之后的量子状态，它似乎在根本上就是随机的。

物理学家埃尔温·薛定谔痛恨这样的结论。"我不喜欢这个结论，而我很遗憾自己与此相关。"他这样写道。他并不是唯一一个这样想的人。爱因斯坦补充道："上帝不掷骰子。"而尼尔斯·玻尔对此的回答则是："爱因斯坦，不要指点上帝应该怎么做。"

1935 年，爱因斯坦、波多尔斯基和罗森发表了一篇令人目瞪口呆的文章，其中他们证明了量子力学不可能是一个局域性的理论。换句话说，他们证明了量子力学意味着两个相距遥远的粒子可以瞬时互相影响，爱因斯坦给这种现象起了"幽灵般的超距作用"这个外号。爱因斯坦否认这种荒谬的现象存在，因为它似乎违反了狭义相对论的前提假设，即光速是宇宙中最大的速度。由此，他推断量子力学仍不完整，尤其是，概率的使用应该纯粹是我们的无知造成的幻象。

然而在 1982 年，阿兰·爱斯派克特及其合作者利用实验证明了这种"幽灵般的超距作用"确实存在。这让斯蒂芬·霍金开了个玩笑："上帝不仅掷骰子，而且有时候还把骰子掷到我们找不到的地方。"

目前，大部分量子物理学家赞同所谓的**哥本哈根诠释**，这一名称致敬的是丹麦物理学家尼尔斯·玻尔。根据这种诠释，在箱子被打开的瞬间，猫的量子态是概率性的。但这并非只停留在认识论的层面上。这种诠释指出，猫的量子态不可预测的特性并非只是我们认识上的缺陷，它还是宇宙法则中被编码好的基础机制。

然而，人们对于这个诠释仍没有达成科学共识 [2]。除此之外，还存在多种替代解释。其中之一就是休·埃弗里特的多世界诠释。但是，埃弗利特提出的这个诠释被尼尔斯·玻尔否定了。心灰意冷的埃弗利特离开了物理学领域，将拉格朗日乘数法的应用推广到了优化问题中，然后成了百万富翁。这可真是个悲伤的结局。

即使埃弗利特的多世界诠释看似荒谬，对于波普尔的信徒尤其如此，但作为贝叶斯主义者的埃利泽·尤德科夫斯基在他的博客 Less Wrong[3] 上为其进行了辩护，他的依据是算法版的奥卡姆剃刀。即使埃弗利特的多世界诠释带来的后果超出了我们有限的想象，但它的基础只有一条非常简单的原则：如果宇宙的唯一法则就是薛定谔方程，也就是能够预测量子态在未经观察的情况下会如何演化的方程，那它会引出什么结论？

对于那些赞叹物理方程优美简洁的人来说，埃弗利特提出的这个诠释有着种种令人舒心的地方。现在我们可以告别概率性现象了，何况它还与"观察"这一晦涩模糊的概念同时发生（但这种对量子态的观察可以由机器进行，所以与意识毫无关联）。根据多世界诠释，观察的不确定性实际上来自观察发生时开始相互作用的物体之间的量子纠缠。因为我们自身就与周围的事物一起处于量子纠缠之中，所以我们只能观察到那些与我们自身纠缠的量子态——有时候人们也说，我们被困于薛定谔方程在量子纠缠发生时创造出来的众多宇宙分支之一 [4] 中。

这样的话，在观察时产生的概率性并非宇宙法则中固有的现象，而是认识论上的不确定性，因为我们只能归属于量子多重宇宙的唯一一个分支。当然，多世界诠释带来的结论实在不可思议。但对于合格的贝叶斯主义者来说，在衡量理论的置信度时，那些不可观察的结果无关紧要。重要的是思想实验项，也就是理论**解释观察数据**的能力，还有所罗门诺夫通过理论的最短算法描述的长度来衡量的先验置信度。多世界诠释在预测方面等价于其他所有诠释。然而，因为多世界诠释拥有明显更短的算法描述，所以它似乎应该能在贝叶斯主义者那里得到更高的置信度。

但对我来说，尤德科夫斯基的这个论证似乎应该打个折扣，尤其是如果我们相信第 7 章中所讲的所罗门诺夫体系的话。这是因为，为了进行预测，我们似乎必须将薛定谔方程与多重宇宙复杂物理状态的描述结合起来。如此一来，由于量子分支之间可能产生干涉，我们似乎需要其他量子宇宙的描述才能做出预测。然而，这样的描述似乎极其耗费储存空间。这就是多世界诠释的先验置信度会下降的原因。

我不是这些问题的专家，而且我对自己这个论证的置信度也很有限，所以我更乐意承认我在这个问题上的无知。此外，人们还提出了另外几个量子力学的诠释，比如拥有确定性但没有定域性的德布罗意－玻姆理论 [5]、量子贝叶斯主义（quantum Bayesianism），还有英语版维基百科页面中列出的十几种其他诠释 [6]。

无论喜欢哪种量子力学诠释，我们都必然会注意到概率论在量子力学中扮演着关键的角色。在预测欧洲核子研究中心的大型强子对撞机中两个质子碰撞会产生什么结果时，时至今日最好的描述仍然是对可能出现的各种结果分配不同的概率，就像内特·西尔弗预测选举结果时所做的那样。量子力学即使在预测结果并不明确的情况下仍然如此成功，那是因为它向不同结果分配的概率与实际观察到的频率若合符节！

混沌理论

不可避免需要使用概率的情况似乎远远不止量子力学和内特·西尔弗进行的选举预测。特别是在混沌现象被发现之后，数学家最终确信，这在许多情况中就是最好的结果了。气象预报就是其中一种典型的情况。虽然我们已经相当了解描述气象的方程了，而且地表和轨道上各种各样的传感器也越来越多，但长期气象预报仍然非常不可靠。数学家爱德华·洛伦兹在 20 世纪 60 年代就预测到了气象预报的这种无法避免的不确定性，他也在彼时奠定了我们今天所说的**混沌理论**的基础。

混沌理论观察到如下的事实：某些简单的动力系统对于初始状态的细微变动极为敏感。与单摆不同，**双摆**完美地阐释了这种现象。伽利略惊讶地注意到单摆有着难以置信的规律性，它的摆动频率与振幅几乎独立，但双摆完全不一样。我有幸被视频主播 Dr Nozman 邀请，一同探究双摆那惊人的不可预测性 [7]。

这个装置简约得难以置信：单摆下面连接着另一个单摆①。将双摆中的下摆拉到竖直方向上不稳定的点，也就是平衡点的正上方，然后松手。如果双摆足够润滑的话，你就可以确定它所划过的轨迹在宇宙历史上是独一无二的。即使你想重复这一轨迹，也没有办法完美重现，甚至不可能得到与之仅仅部分相似的轨迹。这是因为，初始状态中极其微小的变动经过几次振荡之后就会完全打乱双摆的轨迹。

自从洛伦兹的发现以来，数学家同样发现混沌并非例外，甚至似乎是常态。现实世界充满混沌，难以察觉的微小涨落在不久之后也可能导致可观的后果。这就是人们通常所说的**蝴蝶效应**，它以肯定的方式回答了菲利普·梅里利的这个明知故问的问题："巴西的一只蝴蝶扇动了翅膀，这会导致美国得克萨斯州发生一场

---

① 两个单摆都用硬质棒连接，而非一般单摆使用的绳子。——译者注

龙卷风吗?" 当然,这不是说蝴蝶就是龙卷风唯一的罪魁祸首。这个问题的意思是,没有任何中期气象预报能做到完全可靠,除非地球上所有蝴蝶的所有动作都已得到了测量 [8]。

但不可预测性并不是状态可能非常复杂的系统才会拥有的性质。

无法预测的确定性自动机

为了研究简单动力系统中复杂度如何出现,数学家和计算机科学家都将目光转向了自动机。自动机就是一个虚拟宇宙,它的物理状态随着离散的时间而演化。在每一个时间点,新的物理状态都可以根据前一个状态计算出来,所用的规则通常非常简单。

自动机有许多令人叹为观止的经典例子,其中之一就是**沃尔弗拉姆自动机**(Wolfram automata),它组成了一个无限的一维宇宙,由众多紧挨着的格子构成。这些格子可以处于开或关的状态。在初始时刻,只有一个格子是开着的。在每一个时间点,每个格子都会根据相邻格子的状态以及与它们交互的规则来决定自己应该开还是关。令人惊异的是,沃尔弗拉姆的模拟说明,即使是非常简单的规则也能导致无法预计的现象。沃尔弗拉姆的 "规则 30" 正是这种情况,它会画出难以预料的分形图案。

更妙的是,数学家约翰·康威提出了二维自动机的一组非常简单的规则,名为**生命游戏**。这里的舞台的还是一组格子,但这次它们排列成了无限的网格,而且每个格子会根据相邻格子的状态以及非常简单的规则来决定自己的状态是开还是关 [9]。即使如此,这些简单的规则已经被证明是图灵完全的,也就是说,任何机器可执行的计算都可以用康威的生命游戏来模拟。因此,如果我们承认丘奇 – 图灵论题的话,那么整个宇宙都只是一组计算,能够通过生命游戏在巨大的网格上被完全模拟(但网格大得可怕,至少是古戈尔的量级,也就是 10^{100})。

人们深入研究过的自动机的最后一个例子就是**兰顿蚂蚁**(Langton's ant)。一只蚂蚁被放在网格上,其中每个方格都处于或开或关的状态。如果方格处于 "关" 的状态,那么蚂蚁就会先向右转,然后前进一格;否则,蚂蚁就会向左转,然后前进一格。无论如何，在离开格子的时候，蚂蚁会将格子的状态反转，如果之前格子处于"开"的状态，那么此时就会变成"关"，反之亦然。现在将蚂蚁放到所有方格都处于"关"的状态的网格上，头部向上，然后开始运行自动机。不出意料，蚂蚁的前 500 步相对来说都相当对称，而且具有一定结构。然而，这种表面上的对称性在几千步之后似乎就被完全摧毁了。蚂蚁的运动看似变得随机。

但这还不是最奇怪的事情。在 10 000 步之后，蚂蚁突然开始沿着一条规则并且几乎周期性的路径行动，它沿着左上方对角线的方向不断远离，直到无限。这一路径被称为兰顿蚂蚁的**高速公路**。令人惊异的是，确定什么初始状态会得出高速公路仍然是一个悬而未决的问题 [10]。

这些自动机展示了，简单的规则如何轻易得出似乎不可预料的现象。然而，对于纯粹贝叶斯主义者来说，这些规则实际上并没有什么无法预计的地方，只需进行模拟计算就能确定一切。但对于凡人来说，兰顿蚂蚁高速公路这样的现象在实践中的确非常难以预测，原因之一就是似乎需要大量计算才能预测出这些现象。人们也把这类现象称为涌现。

热力学

兰顿蚂蚁的高速公路似乎来自支配蚂蚁运动的基本法则。同样，在某些温度和气压的条件下，流体力学方程似乎也会从分子间相互作用的基本法则之中涌现出来。1872 年，路德维希·玻尔兹曼也以同样的方式根据原子假设推导出了热力学第二定律。由此，玻尔兹曼证明了时间不可逆转其实是一项涌现性质，但我们在这里就不多讨论了。

玻尔兹曼的绝妙想法之一就是首先将原子假设与熵的概念联系起来。要理解这个联系，我们必须先从一个显而易见的事实出发：热水和凉水混在一起就会变成温水，但反过来就不行。倒上一杯温水，杯子中的水不可能左边沸腾，右边结冰。也就是说，能量倾向于变得均质化，而不是集中于一点。

这一观察结果看似显然，但只有物理学家鲁道夫·克劳修斯这样的天才才敢认真考虑这个问题。通过引入名为熵的物理量，克劳修斯成功将这一原则转化为数学公式。热水和凉水混合起来会得到温水，其实就是说封闭系统的熵会上升。克劳修斯将后者提升到了"热力学第二定律"这个高度[11]。

然而克劳修斯的熵仍然相当晦涩，没有被人理解。玻尔兹曼的天才之处在于通过原子假设来定义熵，也由此砌下了统计力学的第一块砖。玻尔兹曼为他的定义感到非常自豪，甚至将它写在了自己的墓碑上面：$S=k\ln W$。这个方程说的是什么？首先要明白，我们有关热力学的测量仪器无法测量围绕着我们的 10^{26} 个粒子的位置和速度，毕竟要做到这一点可需要千亿亿亿字节。与之相反，我们测量的热力学物理量，比如压力、温度、容积或质量，都概括了大量粒子的行为。我们说这些量是**宏观量**，与之相对的是直接来自粒子的**微观量**。

玻尔兹曼的智慧就在于注意到在宏观量已知的前提下，熵正好能够量化微观上的不确定性。更准确地说，玻尔兹曼证明了克劳修斯研究的熵 S 实际上相当于与宏观量相符合的微观状态个数 W 的对数，两者之间只差了一个乘法常数 k，我们把它叫作玻尔兹曼常数。克劳修斯预言熵这个物理量的增加不可避免，但它不过是一种在完成宏观测量之后对依旧存在的微观不确定性的量化。

香农熵

量化不确定性可能看起来没什么用，甚至很荒谬。但是，掌握不确定性曾经在人类历史上肩负着重任：破译纳粹密码。在第二次世界大战期间，英国人艾伦·图灵和美国人克劳德·香农曾经为了交换密码学知识碰过面。香农和图灵当时似乎并没有怎么讨论密码学[12]，但两人都理解了对不确定性进行量化的重要性。为此，图灵在战争期间引入了班伯里的计算，用以推断数段不同密文通过同一个恩尼格玛密码机配置加密得到的可能性的置信度[13]。香农在这条道路上走得更远。

在 1948 年，香农发表了人类历史上最具影响力的论文之一，题为《通信的数学原理》（"A Mathematical Theory of Communication"）。这篇卓越的论文提出，可以利用概率分布来为某个信源发送的消息建模。用贝叶斯的术语来说，这就相当于考虑这个信源之后会发送的消息的先验概率分布。比如说，纳粹士兵很有可能在发送的消息中某处插入"希特勒万岁"，使用德语词汇，或者只发送"一切如常"的德语翻译。纳粹发送的消息是随机的，但远非任意的。

香农的第一个天才之举，就是将消息中的信息量等同于在贝叶斯置信度的视角下这一消息的稀有性。比如说"Lê"这个名字在欧洲就包含了许多信息，几乎可以等同于我。这是因为这个名字在欧洲非常罕见，正是这种稀有性让它能够传递大量信息。

反之，同一个名字在越南河内就几乎不包含任何信息，它能指向叫这个名字的几千甚至数十万越南人。这个词如此常见的事实意味着它带有的信息量很少。也就是说，一条消息中包含的信息只能相对于某个情景来衡量，更准确地说，是相对于某个用于评判信息出现概率的贝叶斯置信度体系而言。**没有语境和质疑，概率检验就出问题**。

香农的第二个天才之举，就是利用对数来量化消息中的信息量。为什么是对数？那是因为两条独立消息的信息量就是每条消息的信息量之和，但两条独立信息同时出现的概率是两者概率的乘积。要将乘积变成求和，我们必须用到相关的数学工具。我们在第 11 章看到，这一工具就是对数。

更准确地说，对于出现概率为 $p(m)$ 的信息 m，香农将其信息量定义为 $h(m) = \log_2(1/p(m))$。也就是说，这样的信息含有的信息量就是令 $p(m) = 1/2^{h(m)}$ 的指数 $h(m)$。所以，出现概率非常小的信息拥有的信息量 $h(m)$ 很大。最后，香农推断出了信源的期望信息量 H 的公式，也就是这个信源发出的消息的平均信息量 $h(m)$：

$$H = \mathbb{E}_m \big[h(m) \big] = \sum_m p(m) \log_2 \big(1/p(m) \big)$$

香农希望将 H 这个数量称为信源的期望信息量或不确定性函数。但最终他听从了约翰·冯·诺伊曼给他的建议："你应该将它叫作熵，理由有两个。第一，你的这个不确定性函数在统计物理学中也会用到，用的就是这个名字，所以，它已经有名字了。第二，更重要的是，没有人真正知道熵是什么，所以在你任何论辩里都可以先发制人。"

但香农的熵是不是真的与玻尔兹曼的熵一样？答案是肯定的，实际上，前者是后者的推广。为了理解这一点，我们必须意识到，在给定宏观量测量值的前提下，对于可能出现的不同微观状态，我们都拥有它的先验置信度。但玻尔兹曼证明了，在热力学平衡中与宏观量相容的所有 W 个微观状态出现的可能性都相等。因此，每个微观状态出现的概率都是 $1/W$。将香农方程中的 $p(m)$ 换成 $1/W$ 的话，我们就能得出在 W 个微观状态等可能出现的情况下，热力学系统的熵就是 $H = \log_2(W)$。如果要使这些量的单位符合物理量的国际单位制的话，就必须乘以一个常数 k。

香农确确实实推广了玻尔兹曼的熵。

香农的最优压缩

香农的第三个天才之举，就是理解了熵实际上衡量的是什么。看上去要多奇怪有多奇怪的是，熵衡量的实际上是消息的最优压缩。也就是说，它衡量的是将消息储存在硬盘上需要的最少比特数，或者说通过带宽有限的电缆传输这一消息所需的最短时间。香农实际上证明了我们无论如何都无法超越通过香农熵计算出来的根本限制。

为了理解香农熵和数据压缩之间的关系，我们考虑一下"猜猜是谁？"这个桌上游戏。在这个游戏中，每位玩家先在一组人物头像中选择一个，然后猜测对方选择的是哪一个头像。为此，玩家必须对另一位玩家提出如下形式的判断题：那个头像是男人吗？那个人戴眼镜吗？那个人头发长吗？玩家之间交替提问和回答，首先猜到对方选择的头像的人就胜出。

香农在 1948 年的论文中证明了，如果一共有 n 个头像可以选择，而且对手以随机等概率的方式选择了其中一个，那么平均来说必须至少问出 $\log_2(n)$ 道判断题才能确定对手选择的头像。此外，假设我们知道对手更经常选择男性头像而不是女性头像，而且更偏向于选择戴眼镜的头像，也就是说，如果我们对于对手的选择持有某种有根据的贝叶斯信念的话，那么香农的论文就证明了平均所需的问题数目至少等于对应的香农熵。

更厉害的是，香农熵对应着一种理想状态，其中对手给出的答案序列决定了他对头像选择的最优编码。更准确地说，香农提出的编码方法相当于给头像贴上由一串 0 和 1 组成的标签，0 代表否定回答，1 代表肯定回答。这样一来，如果对手对前两个问题的回答分别为"是"和"否"的话，那么最优编码的开头首先是1，接下来是 0。于是，头像的身份就可以用一串 0 和 1 来代表，香农将其称为**二进制数字**（binary digit），或简称为**比特**（bit）[14]。

香农在更普遍的情况下证明了所有通信都可以归结为一串由 0 和 1 组成的序列，因此通信能够通过数字化获益良多。这个结论可能今天看起来很显然，但当时并非如此，很多人仍然在模拟技术上押注。通过 1948 年的这篇论文，香农开启了数字时代。

香农冗余度

香农的第四个天才之举，就是证明了如何通过不完美的信道通信。在实践中，当人们用电信号将消息从 A 传递到 B 时，这一信号可能会轻易受到各种干扰。1 也许会变成 0，反之亦然。为了处理这个问题，香农的想法就是引入贝叶斯置信度，用以推断消息可能受到的干扰。然后香农证明了，只要这些贝叶斯置信度是正确的，那么这个非完美信道就等价于另一个完美信道，而这个完美信道的带宽等于非完美信道的带宽减去信道不完美性在某种意义上的熵。因此，只要加上足够多的冗余，任何信息都可以通过非完美信道传递。香农甚至对所需冗余进行了量化：消息在通过非完美信道传递时，所需冗余量应该大约等于消息受到的干扰的熵 [15]。

这些结论可能非常难以理解，但冗余是一个我们非常熟悉的现象，虽然人们一直都没有意识到这一点。当你跟朋友在吵闹的酒吧里讨论的时候，你们几乎不可能听到对方所说的全部内容。虽然如此，一般来说，我们也不需要听到对方所说的全部内容才能理解对方在说什么。这是因为，日常语言中的大部分词语对于句子含义的影响是次要的。即使把那些次要的句子成分去掉，"你轻松猜我话"（你也能轻松猜到我想说的话）。

法语拥有非常多的冗余，这也就解释了为什么英语文章通常比其法语译文更短，也解释了为什么法国人说话比英国人快。传递信息的带宽实际上差不多，因为即使法国人每秒说出的音节数比英国人更多，但比起英语，法语中每个音节包含更多的冗余，也就是包含更少的信息。

在今天，香农的所有概念，无论是比特、香农熵、信道容量还是冗余量，都已经成了信息技术的核心工具。但它们的应用远远超越了技术的领域。当然，我们不仅会在统计物理中遇到这些概念，它们被用于研究气体的状态演变；而且我们还会在语言学中看到，它们也被用于理解语言的演化，甚至在（地外）生物学中被用于探测智慧生命，因为它们的通信中包含的冗余可能与成年人类或海豚的交流中的冗余类似。一般正是语言的这种冗余性让我们能够补充别人的语句。地外生命所说的句子很可能也是如此，因为这些智慧生命大概也要想办法通过不完美的信道来交流[16]。

KL 散度

但这还不是结束！香农这些概念的应用之一就是最终提出的一种方法，能够衡量类似 FiveThirtyEight 做出的那些概率性预测的有效性。回忆一下，FiveThirtyEight 认为特朗普赢得选举的概率是 28.6%。如果用香农的方式将这个概率编码的话，就需要 $\log_2(1/0.286) \approx 1.8$ 比特。我们在这里可以认为这就是 FiveThirtyEight 的预测模型的罚分。在一般情况下，我们可以这样计算概率预测模型的罚分：对于所有已发生的事件 m，如果模型预测事件 m 发生的概率是 $p(m)$，那么将所有可能的 $\log_2(1/p(m))$ 加起来即可。

为什么利用香农的方法来衡量概率性预测的效果是个好想法？这是因为香农证明了，如果世界的确是概率性的，而且符合某个概率分布 q 的话，那么能够使罚分最小化的预测性模型就是预测的概率分布 p 等于 q。也就是说，根据这种对不确定性的量化方法，对不确定性的预测不会带来损害。因此，当不确定性的确存在的时候，比如说在混沌系统的情况中，最好的预测必定是某种概率性预测，也就是贝叶斯主义者会做出的那种预测。

所以，已知概率性预测 q 可以使罚分最小，我们就可以判断预测 p 相对于最优预测 q 的表现。为此，我们可以计算罚分差距的期望值：

$$D_{KL}(q\|p) = \mathbb{E}_{m\leftarrow q}\left[\log_2\frac{1}{p(m)} - \log_2\frac{1}{q(m)}\right] = \sum_m q(m)\log_2\frac{q(m)}{p(m)}$$

在 1951 年由所罗门·库尔贝克和理查德·莱布勒引入的这个量今天被称为 KL 散度（虽然物理学家更喜欢用自然对数来计算这个量）。它计算的是预测 p 相对于最优预测 q 的误差，这个值总是大于等于 0。所以它衡量的是预测 p 偏离最优预测的程度。

KL 散度在方方面面都可以说是量化概率性预测准确性的好方法，或者至少比朴素直觉要好，毕竟朴素的直觉会仅仅因为实际发生的事件在预测中被赋予的概率不超过一半，而否定 FiveThirtyEight 的预测。我们往往过度简化概率模型，仅仅从中抽出确定的预测；我们往往希望确定谁对谁错，却忽略不偏不倚的意见；我们也往往忽视概率模型和贝叶斯主义要求我们做到的那种谨慎。

因此，我们经常指责那些做出含糊预测的人但求无过，但这样的预测没有任何理由使 KL 散度取最小值。如果有一种情况比其他情况都更可能发生，那么最优预测向它赋予的置信度就应该比其他情况更大。也就是说，KL 散度让我们能区分那些因不了解问题（即使其中没多少不确定性）而立场不确定的预测，与那些因知道问题有着根本性困难和大量不确定性而立场不确定的预测。

不幸的是，在实践中，KL 散度很少被用来判断预测的有效性。一般来说，因为获得奖励的（无论是金钱还是社会地位）都是那些做出了正确的确定性预测的人，这就不可避免地推动人们进行确定性的预测，而将应有的谨慎抛诸脑后。缺少衡量不确定性的合适方法会将我们推向过度诠释，掉进幸存者偏差的陷阱中。对于那些意见并非黑白分明的专家，没有人愿意将话筒递向他们，他们的看法不会在黄金时段播出，也不会在社交网络中被大肆转发。

更可怕的是，可能正是因为我们倾向于先回忆起胜利而不是失败，所以我们一直对自己太有信心了，经常处于自信过度的状态。改变判断自身预测是否有效的方法，对于克服自信过度来说似乎是必不可少的第一步，应用贝叶斯公式则是判断自信程度是否恰当的理想途径。

沃瑟斯坦度量

然而，KL 散度并不是概率性预测表现唯一可能的度量。实际上这样的度量众多[17]，然而与 KL 散度相反，许多度量都不适合用算法搜寻适当的预测 p。

然而，还有另一种衡量两个概率分布 p 和 q 的方法，这种方法同样适合算法计算，那就是沃瑟斯坦度量（Wasserstein metric），也被称为炮手距离，或运输问题最优解。这一度量的优势在于，它考虑了某个事件 m 与另一个事件 m' 有什么程度的差异，而 KL 散度却没有考虑这一点。这样的话，如果你预测某块斑点是黄色的，而我预测它是蓝色的，但最终结果是橙黄色的话，那么 KL 散度会说我们两个人都搞错了，然而你的预测比我的预测更接近正确答案。沃瑟斯坦度量能让我们准确表达"你比我更正确"的直觉。

我们详细探讨一下。假设你必须预测明年仓库的地板上什么地方会突然出现咖啡渍。作为合格的贝叶斯主义者，你的预测是概率性的，认为咖啡渍出现在某些地方的可能性理论上会比出现在其他地方的可能性更大。简化一下，比如说你将 1000 颗黑色沙砾放在地面上，使得沙砾密度对应你的概率预测。也就是说，你在你认为咖啡渍更可能出现的地方放上更多沙砾。

一年过去了，这一年工作人员特别笨手笨脚，洒出了 1000 个咖啡渍。在每一个咖啡渍上，我们都放上一颗黄色沙砾，现在在仓库的地板上就有 1000 颗黄色沙砾和 1000 颗黑色沙砾了。现在你有 1000 只蚂蚁，每只蚂蚁都必须将一颗黑色沙砾运到某颗黄色沙砾旁边，使得最后黑色沙砾和黄色沙砾的分布相同。每只蚂蚁一开始都能毫无障碍地迅速行动，但一旦开始运输沙砾，它们的行动就会变得异常缓慢。最后，这些蚂蚁会组织起来，以最快的方式解决沙砾的运输问题。这样的话，这些蚂蚁完成任务需要的平均时间正是你的概率性预测与实际数据之间的沃瑟斯坦距离。

虽然如此，即使沃瑟斯坦度量一般来说很适合用计算机计算，但它需要预先取定数据之间相似性的度量。在我们的情况中，两颗沙砾的相似性可以通过它们之间的距离来衡量，然而在许多情况之中，找出恰当的相似性度量极其困难。

生成式对抗网络

如果你在纸上画了几只猫，那么哪一只更像"真正"的猫呢？你要怎么做才能量化你的涂鸦和真正的猫之间的相似性？怎么定义图像之间相似度的度量？

这些问题的用处并非只局限在"你画我猜"（pictionary）游戏中。测定文字、声音和图像等复杂对象之间的相似性①已经成为实用贝叶斯主义者发起的最困难的挑战之一。这是因为，真正有趣的数据实际上都是这种复杂的对象，比如拉普拉斯的著作、心电图以及显微镜下缓步动物的图像。

我们以宇宙学为例。今天，这个领域的数据基本上就是天空在各种波长下的照片，从无线电波开始，跨越微波、红外线、可见光、紫外线、X 射线，一直到 γ 射线。让天体物理学家深深着迷的问题，就是在给定天空的照片■的情况下，得出不同宇宙学模型的可信参数 θ。这就是贝叶斯公式的典型应用！

$$\mathbb{P}[\theta|\blacksquare] = \frac{\mathbb{P}[\blacksquare|\theta]\mathbb{P}[\theta]}{\mathbb{P}[\blacksquare|\theta]\mathbb{P}[\theta] + \sum_{\omega\neq\theta}\mathbb{P}[\blacksquare|\omega]\mathbb{P}[\omega]}$$

这个计算对于纯粹贝叶斯主义者来说易如反掌，但对实用贝叶斯主义者来说却难于登天。与通常的情况一样，分母太长难以计算。但问题不止于此。因为宇宙学模型都非常复杂，即使是思想实验项 $\mathbb{P}[\blacksquare|\theta]$ 需要的计算时间也会超出现实的限制。实际上，正因为这些模型属于贝叶斯网络②，所以它们在构建时就考虑到了模拟计算的可行性。也就是说，在合理的时间内，我们可以做的就是在宇宙学模型参数为 θ 的假设下，描绘模型中可能出现的图像■。这就是所谓的**生成模型**③。

因此，实用贝叶斯主义者必须依靠某些方法来绕过对思想实验项的直接计算。人们也将其称为**无似然方法**（likelihood-free method）。这种方法有很多变种，比如近似贝叶斯计算（Approximate Bayesian Computation，简称 ABC）和带参数贝叶斯间接似然度（parametric Bayesian Indirect Likelihood，简称 pBIL）。但自从 2014 年伊恩·古德费洛及其合作者发表的工作 [18] 以来，一种特殊的无似然方法似乎赢得了大量研究者在实用上的置信度，那就是**生成式对抗网络**（简称 GAN）。

直观来说，GAN 的想法就是将玩"你画我猜"的人类玩家换成一个算法，它

---

① 或者更进一步，也可以考虑文字、声音、图像上的概率分布。

② 我们会在第 17 章再提到这一点。

③ 换种说法，生成模型就是一组图像之类的复杂集合上的概率分布，但它只能通过模型仿真来研究。再换种说法，生成模型就是被设计成用于取样的模型。我们会在第 17 章进行更深入的讨论。

被称为"**对抗者**"或"**教师**"。这位"对抗者"的任务就是衡量模型生成的图像与真正的图像有多相似。为此，我们先抛一枚硬币，如果正面向上，那么我们就在庞大的真实图像库中抽选一张图像，否则要求模型生成一张图像。然后，无论图像来自哪里，我们都要求"对抗者"计算出它是真实图像的贝叶斯置信度 p。如果模型正确的话，从直觉上来说"对抗者"应该会混淆两种可能性，也就是会向任何提交的图像都赋予 $p=1/2$ 的概率。

重点在于，为了让"对抗者"乐于给出自身的贝叶斯置信度，古德费洛等人提出，在图像为真实图像的情况下，"对抗者"需要付出 $\log_2(1/p)$ 的代价，反之则需要付出 $\log_2(1/(1-p))$ 的代价。也就是说，我们以符合 KL 散度的方式来计算分数。

此外，生成模型随后也可以尝试调整参数，使得生成的数据更接近真实数据。而关键在于，这一点有着明确的意义：无论输入真实的图像，还是模型生成的图像，生成的数据需要使"对抗者"给出的数值 p 尽量靠近 $p=1/2$。实际上，用于衡量"对抗者"的贝叶斯置信度 p 偏差的同一个分数也可以用来衡量模型的表现①！

当我写下这段话的时候，GAN 风头正劲。其惊人效果正不断得到提升，这主要得益于深度学习。2018 年，GAN 中的模型和"对抗者"实际上都换成了（卷积）神经网络②。正因它们能够对贝叶斯公式进行无似然近似，再加上神经网络学习的常用工具，GAN 获得了巨大的能力，足以生成极其难以与真实照片区分的假照片[19]。从各个角度来说，正是概率性预测的新度量方法的出现才造就了这些现代人工智能激动人心的表现。

此外，为了给本章做个总结，我想再一次强调在判断预测质量的方法中考虑不确定性的重要性。不幸的是，在分析各种现象时，人们往往低估随机的作用。我们必须习惯在思考中考虑不确定性，而不是在那些本质上不可预测的情境中也要尝试做出确定性的预测。在这个复杂的宇宙中，没有任何认识是确定无误的，无论原因是现实的物理本质、经验数据的欠缺、混沌现象的存在，还是我们在计

---

① 所以模型和"对抗者"实际进行的是零和博弈！

② 一般来说，模型就是一个深度神经网络 $\mathcal{G}$，再加上一个用于生成变量 z 的"简单"概率分布。对模型进行模拟就会输出数据 $\mathcal{G}(z)$。"对抗者"是另一个深度神经网络 $\mathcal{D}$。这种结构的好处就在于能够应用反向传播算法。这个算法能确定为什么 $\mathcal{D}$ 选择了 $p \neq 1/2$，然后将这项信息倒推回去，用以改进生成模型 $\mathcal{G}$。在这种意义上，$\mathcal{D}$ 更像是"教师"，而不是"对抗者"。

算能力上的限制。

绝大部分预测问题没有简单一致的回答，回答这类问题时要谨慎。只有最终承认大量事件发生的原因都是运气不好，这种谨慎才站得住脚。因此，对模型与预测的判断必须能量化不确定性。**量化不确定性实在非常重要，这件事不能被随意决定。**

我们的记忆是一个比宇宙更完美的世界：它给不存在的事物赋予了生命！

　　　　　居伊·德·莫泊桑（1850—1893）

不要相信你的记忆。如果有人问你能不能想起某件事，你就说不能。

　　　　　朱莉娅·肖（1987—　　）

第16章
记忆缺陷

数据的价值

近年来，我们看到另一个流行术语的兴起，那就是大数据。然而，对于这个领域的许多专家而言，这个流行术语并没有带来经济上的相变。大数据一直都在，而且一直以来都呈指数增长。毕竟计算机科学也叫信息学，而"信息"就是"数据"的同义词。虽然大数据没有改变信息技术的最前沿，但这个概念强调了数据在工业、经济和社会中的核心地位。

我在搬到瑞士的时候尤其切身感受到了这一点。寻找住处、建立租赁档案，以及房东和租客签订合同，都需要极为烦琐的书面流程，令人想起阿斯泰利克斯的十二壮举之一[①]。为了搞清楚洛桑租房市场的情况，我必须在各种邮件列表、

①　阿斯泰利克斯是在法国极受欢迎的同名系列幽默漫画《阿斯泰利克斯历险记》（*Astérix*）的主角，故事设定在公元前 50 年被古罗马侵略的高卢地区，主角的村子里有一种神奇药水，可以让人力大无穷，而主角一行借助这种药水不断抵抗古罗马人的入侵，也借此完成众多壮举。——译者注

Facebook 群组和租赁中介网站上注册。整个寻找过程需要花上几小时甚至几天的脑力劳动，但它本应可以轻松交由高效的推荐算法完成。

更糟糕的是，为了完成租赁档案，首先要收集来自众多机构的文件，其中有雇主、检察机构和银行，然后这些文件将被移交给另一个机构，比如房地产中介。奇怪的是，今天这些文件还必须由我本人传达，即使这只是对相关机构数据库进行几次简单的查询就能完成的事情——当然需要得到我的同意，但这也可以用电子方式完成。房地产中介（或者房东）其实理应可以直接向雇主、检察机关和银行要求得到关于我的信息。

在意识到这一点之后，我不得不抱怨一下现行手续的低效和所需的费用了。打印一份证明我已经开始申请工作许可的行政文件就要花 20 瑞士法郎（约合 144 元人民币），而访问数据库连一分钱都不用，得出的证明还更可靠。

最后，时至今日，合同的撰写和签名竟然还需要纸质文档。我必须一张接一张地填写一大堆表格，然后给一整叠文件签字，但这些文件我只是粗略看过。真是浪费时间！为什么现在还需要在一大堆各种各样的文件上一次又一次填写姓名和出生年月？讽刺的是，我跟瑞士洛桑联邦理工学院的教育频道 ZettaBytes 合作的视频就是关于电子签名 [1] 和区块链 [2] 的，它们都是能用于数据与合同的起草、签字和管理的现代工具。

等到信息管理系统彻底计算机化的那一天（已经越来越近了），所有这些流程都可以点击几次鼠标来启动。对于许多行业来说，这一天已经来临了。购买音乐、阅读书籍、观看视频都已经数字化了。这些数字化服务源头的公司蓬勃发展，已经成为网络巨头，比如苹果、亚马逊和网飞。这些公司与硅谷的其他公司，特别是谷歌、Facebook 和 Twitter，抢在全世界之前认识到了数据的价值。这些公司在这些数据的收集、管理和分析上投资了数百万甚至数十亿美元。正是他们的商业模式引领了名为"大数据"的狂潮。

数据泛滥

这一狂潮将我们卷入了信息发展中一个奇妙的阶段，因为产出的数据量正在超越我们的分析能力，甚至储存能力。最有说服力的例子就是大型强子对撞机，也就是 CERN 的那个巨大的粒子对撞机。这个宏伟的地下设备宽十几千米，每秒能够产生数十亿次质子对撞。由此产出的数据如此庞大，以至于其中大部分数据会被当场舍弃。初始过滤器让人们能够挑出那些可能在物理学上有意义的数据。但即使经过了这一步极严格的筛选，需要储存的信息仍然要以千万亿字节（PB）来计算，用于处理这些数据的机器装满了好几个房间。

CERN 现在只能满足于这种做法，而这也可能是所有面对大数据的企业的未来，因为数据量的增长速度要比储存空间的增长速度更快！目前我们还有给数据做几次备份的空间，但这样的情况不会长久。我们很快就必须抛弃一大部分，甚至绝大部分收集来的数据。此外，我们现在还能看到各种传感器激增以及物联网的出现，选择保存什么数据正要成为信息处理历史上的崭新问题。

大数据除了给储存带来了严峻的问题之外，也给计算时间出了道难题。假设你要在上亿亿条信息中搜寻其中一项，即使以每秒处理上亿项数据的速度（相当于你的计算机里的微处理器的速度）也需要许多天才能完成任务！为了避开这些关于储存与响应时间的问题，众多数据科学家已经在想象如何在不储存原始数据的情况下解决这些问题了。

厕所问题

想象一下，你现在身处节日庆典，却有些内急。面前有 300 个厕所排成一条长街，但这些厕所都脏得可怕，你尝试找到其中最干净的那个。但你身后还跟着一排队伍，一旦你关上一个厕所的门去看下一个厕所，就不能回到之前的厕所了，因为有人已经捷足先登。换句话说，你必须在看到某个厕所的时候就决定是否进去。怎么样才能使你用上最干净的厕所的可能性最大化？

这个问题已经成了数学中的经典问题 [3]。在 1960 年由马丁·加德纳提出的这个问题拥有好几个名字，比如秘书问题、古戈尔游戏、未婚妻问题或苏丹聘金问题。这些表达方式都是等价的，都基于下面这个两难的境地：你有一些按顺序出现的数据，而且你必须在接受所有数据之前就做出选择，因为机会会随着时间流逝。

这个问题变得如此有名，最重要的一个原因就是它有着非常反直觉的漂亮解答。实际上，如果应用最优策略的话，那么找到最干净的厕所的概率大概是37%[①]。这个最优策略就是先查看大概 37% 的厕所后全部放弃，然后选择第一个比前面都更干净的厕所。最令人惊讶的是，这个非常简单的策略总是能保证以 37% 的概率找到最干净的厕所，哪怕面对几千个、几亿个，甚至 10 的古戈尔次方（10的 10^{100} 次方）个厕所[②]！

在这个问题的解答中，最引人注目的一点就是用到的算法几乎不需要记住什么东西。算法必须记住的唯一数据，就是已经查看过的较干净的厕所的干净程度。它可以完全忘记查看过的其他厕所。

话虽如此，我很不建议在实践中采用这一策略。这一策略能将找到最干净的厕所的概率最大化，但并没有指出它失败的后果。其实，通常你放弃了所有厕所，不得不接受最后那一个。这种灾难性的情况出现的概率甚至有 37%！

信息洪流的高速处理

厕所问题启发人们提出了大量的变体，它们可以作为大量问题的模型，尤其是互联网的出现带来的那些问题，每个变体都可以导出不同的算法作为解答。尽管如此，这些算法带来的解法似乎有着一般性的原则，适用于在数据洪流之中以有限储存空间做出决策。

其中一种变体特别强调了抓住眼前的机会与等待更好的机会的两难境地，尤其是对于选择非常多、包含各种各样的特征并且可以一次接受多个选择的情况。对这些问题的研究通常被称为实时优化或者在线优化。与之相关的重要应用包括

---

① 实际上这个数字等于 1/e，其中 e 是欧拉常数。

② 对于厕所数目较少的情况，最优的停止时间更小，找到最干净的厕所的概率也更大。如果有 2 个或者 3 个厕所，最优策略找到最干净的厕所的概率是 1/2。如果厕所的个数在 4 和 10 之间，这个概率会从 46% 下降到 40%。26 个厕所对应的概率会下降到 38%，而 150 个厕所对应的概率会下降到 37%，但总是大于 36.78%！

有限资源的分配问题、演唱会门票发售与互联网广告相关的问题。对应的解决方法通常是根据过往数据对资源进行量化估计，无论是通过对问题中相关约束的研究[1]，还是通过包含积性权重更新的类贝叶斯算法变体。

这个问题的另一个变体强调的则是我们对于问题中数据的概率性描述怀有的不确定性。也就是说，这些问题考察的不是作为不确定性的偏见，而是偏见本身的不确定性。因此，这产生了探索与利用之间的两难问题，人们也把它称为实时学习或在线学习。探索就是优先进行可能代价高昂的测试，以此收集数据来改进贝叶斯置信度；利用则是在给定置信度的情况下进行最优决策。汤普森的抽样贝叶斯算法给出了这个两难困境的解决办法，因此它可以用于决定是否对罪犯提起诉讼，或者是否应该提前终止药物实验，以及互联网新产品的测试（又叫 A/B 测试）。

最后，厕所问题的第三个变体强调的是计算时间上的限制——但这次允许重新考虑过往的数据。想象一下你刚度假回来，必须在度假时拍的 2000 张照片里选出最好的 10 张。除此之外，这个问题还有额外的障碍：必须注意避免选择重复的照片。厕所问题算法的一个变体能够用于解决这个问题及其变体，那就是**贪心算法**。这个算法首先会根据照片之间的协同关系先选出它看到的最好的一张照片，然后选出与这张选定照片协调得最好的一张照片，接下来选择与前两张选定照片协调得最好的一张照片，以此类推。不如人意的是，这个方法一般来说并非最优，因为它无法预测某张选定的照片与以后会出现的照片之间的协同关系。人们也说贪心算法是短视的。尽管如此，人们证明了这种短视可以保证贪心算法是最好的启发式算法，尤其是在与随机化结合之后[2]。

最近数年来，依靠贪心方法、对资源价值的量化、对知识不确定性进行适当管理的算法广受瞩目。在网络巨头的眼中尤其如此，它们旗下的研究团队在这类算法性质的理论研究中非常活跃。大数据时代的降临大概只是加快了这一趋势。

---

[1] 也就是所谓的对偶变量以及拉格朗日乘子。

[2] 比如说，做法可以是在与已选出的照片协调得最好的 10 张照片中随机选择一张。

卡尔曼滤波器

然而，厕所问题的各种变体一般都会假设未来类似于过去 ①。这就解释了为什么解决这些问题通常无须很多储存空间。为了处理动态变化的情况，机器学习就必须预期变化的存在。完成这一壮举的经典模型就是**卡尔曼滤波器**（Kalman filter），它的名字来自天才鲁道夫·卡尔曼，此外还有它的各种推广，比如**隐马尔可夫模型**（hidden Markov model）。

想象一下，你的汽车希望得知自身的位置和速度。按照正确的贝叶斯主义做法，它首先会仔细描画自身知识的欠缺之处。它可以利用加上误差的平均估计来为这种欠缺建模。卡尔曼假设这些误差会遵循某种高斯分布，其论据主要是中心极限定理。这个假设的用处非常广，尤其是因为遵循高斯分布的随机变量相加之后仍然遵循高斯分布，而且高斯分布的密度函数相乘之后得到的仍然是高斯分布。但你不要担心，在这里我就不具体写出计算过程了。

我们能观察到一个令人沮丧的事实，那就是每一步之间都会加入新的不确定性。汽车可能加速了，而对于这个加速的所有测量都伴随着误差，它会加剧已有的不确定性。因此，时间过得越久，误差累积得越多，我们对于汽车的位置和速度就越不确定。

为了减少这种不确定性，我们可以利用其他测量仪器得出的测量结果。但是，这些测量结果同样拥有不确定性。尽管如此，如果将前一刻推断出来的位置和速度与不同测量仪器得出的不同测量结果结合起来 ②，卡尔曼滤波器就能让我们推导出描述汽车位置和速度的后验高斯分布，这里的"后验"指的是在得知测量仪器给出的数据之后。正因为有了这些额外数据，后验分布会变得比之前更准确。

今天，这种卡尔曼滤波器在大量领域中都得到了应用（图 16.1）。我们理所当然能在有关导航和轨迹控制的大量问题中找到它的身影，它同样出现在信号处理、经济计量学、电池电量估计、计算机系统界面、粒子探测器、计算机视觉、断层扫描成像、地震学、健康监测和气象预测等领域中。关键在于，它其实只是贝叶

---

① 人们一般会假设数据是独立同分布的，这其实遵循了频率主义的传统做法！

② 条件就是这些测量必须是汽车位置和速度的线性函数。

斯公式，不过利用了几个有用的前提，比如，不确定性遵循高斯分布，变量之间有线性关系，还有问题中的不同变量由某种结构联系起来。

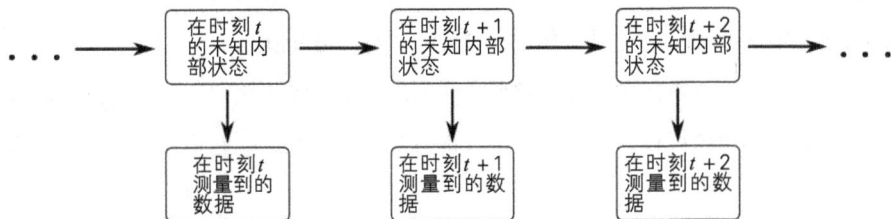

图 16.1 卡尔曼滤波器是隐马尔可夫模型的特例。这类模型描述了由隐藏的内部状态产生的外部演变过程。在每一个时刻，内部状态都会产生外部可观察的数据

这种结构又叫隐马尔可夫模型，其中包含所谓的**隐含变量**，它在每一个时刻的取值都是未知的。在汽车的例子中，这些隐含变量就是汽车的位置和速度。此外，我们假设这些隐含变量在每一个时刻都会导出可观察的变量。在汽车的例子中，那就是测量仪器得出的数据。直观来说，汽车的位置和速度**产生**了这些测量数据。因此，给定前一个时刻隐含变量的可能取值，以及当前时刻仪器测量到的数据，贝叶斯公式就能让我们计算隐含变量在每个时刻的可能取值。

就像我们在下一章会详细谈到的各种带有隐含变量的模型那样，隐马尔可夫模型也拥有众多应用，作为卡尔曼滤波器的推广，它当然也能应用到与之相关的问题中。尤其关键的是，这些模型能够实时对海量数据做出反应，无须额外的储存空间，因为需要保存的只有隐含变量概率分布的描述，但这一描述一般非常简洁，在卡尔曼滤波器所用的高斯分布框架中尤其如此。但在一般情况下，如果隐藏变量取值的可能性不多的话，这种说法也成立。这就是为什么面对大数据的泛滥，隐马尔可夫模型大有可为。

面对大数据的人类大脑

这些算法似乎都离日常生活非常遥远。你可能会说你能够一一记住自己接收的所有数据，但这就错得离谱了。

人们可能从未察觉，每时每刻充斥我们大脑皮层的数据量大得可怕，有如

CERN需要处理的数据量。我们的视觉、听觉、嗅觉、触觉、温度感觉，以及其他数不清的感觉，每秒都会向我们传输大约十亿字节（1GB）的数据 [4]。如果我们把数十年间收集到的数据累计起来的话，我们会发现感官接收到的数据总量需要用百亿亿字节（EB）作为计量单位！这可以说是大得可怕。

与现代信息技术面对的情况类似，我们的大脑也无法储存自身接收到的所有数据。它也不想这样做，因为其中绝大部分数据没有意义，它不得不忘记绝大部分数据。

在视觉数据的处理中，这种状况尤其突出。据神经科学家马库斯·赖希勒所言 [5]，我们的视皮层拥有惊人的能力，可以将十亿字节的视觉数据转换为几千字节的有用数据，这种处理在每一秒都在进行，而且只需要消耗极少的能量 ①。

在更普遍的意义上，大脑会优先保留数据的"大体概念"，而不是具体细节。一般来说，我敢打赌你不能背出这本书前15章中的任意一句话。但在我的期望中，你应该记住了这些章节讨论的是贝叶斯公式、它的逻辑基础、它在归纳推理问题上的应用、它的历史、所罗门诺夫妖及其在博弈论中的应用，甚至还有它与演化理论之间的联系。即使你可能没有记住读到的任何一个句子，但我仍然希望你记住了读到的文字中各种基础概念的抽象表达。

对于接收到的信息只保留压缩过后的表示，这种能力并非弱点，而正是大脑的强大之处。我们一般都能够回忆起那些重要的事物，而且完全忘却那些对我们来说无足轻重的东西。

擦除记忆创伤

但这种说法并非无可挑剔。遗憾的是，我们有时候会忘记那些本希望记得的事情，或者记住那些本想要忘却的东西。正因如此，在战场上目睹凄惨景象的退伍老兵经常受到精神上的创伤，而且久久不能忘怀。虽然程度远不如前者严重，但我们每一个人都或多或少地惧怕着某些东西，而且我们通常希望忘记这些事情。

---

① 赖希勒估计，我们的视网膜每秒会收集到大约 10^{10} 比特的数据，但到达初级视皮层的第四层的数据只有大约 10^4 比特。

那么有没有可能忘记这些恐惧？令人惊讶的是，心理学家梅雷尔·金特证明了答案是肯定的！ 2016 年美国公共广播电视公司（PBS）《新星》（NOVA）系列的纪录片《记忆黑客》（Memory Hackers）中展示了金特为众多患者之一治疗蜘蛛恐惧症的过程。为此，金特要求患者观察狼蛛，借此唤起患者的恐惧。在这时，她借此机会让患者服用普萘洛尔，这种药物的分子会插入神经元之间，中断神经元的通信。据金特所说，这会妨碍对于恐惧的回忆，甚至会使其消失。这的确有效！第二天，患者就可以抚摸狼蛛了，就好像那是温驯的仓鼠一样。

这个领域的研究还处于初级阶段，但金特以及其他研究人员的工作也许可以提供治疗某些药物成瘾或者创伤后应激障碍的新方法。这些工作指出了一个已经确立的反直觉的事实：记忆储存于突触连接之中。

与 20 世纪初的神经科学家的想法相反，长期记忆并非对应着特定神经元内部储存的信息。当我们在回忆时，大脑皮层中涌现出一波波神经激活。正是这些波涛的纹路刻画了我们的记忆。这些记忆藏身于神经元的连接方式之中，而非神经元自身的物理状态之中。因此，与回忆相关的信息并非聚集在大脑的特定区域之中，而是遍布于组成大脑的神经网络连接之中。

所以说，大脑短期记忆和长期记忆的关系就跟网页浏览器和互联网的关系一样。为了访问感兴趣的网页，你必须找到这个网页的所谓 URL 链接。一旦你知道了这个链接，浏览器就能轻易探索整个互联网，找到所有必需的信息来渲染你希望访问的这个网页。然而如果你丢失了这个链接，要重新找到这个网页就难于登天了——就像你在尝试回忆时，明知自己有这段记忆却死活记不起来，这种经历可能很令人沮丧。

这个观察结果的一个推论就是，在回想起某段回忆的时候，与其相关的神经激活浪潮也会被重新激活，能让这段记忆更深刻。回忆能帮助以后的回忆。然而在回忆与回忆之间，神经激活的浪潮也会轻微变化，就像水流一样。此外，普萘洛尔也会起推波助澜的作用，它能大大影响这一浪潮的轨迹，比如切断它跟大脑中负责恐惧的区域之间的联系。似乎正是这种被外力偏转的神经激活浪潮改变了记忆，令恐惧消失。

虚假回忆

如果说回忆可以向好的方面改变，那么它也能变得更糟糕。这就是朱莉娅·肖等心理学研究者一次又一次发现的事实。朱莉娅·肖尤为特别，她开展了一项可怕的实验，可能会引发对司法系统的质疑。这一实验展示了让被试相信自己违法是多么容易的事情，即使他们没有违法！

首先，朱莉娅·肖向被试宣称实验的目的是研究儿童时期的回忆。然后她向被试讲述了一段虚构的经历，却直言这段经历是被试的父母提供的。这段经历就是被试的一次违法行为。故事本身并不荒谬，尤其是因为它重新利用了被试过去经历的一些内容，比如地点和相关人士的名字。被试一开始会反驳，说他们并没有这样的记忆。然而朱莉娅·肖接下来会要求他们放松，不经意地诉诸他们的想象。她告诉被试，其他人也通过这种方式唤起了童年的回忆，以鼓励他们回忆。通过这种方法，朱莉娅·肖激活了被试脑中与童年回忆相关的神经元，从而启动了巩固（以及篡改）回忆的相关机制！然后朱莉娅·肖让被试继续思考这些回忆和故事，但不要跟别人讨论。

一周之后，朱莉娅·肖对被试回访。被试首先讲述了一段对他们来说似乎有可能发生过的经历，但用到了不少表示犹豫的词语。两个星期之后，这些词语消失了，被试对自己讲述的经历更有把握。令人惊异的是，70% 的被试都说服了自己以前违反过法律！朱莉娅·肖的实验给被试带来的震撼如此巨大，以至于她提前终止了这场实验。

金特和朱莉娅·肖的实验表明，我们不能相信自己的回忆。我们的回忆并不精确，充满模糊之处，特别是在每一次重新回忆时，它会又一次被调整、加工和改编。而最麻烦的是，我们基本上对此毫无察觉！然而，我们的司法系统依赖于法官和陪审团的回忆，而这些回忆又是来自证人和嫌疑人的回忆。无论是法官、陪审团、证人还是嫌疑人的回忆，都会被不同律师的雄辩和感人之词所调整、加工和改编。我们实际上又能对这样的回忆赋予多少置信度呢？大概要比实践中的置信度要少得多。因此，心理学家伊丽莎白·洛夫特斯研究了一百多个案例，证明了在四分之三的案例之中，那些原本被判有罪但被 DNA 测试洗清嫌疑的人，当时都是因为有问题的目击证言被定罪的 [6]。

我们不能相信目击证言，哪怕证人言之凿凿。实际上，要让证人相信自己看见了某些其实错误百出的东西实际上容易得令人难以置信。1999 年，在一个后来出了名的实验中，丹尼尔·西蒙斯和克里斯托弗·查布里斯让被试数一下一群打篮球的人互相进行了多少次传球。你可以在网络上找到他们的视频 [7]，我强烈建议你在继续读下去之前看一眼这个视频。

关于传球次数的问题，大部分被试给出了正确的答案。然后，西蒙斯和查布里斯询问被试有没有看到那只穿过篮球场的大猩猩。被试都说没有看到。更糟糕的是，很多人都很确定地说没有任何穿过篮球场的大猩猩。**否则他们早就看到了**，这就是他们的说法。但慢镜头证明了一切，那里赫然有一只大猩猩悄悄地穿过了篮球场，甚至还花了点时间跳了下舞。那些忙于进行繁重认知任务的被试遇上了**非注意盲视**（inattentional blindness）。更严重的是，他们并没有察觉自己的疏忽。在这项实验以及其他许多实验之中 [8]，被试都明显对自己在感知上的能力过度自信。

还有其他认知偏差使得我们的处境雪上加霜。我们之前已经看到，心理学家乔纳森·海特断言我们总是尝试通过理性来为自己的第一直觉辩护，这就意味着我们很乐意调整自己的回忆。此外，德里克·穆勒进而证明了，让学生观看那些对违反直觉的科学现象进行严谨解释的视频，反而会倾向于让这些学生对自己非科学的错误想法更有自信。这就解释了为什么科学界最终拒绝了任何目击证言和个人体验，无论做出这些证词的人如何深信不疑。

关于回忆的这些严重问题指出了大脑能力的极限，也提示我们要大大降低对于回忆的置信度，对于建立在这些回忆之上的信念也是如此。我们生活在一个充斥着不确定性的世界中，未来当然有着不确定性，但过去同样如此——甚至当下亦然。这让笛卡儿开始条分缕析地怀疑所有他可以怀疑的东西，他最后得出的结论就是只有一件事物是毋庸置疑的，那就是他正在思考。他这样说："我思故我在（Cogito ergo sum）。"

然而，这么做太极端，这种激进的做法也会让人怀疑科学以及科学界早已达成的共识，比如疫苗的有效性，还有人类导致气候变暖的事实。对于纯粹贝叶斯主义者来说，这些极端怀疑主义者的错误在于寻求无可挑剔的真理。"所有模型都是错的"，所以知识并不在于刻画那些正确性无可争议的事实或者理论，而更应该是对于不同事实、理论和回忆的置信度的计算。知识，旨在确定合适的不确定程度。由此，讨论这些不确定性的正确语言并不是真假分明的经典逻辑，而是概率语言——而处理这些概率必不可少的工具就是贝叶斯公式。

用贝叶斯帮助记忆

我们之前看到，人类大脑令人叹服的地方之一，就是它将极大量原始数据压缩为寥寥几个想法的能力。受此启发，人工智能研究者发明了自编码器这一架构。

自编码器的任务，就是对大量信息进行精简，这些信息可以是高分辨率的图像或者整部电影，等等，最终只留下内容的精髓。换句话说，这些神经网络尝试做到的，正是我们在语文课上被要求做的一种练习：撰写摘要。为了测试摘要的质量，人们也要求自编码器对自己生成的摘要进行解压缩，设想与这一摘要相关的高分辨率图像或其他原始数据是什么样子的。

要做到这一点，关键之一就是利用贝叶斯方法。对数据重组，其实就是确定什么数据会得出眼前这个摘要。这正是贝叶斯公式的典型应用！我们需要确定这个摘要的可能原因，因此我们有

$$\mathbb{P}[\text{数据}|\text{摘要}] = \frac{\mathbb{P}[\text{摘要}|\text{数据}]\mathbb{P}[\text{数据}]}{\mathbb{P}[\text{摘要}]}$$

另外，我们在下一章也会看到人工智能研究者如何利用这一公式，引入不常见的摘要，向机器赋予了创造性。

但除了能用于对编码后的记忆解码，贝叶斯公式也可以用于确定适用于不同记忆的编码。这就让我们能够只保留记忆中的精华，将它们压缩到只需占用极小的储存空间。此外，只在储存空间中保留最有可能的几个模型就能有效地对海量数据生成摘要，这也优化了储存空间的管理。

我在这里所说的可能看起来相当抽象，而且只跟人工智能有关。然而，这就是在面对一大堆难以串联起来的详尽事实，即难以在记忆中保存的事实时，理论研究者感受到的挫折的症结。因此，克劳德·香农也说他在学校里学到的化学

"（对他来说）似乎一直都有点无聊"："在我看来，孤立的事实太多，一般性的原则太少。"

与之相反的是，关于知识的贝叶斯主义方法会尝试找出那些能够利用寥寥几个主要原则概括大量孤立事实的模型。我们期望通过上面的贝叶斯公式，只需在储存空间中保留那几个一般性原则，就足以推断出大部分孤立的数据。这就很好地解释了为什么贝叶斯主义能够有助于关于过去的科学研究，其中包括历史、演化理论以及宇宙学。如果我们相信贝叶斯主义的话，我们就会发现这些学科的目的并非区分对错，而是建立足够简单、有条理而且容易记住的模型，但这些模型也必须足以解释众多观察结果——即使人们可能会争辩这些学科同样允许我们预测仍未观察到的可能遗留痕迹。

短期记忆与长期记忆

金特和朱莉娅·肖研究的是长期记忆。其中，信息被储存在大脑皮层这一神经网络的拓扑结构之中。问题在于访问这些数据可能很困难，需要测试信号在网络中传播的各种可能方式。回忆一首有名的歌曲的歌词一般来说就是这样的情况。在刚开始回忆时，我们通常想起几个词之后就想不起来了，就好像大脑中电信号的流动停滞了，或者流向了错误的方向一样。然而在重复这种流动之后，我们最终仍能找到正确的道路，回忆起整首歌的歌词。

人们在大型数据库中搜寻信息的时候也会碰到同样的问题。给谷歌和其他公司带来巨大财富的事物之一，就是为了加速信息搜索而整合互联网数据的方法。但这并不只是信息整合的问题，人们也经常要在储存容量和存储速度之间对储存信息的媒介进行取舍。某些媒介速度可观但容量有限，比如内存甚至是微处理器中的寄存器；另一些媒介速度迟缓但容量极大，比如硬盘、CERN 使用的磁带，以及 DNA 储存[9]。

另外，还要考虑爱因斯坦相对论的光速上限。如果信息被储存在别的地方，比如现在越来越普遍的云储存，那么访问这些数据就必然会出现延迟。回忆一下，光速大约是 10^5 千米每秒这个数量级，要在瑞士洛桑访问储存在远隔数千千米的欧洲另一端的数据，就必须至少花上约 $10^3 / 10^5 = 10^{-2}$ 秒，也就是几十微秒。

对你来说这可能够快了，但这种延迟引起数据多次来回，会令用户不耐烦。比如说，如果位于美国纽约的服务器需要向位于日本东京的服务器请求某项信息，而东京的服务器在此之前又要向位于德国柏林的服务器发出请求，才能让相关信息先从柏林传到东京，再从东京传到纽约，最后从纽约传到位于瑞士洛桑的用户，这样一来，应用程序必然反应迟缓。

对绝大部分用户来说，这种延迟只会带来小小的不快。但在金融行业，尤其是在高频交易中，这样的延迟至关紧要，可能意味着几百万美元的得失。这就是为什么许多企业发现，在纽约和芝加哥之间通过微波而不是光纤通信的话，就能够多赚数以百计的美元。毕竟，如果通过光纤传播信号的话，速度就只是光纤中的光速，比空气或者真空中的光速要稍微低一些。通过微波进行通信的话，就能节省珍贵的几毫秒。

大容量储存媒介数据读取的速度限制，以及不可避免的通信延迟，两者都促使计算机工程师使用缓存这种手段。缓存就是一种靠近计算元件的储存媒介。在你的计算机里，内存就是一种缓存，而更称得上缓存的就是所谓的 L1、L2、L3 缓存，以及寄存器，它们包含的储存空间不大，但访问它们却只需要微秒甚至纳秒量级的时间。

缓存这一原则还有别的应用。比如说，当你用 Mozilla Firefox、Google Chrome、Safari 或者其他网页浏览器浏览网页的时候，浏览器会在计算机内存中缓存那些你反复下载的信息。这样的话，你就可以直接访问这些信息，无须忍受互联网必然的通信延迟。

同样，某些研究人员认为我们的大脑处理短期记忆和长期记忆的方法不一样。长期记忆被铭刻在神经网络的连接方法之中，而短期记忆可能主要由神经递质控制——尽管这个假设未经大量实验证实，因此不值得对它赋予很高的置信度。

递归神经网络

无论如何，人工神经网络的研究选择了第三条道路：神经信号的环路传播。

包含这种环路的神经网络架构又叫**递归神经网络**。在处理当前数据时，这种网络能够利用前一时刻的部分信息。对于处理本质上有时序特性的数据，比如书中的文本或者讲话中的声音，递归神经网络已经成为最尖端的技术。

递归神经网络用到的技巧也包含在一类更广泛的拥有内部状态的算法之中。值得一提的是，这一类算法包括之前谈到的卡尔曼滤波器和隐马尔可夫模型。内部状态的任务就是以精练的方式提取出前一时刻的信息，用以更好地理解前一个被分析的数据。然而另一个问题就是，与数据读取相比，内部状态会以什么样的速度变化。

我有幸在自己学习数学和指导学生学习的过程中都观察到了一点东西。第一次读一份文献时（比如说你正在看的这本书），最好不要停留在细节上，以免偏离阅读的主线。因为如果读得太慢，换种说法，就是对于短期记忆这一内部状态修改得太多的话，会使思绪偏离文献想让我们思考的东西。因此，有时候先迅速浏览一遍，再多花点时间细细阅读，最后再速读一遍，这样可能效果更好。每一次阅读都会带来新的东西，因为每一次阅读都联系着短期记忆这一内部状态的不同变化动态。

到这里为止，我们讨论的还是对数据的线性阅读，但我们阅读或者聆听的方式并非完全线性的。的确，当某个句子非常晦涩的时候，我们一般会重读几次，然后才继续线性阅读。同样，有时候如果别人一句话还没说完，我们就无法理解。在梵语、印地语和日语中，动词位于句末，所以这种情况尤其显著。同样道理，在数学论文中，计算过程之后通常会有对计算的解释。还有些笑话、广告和电影，正是结尾决定了它们的意义。

为了同时利用过去和未来的数据理解现在，人们提出了另一种神经网络架构，那就是所谓的**双向递归神经网络**。为了将未来纳入其中，这些网络必须延长得出回应的时间。我们可以打赌，人类大脑中也有类似的结构。这也能解释我们在经过一段延迟之后才理解笑话的能力，甚至有时候这种延迟本身就引人发笑。

最后，人工智能领域的一项最新进展就是引入了迫使遗忘的神经元件。那就是所谓的 LSTM 架构，意思是"长短期记忆"（long-short-term memory）。除了递归神经网络中常见的那些神经元环路之外，LSTM 还拥有另一个额外的环路，它激活的时候会强制让所有神经元环路中的信号消失。这也许就解释了为什么我们在讨论中被打断之后，有时候很难回想起之前讨论的话题。

目前，在处理本质上有时序特性的数据方面，比如语音识别、自然语言分析，等等，LSTM 及其变体似乎就是最尖端的人工智能方法。但我承认自己不理解它为何如此成功，我也承认自己没有足够的专业水平来预测这些领域未来的前沿进展。

应该学什么，应该教什么？

与人类的记忆一样，人工神经网络的记忆在可靠性方面也没有保障，无论它的编码是在神经网络的连接之中还是在网络环路传播的数据之中。我们身边的计算机至少在两项计算任务上远远超越了我们：计算速度以及信息的可靠储存。我敢打赌，明天的人工智能会知道怎么利用这些实实在在超越人类的能力，它们可能将神经网络的某些方面与其他算法结合起来，这些算法更可靠，也对更特殊的任务进行了优化。

新技术可能已经改变了你的大脑皮层。我们沉迷于智能手机、谷歌和维基百科，这似乎影响了我们对记忆的管理。这不一定是坏事。上几代人会毫不犹豫地赞颂那些能背出法国戏剧作家高乃依或者法国诗人波德莱尔的诗句、能说出拿破仑的加冕日期或者能默写出麦克斯韦方程组的人。然而，许多教师抱怨，成功完成学业需要知道的东西太多，损害了对背后概念的真正理解。有些人会说，在现代社会中，技能比知识更重要。按照这个逻辑，知道怎么查找信息应该优于单纯把信息记住。

我个人认为，在学校要学习的知识和技能都太多了。不仅如此，这些知识通常是作为绝对真理来传授的，技能则被当成非此不可的解答方法。然而，无论是纯粹贝叶斯主义者还是实用贝叶斯主义者，对他们来说，"所有模型都是错的"。但依我看来，这还不是问题最大的地方。

我认为，知识和技能的过剩损害了对概念和模型的理解，尤其是对理解这个世界来说最有用、最可信的概念和模型。这种教育往往忽略了模型可信的原因及其适用范围。我的意见是，教授的内容应该大量减少，教师应该只教授那些违反直觉并且有教育意义的重要内容。比如说，我认为应该教授认知偏差、演化理论的关键过程、理论计算机科学和道德功利主义，同时可以削减三角学和量子力学等内容。

此外，贝叶斯公式似乎提示我们应该通过例子来学习，而不是直接记住理论——我们会在接下来的章节中看到，我们的大脑似乎偏向贝叶斯主义，从具体事例出发很快就能推广到一般情况。因此，似乎只有在获得了足够的数据，并使这些数据可以"轻松访问"，让我们能够轻易估计贝叶斯公式中的思想实验项之后，理论的重要性才会突然显现。这样的话，似乎在考虑大量例子，使理论的**效用**凸显眼前之后，再去学习这些理论才更合适。比如说，我们应该先以游戏、谜题和逻辑悖论等能吸引学生的形式来引入数学，之后再向他们解释这些内容都是更普遍的理论的应用事例——这正是我在这本书中努力尝试的做法。

但依我愚见，要教授的最重要的内容还是认识论，还有对于认识论的应用来说不可或缺的统计学。当然，作为极端贝叶斯主义者，我尤其认为贝叶斯公式及其大量违反直觉的推论应该成为教育的支柱之一。

我认为是时候放弃积累公认正确的教条知识这种做法了，应当转而教授知识是什么、如何获得知识、如何分辨可信的理论和不值得赋予置信度的理论。不幸的是，在我们这个时代，即使是大科学家也非常欠缺对认识论的理解，很多人甚至不知道贝叶斯主义的存在。

数学研究的艺术就是找到包含一般情况的所有种子的特例。

戴维·希尔伯特（1862—1943）

人生中没有比当你思考人生时认为它很重要这一点更重要的事。

丹尼尔·卡内曼（1934—　）

第17章
睡梦是你的顾问

想法从何而来?

"思想就是漫漫长夜之中的一道闪电，但这道闪电就是一切。"数学家亨利·庞加莱这样写道。为了描述这道闪电，他讲述了一个自己的伟大发现："在我踏上踏板那一刻，灵感来了，而我之前的思考似乎并不是它的铺垫：我之前用于定义富克斯函数的变换与非欧几何中的变换完全一致。"

庞加莱更进一步，讲述了另一个发现："有一天，我在海边峭壁散步，灵感来了，还像往常那样简要、突然，而又让人瞬间确信：不定三元二次型的算术变换等同于非欧几何中的变换。"

庞加莱的这些叙述在众多数学家的亲身经历中得到了共鸣。塞德里克·维拉尼在他的著作《一个定理的诞生》中说，他为了填补一个150页的证明中的巨大漏洞，攻坚到凌晨3点后绝望地睡去，醒来时问题的解答就出现了！这些数学家的大脑似乎可以抛开主人，独立运转。

就我个人来说，我也有过好几次这样的经历——即使我最好的想法连维拉尼和庞加莱的脚腕都够不到！我甚至敢以非常高的置信度断言，数学家这种让潜意识不断工作的能力正是他们能轻松处理熟悉的数学对象的主要原因。两年来，贝叶斯公式似乎从未离我远去，经常在不经意之间开始讲述它的秘密。

我只能建议你追随庞加莱的脚步。如果你真的希望在数学上有所进步，那么我建议你要对这门学科抱有激情，达到即使在睡觉时潜意识都对它紧抓不放的程度。借用我们在第 14 章用到的卡内曼的心理学语言，这样做就好像我们脑中诞生了系统三，它会指导系统一，但系统二却不会觉察到这件事。

但这就向心理学家提出了一个发人深思的问题。这个系统三是什么？数学家的大脑在无意识中不断推进思考时到底发生了什么？做梦对他们有帮助吗？更一般地说，梦有什么用处？这都是些难题。我绝对不会说自己能告诉你完整的答案，但即使如此，我还是想向你展示诺贝尔生理学或医学奖的获得者弗朗西斯·克里克偕同格雷姆·米奇森提出的一个假设。为什么是这个假设？因为它的基础是一个非常优雅的贝叶斯论证……

但在讲述之前，我要先停下来谈谈机器目前能够完成的创造性过程。

人工智能的创新艺术

人工智能学会作曲和绘画还是不久之前的事情。我们在第 16 章也简略提到过，这种创造性过程的关键还是贝叶斯公式。

原因在于，在众多深度学习模型中，我们可以在神经网络中激活某些所谓的**深度**神经元，由此创造出抽象概念之间的结合体。其中一些神经网络就此能够想象出哪些原始数据能激活那些被人为激活的神经元。也就是说，虽然神经网络通常从数据推断出能够概括这些数据的抽象概念，但我们可以要求这些神经网络在已知抽象概念的情况下猜测可能与之有关的数据。

然后，选择那些一般而言没有联系的抽象概念，我们就能让神经网络创造出一些既不常见但又相对可信的数据。这就是机器的艺术生成过程。我们可以打赌，这种过程至少与我们大脑中的创造性过程有几分相似。

在 2015 年，谷歌利用这种方法，在研究博客上发表了人工智能"深梦"（DeepDream）生成的一些图像 [1]。这些图像有种迷幻的感觉，人们在其中能看到云朵变成了鱼，树变成了寺庙，而树的叶子则变成了飞鸟。更妙的是，你可以要求另一个被称为"深艺"（DeepArt）的人工智能用著名画家的笔触重新诠释你拍的照片，无论是凡·高、毕加索还是康定斯基都可以。我的 Twitter 头像就是"深艺"花了几秒生成的免费劳动成果。

在这些人工智能的创造性过程中，重要步骤之一就是神经网络在给定了数据的抽象概括的情况下，找到可信数据的能力。也就是说，神经网络应该能够根据 $\mathbb{P}[$ 数据 | 抽象概括 $]$ 这一概率分布，即给定被激活的抽象概念时数据出现的概率，进行抽样。这样的话，根据贝叶斯主义，**创造性可以归结为根据带有语境的置信度进行抽样**。

但重要的是，抽样意味着给出有代表性的例子，而不是根据非常复杂的概率分布进行推理。在阐明推理并将其变得更易理解的过程中，这也许相当有用，毕竟哪怕是在数学中，人类的自然学习方式也似乎更倾向于依赖那些有代表性的例子，而不是形式化的理论。我们大脑中的设备似乎优化的是从例子中推断粗略规则的能力，而不是使神经网络符合形式化理论的能力。这就解释了为什么抽样对于人类来说不可或缺。古怪的是，抽样对于机器来说似乎同样不可或缺。

但在讨论这一点之前，我们必须先找到合适的模型来表示数据与抽象概括之间的关系。人们提出了几种机器学习架构，用于描述概率分布以及根据这些分布进行抽样。这些结构可以分为两类（不同的复杂模型可以适当地结合在一起）：贝叶斯网络 ①（Bayesian network）和马尔可夫随机场（Markov random field）。我们先来看看贝叶斯网络。

隐含狄利克雷分布

除了卡尔曼滤波器和隐马尔可夫模型，贝叶斯网络的主要成就之一就是在

---

① 它也被称为前馈模型（forward model）。

2000 年前后提出的隐含狄利克雷分布（latent Dirichlet allocation，以下简称 LDA）。LDA 的目标是将文档分为不同的类别。计算机可以利用 LDA 以完全自动化的方式将你的电子邮件分别放到名为"私人""工作""度假"和"垃圾邮件"的文件夹中。更进一步的话，LDA 甚至能检测出不同类别的组合，而且能判断某份文档的内容一半与工作有关，另一半与度假有关，甚至判断出 2/3 属于私人内容，1/3 属于工作内容。

　　要做到这一点，LDA 利用了贝叶斯网络中的基础概念，也就是因果性的概念，它的好处在于符合我们的直觉，这也使贝叶斯网络成了相对易于解释的概率模型。正是得益于贝叶斯网络与直觉之间的契合，尼尔和伯杰才提出可以在司法领域使用贝叶斯网络，就像我们在第 2 章中看到的那样。

　　我们现在回到 LDA，它提出文档中的所有单词都可以通过以下的因果性过程得到（图 17.1）。首先，算法会为文档随机选出某种类别之间的组合①。然后，要确定文档中的每一个单词，算法都会从之前选出的类别组合之中随机选出一个类别，最后算法会根据之前随机选出的那个类别来随机选取对应的单词。

图 17.1　LDA 是贝叶斯网络的典型例子。它拥有因果性的结构，目的是从观察数据中推断出抽象概念。上面的示意图是对 LDA 的简化描述

　　LDA 非常简单，当然也非常不正确。用 LDA 写出的文档就是一大堆没头没尾的流行词汇。这本书当然不是用这种方法写出来的！但"所有模型都是错的，有些模型很有用"。虽然 LDA 不**正确**，但它很**有用**！从互联网到生物信息学都利用这项技术将数据分门别类。如果说这项技术非常有效，那是因为它可以通过贝叶斯推断来不断改进自身。这样的话，每处理一份新的文档，LDA 都能够分析这个文档来改进自身。

　　还有更厉害的！人们无须告诉 LDA 自己认为待处理的文档属于什么类别——即使知道这一点的话对它稍微有利。LDA 也被认为是一种**非监督学习**算法：给它

---

① 这里的随机选取遵循的正是狄利克雷分布。

输入大量文档，无须指出文档的类别，它仍然能够不断优化自身！

好处还不止于此！LDA 同样无须人们给它列出一个希望考虑的类别的既定列表，也无须知道类别的数量。实际上，LDA 有一种被称为层次 LDA 的变体，如果它发现似乎出现了一类新的文档，类别数目就会自动增加。我们也说层次 LDA 是一种非参数方法，因为它的复杂度可以无限增长。

向 LDA 施以援手的中餐馆

为了完成这项壮举，层次 LDA 与一般的 LDA 一样有着深刻的贝叶斯色彩。具体来讲，在类别数目应该如何根据文档数量来增加这一点上，安排好一个先验的方法至关重要。这里的先验方法就是人们所说的**中餐馆过程**（Chinese restaurant process）。

想象一下，我们身处中餐馆，每一个时刻都有一位新顾客到来。这位新顾客会给已有的 $n-1$ 位顾客每人赋予一个在 1 和 $n-1$ 之间的数字，而数字 n 对应的就是一张没有人的桌子。然后，新顾客会在 1 和 n 之间随机选取一个数字，并在数字对应的顾客所在的那张桌子就座（如果选取的是 n，那么新顾客就会一个人坐到空桌子那里）。在理论上，层次 LDA 假设每一份新文档都相当于一位新顾客，而每一个类别就相当于中餐馆里的一张桌子①。

在现实中，这个随机过程对我们来说也许相当有用。如果我们需要将文档归类，那么对第 n 个文档以 $1/n$ 的概率新开一个类别也是个合理的做法。这样做的话，我们就可以保证类别数目一定不会过分庞大。实际上，人们可以验证类别个数是数据数量的对数，这一点就留给擅长数学的读者了。因此，层次 LDA 非常适合大数据！

层次 LDA 的惊人之处，就是执行这个算法的计算机可以就此发明出属于它自己的新概念。此外，在实践中，层次 LDA 发明的那些类别虽然切中要害，但对人类而言却难以解释。所以计算机发现的就是词汇中完全不存在的概念。

① 这个餐馆为什么是中餐馆，这还是个谜团。但有趣的是，它有一个变体被称为**印度自助餐过程**，该变体允许类别之间的组合。

　　根据第 13 章中提到的肖恩·卡罗尔的**诗性自然主义**，我们必须承认这种概念**存在**，因为它对于计算机来说的确很有用。从实用角度来说，LDA 重点指出的正是抽象概念的实用性并不要求概念本身对应着物理中的存在。为了尽可能好地解释实际中的数据集，发明这些抽象概念是必经之路。我们在下一章会更详细地讨论这个根本性想法。

　　现在，我们注意到从贝叶斯网络和深度抽象概念出发，就能轻松地进行数据抽样。这是因为，根据贝叶斯网络的定义，生成虚构原始数据的方式对应着一个精确的因果性过程（即使其中也包含随机性）。在 LDA 的情况中，你甚至可以轻松要求 LDA 生成一份一半属于私人内容、另一半属于工作内容的文档。当然，如果需要生成一段有意义的文字，LDA 的确不够精细，但它生成的单词很有可能确实将工作和私人内容糅合在了一起。

蒙特卡罗模拟

　　虽然抽样方法在 LDA 的情况中似乎没有什么成果，但它在其他框架中有着精彩的应用。拿一盒缝衣针和一大张纸，在纸上以缝衣针长度的 4 倍为间隔画上平行线，然后在纸上投掷大量的缝衣针。现在计算与平行线相交的缝衣针比例有多少，这个比例大概就是几何中的基本常数 τ 的倒数，而 τ 就是圆的周长与半径之比。

　　这就是所谓的布丰投针实验 [2]，它能让我们通过实验的方式探寻数学常数的性质——这跟尝试发现宇宙性质的科学实验相去甚远！同样奇怪的是，实验中的随机性对于实验来说至关重要。

　　人们也提出了其他估计 τ 值的类似方法（图 17.2）。先画出一个半径为 1/2 的圆盘，再用边长为 1 的外接正方形框住它。圆盘的面积是 $\tau/8$，正方形的面积则是 1。然后在正方形之中（均匀地）随机投点，那么投入圆盘中的点的比例就应该是圆盘面积与正方形面积之比，也就是 $\tau/8$。这就给出了另一种利用实验估计 τ 值的方法：只需要在正方形中（均匀地）随机投点，然后将投入圆盘的点的比例乘以 8 即可。

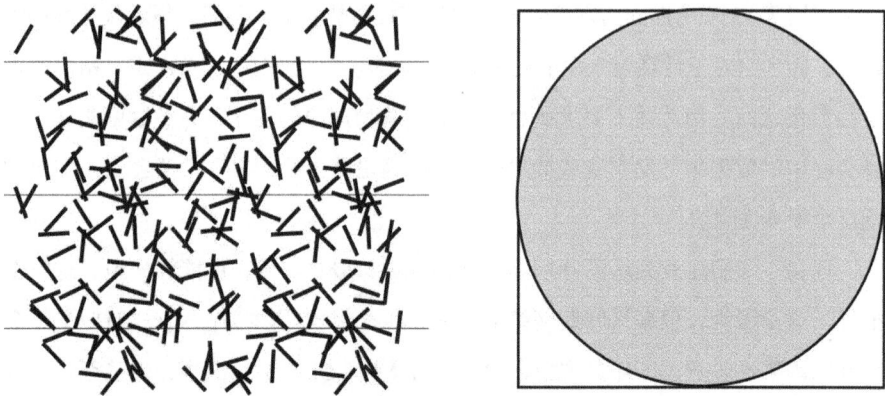

图 17.2 这两幅图片展示了两种通过蒙特卡罗方法对 τ 值进行近似的方法。左图是布丰投针实验，与平行线相交的缝衣针的比例大概会是 $1/\tau$。在右图中，正方形中处于圆盘内的点的比例大概会是 $\tau/8$

　　黛安娜·考恩和德里克·穆勒进行了这个实验，他们的网名 Physics Girl 和 Veritasium 可能更为人熟知 [3]。考恩和穆勒往正方形的标靶掷出了大量飞镖，然而，经过第一天的实验，他们发现自己的投掷并非均匀分布的，更偏向于靶心而不是角落，这会导致估计结果过高。第二天，他们改进了实验，在标靶背后画出了数个内接于正方形的圆盘。最后他们获得了 $\tau \approx 6.28$ 这个非常好的估计值。

　　布丰、考恩和穆勒的这些实验属于更广泛的一组实验类别，其中结果的正确性依赖于随机性是否充足。这类实验就是所谓的蒙特卡罗方法，它的形式化框架是在 20 世纪 40 年代由斯坦尼斯瓦夫·乌拉姆和约翰·冯·诺伊曼提出的，他们当时希望计算某个牌类游戏的获胜概率。虽然乌拉姆和冯·诺伊曼花了相当长的时间进行组合计算，但乌拉姆还是提出了问题：如果大量重复进行这个牌类游戏，然后利用实验中的获胜频率估计理论上的获胜概率，这样做会不会更简单？冯·诺伊曼立刻就理解了乌拉姆这种想法的精妙之处，然后仔细地在他刚建造的计算机 ENIAC① 上编写了程序。乌拉姆与冯·诺伊曼的工作马上就在曼哈顿计划中得到了应用，正是这个计划促成了核武器的诞生。

　　自此之后，蒙特卡罗模拟的应用遍地开花，占领了众多领域，无论是量子物

---

① ENIAC 即电子数值积分计算机（Electronic Numerical Integrator and Computer），是世界上第一台通用电子计算机。——译者注

理学、空气动力学、热力学、统计物理学、天体物理学、测量仪器分析、电子工程、地质统计学、能源、环保、机器人、电信、风险研究、信号处理、气象学、系统发生学（对演化之树的研究）、分子生物学、计算机图形学（尤其是对光线轨迹的计算），还是金融（尤其是投资组合管理）。这些模拟在研究系统关于初始状态变化的敏感度时尤其有用。

这类研究中最有说服力的例子可能就是气象学。因为著名的蝴蝶效应，气象测量的准确度必然不足以得到确定性的预测。测量中的微小误差或者错过对某个小事件的测量都可能导致预测出现非常大的偏差。气象学家考虑到这一点，没有主张进行确定性的预测，而是选择了概率性的预测。为了得出这些预测结果，他们一般会对初始条件进行符合测量结果不确定性的微小扰动，以此模拟未来的几种可能气象。也就是说，他们会根据一组可信度高的初始条件进行蒙特卡罗模拟。他们相信，模拟结果出现的频率对应着有效的贝叶斯式预测。

随机梯度下降法

在大数据时代，蒙特卡罗模拟的另一个应用就是从一大堆数据之中抽取有代表性的样本。这种简单的方法处于目前机器学习中最重要的算法之一的核心，那就是随机梯度下降法（stochastic gradient descent，以下简称 SGD）。

与其尝试让理论符合整个数据集，SGD 会从中随机抽出几项数据，然后向这几个数据的解释迈出一步。用神经网络的术语来说，这相当于稍微调整突触连接，使得神经网络的计算能更好地贴合刚才随机选取的数据。然后 SGD 会多次重复这一步骤，直到它对随机抽样数据的解释足够正确。

人们可能会认为，SGD 没有顺次处理数据而是按照随机的顺序处理，这是一步坏棋。但实际情况并非如此。从理论上来说，我们可以证明 SGD 的性能并不会明显劣于准确的梯度下降法。在应用方面，SGD 在计算时间上的优势让它成了人们优先采用的方法，也让现在谷歌和 Facebook 的深度学习方法成为最尖端的算法。

但它的妙处远不止于此。在 2017 年，曼特、霍夫曼和布莱成功将 SGD 重新诠释为一种近似贝叶斯推断 [4]，其中 SGD 的每一次随机数据抽选都会让模型的参数出现浮动。通过调整与这种浮动相关的参数，这三位研究者甚至能够证明这些浮动能让算法适当地探索一组可信的模型，而不是只限制于 MAP 模型（最可信的模型）。奇怪的是，SGD 的这些随机浮动可能并不是弱点，而是一种优势！

与我们在第 12 章中提到的随机失活方法一样，SGD 的这种随机特性，尤其是它不会收敛于 MAP 模型这一点，可能会让它成为对贝叶斯公式进行更好的模拟时必须考虑的方法，尤其是因为，这样做就能得到某种形式的平均化，人们看到了这一点也许能用于避免过度拟合的问题。因此，这一发现大大改变了我对大脑中使用了某种形式的 SGD 这个假说的置信度——即使我情愿承认自己在这方面的无知！

但从技术角度来说，SGD 的抽样确实非常简单，只需在已知列表中随机选取数据即可。但在更复杂的情况中，抽样本身可能就是需要研究的领域。

伪随机数

你会怎样在正方形里随机选取一个点呢？我们之前也看到了，考恩和穆勒在让飞镖均匀分布在正方形标靶这一点上苦战了一番。

约翰·冯·诺伊曼很快就发现了生成随机数的困难之处。在他之前，有些统计学家会从对数表之类的复杂数表中选取数字。1939 年，美国兰德公司（RAND Corporation）出版了一本包含 100 000 个随机数的书，这些数字都是通过一个电子轮盘的测量结果得到的。但这对于冯·诺伊曼的蒙特卡罗模拟来说远远不够。

为了更好地将蒙特卡罗模拟自动化，冯·诺伊曼尝试了另一种用机器生成随机数的方式。然而，正如冯·诺伊曼自己所说："当然，任何考虑用算术方法生成随机数的人，都犯下了深重的罪过。"但冯·诺伊曼同样理解，对于他的模拟来说，真正的随机性并非必要。这些数字只需要拥有"足够随机"的性质就可以了。**伪随机数**就此诞生 [5]。

利用这些伪随机数，冯·诺伊曼能够找到确定性的算法，可以生成一连串 0 和 1 之间独立同分布的伪随机数。这些随机数正是所有根据概率分布的抽样的基石。比如说，选取 0 和 1 之间的两个（近似独立的）伪随机数，那么你就得到了正方形中均匀分布的伪随机点的坐标。我们终于做到了！

但我们现在来考虑更困难的问题。怎样才能得到在正方形内接圆中均匀分布的随机点呢？更一般的分布又如何？

重要性抽样

要在圆中以伪随机的方式抽取一点，其实有一种简单得惊人的方法。先以伪随机的方式从正方形中均匀选取一点，如果它在圆外，那就忽略它并重新选取，否则就接受这个点。我们可以证明这样选取的点在圆内是均匀分布的！

这个例子实际上是一个应用更广泛的方法的特例，那就是重要性抽样（importance sampling）。重要性抽样能让我们借助已经知道如何抽样的参考分布对目标分布进行加权抽样。我们在借助对正方形的抽样完成对圆的抽样时正是这样做的。

更一般来说，要根据目标分布进行抽样的话，就要先根据参考分布进行抽样，然后我们对抽样点赋予一个重要度，与这个点在目标分布中被抽选到的概率成正比。在圆的例子中，这个重要度要么是 0（如果抽样点处于圆外），要么是 1（如果抽样点处于圆内）。当然，如果向抽样点赋予的重要度为 0 的话，最终就相当于这个点被忽略。

在不知道某个随机变量的具体分布，但能够计算该变量的两个取值的概率比值的情况下，重要性抽样就尤其有用。圆的例子正是如此，我们不知道某个点处于圆内的概率（更准确地说是概率密度），但我们知道这一概率与圆内其他任何一点的概率都相同。许多拥有隐藏变量的模型也是这种情况。

重要性抽样能助 LDA 一臂之力

我们回到 LDA。假设我们在一篇文章中读到的单词集合为 M，还有哪些单词 x 很有机会出现在这篇文章之中呢？为了回答这个问题，LDA 首先会尝试确定这篇文章属于哪个类别，然后就此推出哪些单词可能出现在这个类别的文章中。要做到这一点，LDA 首先必须在给定单词的情况下确定它可能从属的类别 C。因为 LDA 认为类别决定了单词（你可能还记得，这是一个因果性模型），所以，我们必须在给定结果的情况下推断出原因。因此，我们要用到贝叶斯公式，LDA 会计算出：

$$\mathbb{P}[C|M] = \frac{\mathbb{P}[M|C]\mathbb{P}[C]}{\mathbb{P}[M]}$$

这个等式的难点在于分母，它也叫作边缘分布或者配分函数，要计算它就必须将所有可以想到的能产出给定文章的单词集合 M 的类别组合综合起来。但实际上这样的类别组合有无限个！你可能还记得，一篇文章中可能 1/3 是私人内容，2/3 是工作内容。但这些分数其实可以是任意正数的组合，只要它们的和 ① 为 1。除非有额外的假设，否则在给定文章中单词的情况下，要准确计算这篇文章根据 LDA 应该属于某个类别的概率，简直是痴人说梦。

然而，与圆的例子一样，我们可以计算两个不同类别 C_1 和 C_2 概率的比值，无须知道分母是多少。实际上，我们有

$$\frac{\mathbb{P}[C_1|M]}{\mathbb{P}[C_2|M]} = \frac{\mathbb{P}[M|C_1]\mathbb{P}[C_1]}{\mathbb{P}[M|C_2]\mathbb{P}[C_2]}$$

然后我们就可以利用重要性抽样来构造有代表性的加权抽样方法，由此得出极有可能包含给定文章的类别组合，从而导出其他可能出现的单词。

利用 LDA 来补全文章可能不算什么大用处，但这个问题的某些变体却关乎数十亿美元的营业额。在大数据的时代，最有利可图的计算机问题之一就是推荐系统。人们投入了数十亿美元的资金，就是为了以最好的方式解决以下这个问题：给定你的 Facebook、iTunes 或者亚马逊的历史数据，向你推荐什么样的文章、音乐或者产品才最合适？

在 2006 年 10 月 2 日，这个问题格外出风头。那天，经营电影与电视剧的美国流媒体企业网飞发起了"网飞挑战"[6]。这一挑战面向数据科学家，内容是给定用户此前的所有打分数据，预测用户会给某些电影打多少分。更准确地说，网飞拥有一个数据库，其中包含 48 万名用户向 1.8 万部电影打出的总共 1 亿个分数。其中一部分分数被公之于众，挑战者要做的就是猜测剩下的那部分分数。

---

① 准确的计算必须对所有可能的类别组合进行积分！

这与 LDA 解决的不是同一个问题，但我想你不会没注意到两者的相似之处。然而，对预测结果优化几个百分点，也许就能将用户的留存率提高几个百分点，也就会让营业额提高几个百分点，这代表的可能是上百万甚至上亿美元！

当然，LDA 并不是"网飞挑战"中用到的核心工具，但在那些解决这类问题的最优秀的工具之中，我们也能找到其他种类的贝叶斯网络。目前性能最好的模型似乎就是 GAN，其核心思想就是构造深层贝叶斯网络，但在中间放入的随机涨落非常少，甚至不存在[①]。因此，概率的主要来源就是极深处的隐藏变量的不确定性。但正如冯·诺伊曼的简单伪随机数那样，这种不确定性一般符合某个非常容易抽样的概率分布[②]。

但回到"网飞挑战"的话，扮演决定性角色的实际上是另一个带有隐藏变量的概率模型架构。这个模型来自物理学。

伊辛模型 ※

在 20 世纪 20 年代，威廉·伦茨和他的学生恩斯特·伊辛尝试理解相变现象。从许多方面来看，相变在今天仍是大有可为的研究主题。与其攻坚最一般的情况，伦茨和伊辛一心研究铁磁相变：在低温时，铁可以被磁化，但在高温时这种磁化的性质就消失了。

为了理解这一现象的来源，伦茨和伊辛尝试寻找微观的解释。一块铁的磁矩是其所有原子磁矩之和，它们又被称为自旋，取值可以是 +1 或者 −1。伦茨和伊辛假设，相邻原子之间的自旋倾向于保持同一方向。他们描述这一假设的方法就是提出一对同向自旋的能量是 −1，而一对反向自旋的能量则为 +1。铁的总能量 E 就是所有相邻自旋之间局部相互作用能量的总和。

伦茨和伊辛提出的问题就是，在给定的温度 T 下，这些自旋是否会倾向于保持同一方向。换句话说，在温度 T 下，自旋大体统一排列的位形是否比自旋没有

---

① 随机失活的使用正相当于在中间加入随机涨落。

② 然而贝叶斯推断本身就很困难。诀窍在于构造另一个神经网络，它的任务就是辅助贝叶斯推断的计算！

统一排列的位形更可能出现？

对于伦茨和伊辛来说非常幸运的是，另一个类似的问题早在半个世纪以前就被路德维希·玻尔兹曼解决了。玻尔兹曼发现，在温度为 T 的热力学平衡态中，能量为 E_i 的位形 i 出现的概率正比于 $\exp(-kE_i/T)$，其中 k 就是所谓的玻尔兹曼常数。更精确地说，玻尔兹曼分布表明，位形 i 出现的概率是

$$\mathbb{P}[i|T] = \frac{\exp(-kE_i/T)}{\exp(-kE_i/T) + \sum_{j \neq i} \exp(-kE_j/T)}$$

这个方程的分母就是有名的配分函数，它的计算几乎不可能完成，因为位形的数目一般是原子个数的指数函数。因此，如果我们取玻尔兹曼分布的话，那么位形 i 的出现频率会随着能量 E_i 的上升而指数下降。关键在于，温度 T 越低，这个现象越显著。

正是这一点解释了温度在铁磁相变中的作用。在温度较低时，拥有高能量的位形，也就是那些自旋没有对齐的位形，出现频率呈指数下降的速度很快，因此，更可信的位形就是那些自旋方向较为统一的位形，这就让铁带有了磁性。反过来说，在温度较高时，如果我们假设 kE_i 远远小于 T，那么 $\exp(-kE_i/T)$ 这个量就非常接近 1。然而，自旋没有对齐的位形个数是自旋对齐的指数倍，因为如果你（独立均匀地）随机选取自旋的取值，那么它们几乎不可能大体选取同一方向。这样的话，在高温时，自旋没有对齐的位形集合出现的可能性是自旋对齐的位形集合的指数倍，因此铁的磁性会消失。

伊辛模型有几个令人神往的原因。首先，它是能解释相变的最简模型之一。其次，理解伊辛模型需要用到玻尔兹曼分布，它将位形的能量 E 与它出现的概率联系在了一起。最后也是最重要的就是，伊辛模型是**马尔可夫随机场**的绝妙范例，而且马尔可夫随机场处于众多现代机器学习模型的核心。

玻尔兹曼机

马尔可夫随机场可以被描述为众多以无向边相连的随机变量，因此它与贝叶

斯网络极为相似。然而与贝叶斯网络不同的是，马尔可夫随机场中的边并不代表因果关系，而是代表变量之间的某种相关性，与之相对的就是那些没有被连起来的变量，它们从直觉上来说几乎是相互独立的。这基本上就是人们所说的随机场的马尔可夫性质[①]。

马尔可夫随机场有一种特例尤其适合机器学习，它甚至是"网飞挑战"的解答中必不可少的组成部分之一。这种特例叫**受限玻尔兹曼机**（restricted Boltzmann machine）。与带有隐藏变量的贝叶斯网络一样，玻尔兹曼机会将可观测变量与隐藏变量关联起来。也就是说，受限玻尔兹曼机就是一个马尔可夫场，其中每条边都将一个可观测变量与一个隐藏变量连接起来[②]（图 17.3）。此外，与伊辛模型一样，玻尔兹曼机会向每条边赋予一个衡量相关性的能量[③]。

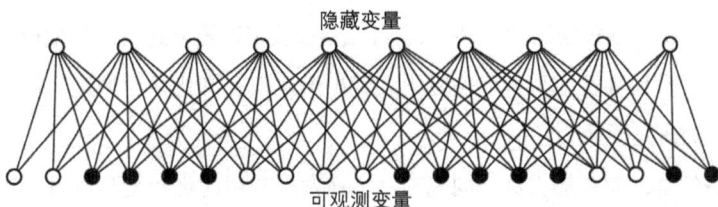

隐藏变量

可观测变量

图 17.3　玻尔兹曼机通过隐藏变量将可观测变量连接起来。当其中一些可观测变量被观测时（这里以黑色表示），我们就能利用所有可观测变量通过隐藏变量达成的隐藏联系来猜测未被观测的可观测变量的可能值

受限玻尔兹曼机在"网飞挑战"中的应用可以分为两个阶段。首先，我们利用数据学习机器的参数，这些参数就是每条边的相关性能量方程[④]。这些参数一旦确定，玻尔兹曼机就能利用玻尔兹曼分布进行概率性预测，从而解决"网飞挑战"

---

① 哈默斯利 – 克利福德定理（Hammersley-Clifford Theorem）证明了马尔可夫性质等价于要求概率密度可以分解为团（clique）上函数的乘积，也就是 $\mathbb{P}[X = x] = \prod_{\text{团}c} f_c(x_c)$，其中 x_c 是由所有 x_i 组成的向量，其中 $i \in c$。

② 换句话说，这是一个二部图，一半是可观测变量，另一半是隐藏变量。

③ 我们可以推广这种位形，考虑对应观察数据的一层变量，将其连接到第一层隐藏变量，然后同样将这一层连接到第二层隐藏变量，以此类推。我们得到的就是所谓的深度玻尔兹曼机。

④ 我们一般假设某条边的能量是两端的可观测变量与隐藏变量的双线性函数，此外还需确定这个双线性函数中的系数。

的问题。给定已知的可观测数据，玻尔兹曼机就可以推断出隐藏变量的可能取值，从而推断出未被观测的可观测变量的可能取值。

纯粹贝叶斯主义者可以轻易完成这种推断，并由此推断出未经观测的可观测变量所有可能取值的适当置信度。但实用贝叶斯主义者无法做出这种推断，因为这需要准确计算那个令人生畏的配分函数。正因如此，在很多情况下，实用贝叶斯主义者都必须满足于抽样，他似乎只能通过（有代表性的）例子来进行推断。

MCMC 与谷歌的 PageRank

不幸的是，重要性抽样通常无法在合理的时间内对玻尔兹曼机进行合理的抽样。一般来说，如果重要性抽样用到的参考分布与目标分布差异太大的话（高维空间中经常出现这种情况 [7]），那么它可能需要极多次重复迭代才能抽取到对目标分布来说具有代表性的事例。实际上，找出迅速而且有代表性的正确抽样方法是一个困难的研究领域。

奇怪的是，为了解决这个问题，一个通常很有用的想法就是将重复独立的蒙特卡罗模拟换成所谓的**马尔可夫链蒙特卡罗方法**（简称 MCMC）。这些方法本质上就是在可能性组成的集合中随机游走。随机游走中的每一步对于目标分布来说绝对不具有代表性。

然而，只要对随机游走中的每次转移进行适当的选择，那就仍然有可能保证在步数趋向无限时，访问可能性集合中的每一点①的频率都会趋向于这个点在目标分布中的概率。简单地说，在趋近于无限时，抽样结果对于目标分布来说会具有完全的代表性。

表面看来，你可能会认为 MCMC 是个相当糟糕的想法，但你错了，给谷歌带来财富的算法正是一个 MCMC 算法！这个算法叫作 PageRank，它是谷歌搜索引擎最早几个版本的核心。PageRank 的关键就在于，每个网页的重要性都是根据其他网页赋予它的重要性以及这些网页本身的重要性来计算的。因此，维基百科

---

① 在连续分布的情况中，应该考虑访问任意开集的频率。

的页面可能会被认为非常重要，因为大量其他网页中有指向这个维基页面的链接，其中包括本身就很重要的网页。

然而，因为每个网页的重要性依赖于其他网页的重要性，所以要计算某个网页的重要性就必须解出一个复杂得令人生畏的方程，这个方程的未知数个数等于网页的个数！谷歌创始人拉里·佩奇和谢尔盖·布林找到的诀窍就是通过 MCMC 来解决这个问题。他们的 PageRank 算法会想象出一个虚拟浏览者，他会在互联网上游荡，每次都在当前正在访问的页面中随机点击一个链接。这位浏览者之后会用这种方式在页面之间穿梭。从直觉上来说，我们预期这位浏览者大量访问的页面应该非常重要，因为很多路径可以引向这些页面。

我们实际上可以证明，如果互联网是强连通的话，那么在实验中浏览者到达给定页面的频率会精确收敛到我们之前想要计算的页面重要程度[①]。因此，在进行足够长时间的模拟之后，实验中得到的频率就是页面重要程度的一个很好的近似 [8]。

正是这个绝妙的原则让佩奇和布林创立了地球上最强大的企业之一，别无他物！

梅特罗波利斯 – 黑廷斯抽样

虽说 PageRank 是组织互联网网页的绝佳方法，但它似乎无法变为可以对受限玻尔兹曼机的概率分布进行抽样的形式。另一种方法可以做到这一点，它被称为梅特罗波利斯 – 黑廷斯抽样（Metropolis-Hasting sampling）。与 PageRank 一样，梅特罗波利斯 – 黑廷斯抽样会带领我们漫步，但现在漫步的地点是由可观测变量与隐藏变量的合理取值组成的空间。

在随机漫步的每个时刻，我们都要考虑随机的下一步，如果它会将我们引向概率太小的状态的话，那么我们可以拒绝执行。更准确地说，令当前状态为 i，假设随机的下一步会将我们引向状态 j。为了决定应该接受还是拒绝这一步，梅特罗波利斯 – 黑廷斯抽样告诉我们应该先计算接受率 A。我们将 A 定义为：

$$A = \frac{\mathbb{P}[j]}{\mathbb{P}[i]} \frac{\mathbb{P}[\text{转移步骤}\,(i \to j)|i]}{\mathbb{P}[\text{转移步骤}\,(j \to i)|j]}$$

---

① 收敛的概率为 1，也就是几乎必然收敛。

从直觉上来说，如果状态 j 比状态 i 更可能发生，而且从 i 到 j 这一步很可能可逆，即反过来的那一步（也就是从 j 到 i）在随机漫步中被选择的概率与原来相比不算太小的话，那么从 i 到 j 这一步的接受率就会取较大的值。如果接受率 A 大于 1，那么梅特罗波利斯－黑廷斯抽样就会告诉我们要采纳这一步。否则，我们就必须进行随机选择，选择接受的概率是接受率 A。

关键在于，如果每一步与反过来的那一步都拥有相同的概率，那么无须利用配分函数就能将 A 计算出来。在玻尔兹曼分布的情况中，我们有 $\mathbb{P}[j]/\mathbb{P}[i]=\exp(kE_j/T)/\exp(kE_i/T)=\exp(k(E_i-E_j)/T)$。虽然没有使用配分函数，但在某些合理的假设下 [1]，在足够长的时间之后，这一随机漫步就能导出目标分布的一个有代表性的抽样，跟 PageRank 的情况一样。

更进一步，我们可以在抽样中加入可观测变量的观测值的条件，只需在漫步时禁止改变这些变量的值即可。这样，在已知已观测变量的情况下，我们就得到了对未观察变量具有代表性的抽样。

对实用贝叶斯主义者来说，梅特罗波利斯－黑廷斯抽样可以变化为各种有用的形式，能用于那些配分函数的正确估计需时过长的概率分布。一方面，所谓的**自适应**变体能够在抽样过程中优化随机转移的性质；另一方面，也存在近似形式的梅特罗波利斯－黑廷斯抽样，即使状态 i 和 j 的概率之比 $\mathbb{P}[j]/\mathbb{P}[i]$ 无法直接计算，也能进行抽样。复杂数据的生成模型通常都属于这种情况，我们在第 15 章结尾谈到的宇宙模拟就是这样的例子。这样的话，我们可以尝试将这些概率替换为对状态 i 和 j 的效果度量 perf(i) 和 perf(j)，条件是我们必须预期这些数量与处于相应状态的概率之间有着充分的相关性。

吉布斯抽样

然而在玻尔兹曼机的情况中，另一种 MCMC 抽样才是最常用的方法。这种方法叫作吉布斯抽样（Gibbs sampling），它依赖于受限玻尔兹曼机的一个特殊性质。

---

[1] 最重要的假设是这一漫步将我们导向任意状态的概率都不为 0。

你大概还记得，在受限玻尔兹曼机中，可观测变量只与隐藏变量有联系，反之亦然。所以，可观测变量之间没有直接联系，隐藏变量也是如此[1]。

吉布斯抽样的主要思想，就是对可观测变量和隐藏变量分别交替抽样。重点在于，如果给定可观测变量的值，那么受限玻尔兹曼机的总能量就是隐藏变量的一个线性函数[2]。因此，某个隐藏变量对于总能量的贡献并不依赖其他隐藏变量的值。这样的话，给定已观测的变量，每一个隐藏变量都可以进行独立抽样[3]！这就大大简化了抽样过程。

给定某些被观测的可观测变量，吉布斯抽样首先会向那些未被观测的可观测变量赋予任意的值，这就是任意选择的随机漫步起点。然后，吉布斯抽样会在给定可观测变量的条件下对所有隐藏变量进行抽样，接下来根据隐藏变量的抽样值对未被观测的可观测变量进行抽样。这样，我们就在可观测变量的空间中进行了一步随机转移。

然后吉布斯抽样会重复这样的随机转移。经过足够长的时间之后，这样的计算能让我们得到在给定某些可观测变量的实际观测值的条件下，对未被观测的可观测变量的可能取值的具有代表性的抽样结果。

在我们看到的所有 MCMC 的情况中，无论是 PageRank、梅特罗波利斯 – 黑廷斯抽样还是吉布斯抽样，关键都在于抽样过程需要持续足够长的时间。否则，抽样得到的数据就会在很大程度上取决于随机漫步的起点，而在我们希望抽样的分布中，这些起点完全不具备代表性。

更糟糕的是，通常绝大部分可想象的数据实际上出现的概率可以忽略不计。也就是说，在庞大的数据集合中，只有一小部分数据的置信度是不可忽略的。可信理论的集合一般来说也是如此，它们在充满荒诞理论的极高维海洋中组成了寥寥几个小岛。因此，如果 MCMC 没有落到这些稀有的可靠数据或者理论上的话，那么它就不可能意识到，目前为止探索过的数据和理论都并不可靠。你可能还记

---

① 这也能自然推广到深度玻尔兹曼机的情况。

② 要做到这一点，需要假设总能量 $E(v, h)$ 是可观测变量 v 和隐藏变量 h 的双线性形式。

③ 也就是说，在给定可观测变量取值的条件下，隐藏变量互相独立。这其实是隐藏变量组成的集合在马尔可夫随机机场对应的图中是一个独立集这一事实的直接推论。

得，MCMC 只知道某个已探索数据相对于其他已探索数据的置信度。这样一来，如果未曾探索过任何真正可靠的数据的话，那么所有已探索过的数据都会看起来很可靠！

一言以蔽之，MCMC 抽样的中间结果相对于 MCMC 尝试抽样的概率分布来说并不具有代表性。此外，我们同样不可能计算或者估计出利用 MCMC 得到的抽样结果是否有代表性。虽说在趋向无穷的时候 MCMC 的确有效，但它有可能需要很长时间才能达到这个目标，而且对此没有任何保证。

尽管如此，MCMC 能够以其他方法无法企及的效率进行抽样，它凭此成了实用贝叶斯主义者必不可少的工具之一。

MCMC 与认知偏差

正因为 MCMC 如此复杂，我省略了对它的详细描述。虽然我还是花了些时间来解释它的原则和用途，但这不是为了让你能在实践中应用这一方法，而主要是为了向你解释为什么达尔文式演化可能在种种限制之下让我们的大脑成了进行 MCMC 计算的机器，以及为什么理解这一点至关重要。

心理学家丹尼尔·卡内曼提到过，在以色列多次遭受公共汽车恐怖袭击的那段时期，他在开车的时候都会尽量远离视线中的任何公共汽车，而他对此感到很羞愧。作为一名合格的统计学家，他知道死于驾驶事故的概率仍远远大于目击公共汽车遭到恐怖袭击的概率。恐怖主义导致的死亡人数与交通事故的死亡人数比起来可以忽略不计。但即使有如卡内曼这样知晓相关信息又受过良好教育的人的大脑，也难免高估恐怖主义的危险性。

这种认知偏差就是卡内曼所谓的可得性偏差（availability bias）。我们通常会赋予脑海中出现的第一个想法过高的重要性。如果我让你想象那位 31 岁的反核活动人士琳达的形象，你的脑海中可能很快就会出现某个形象，而且你会对这个形象过度拟合。这种偏差似乎揭示了我们的大脑也用到了 MCMC。如果没有经过足够长时间的思考，那么 MCMC 就会严重地受到起点的影响——而媒体的狂轰滥炸常常让恐怖主义成为思考灾难性情景的起点。

这种偏差可能看起来相对明显，一部分原因就是当我们受到可得性偏差的困扰时，我们不难意识到自己正在思考什么。然而，我们无法意识到在大脑中穿梭的众多信号，但这不会阻止 MCMC 将这些信号作为它在思想世界中随机漫步的出发点。因此，在不知情的状态下，我们的思考被身处的场景高度影响，其程度令人难以置信。这就是启动效应（priming effect）。

有关这个课题最惊人的实验之一，就是加里·韦尔斯和理查德·佩蒂在 1980 年进行的实验 [9]。韦尔斯和佩蒂邀请了 72 位学生在多种使用场景中测试某种耳机。他们要用这种耳机聆听一段有关学费从 587 美元涨到 750 美元的社论，其中 24 名学生保持头部不动，另外 24 名学生一边听一边点头（就像在表达肯定），其余 24 位学生一边听一边摇头（就像在表达否定）。测试结束之后，研究人员在关于耳机质量的问卷的最后一道问题中询问学生，他们认为应该收多少学费。结果令人目瞪口呆。那些摇头的学生的答案平均值是 467 美元，头部不动的学生的答案平均值是 582 美元，而点头的学生的答案平均值则达到了 646 美元。简直难以置信！我们的判断被行为所决定，而我们却丝毫没有觉察到这一点。

关于我们的 MCMC 式思考对起点的依赖性，另一个惊人的例子就是锚定效应（anchoring effect）。卡内曼和特沃斯基进行了一项令人不安的实验来揭示这种效应，他们首先在被试面前随机选择一个数字，要么是 10，要么是 65。假设选到的是 10，那么卡内曼和特沃斯基就会询问被试，世界上位于非洲的国家比例是否超过 10%；如果选到的是 65，那么他们问的还是同一个问题，但会将数字换成 65%。接下来他们要求被试估计非洲国家所占的比例。令人惊异的是，当随机选择的数字是 10 时，被试对这个问题的答案平均值是 25%；而当选择的数字是 65 时，答案的平均值则是 45%！这个实验的变体证明了，即使研究人员给出的数字低得离谱或者高得离谱，这一出人意料的效应仍然存在 [10]。

在能阐明我们的思考方式会持续使用 MCMC 的众多例子中，我选取的第三个例子就是损失厌恶（loss aversion）。卡内曼和特沃斯基用展望理论描述了这种厌恶，它能够同时解释大量认知偏差。这个理论的基础就是我们的偏好总是强烈受参照物影响的事实。相对于这一参照物而言的收益是好事，但相对的损失却令人有灾难的感觉。这就解释了为什么在奥运会颁奖时银牌得主往往一脸愁容，而铜牌得主却满脸笑容[1]。

MCMC 本身并不是问题，问题在于 MCMC 的有效性只有在经过大量随机转移步骤之后才会凸显出来。不巧的是，MCMC 一开始提出的想法有可能全部非常不可靠，与无垠的思想空间中那些屈指可数的可靠想法相比就更是如此。如果MCMC 的抽样没得到任何可靠的想法，那么它得出的结论就会大错特错。

一旦知道我们的大脑可能应用了 MCMC，那我们就绝对必须认识到自己无知的范围。此外，我们也绝对必须花时间——比现实中一般情况更长的时间——去思考。因此，长时间冥想和睡眠的好处，有一部分可能就在于能够延长 MCMC 的计算。

对比散度与梦

到这里为止，我们看到的东西不过是克里克和米奇森提出的解释之中的一部分。对这两位研究者来说，梦的作用尤其集中在另一个用于机器学习的算法，它叫作对比散度算法（contrastive divergence）。这个算法的目标是，给定某个带有隐藏变量的模型，计算其 MAP 参数。这个算法尤其可以用在只知道数据之间概率的比值这种情况中，就像 LDA 的贝叶斯推断或者玻尔兹曼机那样。

我这里就省去计算的步骤了。最重要的等式是：

$$\partial_\theta \log \mathbb{P}[\theta|D] = \partial_\theta \log \mathbb{P}[\theta] + \partial_\theta \log \tilde{p}(D|\theta) - \mathbb{E}_{x|\theta} [\partial_\theta \log \tilde{p}(x|\theta)]$$

也就是说，要知道如何调整参数 θ 才能得到最可靠的理论，我们就必须理解其中三项。第一项是 θ 的变化对先验置信度的影响；第二项是 θ 的变化对模型未归一化的概率产生的影响（一般在玻尔兹曼分布中对应的就是 $\exp(-kE_i/T)$ 这一项）；而第三项，也就是最后一项，是 θ 的变化对 D 的替代理论 x 的未归一化概率的影响。

对大量模型，尤其是玻尔兹曼机来说，前两项非常容易计算。然而，最后一

---

① 这种锚定效应的另一种可能解释（同样是贝叶斯的角度！）是卡尔·弗里斯顿提出的大脑皮层预期与修正机制。根据这一理论，我们的大脑无时无刻不在做出预测，但只有在观察结果与预测矛盾时才会做出反应，就此开始学习的过程。这也符合香农提出的通信优化方式。

项一般来说需要（用时较长的）重要性抽样。但关键之处在于，最后一项并不依赖于数据！我们无须观察世界就能把它计算出来！只需要做梦就能确定它的值。

对于克里克和米奇森来说，梦的作用也许正是这一点。梦能够用来计算 MAP 模型，方法就是通过抽样来计算大脑中参数的变化会如何影响观察数据会出现替代选择的未归一化概率。

这就是我们应当多花时间思考的一个理由。

哲学被写进了这本浩瀚的书中，它一直在眼前打开着（这本书就是宇宙），但如果不首先花时间去理解撰写这本书用到的语言和字母，那就不可能理解它。这本书用数学写就，其中的字母就是三角形、圆形，以及其他几何图形，假如缺少它们的话，人类就无法凭借自己的力量抓住任何一个单词；假如没有这些手段的话，我们就要面临在黑暗迷宫中游荡的危险。

伽利略（1564—1642）

第18章
抽象方法超出常理的有效性

深度学习，真的行！

2016 年 3 月 10 日，AlphaGo 登上了各大头条。谷歌研发的人工智能出乎大众意料，打败了围棋界公认的最优秀棋手之一李世石。

围棋与国际象棋一样，也是一种两人游戏。然而一直以来，围棋之于国际象棋，就像国际象棋之于井字棋。围棋更复杂，组合更多，也更难以预计。最优秀的围棋棋手有时候甚至会依靠某种直觉，但他们也无法解释这些直觉的来源——有些人甚至断言，这是一种超越机器能力的人类智能。长期以来，最优秀的算法也只能勉强追上中等水平的围棋棋手。

但在数年之间，某种机器学习的模型接连取得了不同凡响的成绩。物体识别、人脸识别、光学字符识别、自然语言处理、自动化翻译以及推荐系统从前都是机器无法解决的问题，但突然之间，它们全部都被深度学习解决了。硅谷的所有投资者挂在嘴边的就只剩下这几个词语，所有网络巨头都开始吹嘘自己现在能够提供些什么新服务。

深度学习那引发轰动的成功与经典软件工程的众多方法形成了鲜明的对比。人们习惯先构筑一个理论，用来保证某项技术能正确运作；然后，人们就会沮丧地发现技术超出了理论。这就引发了下面这个永恒的问题：理论和实践之间的差距从何而来？有一句俏皮话是这样说的："**理论上它们是一样的，但是在实践中嘛……**"

但深度学习的情况似乎与此正好相反。似乎没有任何理论能够预言我们手头上的这项技术会取得成功。理论研究者被打了个措手不及。深度学习的性能简直好得离谱，但似乎没有人知道为什么。深度学习在实践中效果很好，但它**在理论上**是否可行？这次，实干家对这个问题感兴趣，是因为他们也感觉到，深度学习在理论理解上取得的任何进步，都有可能显著地甚至戏剧性地推动人工智能的发展。

但深度学习到底是什么？今天，相关的研究论文不可胜数，我们很难勾勒出这一领域的边界。但粗略地说，深度学习就是研究那些包含多层隐藏变量的模型，例如 LDA 和某些玻尔兹曼机。虽然如此，与第 17 章的例子相反的是，深度学习架构不一定需要尝试描述某种概率分布。实际上，大部分深度学习架构是为了对某些确定性函数进行近似而设计的神经网络[①]。但是，所有这些结构都有一个共同点：它们都使用了**深度**隐藏的变量，也就是那些与可观测变量在直觉上相距甚远的变量。更严谨的说法是，所有从可观测变量传递到深度变量的信号都要经过大量中间变量。

这就会让人觉得，某个隐藏变量的抽象层次可以用它的深度来衡量。的确，从直觉上说，抽象与实体相反。我们自然会认为可观测变量对应着模型中的实体，而深度变量则对应着抽象。这就是本章标题的来源——我们最终会将其与抽象的数学联系起来！

深度学习的成功所引出的理论问题就是如何解释抽象方法那超出常理的有效性。这一有效性的来源大概有三种解释：第一种是对原始数据必不可少的预先概括，第二种是深度模型（特别是深度神经网络）特有的表达能力，而第三种，也

---

① 比如说，我们之前提到的 GAN 就是先固定深层变量的概率分布 Z，然后调整某个函数 f 来生成可信的数据 $X = f(Z)$。

是依我看来最有前途的一种，藏在我们希望研究的数据的算法性质之中，可以用所罗门诺夫的精致度以及查尔斯·本内特的逻辑深度来衡量。

但我们先来看看对原始数据进行概括的必要性。

特征学习

在深度学习大获成功之前，专业的数据科学家必须干预机器学习的算法，为的是对原始数据进行"清理"，预先简化数据的分析。深度学习研究的主要动机之一就是希望将数据预处理自动化，绕过对数据科学家技能的需求。这种做法让深度学习成为一把瑞士军刀，能够适应各种媒介，无论是图像、音频、视频、文字还是其他实时传感器的探测结果。

要理解这一点，我们首先迅速回顾一下人工神经网络。这些网络就是一大堆神经元（通常是虚拟的），它们通过所谓的**突触**相互连接，就像互联网中的计算机或者我们大脑中的神经元那样。其中一些神经元直接连接着输入数据的传感器，可以是镜头、麦克风或者其他测量仪器。这些神经元对应的是可观测变量 [1]。

然后，神经网络就会将这些可观测神经元与隐藏神经元连接起来。这个过程也类似于我们在第 13 章谈到的混杂因素和简明因素，它们可以帮助我们在公立医院和私人诊所之间做出选择，还能解释绵羊毛色之间的相关性。也就是说，隐藏神经元对数据的处理可以被看作对某个能解释已观测变量之间相关性的重要抽象概念的计算。一般情况下，这样的隐藏神经元可以探测到可观测神经元接收到的图像中是否存在某些特征。于是，层层堆积的神经元就能够解释中间各层神经元之间的相关性。一般而言，神经网络中较深的层次可以从不同的特征之中推断出图像中是否存在绵羊。

这一过程的灵感其实来自我们的大脑皮层。这是因为神经科学发现，我们的大脑会通过逐步抽象的方式来分析眼睛所看到的事物。眼睛中的传感器又被称为视锥细胞和视杆细胞，它们会探测那些令其进入激发状态的光线，得到光线的亮度和颜色。计算机科学家会说，这相当于图像中每一个像素的亮度和颜色。我们赋予深度神经网络的可观测变量的，正是这种原始数据。

然后，负责计算的第二层神经元一般会衡量相邻像素之间的相关度。人类的第二层神经元都会连接着眼睛的几个视锥细胞和视杆细胞。举个例子，在连接的视锥细胞和视杆细胞都被激活或者都没有被激活的时候，神经元才可能激活 ①。

接下来，第三层神经元会将这些相关度结合起来，在眼睛看到的图像中找出明显的线条。第四层神经元则会将线条结合起来，以此得知图像中的基本对象，比如绵羊的耳朵、眼睛或脚。之后的层次继而将这些基本对象结合起来，确定更深层次的结构，比如图像中是否存在绵羊。

今天，人工智能的前沿就是所谓的**卷积神经网络**（convolution neural network，简称 CNN，因为它们与数学中的卷积运算有关）。这些网络的灵感就是来自视皮层的大体结构。猜不到吧？我们本来探寻的是如何才能整体提高人工神经网络的性能，但得到的人工神经网络在经过照片训练之后，竟然像人类的神经网络一样，可以计算图像中层次越来越高的抽象概念。图像分析的性能似乎依靠的正是这种抽象层次的堆积，而只有深度足够大的网络才能做到这一点。

单词的向量表示

人们在自然语言处理的经验中也发现了类似的现象。自然语言处理的难点之一就是含有大量的自然语言词汇。与其让单一的神经元专门负责每一个词语的理解，不如通过每个词语与其他词语之间的关系来理解它们。奇怪的是，用数学的语言来说，要做到这一点，我们可以将词语组成的空间嵌入高维线性空间中，这个维度一般来说在 50 和 100 之间。用不那么晦涩的语言来说，每一个词语都会对应着多个神经元的某个激活组合。

2013 年，一个由托马斯·米科洛夫领导的谷歌研究团队成功让神经网络学会了之前说的这种英语单词的神经元表达，这是一项引人注目的成就。他们将这种表达称为 word2vec。这种表达能以前述的方式将所有英语单词转换为高维空间中的向量。人们借此对所有单词组成的集合在表示方式上进行精简化与结构化，因

---

① 这只是个例子，我不打算援引贴合实际的生物学过程。

为从信息的角度来看，单词的向量表示更紧凑，仅需更少的比特数就能描述。

但好处不止于此！单词的向量表示还能解释单词之间的众多联系。的确，米科洛夫研究团队的重大发现之一，就是单词之间的向量加法符合我们的直觉。比如，他们发现如果进行**皇帝 − 男人 + 女人**的向量运算的话，得到的结果大概就是**皇后**这个词语的向量表达 [2]！

更令人着迷的是，我们在 GAN 中也能观察到这种现象。收集一些戴太阳镜的人的图像和没戴太阳镜的人的图像，你可以利用 GAN 计算出戴太阳镜的人对应的向量平均值以及没戴太阳镜的人对应的向量平均值。然后将这两个向量相减，得到的差就是某个向量 S，从直觉上来说，它对应着"戴太阳镜"。现在考虑一张没戴太阳镜的人的图像，计算它的向量表示 I，然后加上"戴太阳镜"的向量表示 S，就得到了一个新向量 $S + I$。现在利用 GAN 生成这个向量的对应图像。令人惊叹的是，得到的图像就是原来的图像中的人戴上了眼镜 [3]！真是难以置信！

神经网络对不同抽象概念的向量求和结果的诠释竟然如此契合大脑对这些概念的直觉组合。据我所知，这种契合仍然相当难以理解。这是今天人工智能研究中一个不可思议的谜团——我打赌，再过几年这个谜团就会被解开，而我已经迫不及待了！

据此，能够阅读实体书的神经网络应该是一个深度神经网络，其中前几层是卷积神经网络，能够识别图像中的字符。然后，在负责视觉的这几层神经元之下，我们会发现一层能将字符合并为词语的神经元，以及另一层将词语转化为向量的神经元，就像 word2vec 所做的那样。最后，还有几层神经元负责解释那些表示词语的向量，将它们与其他概念联系起来。这些概念可以来自对图像或者其他信号的额外分析。

因此，高效的深度神经网络在看到猫的照片或者读到"猫"这个词语的时候，应该能够激活同一组神经元。为此，对原始数据的预处理似乎至关重要。一般来讲，对于原始数据的概括来说，无论是为了压缩体量宏大的原始数据，让计算能够在合理的时间内完成，还是为了揭示原始数据中相关性的切实解释，网络深度似乎都必不可少。

指数式的表达能力 ※

2016 年 6 月 16 日，美国斯坦福大学、美国康奈尔大学以及谷歌大脑（Google Brain）的合作研究人员在 arXiv 上传了两篇非同凡响的论文。我被它们对抽象方法所获成功的别样解释深深迷住了。在本书中，我只能描述其中于我而言最有吸引力的那一篇。这篇论文题为《深度神经网络中经由暂态混沌出现的指数性表达能力》（"Exponential Expressivity in Deep Neural Networks through Transient Chaos"）。它结合了大量复杂、高深却鲜有联系的数学概念，比如混沌理论、平均场论和几何曲率。

我们慢慢解释。这篇论文一开头就认为，神经网络不过是一个复杂的数学函数。这个函数以一组测量数据作为输入，然后将其转化为深度概念的组合。测量数据的集合在数学上组成了一个所谓的向量，我们可以将它看成极高维度的空间中的一个点。而深度概念的组合也是如此，它本身就是极高维度的空间中的一个点。

这样的话，神经网络就可以被看成从第一个空间到第二个空间的几何变换。这篇论文提出的问题如下："典型"的神经网络是如何将空间变形的？一个"随机选取"的神经网络平均而言是不是会将这些点到处移动？还是说，它会在变换中保留曲线的某些几何特性？

这篇论文的回答引人深思：几何结构的复杂度会随着神经网络深度的增加呈指数增长。更准确地说，论文研究了几何图形的**全局曲率**①。从直觉上来说，圆就是弯曲程度最小的闭合图形，因为它的弯曲是为了回到自己的出发点。此外，无论圆的大小如何，它的全局曲率总是等于 $\tau \approx 6.28$。反之，一条在空间中的所有维度上都反复摆动的精细曲线会拥有非常大的全局曲率。

这篇论文证明了，对于足够"激动"的随机神经网络，几何图形的曲率会随着网络宽度的增长而呈多项式函数上升，并随着深度的增长呈指数上升。换句话说，比起宽度，网络的深度能让神经网络以更快的速度使对应的几何变换变得更复杂。

所以，这说明深度是识别与分析分形结构的关键，分形结构代表的就是那些

---

① 全局曲率就是曲线方向上单位向量导数的范数的积分。

并不总是光滑且正则的行为。然而，在我们周围的这个世界之中，分形结构似乎无处不在[4]，无论是在生物学、宇宙学还是金融之中！

同样，即使这种说法看似抽象甚至荒谬，但在所有图像组成的浩瀚集合之中，所有包含猫的图像组成的集合很可能同样有着分形结构。因此，网络的深度可能就是识别图像中有没有猫的关键，对于众多更复杂的任务来说也是如此。

复杂性的涌现

这个惊人的发现也印证了我在差不多那个时候读过的其他材料，尤其是由肖恩·卡罗尔、斯科特·阿伦森和劳伦·韦莱特共同撰写的一篇论文[5]，其主题是宇宙随时间出现的复杂度。这篇论文尝试揭示的物理原则是一个能够同时在宇宙、生命和欧蕾咖啡（图 18.1）中观察到的现象。一开始，这些结构都很简单。宇宙是一团近乎均匀的等离子体，就像咖啡杯中有一层黑咖啡，上面有一层牛奶，而且生命也并不存在。这些结构的熵也很低，我们在第 15 章已经介绍过"熵"这个概念了。

图 18.1 欧蕾咖啡中的分形。图片来自 Pixabay 上的 Pexels

虽然熵一开始很低，但它只会随着时间升高[1]。这一原则正是热力学第二定律。另外，熵的增加可以解释成均一化的过程。从非常长远的角度来看，咖啡杯中的咖啡和牛奶会完美混合，生命会完全消失，宇宙也会变成一片完全均一的星际虚

---

① 真正的论证更复杂，但我在这里就不展开了。

空（又叫作"大冻结"，英文是 Big Chill）。然而，肖恩·卡罗尔凭直觉认为，这些结构，无论是宇宙、生命还是欧蕾咖啡，在初始和终末之间都必然会经过高度复杂的阶段，无论是我们今天能观察到的星系与大尺度纤维结构，还是动植物与人类大脑极端的复杂性，抑或牛奶在咖啡中构成分形图案的奇怪阶段。

肖恩·卡罗尔在计算机科学家斯科特·阿伦森的帮助下，严格叙述了这个直觉上的概念。第一步就是物理现象的数字化。所有东西都可以归结为一串 0 和 1（比如将咖啡的图像用 PNG 或者 JPG 格式编码），然后卡罗尔、阿伦森与韦莱特开始在这些有限 0–1 序列中尝试寻找符合卡罗尔直觉的算法复杂度描述。

这三位研究者展示了四种已在文献中出现的定义：精致度、表观复杂度（apparent complexity）、逻辑深度以及光锥复杂度（light-cone complexity，在这里不深入探讨）。有趣的是，这些定义相互之间其实都有着微妙的联系。

柯尔莫哥洛夫精致度 ※

我们先来看看精致度，它是由柯尔莫哥洛夫提出的，依赖于所罗门诺夫复杂度。人们也许会认为，所罗门诺夫复杂度是衡量有限 0–1 序列复杂度的好方法。不巧的是，在序列非常随机，甚至在没有任何规律的时候，这一复杂度实际上会取到最大值。然而，这种没有规律性的状态似乎更应该对应熵的最大值，而在宇宙、生命和咖啡的例子中，这个熵也对应着一个非常容易描述的状态：均匀的虚无。

跟大约一个世纪前的玻尔兹曼一样，柯尔莫哥洛夫想出了一个绝妙的主意，将容易描述的"宏观"结构与最适合用完全随机的噪声来描述的"微观"结构尽量分离开来。柯尔莫哥洛夫精致度表达的正是这一直觉。

我们将宏观结构称为 S。粗略地说，如果 0–1 序列 x 的微观结构足够随机，即在已知 S 的情况下，在其他同样拥有结构 S 的 0–1 序列集合之中，0–1 序列 x 的所罗门诺夫复杂度（几乎）是最大的。也就是说，我们认为 x 是 S 的一个典型实例，可以将 x 精确描述为 S 加上一段几乎均一的噪声。为了使 S 成为 x 的"有效"宏观描述，将 x 等同于 S 加上噪声的描述就应该与 x 最简洁的描述 [1] 同样紧凑。所有拥有这个性质的宏观结构都符合柯尔莫哥洛夫的要求。

然后柯尔莫哥洛夫将 0–1 序列 x 的精致度定义为符合此前要求的所有宏观结构 S 的最小所罗门诺夫复杂度。从直觉上来说，这就对应着将 x 描述为一个简单的宏观结构加上（几乎）均匀随机噪声的最优方法。

不巧的是，跟所罗门诺夫复杂度一样，0–1 序列的精致度一般来说也是不可计算的。为了估计模拟实验中 0–1 序列的精致度，阿伦森、卡罗尔和韦莱特利用了一种简易版的精致度，他们将其称为**表观复杂度**。这个简易版精致度的原则就是仅仅考虑对应着某种光滑化结构的宏观描述 S。这种光滑化的灵感其实也来自玻尔兹曼的想法。与其单独考虑每个粒子，玻尔兹曼更倾向于考虑那些在给定时刻几乎处于相同位置的粒子组成的集合，然后描述它们的粗略统计性质。三位研究者在分析欧蕾咖啡的模拟结果时用到的正是这种表观复杂度 [2]。

精致度就是所罗门诺夫的 MAP 估计！ ※

虽然柯尔莫哥洛夫精致度有一种数学上的美感，也似乎切实关联着我们对物理对象的描述中的直觉，然而我们也会怀疑它是不是真正正确的描述方法。比如说，精致度要求在已知宏观描述 S 的情况下，序列 x 必须拥有几乎最大的随机程度，这种要求是不是有些随意？玻尔兹曼熵最后就被香农推广为更普遍、更基本的概念，这是不是类似的情况？我们难道不应该优先利用概率语言来触及精致度更深刻的概念吗？

---

[1] 令 x 为 0–1 序列，我们将所有与宏观结构 S 相容的 0–1 序列的集合也记作 S。如果说 x 作为 S 的元素足够"随机"，那就等于说所罗门诺夫复杂度的余量 $K(x)-K(S)$ 大致等于元素 x 在 S 中的朴素识别方式的长度，就是将所有元素编号后的编码长度。用符号的语言来说，这就相当于 $K(x)-K(S) \geq \log_2|S|-c$，这里的 c 是一个"很小"的常数。要注意到这与另一种被称为朴素精致度的类似概念有着微小的差异，在这一概念中，$K(x)-K(S)$ 被换成了条件所罗门诺夫复杂度 $K(x|S)$。

[2] 在某种意义上，这相当于将理论上的精致度换成了某种"实用"精致度。理论上的精致度有一个缺点：它在定义中包含了某些计算时间长得不合理的算法，而"实用"精致度则只用到了寥寥几个快速算法。

纯粹贝叶斯主义者的回答是肯定的！我对贝叶斯主义最激动人心的思考之一，就是发现了优雅的柯尔莫哥洛夫精致度其实就是所罗门诺夫妖理论中某个子集的最大后验（MAP）估计！

令 T 为宏观结构 S 的算法描述。T 就是所罗门诺夫意义上的一个预测性理论，它尝试解释的就是序列 x。因此，在已知 x 的情况下，T 的置信度可以通过贝叶斯公式计算出来：

$$\mathbb{P}[T|x] = \frac{\mathbb{P}[x|T]\mathbb{P}[T]}{\mathbb{P}[x]}$$

另外，我们知道，对于所罗门诺夫意义上的理论，它的先验置信度 $\mathbb{P}[T]$ 必然随着所罗门诺夫复杂度 $K(T)$ 呈指数递减 [1]。写下来就是 $\mathbb{P}[T]=\exp(-\alpha K(T))$。为了计算所罗门诺夫妖的 MAP 估计，我们只需将分子的对数最大化，这等价于最小化分子对数的相反数。我们有

$$MAP(x) = \arg\min_{T}\{\alpha K(T) - \ln\mathbb{P}[x|T]\}$$

想不到吧！如果我们只考虑这样的理论 T，使得 $\mathbb{P}[\,\cdot\,|T]$ 是关于 0-1 序列的均匀分布的话，那么利用对偶理论 [2] 就能证明存在一个 α 的值，使得 $MAP(x)$ 恰好是柯尔莫哥洛夫精致度意义上的最优宏观描述 [3]！

因此，正如香农对熵的推广将信息与不确定性等概念扩展到非均匀分布上，所罗门诺夫妖同样指引我们，将利用柯尔莫哥洛夫精致度得到的数据的宏观描述扩展到所对应的微观不确定性并非均匀的那些宏观描述上！特别是，柯尔莫哥洛夫精致度尝试度量的，似乎更类似于在给定数据 x 的情况下，算法形式可信理论的所罗门诺夫复杂度。

---

[1] 实际上，我在这里考虑的 $K(T)$ 是 T 的算法描述长度，而不是它的最优压缩。

[2] 这是因为与精致度计算相关的拉格朗日乘子是 $\mathcal{L}_c(S, \mu)=(1+\mu)K(S)+\mu\log_2|S|-\mu c-\mu K(x)$。根据线性规划的强对偶性质，我们可以推断出，存在 $\mu^* \geqslant 0$，使精致度的计算相当于在 S 上寻找一个能使 $\frac{(1+\mu^*)\ln 2}{\mu^*}K(S)+\ln|S|$ 最大化的分布。然而，这正是所罗门诺夫 MAP 估计的等式，其中 $\alpha=(1+\mu^*)(\ln 2)/\mu^*$，而理论 T 则是 S 上的均匀分布。

[3] 此外，我们也能看到柯尔莫哥洛夫精致度中 c 的主观性对应着所罗门诺夫所用偏见中的主观性（尤其是在预测性理论的所罗门诺夫复杂度上附加的衰减因子 α）。

当然，所罗门诺夫妖提示我们还可以走得更远。MAP 毕竟只是贝叶斯公式的粗略近似。这样的话，与其仅仅考虑 MAP 模型这个唯一的宏观描述，所罗门诺夫妖指出，可以考虑所有宏观描述组成的集合，并根据它们合适的置信度来分别赋予权重。也就是说，它希望我们引入**所罗门诺夫精致度**这个概念，这也是后验可信理论的所罗门诺夫复杂度的数学期望。换一种说法，我提出这样的定义：

$$所罗门诺夫精致度(x) = \mathbb{E}_T[K(T)|x]$$

据我所知，这个量还没有被研究过。

卡罗尔、阿伦森和韦莱特从直觉出发的看法似乎牵涉宇宙当前物理状态极高的所罗门诺夫精致度。就像莱布尼茨惊异于竟然有东西存在，而不是什么都不存在，我也不禁惊异于这么高的所罗门诺夫精致度竟然存在，而不是取更小的值。或者化用笛卡儿的说法，除了"我思"这一事实以外，还有其他东西是不容置疑的，那就是极高的所罗门诺夫精致度的存在。对我来说，这就是宇宙最迷人的奥秘，而它的解释也许就埋藏在同样神秘的热力学第二定律之中……

本内特的逻辑深度

另一个定义同样吸引了我的注意，那就是本内特定义的逻辑深度。粗略地说，逻辑深度衡量的是计算观察到的结构所需的时间。

因此，对于本内特来说，欧蕾咖啡的初始状态和终末状态都"并不深刻"，因为它们都可以用算法非常迅速地计算出来。前者的算法就是"白色在上，黑色在下"，而对于后者来说，唯一能够计算欧蕾咖啡中每个粒子位置的算法[1]必须拥有所有粒子的信息。但如此一来，粒子的位置信息就在算法的储存空间之中，算法只需要读取储存空间就能给出这些位置，这无须太多时间[2]。在某种意义上，这两

---

① 或者说，是所罗门诺夫复杂度最小的算法。

② 实际上，如果宇宙是确定性的，那么只需从初始状态对宇宙进行模拟；而如果这个初始状态拥有简短的描述，那么模拟只需少量信息。然而，可能有人会说，如果只知道最终状态，就不可能在合理的时间内反推出初始状态。所以，这种情况下的"实用"逻辑深度仍然很低，因为，能使生成的数据迅速被鉴别为所需最终状态的最短算法，就是那些已知最终状态的算法。

种情况在计算上都毫无深度。

与之相反，混合过程中的欧蕾咖啡所展现出的复杂结构似乎能够利用相对简短的算法来描述，然而这样的算法却需要花上许多计算时间来确定咖啡中粒子的位置。因此，咖啡和牛奶混合时的过渡状态可能拥有相当高的逻辑深度。阿伦森、卡罗尔和韦莱特提出，过渡状态的这种极高的逻辑深度并不局限于咖啡杯之中，其实，整个宇宙现在身处的过渡状态同样拥有庞大的逻辑深度。

在 2018 年，我和拉希德·格拉维利用这个论证，试图解释深度学习为何取得了成功 [6]。我们首先注意到，绝大部分机器学习算法是非常快速的，而且所有层数不多的神经网络（在并行化之后）正好组成了所有快速算法的集合。如果我们相信自己身处的宇宙以及从中收集的数据都拥有非常大的（不可并行的①）逻辑深度的话，我们就能得出一个结论：这些没有深度的算法有一个不可避免的弱点，那就是它们的速度！

现在还要再加上原始数据的所罗门诺夫复杂度，我们在第 14 章就谈到了。我们想要解决的预测问题似乎必然同时需要大量参数和足够长的计算时间。然而，这正是深度神经网络的特征！除此之外，神经网络还有一种结构，能让它们实时学习，尤其可以利用在第 17 章提到的随机梯度下降法。这就解释了为什么深度神经网络能够达到无与匹敌的性能，无论与之比较的是人类开发的算法，还是计算过快的其他机器学习框架。

因此，如果对现实世界建模或者解决人工智能中的问题需要一定逻辑深度的话，那么计算中就必须有一定数量的中间步骤。这些中间步骤中的计算对应着隐藏变量，尤其是在递归的情况中。此外，计算时间越长，这些中间步骤就越像深度变量，也就是对应着某种抽象概念。

要解释抽象方法超出常理的有效性，这个宇宙的逻辑深度似乎正是关键所在。

---

① 算法的可并行性也跟理论计算机科学中的 P 与 NC 问题有关系。这个问题就是所有多项式算法能否在多项式台机器上并行化，得到计算时间为对数的多项式的并行算法。跟大部分计算机科学家一样，我们猜想这个问题的回答是否定的。

数学的深度

尽管深度学习大有成为机器学习中抽象方法之巅的势头，但跟数学这片山峦相比，它只能算是个小山丘。在人类建立的所有宏大体系之中，数学比起其他造物要远远更抽象、更深刻。数以千计的著作堆积起来，朝抽象的方向越走越远，即使是最厉害的数学家也要认真、努力，才能沉浸于其他人创造的抽象概念之中。

要解开寥寥几个方程的部分秘密，可能就需要数年甚至数十年的沉思。一些最伟大的数学家甚至把职业生涯的大部分时间花在同一个方程上。维拉尼这样讲过："玻尔兹曼方程，真是世界上最美丽的方程（……）！我在还小的时候就遇到了它，我的意思是，在我读博士的时候。"狄拉克也说过，以他的名字命名的方程所包含的智慧超出了他本人的智慧，他没有料到这个方程在物理上的推论，尤其是在他年轻的时候 [7]。而我期望能在这本书中与你顺利分享于我而言贝叶斯公式及其出人意料又难以置信的推论的迷人之处。从创作本书的两年前开始，它们就令我激动不已，而且它们很有可能会在之后漫长的岁月中继续令我着迷！

的确，要用我们有限的大脑皮层一步一步理解的话，数学实在是太深刻了。为了衡量数学对象，我们必须时时寻觅大体的解释：为了思考向量，我们必须想象出一个箭头；为了思考非欧几何，我们必须想象一块被拉扯变形的布；而为了证明有关素数的定理，我们就必须仔细考虑它们的已知性质。

而通常来说，当我们面对数学推理中堆积成山的计算步骤时，可能想立刻放弃努力思考，只想机械地依据计算规则做到最后。"闭上嘴，然后去计算。"戴维·默明就是这样概括量子力学的哥本哈根诠释的。人们可能会以为，这在科学上是种错误的做法。我们不是要尝试**理解**周遭的世界吗？如果这就是目的，那就应该放弃过度的数学抽象。

但贝叶斯公式的作用并不是让可靠的理论适应人类大脑的认知能力。它的目的是预测。如果宇宙的逻辑深度很大，那么最好的预测方法很可能需要极为大量的推理步骤，但这些步骤都对应着深入的计算，它们必然超出了我们的直觉。

尤其，数学的深度并不是直觉思考所能比拟的。毕竟，我们的直觉似乎只能进行迅速的计算。因此，直觉推理并没有什么逻辑深度。我认为，这就是对数学超出常理的有效性的主要解释。也就是说，这种有效性并非因为宇宙的本质就是数学（我本人在理解这个概念上很有困难），而是来自这个宇宙当前物理状态的逻辑深度，尤其是因为存在一些逻辑深度很大而所罗门诺夫精致度很小的现象。除此之外，还有我们认知能力上的限制。

数学的简洁性

数学超出常理的有效性的第二个解释就是其惊人的简洁性。说到底，本书中绝大部分内容可以归结为贝叶斯公式，它可以用寥寥几个字符来描述。换句话说，这本书可以用比自身简洁得多的方式来描述。书中都是冗余的内容，它的所罗门诺夫精致度相对来说很低。此外，我甚至认为无论是谁，只要花上足够长的时间来思考学习的本质，并尝试优化自己的教学方法，都能写出与这本书相当类似的另一本书。我相信对这些人来说，我在这里所写的都是些显而易见的东西，可以轻松被高度压缩。但这些东西对于教学来说非常有用。

数学最伟大的成就之一就是数学语言的汇总，这可以归功于花拉子密。但这还不够。除了简洁以外，花拉子密的数学语言读起来一板一眼，不存在好几种可能的解释，而且无须花时间仔细思考这一语言中每个符号的意义[8]。事实上，要确定某个形式证明是否正确，只需要一股脑儿去读就行（但要非常专心）。用计算机科学的术语来说，阅读这一语言只需要所罗门诺夫复杂度很小的算法，即使算法所需的计算时间可能很长。

数学简洁性最惊人的例子之一就是电动力学方程。当物理学家詹姆斯·麦克斯韦在 1861 年首次引入这些方程的时候，它们一点都不简洁。然而，数学不断增长的抽象性将这些冗长的方程缩短为几个符号：$\mathcal{L} = -\dfrac{1}{4\mu_0} F^{\alpha\beta} F_{\alpha\beta} - A_\alpha J^\alpha$，其中 $F_{\mu\nu} = \partial_\mu A_\nu - \partial_\nu A_\mu$。当然，要通过这些方程进行预测，就必须用到整套算法工具，但就纯粹计算而言，描述这些工具也不需要多长的篇幅。

这与那些非形式化的理论形成了鲜明对比，后者强烈依赖于对语言和其他人类"常识"的某种解释。然而，语言和常识的算法描述很可能需要数十亿行代码才能接近人类的表现。正如我们在第 14 章中看到的那样，对于图灵来说，这解释了为什么机器学习对于完全掌握语言和常识来说必不可少。因此，非形式化理论的问题其实不是它们不精确，而是它们需要所罗门诺夫复杂度极大的算法（比如我们的大脑）才能拥有预测能力。然而，如果我们相信所罗门诺夫的偏见，那么所罗门诺夫复杂度极大的理论的先验置信度就会呈指数下降。

当然，自然语言以及人类大脑对它的解释并不是任意而为的。自然选择更偏爱那些能够预测环境和原始部落社会关系的语言和认知过程。然而，这种选择偏好并没有覆盖那些能描述粒子物理学、全球化市场经济和新技术影响的语言和认知过程。对于这些问题来说，即使是非常简化的数学处理，在纯粹贝叶斯主义者的偏见中也会获得优势，这没什么奇怪的。

因此，数学的优雅似乎必将使数学家仔细探索并理解那些简洁的算法，也就是在所罗门诺夫的模型下拥有相当大的先验置信度的算法。所以，我们观察到，那些基于数学语言的最优秀的预测性理论通常在经验中也更可信，这也不是什么惊人的事情。

数学的模块性

我想用数学超出常理的有效性的第三个也是最后一个解释来结束这一章，那就是数学的模块性。优雅的数学定理通常处于大量子学科的交叉位置，构建了数学各个方面的桥梁，它们就像一把瑞士军刀，只要使用方法足够巧妙，就能解决大量问题。正因如此，导数、向量空间和图这些概念在几何学、最优化和概率中比比皆是，而且在物理学、计算机科学、生物学、化学和经济学中也无处不在。计算机科学中的比特、列表结构和排序算法也属于这样的概念。定理组成了预测性理论的基石，就像基础算法组成了所有复杂源代码的基石那样。

程序员将算法分解成小块，好让这些基础算法一次又一次地应用在全体代码的不同方面。与之类似，加法和乘法也经常在物理模型中被重复使用，而导数这个概念也通常被应用在各种不同的物理量中。这样的话，仅仅利用非常抽象且具有普遍性的方式一次性给出导数的定义，要比每次使用它的时候都重新定义的做法更简单、更优雅。因此，数学语言让我们可以研究大量不同的模型——不必每次都重新发明轮子。

现在我们来看一个例子，几十年来它已经成为非讲不可的话题。无论是在数学、机器学习、材料科学或经济学中，实践中的大量问题都可以写成在不同约束条件下对某个目标函数的最小化问题。这个框架就是最优化问题，它统一了大量领域。用于仔细分析并解决这个框架之下的问题的方法，比如梯度下降法、局部搜索和遗传算法，都算得上瑞士军刀。通常，如果能用这个框架建立模型，这些方法就能解决大量问题。

理论物理学的情况给人的印象更深刻，尤其是量子场论，它远远不是一个死板的单独理论，而是首先建立在**拉格朗日量的量子化** [9] 的基础之上。的确，自从理查德·费曼应用了最小作用量原理之后，物理学家已习惯了将他们的量子力学写成唯一一个公式，也叫拉格朗日量，一般来说，它的形式是 $\mathcal{L} = i\hbar\bar{\psi}\gamma^{\mu}D_{\mu}\psi - \frac{1}{2}\mathrm{Tr}(F^{\mu\nu}F_{\mu\nu})$。无论拉格朗日量的具体表达如何，物理学家下一步就能用一套系统化的方法将这个拉格朗日量转化为涉及偏微分的运动方程（也叫欧拉 – 拉格朗日方程）。然后，这些方程可以被**量子化**，接下来就能从方程中得到量子化导出的预测结果。也就是说，将拉格朗日量转化为一组预测，这个过程只不过是单纯（但冗长）的计算。

更厉害的是，规范理论甚至仅仅从拉格朗日量的对称性出发，就能导出它的准确公式。物理对象及其相互作用可以归结为对它们的对称性所组成的群进行抽象研究，这种做法实在令人心醉神迷。诺特定理正是以这种方式从拉格朗日量的时间平移对称性推导出能量守恒，而从空间平移对称性推导出的则是动量守恒 [10]。更进一步的话，只需简单提出拉格朗日量在某个群的作用下不变，比如说 $SU(5)$ 这个群，就能由此构筑一个全新的量子场论。这真是干得太漂亮了！理论物理学成功将自身从光子和电子等基本对象中剥离，只需考虑像拉格朗日量的对称群这种抽象得难以置信的概念。

事实上，两个现代理论物理学的伟大发现就是通过将自身限制在这个理论框架中得到的，而且它们远远超前于实验观察的结果。1964 年，默里·盖尔曼和乔治·茨威格正是通过这种方法分别独立提出拉格朗日量应该在 $SU(3)$ 这个群的作用下不变。他们发现，这个对称性意味着质子和中子可以被切分为更基本的粒子，它们被称为夸克。经过数十年的理论研究、实验发现和争议之后，盖尔曼和茨威格的模型最终被广泛接受，自此成为粒子物理学标准模型的一部分。但在那个时候，盖尔曼已经因为其他工作获得了诺贝尔物理学奖。然而，诺贝尔奖委员会不愿意在不向盖尔曼授予第二个诺贝尔奖的情况下单独向茨威格授奖，而且他们也不愿意向盖尔曼授予第二个诺贝尔奖。所以茨威格从来没有得到过诺贝尔奖。

还有比这更惊人的。还是在 1964 年，三组物理学家，分别是弗朗索瓦·昂格勒和罗伯特·布鲁，彼得·希格斯，还有杰拉尔德·古拉尔尼克、卡尔·哈根和汤姆·基布尔，他们各自独立发现在相对论框架下的拉格朗日量表达与带质量粒子的存在性并不相容。为了拯救拉格朗日量这个体系，这六位物理学家引入了一个新的量子场，这个量子场今天被称为希格斯场。表示成拉格朗日量的话，它遵循所谓的**规范对称性**，但物理状态本身会打破这种对称性。引人注目的是，经典粒子与对称性破缺的希格斯场之间的相互作用，与粒子本身拥有质量时的行为完全无法区分！更妙的是，对希格斯场及其激发态的量子化让这些研究者能够预言新粒子的存在，这种新粒子叫作希格斯玻色子 [11]。你可能也已经知道了，CERN 的大型强子对撞机在 2012 年通过实验发现了希格斯玻色子。第二年，希格斯和昂格勒就获得了诺贝尔奖。

抽象方法又获得了胜利。这当然有运气的成分，但从所罗门诺夫精致度和本内特逻辑深度的角度来看，这里的运气成分似乎并没有想象中那么大……

贝叶斯推断当然考虑了感知过程：给定模棱两可的输入，我们的大脑会由此重新构建最可能的解释。

斯坦尼斯拉斯·德阿纳（1965—　）

贝叶斯学习者可以从一组观察过的例子之中提取更大量的关于某个概念外延的信息，然后以理性的方式利用这些信息推断出某个新对象作为这个概念的实例的概率是多少。

乔希·特南鲍姆（1972—　）

第19章
贝叶斯大脑

大脑不可思议

2017年9月，我觉得已经完成了本书的初稿。我将这份初稿发给了一位朋友朱利安·法若，他是数学家。然后朱利安向我热情推荐了神经科学家斯坦尼斯拉斯·德阿纳在法兰西公学院开设的一门课程，名为"做统计的大脑：认知科学中的贝叶斯革命"（Le cerveau statisticien: la révolution bayésienne en sciences cognitives）。朱利安还加上了这么一句："我觉得'贝叶斯大脑'值得另开一章。"但是，这本书对我来说似乎已经太长了。

但我还是去听了斯坦尼斯拉斯·德阿纳的课程，那真是醍醐灌顶！我花了两天看完了他关于这个主题为时两年的课程——要不是因为工作，我花的时间可能还会更少！在每一课中，我就像是发现了新糖果的小孩子，不停舔着嘴唇等着！更令人吃惊的是，虽然我对贝叶斯主义有很高的置信度，甚至达到了狂信的地步，但我还是不停地重复着这句话："但是贝叶斯公式不可能在人类认知中处于**这么核**

心的地位！"我虽然自认为极端贝叶斯主义者，但我当时似乎还**不够**贝叶斯！

但仔细一想，我应该预料到这一点。如果贝叶斯主义真的就是最优的学习方式的话，那么在选择最能生存和繁衍的智慧物种时，自然选择就必定应该同时选择了贝叶斯主义。这甚至就是贝叶斯主义与达尔文式演化结合之后能做出的预言：如果贝叶斯公式真的是所有认识论误区的解决办法，那么自然母亲必定也找到了实用的方法来通过自然过程对贝叶斯公式进行近似计算。果然，这个预言在这十几年间被认知科学一次又一次地证实了！**我们的大脑是一个了不起的计算器，能对贝叶斯公式进行各种各样的近似计算。**

这一断言可能看起来很令人困惑，毕竟这本书用了很长的篇幅来批评，我们即使面对蒙蒂·霍尔问题这样的简单情况，也无法正确应用贝叶斯公式。我一直在强调那种阴魂不散的自信过度，它伴随着我们在尝试理解贝叶斯主义时的无能。丹尼尔·卡内曼和阿莫斯·特沃斯基似乎也花上了整个职业生涯来证明这一点。的确，我们不理解贝叶斯公式；的确，我们不懂得怎么将它应用在数学问题上；的确，我们不善于用贝叶斯主义思考。

尽管如此，自然母亲并没有选择我们思考抽象问题的能力，她选择的是我们适应环境的能力。这样的话，大脑进行的贝叶斯推断其实是对感官接收到的信息进行的**无意识**处理，尤其是因为对这些数据的处理可能关乎我们在自然界中的生存或者对社会环境的理解。

"人类大脑依靠的是演化而来的古老能力。我们继承的那些能力和直觉在过去和现在对我们这个物种的生存都至关重要。因此，所有婴儿生来就具有某种空间概念和数字概念，而在人类这个物种的情况中，还有专门用于语言的回路。"斯坦尼斯拉斯·德阿纳详细解释道，"显然，教育尝试超越这些知识。教育让我们拥有新的技能，比如阅读、写作、符号化和形式化的算术，这都是演化没有预见到的。但我们会**循环利用**（……）那些古老的大脑系统来获取文化上的新技能。"

这样的循环利用可能有缺陷，并且违反概率法则。然而，那些通常处于无意识中的已有认知过程及其实际应用似乎惊人地吻合贝叶斯主义的计算。

山峰还是山谷？

请你打开一幅地形图，也就是一幅记录了地形的地图。你可以在智能手机上打开地图，然后在选项中激活"地形"模式。放大某串山峦或者山谷，比如沙莫尼（Chamonix）山谷。现在将地图倒过来看，如果你用的是手机，那就把手机倒过来，但是不要把图像本身也倒过来。你应该会立刻注意到某种奇怪的现象（图 19.1）……

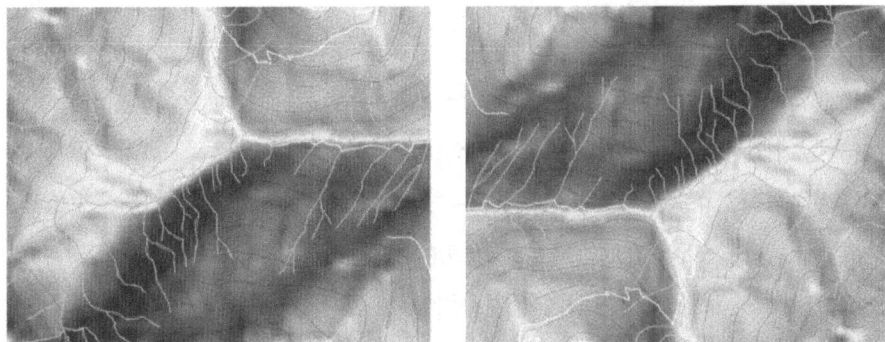

图 19.1　上面的两幅图是完全一样的，其中一幅上下颠倒了。图中表示的到底是山峰还是山谷？

你应该会觉得山峰好像变成了山谷，而山谷则变成了山峰！特别是在地图上，阴影区域的上面似乎就像是山峰，而山谷就处于阴影区域下面。

但这种感知从何而来？是什么让我们能够区分地图上的山谷和山峰？

与许多无意识的感知一样，我们得出的结论其实来自贝叶斯式的计算。在这个例子中，我们对地图的解释用到的那个不可或缺的偏见就是照明的来源。这是因为，地图中的阴影产生于来自地图上方的照明，即使这种照明在欧洲和美国等北半球地区在物理上是不可能发生的，因为太阳总会从南面照射过来[1]！

虽然这个偏见在地图的情况中并不正确，但在日常生活中却完全有根有据。无论是阳光还是电灯，照明一般来自上方。所以，当我们观察别人的面孔时，我们一般会看到鼻子处于一片阴影的上面，而眼睛则相反，处于一片阴影的下面。此外，反方向的照明会看起来很惊悚，这也解释了为什么恐怖电影中经常用到从下至上的照明。

一般来说，我们的视皮层拥有出色的无意识能力，可以猜出图像中照明的来源，为的是之后能更好地解释图像中的内容。因此，这个过程与之前提到的贝叶斯网络和玻尔兹曼机非常相似，我们的大脑似乎会立刻利用隐藏变量来理解观察到的变量。

视错觉

关于照明的偏见会让我们对一幅上下颠倒的地图做出错误解释，在我们分析自然世界的大量图像时，这种偏见的效率高得可怕。然而，如果构筑图像的规则在自然界中很不常见的话，这些偏见也会将我们引向歧途。

请你拿两支相同的笔，然后把其中一支横放，把另一支竖直放在前一支上面，构成数学家用来表示垂直的符号"⊥"。现在看看这两支笔，你应该会觉得竖着的那支笔要比横着的更长，但根据这个图形的构造，这两支笔的长度其实是一样的！

这种视错觉同样可以利用我们的贝叶斯大脑中有凭有据的偏见做出完美的解释。我们的大脑习惯于观看符合透视原则的图像，其中看到的竖线通常对应着透视中的水平线——铁路的铁轨就是一种典型的情况。然而，在透视的情况下，这些直线会被压缩，看起来要比实际上更短。我们的贝叶斯大脑因此会在无意识中将这种关于透视的正确偏见纳入考虑。这就会导致大脑推断出竖线要比看起来更长。可能就是出于这个原因，我们会本能地误认为自己摆出的垂直符号⊥中的竖线要比横线更长（图19.2左图）。

其他视错觉也用到了这种透视效应，一个经典例子就是同一个人像被复制粘贴到前后两个不同的透视平面上（图19.2中图）。我们会觉得处于后面的透视平面上的人像更大，那是因为我们的贝叶斯大脑在无意识中应用了贝叶斯公式（的一个近似），以此推断出后面的透视平面上的人像很有可能比看上去更大。这个视错觉可以通过贝叶斯推断来解释。

另一个经典视错觉与此类似，那是其中一部分有阴影的国际象棋盘（图19.2右图）。阴影中的白色格子看起来比照明之下的黑色格子颜色更浅，但实际上并不是这样的。虽然如此，我们的贝叶斯大脑在无意识中进行的贝叶斯推断也会考虑照明的效应，由此得到"**有用**"的结论，也就是被照亮的黑色格子的颜色比阴影中的白色格子更深。

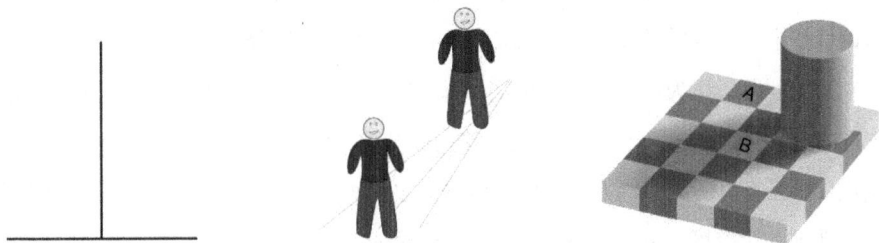

图 19.2　几个经典的视错觉。左图中两条线段的长度相同，中图中的两个小人大小相同，右图中的格子 A 和 B 的亮度相同

运动的感知

取一个非常扁的菱形，然后将它倾斜，使其最长的对称轴基本上沿着从右上到左下的对角线，再将这个菱形从左移到右。如果菱形与背景之间的对比度很高（一般会用黑色菱形和白色背景），那么我们就会清楚地看到菱形从左移到右。然而奇怪的是，如果将对比度降低（比如浅灰色菱形和白色背景），有些神奇的事情就会发生。很多人会看到菱形似乎在往右下方移动。我自己在 Twitter 上重复了这个实验，根据我发起的统计调查，回答问卷的 376 个人中的 39% 说看到菱形似乎也有点向下方移动了！

我们睿智的贝叶斯大脑是怎么得出这种错误结论的？在一篇出色的论文之中 [2]，魏斯、西蒙切利和阿德尔森证明了这个错误的结论正是贝叶斯大脑在计算中整合了弱对比度导致的不确定性之后理应得出的结论。

但在介绍这三位作者的贝叶斯式解释之前，我们先来看一项大脑经常被低估的惊人能力：当与背景颜色对比度高的菱形移动的时候，我们能够确定它的运动。这真是项非凡的成就！毕竟从感官的角度来看，我们看到的所有东西都只是或明或灭的像素。视频中像素亮度的改变是怎么被翻译为视频中物体的运动的呢？

我们之前看到，我们的大脑皮层首先能够做到的就是检测出图像中的线条。

这样的话，当菱形移动时，大脑明显会看到菱形的边在移动。但菱形的每条边都是倾斜的，所以，当菱形从左往右移动时，菱形的边却似乎在往另一个方向移动。实际上，所有移动中的线段都像是在以垂直于直线的方向往右边移动。对于无限长的直线来说，这样的移动其实无法与任何往右的平移区分。

虽然如此，作为优秀的贝叶斯"计算器"，我们的大脑知道，直线以垂直于直线的方向往右移动只不过是直线往右移动的其中一种可能的解释。虽然在先验上这也许是最有可能的移动方式，但其他移动方式的概率并不为 0。根据魏斯、西蒙切利和阿德尔森的说法，大脑会结合菱形所有边可能的运动，并且假设菱形本身只沿一个方向移动。也就是说，在给定不同边可能的移动方式的情况下，大脑会计算出菱形在后验中最有可能的移动方式。正是这种方法让大脑能够从边的移动推断出菱形本身的运动——即使这些边的移动并不确定！

这就解释了为什么大脑能在对比度足够高的情况下做出正确的推断。那么在对比度低的情况下又怎么样呢？在这种情况下，大脑难以辨识线条的运动，这些线条移动的速度对它而言有某种不确定性（还要加上对于线条运动方向的不确定性）。令人惊奇的是，这种额外的不确定性会导致贝叶斯式计算产生差异。当不确定性足够大的时候，贝叶斯推断得出的结论就会更倾向菱形往右下方移动这个假设，也就是说这种移动方式是最大的后验估计。

真是难以置信！大脑的错误预测可以解释为大脑的贝叶斯计算中因引入对比度下降带来的额外不确定性而得到的结果！这种预测是错误的，但这种错误有它的理由，因为这就是贝叶斯大脑在面对不确定性时最好的处理方法！

虽然我们为这个实验选定的条件非常不自然，目的就是欺骗我们的贝叶斯大脑，但在实践中，贝叶斯式的预测通常可能更为贴切！

贝叶斯抽样

认知科学中最令我印象深刻的现象之一，就是人类大脑进行有代表性的抽样的能力，这一能力可能是通过我们在第 17 章中谈到的 MCMC 实现的。我们之前也谈到过，抽样方法对于概率性现象的描述通常相当有效，尤其是当相关的概率分布难以利用数学语言来描述时。然而，在实践中，绝大部分概率分布本身难以描述，也难以直接处理。

我们的贝叶斯大脑似乎理解了这一点。与其像纯粹贝叶斯主义者那样同时利用多个互不相容的理论来得出结论，大脑更倾向于顺次思考，首先考虑非常可信的模型，如果还有时间的话，然后再考虑其他可信模型。

一般来说，人们会以这种方式来尝试解释那些模棱两可的图像。你以前可能也见过这幅模棱两可的图像，它从某个角度看像鸭子，但从另一个角度看却像兔子（图 19.3）。最奇怪的是，我们似乎不可能同时看到这幅图像的两种解释方式。我们的贝叶斯大脑似乎一次只能观察到其中一种解释！

图 19.3　鸭还是兔？

在 2011 年，莫雷诺 – 博特、尼尔和普热研究了这一现象 [3]。他们让被试观看两个黑色网格在白色背景上相对移动的情景，然后询问被试哪一个网格在上。被试在两种可能的解释之间摇摆不定。贝叶斯大脑假设指出，在这种情况下，被试采用某种解释的时间比例就是被试对于这一解释的贝叶斯置信度。

为了测试这一假设，这三位研究者的天才想法就是先研究两个不同的变量对于被试在不同解释上花费的时间有什么影响，然后验证两个变量的叠加影响正是各自影响的乘积。他们研究的这两个变量就是其中一个网格的直线密度与相对速度。令人吃惊的是，将贝叶斯大脑假设所预言的效应相乘之后，正好完美符合两种效应的实际叠加效果[①]！贝叶斯大脑进行的抽样似乎恰好遵循概率法则！更神奇的是，王公发（音译）和汪小京[4]确定了可能与此相关的神经机制，可以具体解释神经元进行这类贝叶斯抽样的能力！

这一结论有个奇怪的推论：如果利用各种不同解释来进行多次预测的话，那么我们就能得到更好的预测结果。你可能还记得，纯粹贝叶斯主义者会通过取不同可信模型的预测的加权平均来优化自己的预测。为了测试贝叶斯大脑利用 MCMC 进行预测这一假设的推论，武尔和帕什勒[5]向 428 位被试提出了下面的问题："全世界的机场有百分之几位于美国？"他们要求被试给出两个答案。第二个答案通常比第一个答案更不准确，但令人惊异的是，尽管如此，这两个答案的平均值却明显比其中较准确的那个答案更准确！

更妙的是，对于其中一半被试，武尔和帕什勒等了三个星期才让他们给出第二个答案，这让被试在第二次回答之前有机会真正改变对问题的诠释。猜猜发生了什么？这时，答案的平均值变得比紧接着第一次回答给出第二个答案的情况更准确了。德阿纳这样总结道："将同一个问题问上两遍也不错。"

归纳问题

2011 年，乔希·特南鲍姆和三位合作者[6]在英语中引入了一个新的词——"tufa"。为了解释这个概念是什么，特南鲍姆给出了 3 张 "tufa" 的例图。我们之中的那些纯粹主义者自然会说，这种定义新概念的方法真的非常糟糕。

尽管如此，这四位研究者观察到，在只有 3 个 "tufa" 的例子，而且没有任何不是 "tufa" 的范例的情况下，我们仍然能够基本上对 "tufa" 到底是什么达成一致。实际上，特南鲍姆之后给出了 39 张图片，对大家来说，其中 6 张图片似乎显然就是 "tufa"，而其余的图像都不是 "tufa"！实在难以置信！

这种惊人的现象有时候也被称为**归纳问题**。它当然远远达不到 p 值以及费希尔的各种方法的标准，然而，据特南鲍姆及其合作者所说，这种现象可以完美地

---

① 这建立在一些独立于效应的假设上。

用贝叶斯原则来解释，只需要从"'tufa'的 3 个例子对'tufa'具有代表性"这一偏见出发，然后假设与这些例子不够相似的例子就不是"tufa"，这样就解释得通了。更妙的是，通过例子学习似乎正是我们学习词汇意义的真正方式。我们从来没听过"猫"的形式定义，只是看过类似的形状，然后父母告诉我们，大家把它们叫作"猫"。

归纳问题的一个简单但有说服力的解释，就是从先验上假设所有事物组成的集合构成了树的结构，就像生命演化树那样。这样的话，当且仅当某个定义与树的结构相容，也就是它必须对应于树的一个结点时，它是可以接受的。这也是系统发生学所用的方法，这门学科会将哺乳动物等物种类群定义为拥有某个共同祖先的所有派生物种。所有可能的定义也就组成了演化树上所有结点的集合。

我们知道，"tufa"必定是这棵树上的一个结点，接下来要做的就是确定它到底是哪个结点。特南鲍姆与合作者提出可以研究简化的情况，其中所有结点的先验概率都相同。那么 MAP 模型就是似然度最大的模型，也就是使得特南鲍姆的 3 个例子属于"tufa"的概率最大的定义。通过非常简单的计算就能看出，那就是包含所有例子但又最远离树根的那个结点。

特南鲍姆及其合作者提出，正是借助类似的计算，我们仅仅通过 3 个例子就能对"tufa"一词的意义达成共识。他们还推测，在更普遍的情况中，婴儿也是这样学会语言中的词汇的。

学习如何学习

但这个解释似乎相当不完善。人们也许会问，大脑是如何确定那棵对所有事物分类的树的？此外，树这个结构从何而来？特南鲍姆与合作者的回答令人着迷：对树结构的必要性的学习，以及对事物分类的树结构的学习，似乎都是层次贝叶斯计算的推论。也就是说，大脑似乎进行的是层次贝叶斯计算。

要理解这一点，请想象一下又圆又重的物体 A、又圆又非常重的物体 B、非常圆但只是一般重的物体 C，然后有人跟你说，物体 A 用来烹调"tufa"正合适。你能够将这个结论推广到物体 B 和物体 C 上吗？而如果你手头上只有物体 B 和物体 C，你应该用哪一个物体来烹调 "tufa" 呢？

要回答这个问题，我们就必须知道，对于烹调 "tufa" 来说，物体的圆度是不是比它的重量更重要，以及圆度和重量的变化在什么程度上会影响 "tufa" 的烹调。然后，层次贝叶斯计算就会利用其他类似的例子作为启发，比如说，在烹调其他食物时用到的物体的圆度和重量的影响。

这正是我们在解决斯坦悖论时用到的方法。回忆一下，为了根据相关数据判断某位飞行员的水平，同时考虑其他飞行员的水平也不无益处。同样，这个原则在解决苏格兰绵羊问题时也至关重要。为了将一只绵羊的黑色毛色推广到其他绵羊，关于其他物种的毛色如何根据地理环境变化的知识也有用处。

最迷人的地方在于，这种层次贝叶斯主义的做法可以被视为一种学习 "如何学习" 的方法。在学习到圆度和重量一般会对烹饪有什么影响之后，我们就能更有效地确定物体 B 和物体 C 在烹调 "tufa" 时用处有多大，即使我们得到的唯一信息只与物体 A 有关！层次学习让我们能够忽略那些无关紧要的变量，专注于那些重要的变量。

当然，我在这里给出的只是一个极端简化的例子。但在更普遍的情况中，层次贝叶斯方法能够迅速确定用什么方式才能将有关世界的模型正确地组织起来，比如对物体分类时用到的图结构的选择，或者研究物理现象时用到的因果法则。一旦发现了这些模型的正确结构，学习过程就能大大加速，因为之后的学习可以在恰当的受限模型中进行。

其实我们已经看到了这种学习的一个更明确的例子，那就是 LDA。这个贝叶斯结构能让我们逐步学会在为文件分类时选择合适、贴切的类别，也会让日后的文件分类变得更简单。此外，这个模型也与特南鲍姆和其他合作者在 2011 年研究过的模型 [7] 很相似，他们得出的结论就是所谓的 "抽象的恩赐"。

抽象的恩赐

特南鲍姆及其合作者用下面的方法展示了这种抽象的恩赐。他们首先考虑了一个层次结构，换句话说，他们考虑了多个一般性的模型，其中每一个模型都可以分为不同的特殊因果模型，而这些模型又可以细分为不同的特殊情况。然后，他们考虑了一个贝叶斯人工智能，它会在这个层次结构中的每一个层次都应用贝叶斯公式进行计算。

所罗门诺夫归纳法可以很好地解释这种做法。回忆一下，所罗门诺夫的做法就是学习那些能够解释过往数据并预测此后数据的理论。我们可以打赌，最优秀的理论就是那些利用贝叶斯公式从过去数据出发做出预测的理论。所罗门诺夫妖在理论之间进行的贝叶斯计算很可能会将置信度放在那些符合贝叶斯主义的理论上，而这些理论也会将贝叶斯公式应用到下一层上。更进一步，这些贝叶斯理论会研究众多子理论，最终会偏好那些符合贝叶斯主义的子理论，以此类推。

无论如何，特南鲍姆及其合作者进行的模拟指出，层次贝叶斯学习一开始在所有层次上都很缓慢，但在研究几百到数千个抽样之后，整个层次结构最终会将贝叶斯置信度放在正确的一般性理论之中。令人感兴趣的是，对正确的一般性理论的学习要比更低层次的学习快得多。这个观察结果的推论之一，就是直接从正确的一般性理论开始学习，基本上不会节省多少时间！

我们之后也会重新谈到一个现象：儿童有着强大的学习能力，使某些心理学家惊奇不已，他们甚至提出儿童大脑中有着大量由遗传信息预先编码的模型。比如说，儿童似乎有着应用因果法则的天性。然而特南鲍姆及其同事进行的模拟指出，对于利用层次贝叶斯主义的智能来说，学习模型中一般性原则的速度其实相对较快，它们无须预先处理好的学习模型。贝叶斯主义似乎能让智能以出人意料的效率来发现贴合这个世界的思考范式！

某些理论研究者有时候会抱怨，科学研究中对人工智能的使用过于泛滥。他们称，对大数据的探索不可能让我们发现优雅普适的公式，也不能让我们找到如爱因斯坦的广义相对论那样美妙的公式。机器学习似乎过于机械，欠缺只有伟大的心灵才拥有的那种才气。

然而，这种说法忽略了贝叶斯方法中抽象的恩赐。层次贝叶斯方法似乎完全能够从大量理论的一般结构之中分辨出最能对经验数据做出适当解释的结构。它似乎也能够辨别出最优秀的理论的一般形式，由此为思考经验数据给出合适的范式。

如果优雅的公式就是对这些数据建模的**正确**方法，那么我们可以打赌，足够接近所罗门诺夫妖的人工智能必定知道如何得出这个公式，正如神经科学家发现，贝叶斯框架对于研究认知过程来说非常贴切。

婴儿都是天才

我们之前看到，图灵将儿童的大脑比作一本记事本，其中"没什么机关，但有许多张白纸"。这个理念长期以来占据主流。然而，这种想法被心理学家史蒂文·平克和现代神经科学打破，贝叶斯主义对此也有所贡献。

在谈这个问题之前，我们注意到，即使是不满 1 岁的婴儿也已经拥有一组所谓的"核心知识"（core knowledge），对物体、数字、空间和语法都有着某种直觉上的理解。除此之外，这些婴儿似乎已经具有统计能力，一般会花很长时间好奇地盯着他们的贝叶斯大脑认为不太可能发生的事件。

在 2008 年，徐绯和加西亚 [8] 对 8 个月大的婴儿进行实验，证实了这一点。这个实验的灵感来自拉普拉斯瓶子模型。一个瓶子里装着大量小球，这些小球要么是红色的，要么是白色的。然后我们从中抽出 5 个小球，假设其中有 4 个红球和 1 个白球。第 6 章谈到过的拉普拉斯接续法则会提示我们，瓶子中红球所占的比例大概是 $(4+1)/(5+2)=5/7$。

然后，我们清点瓶子里的小球。如果瓶子里大部分是红球的话，婴儿一点都不吃惊；然而，如果瓶子里实际上大部分是白球的话，婴儿就会花上很长时间盯着瓶子，好像里边藏着什么秘密似的。真是难以置信！8 个月大的婴儿似乎已经能够从直觉上把握拉普拉斯的贝叶斯式计算，并且就像科学家那样，会去调查那些贝叶斯的预测被观察结果否定的情况！

语言

婴幼儿最令人惊异的学习过程就是语言的学习。人人对此都有经验。即使经过数十年的学习，甚至在国外浸淫多年，要把一门语言说得像本地人一样也是非常困难的。旅居英语国家的法国人仍然会保留他们的法国口音。与之相反，婴幼儿有着从父母那里学习语言的惊人能力。仅需数年，婴幼儿对一门语言的掌握程度就能达到许多外国人终其一生都达不到的水平。两岁孩子的词汇量会以每天10~20 个词语的疯狂速度增长！他们是怎么做到的？

神经科学指出，婴幼儿的语言学习可能强烈依赖于对语言中被称为"音位"的基本语音单位的统计性质的考察。例如，在扎弗兰、阿斯林和纽波特进行的实验 [9] 中，他们让婴幼儿聆听一连串音节，这些音节的播放节奏恒定，以至于不可能从中推断出那些音节的任何信息。然而，在这一连串的音节背后隐藏着某种统计规律。比如说，"to"这个音节后面跟着的一定是"ki"，而只有在三分之一的情况下"bu"后面才会跟着"gi"。这就是一个**马尔可夫链** [10]。

令人震惊的是，婴幼儿似乎除了能够辨别这些统计规律以外，甚至还能够确定有可能作为单词分界的音节划分方式，这大概是通过贝叶斯推断做到的。也就是说，要从口语中学习单词的话，似乎必须进行某种贝叶斯计算。然后，婴幼儿能够将单词结合起来，以此区分句子。这是一项非凡的成就！因为要做到这一点的话，婴幼儿就必须能够辨别句子的语法结构，也就是识别出其中某些词语是动词，而另一些词语则是名词。在某些语言中，婴幼儿还必须学会在问句中把词语顺序反过来。然而，这些在学习语句的构建中必不可少的努力，对于单词学习来说也有很大的用处。

我举个例子解释一下。假设桌子上有两个碗，一个是蓝色的，另一个是镀铬的。父母让孩子把镀铬的碗拿来。孩子不知道"镀铬"是什么意思，但是他知道这是一个用来描述碗的形容词。此外，孩子还会猜想父母说的可能不是那个蓝色的碗，否则父母可能就会说"蓝色的碗"了。因此，孩子得出结论，镀铬的碗应该不是那个蓝色的碗，而"镀铬"这个词形容的就是那个镀铬的碗的颜色。

真是不可思议！这个孩子刚刚在没有数据的情况下预测并学习了"镀铬"这个词的含义，虽然他之前从来没有听过这个词语，但他仍然确定了词语的意义。孩子的天才之处就是依靠自身的偏见。跟所罗门诺夫所说的一样："没有数据也能预测，但没有先验概率就不可能预测。"

学习计数

当孩子学习字母表或者数字的时候，他们记住了一连串词语或者声音。此外，学习字母表通常也伴随着一段帮助记忆的旋律。学习数字有时候也会伴随着数手指的行为。

然而，认识一串词语并把它熟记于心，并不代表能够在其他情况中恰当使用这些词语。很多小孩子的确能够背诵那些数字，但如果有人让他们找来 3 个物体，他们却会拿来一堆东西，而不是只拿 3 个。

更奇妙的是，孩子一开始只会理解"一"这个词语的概念，然后他们会学会"二"这个词语，但这一过程就到此为止了。在之后几个月中，即使他们能够背诵"一"和"二"以外的数字，他们都只知道这两个数字的意义。之后他们会学会"三"，然后又止步于此。

大概在三岁半的时候，孩子似乎一下子就完成了一项概念上的巨大飞跃，能够将数字的序列与数字的意义对应起来。他们建立了"加上一个额外的物体"和"换用序列中的下一个数字"之间的联系。这种联系是如何建立起来的呢？

根据特南鲍姆及其合作者皮安塔多西和古德曼所说 [11]，孩子刚刚完成的这一奇妙壮举就是学会了一个**递归**算法。这个算法以任意一堆物体为输入。如果集合中什么都没剩下，那么算法就会以最后一个数作为输出的结论。否则，算法会从这堆物体之中抽出一个，然后说出数字序列之中的下一个数字——如果抽出的是第一个物体，那么孩子会说"一"，然后算法会记住前一步说出来的数字，接着数剩下的物体。

我在这里用了抽象的说法，描述的正是你所知道的（字面意义上的）数手指算法，你每次挨个数一堆东西的时候应用的就是这个算法。但这个人人都将学会的算法其实抽象得惊人，而最惊人的还是，只能通过统计学习的小孩子能够辨别并选择这个抽象的递归算法。

德阿纳指出，这种思考并利用递归算法的能力可能就是人类与动物的大脑之间的根本性差异。无论如何，这项利用贝叶斯主义对递归算法进行的研究，尤其暗示了我们的贝叶斯大脑可能跟所罗门诺夫妖之间没有那么大的差距。

心智理论

我们的贝叶斯大脑在儿童时期学习到的最基础的能力之一就是心智理论，也就是思考其他人正在思考什么的能力，以及利用对他人的思考建立的模型来建立预测或者学习新概念的能力。因此，孩子甚至在不到两岁的时候就能够跟随别人的目光，模仿别人的动作，甚至辨认出未完成的动作的意图。再大一点时，孩子就会学习到对方的信念并不一定与第三者的信念完全相同，以及别人可能会说谎，或者用反讽、挖苦、幽默的语气说一些话里有话的东西，而且别人还会不自觉做出各种动作。也许正因为我们是社交性的动物，所以心智理论对于我们的学习来说必不可少。

假设有一个透明的瓶子，里边装着许多蓝色玩具，以及寥寥几个相似的黄色玩具。一位成年人将手伸进瓶子中，拿出了 3 个蓝色玩具，然后按压其中的每一个，每一个玩具都发出了声音。然后成年人从瓶子里拿出一个黄色玩具交给孩子。我们要提出的问题就是，目睹整个情景的孩子会不会将蓝色玩具发出声音的能力推广到黄色玩具上？答案是肯定的。孩子会按压黄色玩具大概 3 次，玩具没有发出声音，这时孩子才放弃继续尝试。

到此为止，事情还在意料之中。但这个实验的如下变体却相当好玩儿：瓶子里只有几个蓝色玩具，却有一大堆黄色玩具，而这一次，成年人取出了 3 个蓝色玩具，也展示了按压这些玩具就会发出声音。然后成年人取出一个黄色玩具，孩子会不会认为这个黄色玩具也会发出声音呢？奇怪的是，孩子的确会去试试这个玩具，但现在却只会尝试一次！

所以，在第二种实验中，孩子似乎会意识到成年人的抽样有偏差。孩子可能会觉得成年人故意只取出蓝色玩具，因为它们与黄色玩具的差别非常大。孩子理解了选择偏差的存在，而他们通过贝叶斯计算得出结论，蓝色玩具的性质并不一定适用于黄色玩具！

孩子不仅知道如何确定选择偏差会怎样影响观察结果的泛化，（我们成年人在更抽象的情况中却完全没有这种智慧！）而且他们也知道为了做到这一点应该如何对成年人的想法建模。孩子拥有心智理论，而且知道怎么应用心智理论避免做出错误的结论。

先天还是后天？

德阿纳谈到了"神经科学中的贝叶斯革命"，不仅因为贝叶斯大脑的理论容纳了难以用其他方法解释的海量实验结果，贝叶斯观点的魔力同样在于它能够解答与儿童学习过程有关的古老辩论之一，而且这个解答完整得惊人。在这一历史悠久的辩论中，对阵双方分别是认为大脑在出生时就有关于语言和语法的先验知识的先天论（innatism）支持者，以及认为所有这些知识都要经过学习才能获得的经验论（empiricism）支持者。这场辩论的象征就是心理学家斯金纳和乔姆斯基之间史诗般的对抗。

拉开战幕的是伯勒斯·斯金纳在 1958 年出版的著作《语言行为》（*Verbal Behavior*）。斯金纳以他所做的一些实验为重要论据，证明了鸽子能够学会"啄"和"转圈"等词①。的确，斯金纳发现，如果在鸽子做出与展示给它们的词语相关的行动时给它们奖励的话，那么这些鸽子最后都能理解这些词语的意义，或者至少说，它们可以将看到的词语联系到能获得奖励的行动上。

然而诺姆·乔姆斯基反驳道，掌握人类语言远比学会词语与事件之间的相关性更复杂、更困难。乔姆斯基认为，要学会语言和语法的精细复杂之处，就必须借助具有这一潜能的大脑。乔姆斯基提出，我们的大脑从基因层面上就编入了理解和操作他所谓的"普遍语法"的能力。

然而，我们之前已经看到，贝叶斯大脑这个假设有着难以置信的预测能力，而根据这一假设，所有婴儿都首先应该具有这样的能力，能够建立与环境中各种现象相关的复杂模型，也能够应用贝叶斯公式来保留并探索那些最有用的模型。关键在于，特南鲍姆及其合作者进行的模拟暗示了婴儿的这一能力对于建立周围环境的模型、理解语言和学习说话来说似乎是充分且必要的条件——这也印证了所罗门诺夫完备性定理！

从某种意义上来说，婴儿大脑天生的结构给主张人类大脑必然具有某种禀赋的先天论提供了论据。然而，这种先天结构似乎比乔姆斯基提出的结构更抽象、简洁、出色。我们已经看到了这一结构，层次贝叶斯方法实际上能够迅速确定那

---

① 在英语中，"啄"和"转圈"对应的单词分别是"peck"和"turn"，恰好字母数量是一样的。

些宏大的思考框架。

反过来说，经验数据在通过贝叶斯公式对实用模型进行的选择中扮演了关键的角色。然而在这里，这种对数据的学习也绝对不能完全归结于通过强化学习对相关性进行的简单计算。这一学习针对的是极端复杂、精妙的模型，它会在不同的层次上进行贝叶斯计算。

这真是令人叹为观止。贝叶斯公式对我来说如此难以理解，甚至令我觉得自己没有足够的能力来计算概率，但我的大脑似乎就在用它进行计算，而这同一个大脑却无谓地期望着成为有自觉、有能力的贝叶斯思考者，我觉得这一点极其迷人，但又令人困惑。似乎人人都有着某种非常精细、高效的机制来进行复杂的贝叶斯计算，而这种计算高度并行，在能量消耗效率上也无可比拟。然而奇怪的是，我们对于这种计算毫不自觉，而且完全无法利用这种能力来正确地思考。

没有事实，只有诠释。

弗里德里希·尼采（1844—1900）

构成宇宙的是故事，而非原子。

缪丽尔·鲁凯泽（1913—1980）

科学用看不见的简洁代替了看得见的复杂。

让·佩兰（1870—1942）

第20章
一切都是虚构

柏拉图的洞穴

假设你被锁链束缚着，只能看见洞穴里的岩壁。你时不时会看到岩壁上有影子出现并移动。但无法回头的你不能直接看到这些影子出现的原因是什么。对于周遭世界，你所知道的一切就是感知到的岩壁上的影子，你的现实因此也局限在这些影子之中。你将这些影子当成了现实。

我刚才描述的，正是古希腊时期哲学家柏拉图提出的洞穴寓言。对柏拉图来说，这个寓言切实地暗喻了他那个时期的人的无知。柏拉图甚至更进一步，想象你某位同样被锁起来的同伴获得了自由。我们叫他皮埃尔－西蒙吧。他转过头，但阳光对他来说如此刺眼，他宁愿重新坐下来推敲岩壁和那些影子。在柏拉图看来，与他同时代的人不仅非常无知，而且甘于这种无知。

但柏拉图仍然继续想象，现在皮埃尔－西蒙被带出了洞穴，也许他是被强行拽出来的。皮埃尔－西蒙首先会觉得惊恐不安、不知所措，但他逐渐发现了一个远比岩壁和影子更真实的世界，并从中得到了乐趣。激动万分的他最后回到了洞穴，向你讲述了他不可胜数的发现。问题在于，现在你会把他当成一个疯子！你不相信他，全盘否定了他对你说的一切。对柏拉图来说，这就描绘了与他同时代的人的最大弱点：他们更愿意活在错误的现实之中，不会对此提出质疑。

电影《黑客帝国》中的一段经典情节重现了柏拉图的洞穴寓言。在主角尼奥开始怀疑日常生活的真实性时，莫菲斯向他提出了一个著名的两难问题，也就是在红色药丸和蓝色药丸之间如何选择。如果吃下蓝色药丸，尼奥就会带着无知醒来，享受日常生活，却无法发觉这种日常生活不过是投射在洞穴深处的影子；如果吃下红色药丸，他就会逃脱这种日常，发现世界的真实。对于电影叙事来说足以庆幸的是，尼奥选择了红色药丸[1]。

红色药丸让尼奥逃出困住他的计算机模拟世界——那个有名的"母体"（Matrix）。尼奥在完全不一样的世界中醒来，那是一个被机器统治、有如末日的危险世界。之后莫菲斯带着尼奥进入了另一个计算机模拟世界。尼奥不知所措，质疑道："这不是现实。"莫菲斯的回答是另一个问题："现实是什么？怎么定义现实？"然后莫菲斯提出了一个可能的答案："如果你说的是我们能够触摸、嗅闻、品尝和看见的东西的话，那么现实就只是经过大脑诠释的电信号。"

反实在主义

柏拉图的洞穴寓言以及《黑客帝国》中的模拟都是发人深省的例子，因为它们质疑了现实的本质。但对于纯粹贝叶斯主义者来说，它们阐述得还不够彻底。这两个例子仍然承认一个前提：人们自愿被囚禁其中的世界的外面就是**现实**世界。因此它们仍然默认现实的确**存在**。在这些例子之中，现实并不符合这些世界中的居民的信念，这一点令人不安且令人好奇。

这种说法在许多科学家谈论科学的时候屡见不鲜。在许多地方都能零零星星地看到这样的说法：科学**揭示了**不可见的真理或者隐藏起来的真实世界。有人甚至说，科学就是到达**真理**的唯一方法，也是幻象的终点。人们可能认为水是无限可分的，但**现实是**，水不过是一组数目有限、互相穿行的分子；人们可能认为时间和空间都是绝对的，但**现实**是，它们都是相对于观察者在时空中的轨迹而言的；人们可能认为人体之中只有属于我们的细胞，但**现实**是，大部分组成人体的活细胞其实是各种各样的细菌，我们的健康和心境都有赖于它们。

在本章中，如果我的论证没有问题的话，我要讨论的是**贝叶斯主义**的一个违反直觉却又不可避免的结论。我会将结论留到最后，因为即使你认真理解了本书中的思想链条，大概也会倾向于否定这个结论。某些虚构的说法对纯粹贝叶斯主义者来说更可信，而另一些虚构说法对实用贝叶斯主义者来说更有用。然而对于所有合格的贝叶斯主义者来说，一切事物都只能是某种虚构，或者更准确地说，所有事物都只是无限个随机算法的模拟，而我们其实就是在这些随机算法上下赌注。

因此，我认为合格的贝叶斯主义者必然会否定这样的假设：必然存在某种与人们的想象相符的**现实**，一个超越了柏拉图洞穴的宇宙，或者说"母体"以外的物质世界。我甚至进一步认为，电子**真实存在**的假设既无必要也不实用，甚至对于物理学确实牵涉客观现实的假设来说也是如此。当然，这些模型有着难以置信的用处和预测能力，值得我们向其赋予大部分的置信度。但正如博克斯的名言所说，我认为更有用的是要牢记这些东西都只是模型，而"所有模型都是错的"。作为合格的贝叶斯主义者，我尤其要为这种虚构主义立场的**用处**辩护。

生命是否存在？

有关现实主义的辩论经常会转向那些存在主义的问题，比如意识是否存在 [2]。这个主题争议太大，不适合直接讨论。所以我请你从下面这个看起来更简单的问题着手：生命是否**存在**？

生命是科学中最困难的概念之一——仔细思考一下，科学中毫无问题的概念实在少有。某些生物学家不惮于承认，生命就是一个没有正规定义的术语。另一些生物学家建议列出某些标准，并且将生命定义为符合那些标准的自然现象组成的集合。人们常常援引的准则牵涉了复制和变异的概念，而达尔文的演化理论依靠的正是这些概念。问题在于，这样的定义通常并不符合我们大多数人认为的生命——尤其是因为，这样的话，计算机病毒也可以被看作生命。因此，某些生物学家选择将生命限制在生物中常见的分子范围之内，比如脱氧核糖核酸（DNA）和核糖核酸（RNA）。但这样一来，人们可能会有疑问，比如说，在 DNA 链上储存的信息到底算不算生命。

另一种方法就是将生命等同于生物中典型的物理化学性质。这就是卡尔·弗里斯顿选择的方法，它依赖于**马尔可夫覆盖**（Markov blanket）的概念。这一覆盖就是将外部环境与内部结构分隔开来的稳定物质结构，细菌的细胞膜就是一个典型例子。覆盖的内部会在环境中汲取某种形式的能量，也就是所谓的自由能，用以长久保持自身结构 ①。[3] 自由能的基本性质就是，它只会出现在远离任何热力学平衡的地方。恰当地使用自由能并保持内部结构的关键在于，内部结构需要预期来自外部的扰动，并且确定能否在其中得到可资利用的自由能。这就让内部结构必须发展出一套关于外部现实的理论。但至关重要的是，为了做到这一点，内部能掌握的数据就只有在马尔可夫覆盖上出现的信息。

弗里斯顿在 2013 年提出，许多自然过程运转的作用就是让内部结构能够计算贝叶斯公式的某种近似，也就是我们在第 14 章提到过的所谓"变分贝叶斯方法"。弗里斯顿甚至认为这就是生命的本质：生命是被稳定薄膜与外界分隔开来的有限环境中的结构。或者用热力学的术语来说：生命就是在熵值极大的海洋中被马尔可夫覆盖分隔开来的熵值极低的阱。

然而，尽管这种定义很有用，但与其他依赖于生物的特性或者相关分子的定义一样，我们可以打赌，弗里斯顿的定义也会包含一些在我们的直觉中不属于生物的东西，反之亦然。在看到定义生命遇到的困难之后，人们也许会问：生命是否**存在**？生命这一概念真的具有现实性吗？"物质世界可以分为**生物**和非生物的部分"这一断言之中是否包含了**真理**？我们在这里谈论的是不是某种**现实**的事物？

货币是否存在？

目前看来，对生命的定义还不涉及国家安全问题，尽管有关自愿终止妊娠、

---

① 杰里米·英格兰等科学家也对自由能进行了研究。

动物福利或者机器人权益的辩论会牵涉生物本质的问题。然而货币的情况却并非如此。特别是在 2008 年，"比特币"出现了，并且价格不断攀升。截至 2018 年，"比特币"的总量相当于"数十亿美元"——一篇匿名论文提出的理论用了不到十年就发展到了这一步。但这种没有实体媒介的"虚拟货币"是怎么获得某种价值的呢？如果实体媒介不存在的话，我们能不能说这种"货币"真实**存在**？

奇怪的是，我们也可以针对所有人都承认存在的传统货币问出同样的问题。虽然在目前人们认为自己拥有并用于互相交换的货币中，有 90% 是"电子货币"，但我们也可以质疑实体货币的真实性，毕竟目前大部分流通中的实体货币的形式只是一张小纸片。为什么这张纸片拥有某种价值？是什么使得这些纸片成了真正的纸币？如果这种纸币的假钞到处流通，但没有人知道怎么分辨"真钞"的话，那么那些假钞还会是**假**的吗 [4]？总而言之，货币是什么？

据尤瓦尔·诺厄·哈拉里所说，货币就像被神化之后的生命和历史传说那样，属于虚构叙事之一，这些虚构叙事是人类最伟大的发明 [5]。相比之下，黑猩猩相信的虚构叙事寥寥无几。哈拉里认为，除了智人之外的物种缺少叙述和相信这种虚构叙事的能力，正因如此，它们无法组织起数百个个体组成的群体。而智人正好相反，他们懂得如何协调整个部落，甚至整个文明，人口不断迅速增长，时至今日已经增长至数十亿。

人类社会的伟大创新之一就是物物交换。这让双方在进行商业交换之后各自都有所得益。但物物交换有其局限性。问题在于，大量任务需要投资，而且只有从长远来说才能获利。债务这一市场经济的奠基石就此登场。换句话说，投资者可以帮助创业者着手某个项目，而这时创业者就对投资者有所亏欠。投资者通过这种方法贷出了一项债务，而创业者必须偿还这项债务。创业者欠下的债务数量就是我们现在所说的货币。

债务可能是人类历史上最伟大的创新。它催生了市场经济及日后的社会分工，也带来了令人目眩的结果。正如亚当·斯密观察到的那样，一件简单的毛衣的制造和商业化，只有经过极其大量的自利个体之间复杂而惊人的互动后才得以完成。

思考一下。你要得到这件毛衣，必须经过牧羊人、染色工人、纺纱工人、织布工人的手，此外还需要一个复杂的分配系统，其中包括批发商、投资者、领航员、司机、仓储管理员、邮政人员、售货员，除此之外还有船舶建造人员、工程师、技术员、生产负责人，也不要忘记工人制造毛衣时所需工具的制造者。哪怕是制造剪刀这种最简单不过的工具，也需要矿工、铁匠、提供炼铁所需木材的伐木工人、制砖工人和泥瓦工。这里还没算上过去几个世纪的工人，如果没有他们，今天工人所拥有的专业技术的基础就会不复存在。

　　简而言之，我们必须看到，生产和销售任何毛衣所需的技能和工作的列表真是永无止境！此外，与之同样令人惊叹的是，这一神奇的系统运转良好，但其中任何个体都无法独自生产出一件毛衣。如果世界上只剩下一个人的话，他不知道怎么独自制作这样一件毛衣，除非他肯花上数十年的时间——而这样做的人怎么养活自己是个大问题！蒂博·吉罗在他的视频频道 Monsieur Phi 中这样总结道："我们生活在难以置信、无法理解的物品之中，任何人，就是字面意义上的任何人，都不知道怎么独自制作这些物品 [6]。"举债成了经济和技术进步的引擎。为了债务能顺利运作，社会需要一个系统，用以保证在任何时刻、任何情况下，任何两个个体都能记住双方互相欠下的债务并达成一致。这个系统就是货币系统。货币的每一次流通可以就此被视作两个个体之间债务的偿还或者贷出。**我给你一份糕点，所以你对我欠下了债务，而你通过给予我货币的方式偿还了这项债务。**等价的说法也可以是：**你给予了我一些货币，由此贷出了一项债务，而我向你提供一份糕点来偿还这项债务。**

　　金钱的精妙之处就在于，这些债务可以转移给别人。如果爱丽丝欠我的钱，那么鲍勃可以通过给予我相应金钱的方式撤销爱丽丝的这项债务。银行发行的纸币和电子银行系统都属于同一种技术，目的就是在任何时刻确定全世界债务的状态。同样，这些技术尤其能让我们不至于忘记还剩下多少债务需要偿还。这是不是说明了债务**的确存在**？如果我欠下了朋友的债，但这位朋友和我都忘记了这项债务的存在，那会发生什么事情？如果关于这项债务的信息永久地丢失了又会怎么样？未来一直处于未偿还状态的债务，还算不算**现实**？这个社会的基石之一为何与具体事物似乎相去甚远？

　　贝叶斯主义者的回答非常清晰：**一切都是虚构。**与货币和生命一样，债务是一个故事。然而，它的力量源泉正在于，这个故事赢得了我们当中绝大部分人的信任，而它也让我们能够开展建设并共同生活。债务的存在是一个错误的模型，但它很**有用**，它不仅对于整个社会来说很有用，而且对于我们每个人来说也很有用。认为一张 10 欧元的纸币确实拥有相应的价值是个有用的想法，因为这会让我们将它放在口袋里，而不是把它扔进垃圾桶。然后，我们可以用这张纸币交换一瓶红酒。我们就此获益于对这张纸币的内在价值的确信，这种信念很有用。重要的不是货币本身的实际存在，而是相信其存在带来的好处。"货币存在"这一模型是个有用的虚构叙事，而它并非唯一有用的虚构叙事。

根据哈拉里的说法，那些让自利的个体能够合作为群体服务的虚构叙事是人类最为伟大的创新。我们每个人都被这些传说所哄骗。法兰西共和国的格言是"自由、平等、博爱"。1948 年的《世界人权宣言》的第一条开头就是"人人生而自由，在尊严和权利上一律平等"。在美国独立宣言的序言中，托马斯·杰斐逊这样写道："我们认为这些真理是不言而喻的：人人生而平等，造物者赋予他们若干不可剥夺的权利，其中包括生命权、自由权和追求幸福的权利。"

然而，只要细细思考，出现在这些令人向往的叙述之中的所有概念跟货币和生命一样，实际上都远非明显**正确**或者**现实**。即使是自我同一性 [7] 这个概念也被某些哲学家所质疑。我们在第 4 章谈到过的"贝叶斯主义的祖父"大卫·休谟曾这样断言："人不外乎一束或一组以难以想象的迅捷速度前后相继的感知。"这让蒂博·吉罗得出了这样的结论："'我'是一个虚构叙事，但这个虚构叙事很有用 [8]。"

为了阐明这种虚构主义的立场，我们现在来讨论一下自由。

目的论，科学中的一条死路？

从直觉上来说，自由依赖的先决条件就是存在某种允许我们进行选择的自由意志。然而，在一个确定性的世界中，我们的选择是由大脑内部的电化学反应预先确定的。即使在遵循哥本哈根诠释的量子世界之中，我们的选择也只是电化学反应和随机事件的结果。对于量子场论这个我们目前为止所掌握的最优秀的物理理论来说，它的方程里并没有"自由意志"这个概念的一席之地。接受自由意志的概念，相当于抛弃了现代物理学。

自由意志可被看作目的论的特殊情况。目的论就是以现象的结果来解释现象本身的一系列理论。特别是亚里士多德，他曾为目的论辩护："因为看不见移动者推敲自身的行动，而认为（自然的）事物即使没有目的也能产生，这实在非常荒谬。"目的论最夸张的版本尝试通过宇宙的最终目的来解释宇宙本身，举个例子，这个目的可以是智慧生命的出现。这就是某些人所说的强人择原理。提倡这一立场的通常是一些有神论者，他们在其中看到了某种形式的智能设计。

令人惊异的是，人们在量子场论的核心中也能看到目的论的存在，它在那里的名字比较温和，叫最小作用量原理。它首先由费马在光线的研究中发现，然后被莫佩尔蒂推广到物质上，接下来被希尔伯特用到了广义相对论中，之后被费曼延伸到了量子力学之中。最小作用量原理大体上相当于断言自然一直在尝试最小化某个被称为**作用量**的数量 [9]。在量子场论这一特殊情况之中，这个目的论的原理甚至每天都被理论物理学家采用！

我们甚至也能在其他物理原理的背后看到目的论的身影，包括提出自然会趋向于热力学平衡的热力学第二定律、原子中的电子会首先尝试占据能量最低的轨道这一事实，以及肥皂泡的表面会使表面能最小化的现象。

甚至有一整个知识领域几乎只基于单个目的论原则，那就是博弈论。博弈论是由约翰·冯·诺伊曼和约翰·纳什等数学家引入的，它假设所有个体都会做出战略性的行为，采取能够最大化将来效用的行为。尤其是在国际象棋这种序贯博弈之中，博弈论假设玩家会采取动态规划的原则，这个算法原则的思想在于从结果出发，比如，赢得这盘国际象棋或者进入某个优势局面，然后在时间上回溯，确定要达到目的的话需要下出哪一步。

这就是地缘政治学研究者布鲁斯·布埃诺·德梅斯基塔所谓的逆向因果。并不是圣诞集市产生了圣诞节，而是圣诞节产生了圣诞集市。据德梅斯基塔所说，这种推理在理解社会科学时必不可少。比如，对于博弈论研究者来说，法律与司法的作用并不是惩罚那些不道德的行为，而是阻止社会成员以不道德的方式行动。我们并不是因为发生犯罪而惩罚，惩罚的目的是不再发生犯罪 [10]。

然而，尽管目的论在物理学中用处很大，甚至在社会科学中扮演了不可或缺的角色，但也有人说 ①："目的论论证被现代科学方法论所否定，因为因果关系原则蕴含了原因与结果之间的一项关系，其中结果不能先于原因出现。"的确，这样的因果关系原则与目的论并不相容。同时接受二者似乎会自相矛盾。

但与某些科学家的断言正好相反，大量科学理论并没有因果的概念。即使是那些存在因果概念的理论，比如博弈论，结果也可以在时间上先于原因。此外，即使是演化生物学家，人们可能认为他们处于反目的论斗争的前线，但他们也经常谈及他们研究的物种之中某些基因的意图或者策略，理查德·道金斯的名著《自私的基因》(*The Selfish Gene*) 的书名就是范例。

其实，我们已经界定了所有因果模型的特征：它们都是贝叶斯网络。与之相反，大量科学模型并没有因果概念，例如马尔可夫随机场。尤其是在广义相对论中，时空是一个整体，而物理学只不过描述了时空中各种事件之间的相关性。我们在其中找不到因果关系原则，或者至少可以说，它并不是一个基础性的概念。整个时空作为整体存在，而不是一秒接着下一秒的。实际上，甚至"宇宙随着时间的某种脚步演化"这个概念也已经被广义相对论否定，对它来说，时间的流逝只是一个与穿越时空的路径相关的函数。

宇宙符合因果关系吗？是否应该反过来放弃因果关系的原则？其实有两种不同的方式可以调和因果关系原则与目的论。要理解第一种调和方式，先重新思考一下最小作用量原理可能是个好主意。变分分析，尤其是欧拉 – 拉格朗日方程，证明了在某些假设之下，这种目的论的原则实际上在数学上等价于描述因果关系的微分方程 [11]。同样，在某些假设之下，动态规划那种目的论式的方程也等价于带有因果概念的哈密尔顿 – 雅可比 – 贝尔曼方程 [12]。

目的论的方法常常**等价于**因果论的方法 [13]。面对这一事实，因果关系的辩护者立即要求将所有目的论的方法换成带有因果关系的等价方法。毕竟很多基础物理理论一般都能写成 $\dot{y} = f(y)$ 的形式。换个说法，"近未来"就是关于当前状态的函数（其中可能存在随机扰动）。

然而在许多情况下，偏向目的论的观点似乎明显更为自然。我们很难想象国

① 这一引语来自法语版维基百科的 "Téléologie"（目的论）页面（2018 年）。但它在 2018 年 3 月 27 日被用户 "AhBon?" 删除，理由是它 "将不同类型的原因混为一谈而导致误解"。

际象棋冠军采取某种策略并不是为了达成终局，也很难想象婴儿哭泣不是为了吸引我们的注意力，同样难以想象科研工作者思考并不是为了理解周遭的世界。这些目的论叙事与某种因果关系视点的等价关系远非显然。但重要的是，这种因果关系的视点在这里的**用处**似乎很成问题。

这就将我们引向了调和目的论与因果关系的第二种方法。回忆一下，所有贝叶斯式的预测都是将不同模型的预测结合起来得到的。也就是说，对于纯粹贝叶斯主义者来说，多个互不相容的有用模型不仅可以同时存在，甚至还是件好事！**互不相容的模型组成的森林比其中每一棵树都要睿智**。所以，我们来培育整个森林吧。

此外，我们向特定模型赋予的置信度也取决于我们希望回答的问题。对于认知能力有限制的实用贝叶斯主义者来说就更是如此。如果目标是预测国际象棋冠军下一步将要下出什么棋，那么量子场论对他来说就毫无用处。

然而奇怪的是，借用某个理论中的想法，将其应用到其他理论之中，这种做法通常很有用。比如理查德·费曼就借用了经典力学中的最小作用量原理，将其应用到量子力学之中，获得了惊人的成功。因此，一个诱人的想法就是，众多可靠理论之间共同的思想，比如所有人都能理解的某些概念，可能自身就拥有某种真实性——至少是在相互等价的意义上。人类之间交流的关键的确在于不同个体的大脑中存在相似的神经元激活模式，这让我可以假设，我看到的红色基本上与你看到的红色相互**等价**。这就可能暗示了某些对象拥有独立于任何模型的真实性 ①。

然而，这里却遗漏了货币的例子。在两个不同的预测性模型之中，某些算法程序相互等价，这一事实并不能在任何意义上保证这些程序在任何预测性模型中都会出现，甚至不能保证任何可靠的预测性模型都会用到这样的程序。货币并不存在于量子场论中。

科研人员有时候会谈到理论的适用范围，或者在某些情境中的有效理论。用贝叶斯主义的语言来说，这其实更应该说成理论的可信范围。实用贝叶斯主义者

---

① 此外，这也让我们能够定义另一种**有用**的概念，区别于讨论实用贝叶斯主义者时引入的概念。在这里，如果某个非预测性的理论在大量预测性理论中被重复使用，那么它也可以是**有用**的。实际上，牛顿运动定律和演化理论正是在这种意义上**有用**。

更进一步，会向每个理论赋予特定的适用范围。任何普适的预测性模型应该由大量互相不兼容的理论适当地结合而成，而这些理论应该各自拥有自身的适用范围，而某个理论的适用范围可以与另一个理论的适用范围部分重叠。这种贝叶斯主义方法虽然缺乏普遍性，却不会导致任何问题，毕竟"所有模型都是错的"。

关于现实，图灵 – 丘奇论题有何说法？

那些更偏向于纯粹主义的人可能会因为有效理论感到失望。某些物理学家仍然坚持（偏好于）认为他们的目的就是追寻某种真理。

但为了确定宇宙的根本规律，或者说，为了确定宇宙的根本而完整的**唯一**规律，我们只需接受一个单独的假设。这个假设就是（物理学的）图灵 – 丘奇论题，其内容就是宇宙中的任何东西都不能完成图灵机无法完成的计算。引人深思的是，接受图灵 – 丘奇论题实际上等价于断定任何通用图灵机都可以模拟整个宇宙，而否定这一论题只会让寻求真理这个任务变得更复杂。因此，所有所谓的"图灵完全"的机器之中都包含了宇宙的所有规律 [14]。

接下来需要确定的就只剩下机器中的数据，正是这些数据让这台机器的行为与整个宇宙完全一致。然而，确定这台机器中的数据显然是一个不切实际的任务！我们可以想象那些描述整个宇宙的数据能够被大大压缩，但即使如此，我们也敢打赌，这些数据压缩后的大小会远远超出 10^{100} 字节。宇宙中没有任何计算机能够储存整个宇宙的模拟算法的源代码！

更不切实际的是，这种任务也没有任何意义。这是因为，单单读取这些数据所需的计算时间就可以跟宇宙的年龄比肩。然而，正如分析某段代码那样，要分析这个宇宙，我们同样必须研究其执行过程。假设宇宙拥有庞大的逻辑深度，这项任务需要花费的时间就会长得不可思议！实际上，莱斯定理（Rice's theorem）甚至证明了，对代码进行系统分析也是一个不可判定的问题 [15]。

但我们先暂时忘记这些物理上的限制。纯粹贝叶斯主义者会有什么说法？所罗门诺夫妖最终真的不能确定宇宙的所有规律吗？应该往图灵机中输入什么数据，才能使机器的模拟与这个宇宙**完全符合**？

对于第二个问题，回答是否定的。回忆一下，所罗门诺夫妖的举动非常符合贝叶斯主义，它从来不会将所有鸡蛋放在同一个篮子里。在分析了 10^{100} 字节的数据之后，即使它的置信度几乎全被放在唯一一个宇宙模型之上，它也不可能断定 **MAP** 模型就是**这个**宇宙的模型。实际上，如果宇宙想欺骗所罗门诺夫妖，那么它总有办法做到，方法就是选择一段代码，其所罗门诺夫复杂度必须大于提供给所罗门诺夫妖的信息量。

这样的话，即使拥有无穷无尽的计算能力也无法确认任何真理。这种情况在实践中尤其明显。因此，在实际应用中，包括在粒子物理学这个领域中，只有那些有效理论才算重要。我们手头上只有有效理论，而这些有效理论因此必然只是某种虚构。这就得出了本章的惊人结论：**一切都是虚构**。它的推论就是，智慧可以简单地归结为确定哪些虚构叙事是有用的。

（工具主义的）非实在论有用吗？

尽管这个结论是贝叶斯主义的推论，但如果你觉得它并非**有用**，那么你还是可以舍弃这个结论。我认为事实恰好相反，在我看来，至少有四个理由说明虚构主义在现实中有它的用处。

我的第一个理由就是虚构主义阐明了科学的好处。大量关于科学有什么**用处**的辩论都归结于质疑科学发现是不是**真理**。不幸的是，某些对科学作为真理的辩护在涉及牛顿运动定律或者社会科学时会滥用一些不可靠的论证。比如说，很多人尝试在科学与伪科学之间画出一条明确的界线，仿佛那些值得我们给予所有置信度的模型与一点置信度都不应该得到的模型之间有着某种天然的边界。这种边界看起来并非**真实**，甚至对真理的寻求也看起来并非真实。对我来说，贝叶斯方法使这场辩论大大明晰了起来。"所有模型都是错的"。但某些模型比其他模型更可靠、更有用。所以，科学的意义在于识别出那些可靠的模型，并勾勒出它们的适用范围。此外，科学界的同行评议判断的似乎主要是科学成果是否**有用**，而不是它们是不是**真理**（或者说它们的有效性如何）。

我的第二个理由就是虚构主义能对抗自信过度。我们之前已经看到，这种自信过度是最常见、最有害的认知偏差。它让我们退缩到我们觉得**正确**的事物当中，而不会去怀疑这些**真理**。对我来说，这似乎是在学习各种违反直觉的概念、现象或解释时最主要的障碍。要对抗这种自信过度，我觉得很有用的一个方法就是认为手头上的那些理论实际上是某种"锤子"，而不是**真理**。它们也许很有用，但也可能被更好的工具代替。在我看来，完全接受这种哲学取向，也就意味着否定**任何理论**作为**真理**的可能性。我认为，这就是在对抗自信过度时必不可少的一环——虽然还有另一个关键之处，就像工具盒里的某些工具那样，某些理论比其他理论更**有用**。

我的第三个理由就是虚构主义能让我们对词语的感情色彩不至于过度敏感[16]。尤其是"现实"或"正确"等词语，它们会给人带来非常正面的联想，似乎可以解释为什么尼奥带着某种道德责任吞下了红色药丸。这种做法带来的问题就是，大量相信伪科学理论的人对于他们的立场的**正确性**有着某种非理性的迷恋。那些自称"坐拥**真理**"的科学家对这些伪科学信徒的任何质疑，都必然会被认为是对后者的个人攻击，于是，这就可能会让其中较为温和的人变成无法无天的狂信者[17]。质疑某个我们珍视的理论是不是**真理**可能非常困难。即使对置信度的计算也许不完全符合贝叶斯公式，对我来说，质疑模型是否**有用**似乎要合理得多。

我的第四个理由就是学习的连续性。我们往往倾向于想象学生在上了一门课、读了一本教材或者看了一段视频之后，就会从无知的状态转变为通晓的状态。然而这种理想情况似乎完全不切实际。我是在十多年前学到贝叶斯公式的，但直到现在，我还在逐步加深对它的理解——接下来要走的路还很远。学习必然是渐进的。经过一个又一个数据点、一个又一个论证、一个又一个思想实验，我们的置信度逐渐变化，而且这种变化一般也会有所反复。只有在考察大量数据、进行大量近似的贝叶斯计算以及随机 MCMC 计算之后，我们的置信度才会变得足够可靠[18]。**学习是一支舞蹈**。对我来说，最好是让探寻**有用**理论来引领这支舞蹈，而不是发现**真理**的野心。

总而言之，虚构主义对我来说似乎很**有用**。但我并不打算用这种工具主义的论调来结束我对虚构主义的辩护。最后，我想讨论两个模型，它们至少值得拥有与现实主义相同的置信度。要介绍这些模型，我们必须重新谈谈卡尔·弗里斯顿。

大脑之外的世界是否存在？

我们拥有出众的能力，能够理解猫、气候变暖甚至宇宙历史的存在。然而，我们的大脑实际上只依靠各种感官接受的信息就做到了这一点，包括视觉、听觉、嗅觉、触觉、本体感觉、平衡感觉、温度感觉和其他我们能感知到的各种感觉。然而，这些感觉带来的感受毕竟离猫和气候变暖的本质非常遥远，更不用说宇宙历史了。

从 1983 年开始，深度学习的奠基者之一、心理学家和计算机科学家杰弗里·欣顿就与合作者一同指出，大脑的行为就像一台依靠感官得到的观察结果进行预测的机器 [19]。1988 年，埃德温·杰恩斯提出，大脑完成这一任务的方法依赖于贝叶斯公式 [20]。在 20 世纪 90 年代，欣顿和弗里斯顿由此发展了一个模型，其中大脑与外部世界被一个马尔可夫覆盖分隔 [21]，但大脑仍然能够重建有关整个外部世界的模型，它利用的正是由弗里斯顿在 2013 年推广到生命领域的变分贝叶斯推断。弗里斯顿、欣顿和杰恩斯的假说，就是我们的大脑能够仅仅从感官数据出发，重建整个关于外部世界的模型。

这个关于人类思维如何运作的假说最惊人的地方，就是大脑构建关于外部世界的模型仅仅是为了解释来自感官的感受。外部世界实际上不太重要，重要的是来自感官的感知，以及大脑及其关于外部世界的模型在预测未来时会感知到什么东西的能力，甚至还有以最合适的方式影响这些感知的能力。

根据这一逻辑，思想是被封闭在心智（或者说马尔可夫覆盖）内部的一种构造，它在这种意义上必然是主观的。因此，重要的是我们能在这一覆盖上获取什么，以及如何解释在其上发生的事情。"外部世界存在"这一假说，就像我们生活在类似《黑客帝国》中的模拟世界的假说一样，并没有什么规定不能探讨的东西。与现实主义的哲学家恰好相反，纯粹贝叶斯主义者并没有盲目地将置信度投入外部客观现实存在的假说中。

猫存在于二进制代码中吗？

有时候，人们认为在大脑内部发生的事情与马尔可夫覆盖外部的事情相仿。

你养的猫至少与你对它的印象一样**真实**。但你又怎么能够确实认知到这一点呢？你觉察到的一切不过是你的感官探测到的数据，而这些数据也只不过关联着你认为对应"猫的存在"的某种东西。

要理解这一点，谷歌的模拟实验尤为有意思。谷歌的人工智能最终构建了关于猫的某种概念，当且仅当人工智能接收到的信息与这个概念相符时，概念本身才会被激活。然而，这个人工智能实际上能够获取的信息只有原始数据，也就是一个仅由 0 和 1 组成的庞大文件。用贝叶斯主义的术语来说，对于为谷歌的人工智能接收到的大量 0−1 序列建模来说，"猫的存在"这个概念相当有用，也正因如此，人工智能才考虑了这个概念。

同样，如果将弗里斯顿、欣顿和杰恩斯的假说推到极端，那就意味着我们每个人的生命完全等同于大脑读取自己所接收到的海量比特的过程。在这个模型中，就如谷歌的人工智能那样，我们不过是一个读取设备，读取的是一个庞大无比的数据文件，大概有几泽字节（10^{21} 字节），而我们的读取速度达到了惊人的几吉字节（10^9 字节）每秒。

最引人入胜的一点是，无论是纯粹贝叶斯主义者还是实用贝叶斯主义者，读取这个庞大文件都会引导他们发明那些人们认为**真实**的虚构叙事。这个神奇的文件可以媲美最伟大的著作。正如最优秀的小说能让我们想象出虚构世界的片段，这个神奇的文件也能让纯粹贝叶斯主义者和实用贝叶斯主义者过上我们的生活，而且与我们自认为正在度过的岁月一样真实。

这个文件的神奇之处主要来自一个美妙的算法性质，我们在第 19 章中已经讨论过了，那就是文件本身庞大的所罗门诺夫复杂度以及深邃的本内特逻辑深度。一方面，庞大的所罗门诺夫复杂度会让我们相信特定的模型，其中存在着我们自身以外的个体，还会令我们发展出各种精细的理论，并对数学进行研究。另一方面，深邃的逻辑深度会驱使我们相信，解释自身观察结果最合适的方式就是想象宇宙的目前状态是一段悠长的计算结果，而这项计算的出发点就是一个远远没有现在这么复杂的物理状态。

当然，没有任何证据可以保证这种贝叶斯大脑假设的极端版本是**正确**的。作为合格的贝叶斯主义者，我们应该注意到，这也只是一个虚构的叙事。但"所有模型都是错的"。此外，这一假设在所罗门诺夫妖眼中毕竟也没有那么可信，因为它假设存在某个庞大到 ZB 量级的数据文件，确实相当过火。

所罗门诺夫妖的非实在论

其实在所罗门诺夫妖眼中，与这个庞大的数据文件相比，更有可能存在的是产生这个文件的方法。回忆一下，所罗门诺夫妖相信随机算法。因此，数据文件本身不过是更基础的随机算法的产物，算法通过随机性产生了这个文件。对于所罗门诺夫妖来说，真正存在的只有各种各样的算法和这类虚构叙事的生成机制，以及这些算法所依赖的无法描述的随机性。

然而，所有算法可以被看作"存在"的程度也并不相同。所罗门诺夫妖会假设某些算法比其他算法更可靠，然后不断尝试借助贝叶斯公式调整相关的置信度。换句话说，所罗门诺夫妖大体上只会相信存在某种算法和随机性的叠加结果。因此，这些算法运行时的中间步骤，也就是它们讲述的虚构叙事，在某种意义上也可以说是"存在"的，即使这种存在并没有算法本身的存在那么基础。对我来说，这个令人目瞪口呆的说法就是贝叶斯主义的结论。

虽然如此，我并没有排除这一论证中存在缺陷的可能性。这也促使作为贝叶斯主义者的我不要将所有置信度都放在这个对现实的奇怪看法之上。但我希望，这能让你稍稍相信"一切都是虚构"——或许，除了向我们讲述这些虚构叙事的算法。

怀疑一切和相信一切是两种同等方便的办法，因为两者都无须思考。

亨利·庞加莱（1854—1912）

第一个原则就是不要骗自己——你自己就是最好骗的那个人。

理查德·费曼（1918—1988）

第**21**章
信念的起源

发散级数的奇闻

当时是 2013 年 6 月 6 日，午夜钟声响过了 6 分钟以后，我正在读一篇匪夷所思的文章 [1]。虽然达维德·卢阿普尔持有理论物理学的博士学位，但他在自己的博客"惊奇科学"（Science Étonnante）中写下了一篇博文，似乎证明了所有正整数的和等于 $-1/12$，也就是说，$1+2+3+4+\cdots = -1/12$。我为之着迷，但也深深感到困惑。我必须评论一下。

我是这样评论的："这篇文章太棒了！我不明白为什么人们尝试构造各种求和方法，而不是尝试利用您用到的这些级数变换规则来扩展求和的定义。利用某些规则，比如线性性质和向级数添加为 0 的项等操作，难道我们不可能证明对于所有可以通过这些规则得到的数列，都存在唯一一种自然的求和结果吗？在我看来，这能够更好地解释 $1+2+3+4+\cdots = -1/12$ 这个结果，比看起来限制性太大的切萨罗求和更好，也优于解析延拓之类的技巧，因为大家会觉得这些技巧给出的结果相当随意。"

　　三小时之后，达维德·卢阿普尔回复了我的评论："很有道理，的确有人这样做了。人们尝试找到一个作用在数列空间上的算子 S，它必须是线性的，在数列开头加上有限个 0 之后得到的结果也相同，而且与绝对收敛级数的通常定义相符。如果我们假设这个算子存在，**那么我在博文中写下的那些有点随意的变换就是合法的**，我们也会发现 $1+2+3+4+\cdots$ 的唯一可能取值就是 $-1/12$，但是还需要证明这样的算子（至少在某些数列上）存在，这就是切萨罗求和与解析延拓这类方法的意义所在。"

　　于是，大家在达维德·卢阿普尔这篇博文的评论区里展开了热烈的讨论。最引人注目的回复来自雷米·佩尔，他证明了"不存在任何发散级数的（线性、正则及稳定的）求和法能够（对所有正整数的和）给出有限的结果"。几个星期之后，轮到我在自己的博客上发表了一篇博文[2]，其中证明了，虽然达维德·卢阿普尔的变换无法得出 $1+2+3+4+\cdots=-1/12$ 这个结论，但可以得出 $1+2+4+8+16+\cdots=-1$。

　　三年之后，2016 年 9 月 8 日，我上传了一段视频[3]，证明了所有可以通过非重心型的线性递推式再加上一个收敛级数来定义的级数[①]都能以唯一的方式求和，我把这种满足线性、正则性及稳定性的求和称为超求和。它能够用于证明大量令人惊叹的等式，比如 $1-1+1-1+\cdots=1/2$，$3+9+27+81+\cdots=-3/2$，还有 $2+3+5+8+13+21+\cdots=-3$。此外，在视频的结尾，我猜想符合这些条件的级数恰好就是所有能用某种满足之前条件的方法求和的级数。我的几位（可爱的）订阅者很快就着手解决这个问题，写出了严谨的证明！

　　我很喜欢这段故事，因为它完美地描绘了（优秀的）研究者特有的那种好奇心。奇怪的结论会浇灌求知的渴望，以至于众多物理学家对意料之中的希格斯玻色子的发现其实感到很失望。但最重要的是，研究者会尽量避免得出结论，还会质疑结果的依据，以及自身直觉的依据。就像伊萨克·阿西莫夫所说的："科学中最激动人心的话语，也就是预示着新发现的话语，并不是'我发现了！'，而是

---

① 即形如 $u_1+u_2+u_3+\cdots$ 的级数，其中每一项 u_k 都可以写成 $u_k=v_k+w_k$，其中 w_k 组成了一个收敛级数，也就是说 $w_1+w_2+w_3+\cdots$ 是有限的，而 v_k 则可以通过前几项的数值计算出来，也就是说对于任意的 k，存在常数 r 和 $a_1, a_2, \cdots, a_r$，使得 $v_k=a_1v_{k-1}+a_2v_{k-2}+\cdots+a_rv_{k-r}$，但其中所有 a_i 的和 $a_1+a_2+\cdots+a_r$ 不等于 0。——译者注

'这有点怪啊……'。"

不幸的是，某些观众的反应并不是这样的。"您写出的方程不合逻辑！""我觉得关于无限的计算太蠢了。""无限求和没什么用。"达维德·卢阿普尔的博文也收到了大量类似的回复。"这篇博文真是蠢得过分。""这种假装严谨的'证明'把我都看笑了。""这不是惊奇的科学，而是随手乱写的伪劣证明！"对于这些粗暴的留言，达维德·卢阿普尔也很惊讶。他这样写道："我没想到这篇博文会让那么多读者倒戈相向。"

但那是错的，不是吗？

请你也思考一下。在读到 $1+2+3+4+\cdots=-1/12$ 的时候，你有没有惊讶得跳起来？如果我跟你说勾股定理错了的话，你会有什么反应？如果我说，π 只是冒名顶替呢？引力并不存在呢？地表在向上加速移动呢？与通过杂交得到的品种相比，通过 CRISPR 基因编辑技术得到的转基因作物无论对人体还是对生物多样性来说都更有益呢？物理学家达成了光子（量子状态）的瞬间转移呢？存在并非有限也并非无限的集合呢？

否定那些违反直觉的奇怪假说不算是个坏习惯——虽说仅仅因为碰到这种假说就一脸敌意也不可取。如果我跟你说，我轻轻松松就登上了喜马拉雅山脉上的一座高峰，即使你不相信我，我也不会责怪你。在前几章里，我甚至还在为偏见辩护。不要浪费太多时间去仔细思考那些我们完全有理由认为没什么前途的想法。

同样，过去的智者与大型团体为了让自己看起来更可信，会激烈反对那些他们觉得过于违反直觉的想法。传说毕达哥拉斯学派淹死了可怜的希帕索斯，因为他证明了 $\sqrt{2}$ 是个无理数；1632 年，耶稣会 ① 禁止数学中的无穷小计算 [4]；19 世纪末，格奥尔格·康托尔提出的无限集合引来了同时代人的嗤笑，尤其是来自利奥波德·克罗内克的猛烈批评，他用到了类似"招摇撞骗""叛徒"和"腐蚀青年人"等侮辱性的字眼；即使到了 20 世纪 70 年代，曼德尔布罗分形那种不同寻常、粗糙不平的新几何结构也被同时代的许多著名数学家激烈攻讦，对他们来说，真正的几何结构应该是平滑、连续、可微分的 [5]。然而，在所有这些例子当中，数

---

① 耶稣会是天主教会的著名修会之一，以保守而著称。——译者注

学界并没有把对新想法的否定一直持续下去，而是一步一步最终改变了想法，从过去的怒火中烧变成了今天的焚香供奉。今天，$\sqrt{2}$ 的无理性、莱布尼茨的微积分、康托尔的无限集合以及曼德尔布罗的分形都被视为数学中的珍宝。即使是 $1+2+3+4+\cdots=-1/12$ 这个等式，最终也有顶尖数学家为其辩护，比如斯里尼瓦萨·拉马努金、戈弗雷·哈罗德·哈代和陶哲轩 [6]。人们有时候会说，数学这门科学能够扫清疑问、分辨真假，那么其中怎么可能发生这样的思想转变呢？数学家是怎么知道自己错了的？又是什么让他们回心转意？

"新的科学真理最终取得胜利，靠的不是说服反对者并让他们理解，而是因为这些反对者最后都死了，而熟悉这个真理的新一代成长了起来。"物理学家马克斯·普朗克曾这样断言。根据数十年的心理学实验结果，心理学家多米尼克·约翰逊和詹姆斯·福勒这样补充道："人类有着众多的认知偏差，但其中最常见、最严重也最普遍的就是自信过度。"科学家也无法免于这种自信过度。

往往只有少数人会花精力去理解其他人得出某个结论的理由，而更少见的就是那些尝试思考自己为什么会做出某种思考的人。而这本书的主要目的之一，正是引导你仔细思考是什么原因使你做出了某种思考！我自己之前就花了很长时间来推敲，为什么我会持有某种想法。幸运的是，我人生中的几件大事都引向了这个问题。我希望我个人的思考可以作为例子，让你也去思考这个问题。

军官学生

在有幸入读法国巴黎综合理工学院之后，我被"心计"软件送到了位于法国圣西尔的陆军学校——我可以向你保证，我真的想去那里，而不是被"心计"算计了！这是一段痛苦的经历：我每天早上在太阳升起之前就要爬起来清扫厕所，一边声嘶力竭地唱歌一边行军好几个小时，我还在十二月的雨中在布列塔尼森林的战壕里过夜。当时真是艰苦。

但平心而论，这是一段很有意义的经历。仅仅过了几个星期，我在没有完全意识到的情况下学会了军队的姿态和价值观。我开始用干巴巴的方式说话，夸大将衣服折成 A4 纸张大小的重要性。我整天大谈指挥的艺术，而且认定决断显然比犹豫好，仿佛证据确凿。但最糟糕的是，我没有意识到正是这个情境迫使我对这些新想法深信不疑。我当时不理解为什么自己会开始相信这些信念，也没有意识到整个环境在什么程度上决定了我的思考。

万幸的是，我这段短暂的军旅生涯很快就走到了尽头。回到巴黎综合理工学院之后，我进入了完全不同的情境——学生生活开始了。我又暴露在新的姿态、价值观和"歪理"之中。但这一次我有了质疑的权利。这些新的价值观经常与我在军队遇到的价值观有所抵触，这最终让我开始考虑自身怀有的信念的来源问题，这大概是我在人生中头一次这样做。然而，这段时期很短暂，也很不足。

然而随着年龄的增长，我偶尔会因为发现自身信念暗藏的来源而感到惊讶。我理解到了自己对指挥、领导和承担责任的向往其实来自众多针对巴黎综合理工学院的学生的演讲，无论这些演讲来自校外的演讲者还是高级军官。校方开设了关于领导力的课程，鼓励我们进行多人合作的课题，向我们灌输企业家的荣耀感，甚至使我在从巴黎综合理工学院毕业的时候认为，如果要研究数学的话，那只能是应用数学，而且这样做必须能够让我终有一天在企业中登上高位才行。

现在回首，我只觉得自己后来遇到了加拿大蒙特利尔综合理工学校的决策分析考察研究小组（简称 GERAD）这个优秀的研究团队真是三生有幸。在这个鼓励研究、数学和脑力劳动的新环境中，我突然获得了新的价值观和信念。

生活在加拿大蒙特利尔而不是法国，大大改变了我获取新闻的方式。我的家里不再摆着电视，花在网上浏览法国新闻的时间也越来越少。自此之后，要列出所有我关于法国的信息来源并理解这些来源如何影响我的信念，就变得容易多了。

在 2011 年末的一天，当时 2012 年法国总统选举的社会党初选正将拉开帷幕，我惊讶地发现，我断定自己不喜欢马蒂娜·奥布里。我同样惊喜于发现自己为此惊讶。我最终察觉到了自身信念中的一个疑问，而我一瞬间就明白了自己为什么会有着这样的想法：我当时在收看一档叫 *Les Guignols*① 的电视节目。我同样惊讶地发现跟我讨论过的其他人都意见一致，并对此非常满意。是不是这些人知道的相关信息比我多？还是说他们跟我一样，都是电视节目的弦外之音的直接或者间接受害者？说到底，又有谁真正认识这些政治人物？

---

① 法国一档用木偶表演的讽刺节目。——译者注

我的亚洲之旅

2012 年初是我的个人思考之中最重要的时刻之一。在开始攻读博士之前，我背着背包，和一位朋友一起走上了历时一个半月的亚洲游历旅程。无论是在地理、人文还是思想方面，这都是一段美妙的旅程。

令我印象最深的事件之一就是我在一份报纸上读到的一篇文章，它讲的是某位企业负责人因为非法集资被判死刑。令我惊异的是，文章的立场非常慎重、平衡。文章的一半内容为死刑辩护，而另一半内容则谴责死刑。我对此非常困惑。我之前读过的有关死刑的资料几乎没有如此审慎。更糟糕的是，法国的教育让我沉浸在对于死刑的激进反对之中。这要归功于维克多·雨果的著作，他写的《死刑犯的最后一天》（*Le Dernier Jour d'un Condamné*）是令我印象最深刻的书籍之一。

我讲这段话并不是为了支持或反对死刑——对我来说，法庭对贝叶斯公式的禁制以及朱莉娅·肖的工作就是反对死刑不容置疑的论据。我讲这个故事是为了分享一件事，就是我突然意识到，自身的意识形态立场是由长久以来单一的斗争运动引导而成的。我之所以有这样的想法，是因为我的社会、文化和教育环境促使我这样思考。从历史意义来说非常讽刺的是，我最终意识到法国的学校以及我的法国同胞大体决定了我自身的信念。

在这件事发生的几天之前，我和朋友当时置身于一个尴尬的境地。我们刚刚到达黄山市屯溪区，打算探索一下黄山。但当时农历新年才过了几天，从屯溪到香港的列车已经满员。问题在于，我们已经买好了三天之后从香港出发的机票，而且我会的唯一一句中文就是"我不会说中文"……在这种紧迫的情况下，我们几经波折，在绝望中打着手势，最终多花几百欧元买到了从黄山屯溪机场前往香港的机票。我们重新踏上了登黄山的旅途，但如此高昂的机票价格让我们兴致全无。

要到黄山，我们必须搭乘一辆面包车，需要付 160 元，也就是大约 20 欧元。这个价格在当时实在高得吓人。我们已经没有别的选择了，只好接受。面包车出发了，我们坐在车里，等到了付费的时刻，看到别的乘客付钱的时候，我们才突然明白之前的沟通出了点问题！我们需要付的不是 160 元，而只是 16 元，也就是大约 2 欧元！

我特别记得我们脸上绽出的那个大大的笑容，就好像我们刚才签下了划时代的条约！但这种发自内心的愉悦显然非常可笑。我们刚刚损失了几百欧元，但我们当时的心情竟然是被省下几十欧元的错觉决定的！我体验到了锚定效应，还有我的心情是如何强烈依赖于社会强加的规范的。

都是因为魔鬼获得了权力？

两周之后，在同一趟亚洲之旅中，我们探访了越南胡志明市的战争博物馆。我们在那里看到了美国大兵照片中的残暴行为以及令人发指的记述。短短几年间，在这片相对狭窄的土地之上投放的炮弹数量超过了整个第二次世界大战。

人们倾向于认为自己会采取不同的行动，成为同情心和正义的榜样。然而现代心理学却确切指出这不过是种幻觉。20 世纪 60 年代，在一个后来出了名的实验之中，斯坦利·米尔格拉姆要求被试 A 在被试 B 回答问题错误时惩罚后者，被试 A 和被试 B 通过话筒交流，而惩罚的形式是电击。令人不安的是，当一位研究者下达命令，要求将电击的电压逐步提高到超过被认为会致死的阈值时，三分之二的被试 A 会几乎盲目地遵循这些命令。这些被试 A 不能以不知情为借口，因为致死电压旁边有一个显眼的代表死亡的骷髅头标志。此外，话筒另一头的被试 B 实际上都是演员，他们发出垂死般的尖叫和哭喊。尽管如此，67% 的被试 A 单单出于别人的指令，仍然进行了（其实是自己觉得进行了）致死性的电击[1]。近年德伦·布朗也在电视节目《抢劫》（*The Heist*）中重复了这项实验，得到了相似的结果。

我们当中的大部分人会迅速屈从于社会压力和权力机关。如果说在某些情况下我们一开始会抵抗，但是随着时间流逝，我们最终一般还是会放弃。跟看上去一样令人失望、气馁而且违反直觉的是，我看不出来有什么理由认为自己会是例外。不幸的是，我觉得在这种不寻常的情况中，我也几乎必定（觉得自己）会对

---

[1] 根据后人对米尔格拉姆的实验报告的研究，他们发现实验中相当一部分被试 A 已经当场发现实验中的电击并不会给被试 B 造成伤害，所以这些被试的测试数据应该作废。剩下的被试 A 实际上大多数（约 66%）没有服从指令。此外，实验本身无论在伦理、实验过程还是数据统计上都极不规范，不符合现代心理学的标准。然而，现代也有研究人类对权威服从的实验，在符合现代实验标准的前提下，研究人员同样发现有类似的现象，但程度没有米尔格拉姆实验指出的那么高，当然也没有那么耸人听闻。——译者注

别人进行致死性的电击。

幸运的是，随机性让我生活在与此不同的条件之中。

故事比数字更有效果

我们的善良能否经受所有考验？认知科学的统计数据相当不利。然而不幸的是，人们往往记不住这样的统计数据，更不要说应用贝叶斯公式来根据统计数据调整自身的贝叶斯置信度了。但最突出的问题，还是人们不认为这些统计数据对于自己认识的人同样成立，更不认为这些数据可以用在自己身上。

心理学家理查德·尼斯比特和尤金·博尔吉达所做的一系列实验恰好证明了这一点。责任扩散效应是认知科学确立的事实之一。比如，一项经典实验就证明了，当被试知道还有别人可能会伸出援手的时候，只有 27% 的人会去帮助一位在地上抽搐的患者。这个事实令人震惊！我们倾向于觉得我们之中有更大比例的人会去帮助身处危险的人。

但尼斯比特和博尔吉达研究的并不是这个现象。他们想知道，对于被采访者会不会帮助患者，那些已经知道 27% 这个数字的学生的猜测会不会更准确。令二人讶异的是，答案是否定的。知道一个惊人的统计事实并不能使预测更准确，即使这项统计理应对预测有帮助。这些学生的确记住了这个数字——他们可以在考试中把它背出来，但他们无法将这个数字用到实践中。

同样奇怪的是，如果向学生展示那些没有帮助患者的人的个别例子，那么学生就能成功将责任扩散的统计数据内化。尼斯比特和博尔吉达在总结他们的研究时，写下了这个评注："被试不愿意将一般情况应用到特殊情况，正如他们乐意从特殊情况推出一般情况。"这一评注值得所有学习者、教育者或者从事沟通工作的人深思。

因此，当我和朋友谈论政治、心理学或者社会学的时候，他们通常会用自己或者熟人的经验来肯定或否定科学分析。然而，这些特殊例子通常染上了浓烈的感情色彩，并且掺杂了回忆导致的错误，当面对政治学家、社会学家和心理学家的统计分析时，这些例子简直一钱不值。这种通过摆脱特殊情况来对一般情况进行推断的必要性，正是社会科学的主要难点之一。

然而令人困扰的是，即使向学生讲授这些普遍的情况也几乎不会改变学生的置信度，要真正考验学生的置信度就必须展示具体实例。正因如此，本章专门描述了**我**探寻自身信念来源的例子，它揭示了**我**的认知中的偏差与局限。我希望我的具体实例能够帮助你更好地将你周围的人的认知局限推广到一般情况，并且帮助你预计自身的认知局限性。

即使手握大量事例，确定自身的认知局限仍然极其困难。即使伟大如丹尼尔·卡内曼，他虽然拥有一切相关的专业知识，但仍然不能免俗，无法利用普遍情况推断具体情况。在说服当局在中学开设决策心理学课程之后，卡内曼召集了一支团队来编写这门新课程的大纲。卡内曼询问团队中的每位成员，估计编写这门课程的完整教科书需要多长时间。他收到的答复都在一年半和两年半之间。

然后，卡内曼询问课程编写专家西摩，希望知道其他团队在类似的项目中花费了多长时间。西摩十分为难，因为他给出的答复与他自己非常熟悉的统计数据完全脱节。西摩表示，类似的项目大约有 40% 最终失败，而其余的项目至少要花 7 年才能完成！西摩甚至还补充了一点，平均来说，其他项目在一开始的时候表现得至少跟卡内曼的项目一样好。卡内曼的团队严重低估了任务有多艰巨。

但这还不是最令人吃惊的。现在，卡内曼拥有了这些新数据，他应该更新自身的置信度，觉察到这一项目会浪费大量时间，而且失败的可能性也很高。他本应因此放弃这一项目，但放弃一个项目难于登天 [7]。即使是卡内曼这位研究决策的专家，也没有花时间考虑项目本身极有可能失败，仍然勉强推进这个项目。这本教材终于在 8 年之后由卡内曼的后继者完成，然后就被束之高阁。

我们常见的认知偏差之一就是**动机性推理**（motivated reasoning）。我们通常会从想要得到的结论出发，推理对我们来说不过是一件工具，让我们能坚定地相信这个自己早已接受的结论。卡内曼希望自己的项目会成功，因此毫不犹豫地忽略了那些本应引起疑虑的统计数据。

心理学家乔纳森·海特用"直觉先行，然后说理"这种说法来概括这一现象。在所有争论之中，我们都是先选择立场，之后才解释自己的决定。推理论证只是为了由结果推出原因。这就是所谓的**合理化**，而根据海特的说法，我们整天都是这么思考的。我们思考的方式就像律师，而客户就是我们的直觉。

问题在于，这样做会让我们倾向于夸大那些有利于自身的论据，扫除那些不利于我们的结论的论据。我们一般会怀疑那些挑战我们的结论的信息来源，尤其会质疑这个信息来源的能力与动机。这就是著名的选择偏差。但在互联网时代，无论我们的结论是什么，谷歌让我们总能找到支持这个结论的博客或者视频。

心理作用

此外，对直觉的合理化就足以解释迷信的出现。心理学家伯勒斯·斯金纳就曾用一个关于鸽子迷信行为的有趣实验完美地注解了这一点。我们之前已经看到，斯金纳曾经通过在鸽子正确执行书面指令时给予奖励的方法，成功训练鸽子阅读"啄"和"转圈"等单词。引人注目的是，这些鸽子很快就学会了阅读。

但当斯金纳将鸽子放在笼子里，在没有指令的情况下不定时给予鸽子奖励的时候，这个实验才真正有趣起来。这些鸽子尝试了各种各样的动作，希望这些动作会带来奖励。显然，当奖励出现的时候，鸽子刚好做完或者正在做特定的动作。然后鸽子就会过度解读它们观察到的相关性，自以为正是这个动作带来了奖励。它们接下来就会一次又一次重复这个动作，但它们重复这个动作的次数越多，在动作进行期间奖励出现的概率也越大，这就巩固了鸽子错误的信念。斯金纳的鸽子学会了迷信行为！

人们也许想要认为这些鸽子就是白痴，但我要提醒一句，这些鸽子在蒙蒂·霍尔游戏中的表现比人类的表现更好！所以我们可以打赌，让这些鸽子学习到迷信行为的机制在人类身上也适用。1985 年，特沃斯基、吉洛维奇和瓦伦证明了篮球比赛中所谓"热手效应"的说法，也就是球员有可能在某些日子里状态特别好、做什么都一切顺利的现象，其实不过是一种迷信。这三位研究者的统计分析得出了相反的结论，也就是所有球员的成功投球都遵循最基本的纯粹随机分布[1]。

---

[1]　根据近年来的重新研究，人们发现这三位研究者的统计分析有谬误。在重新分析之后，人们得出了"热手效应"似乎存在的结论，虽然效应本身的强度要比人们所认为的弱得多。但"热手效应"背后有可能的机制可以解释，比如球员当日心理状态就是一个混杂变量，可能改变投球的总体成功率。根据贝叶斯主义的方法论，这并不令人意外。但对于许多纯粹依靠随机性的做法，比如说抽签和笺杯等，就不存在可信的机制，除了心理影响以外没有任何实际效应。此外，早有坚实的实验证明一些迷信系统，比如西方的占星术，并不能预见未来，只是通过心理作用影响人们的行为。——译者注

特别是，一串独立的随机变量之中存在一长串取值相同的变量的概率大得惊人 [8]。

因此，人类社会中存在迷信现象，不一定需要超自然的解释。只需要结合统计法则，以及我们无法正确应用哪怕是近似版的贝叶斯公式这一事实，就足以预言会存在大量迷信行为。这就是为什么超自然现象的亲历记述并不会增加贝叶斯主义者对于超自然现象的置信度，因为无论超自然现象存在与否，我们都同样会预期存在这些亲历记述。

意识形态的达尔文式演化

在探访金边几天之后，我们就出发去游览柬埔寨吴哥的寺庙。何等巧夺天工！众多寺庙精雕细琢，加上周围充满野趣的自然，令人印象深刻。其中最大的寺庙吴哥窟尤其宏伟，有人说曾有 30 万名工人和 6000 只大象参与到这座庞然大物的建造当中，总共花费了 37 年。实在难以置信，这怎么可能？怎么可能在 37 年间协调 30 万名工人的工作？更何况在那个时代，人们还不能用互联网互相联络！

但不久之后在泰国阿瑜陀耶，我才遇到这场亚洲之旅中最使我思潮澎湃的地方。在目不转睛地盯着各种佛像时，我突然理解到信念穿越时间和空间传递的方式就像生物物种一样。不同的信念一直在无休止地竞争，目的是占据人类宿主的心灵。在这场游戏中，那些保留下来的信念，也就是时至今日仍然有人知道的信念，并不一定是最可靠的。毕竟我们之中没有任何人能够正确应用贝叶斯公式，即使面对的情况极其简单！那些在信念大战中存活至今的信念，正是那些吸引人数最多、让这些人能够存活并再次繁衍的信念。流传到今天的信念，正是那些能够与最大型的人类文明共存的信念。

我被这种想法深深地迷住了。虽然我还不理解为什么我会有某种想法，但我算是开始理解为什么文明会思考它们正在思考的东西了！

在这场亚洲之旅中，我接下来游览了老挝的群山、泰国兰塔岛周围的那些仙境般的小岛，还有马来西亚吉隆坡这座现代城市。可惜这场旅程最终迎来了尾声，我必须回到加拿大蒙特利尔开始攻读博士了。我选择与别人合租，分到了一个房间。有一个合租的人，我们叫他鲍勃吧。在我对自身信念来源的探寻之中，与鲍勃的相遇是个难以估量的幸运。

　　鲍勃之前攻读的是工程学，对谓词逻辑很感兴趣。他当然也是个虔诚的天主教徒。但他尤其喜欢用建设性的方式进行冷静的辩论，我也喜欢和他辩论。我从他身上学到了不少东西。比如说，在接触到霍金和蒙洛迪诺的依赖模型的实在论之后，我可以轻松接受某个神祇的"现实性"，只要对方小心地补充说这个神祇存在于某个模型中。

　　我在阿瑜陀耶以及与鲍勃相处时进行的思考引导我提出了一个想法，它类似于生物学家所谓的"群体选择"。这个过程能够解释信仰为何无处不在，尤其是在过去的时代中。其中的论证可能会挑战你的想法，甚至令你震惊。请注意，这只是一个纯粹描述性（或者预测性）的解释，而你在字里行间认为自己读到的任何道德判断都不过是我在表达上的失误。

　　论证如下：人类个体无法独自生存，即使是小部落也很有可能最终被更大的部落征服。因此，那些经过漫长年代存活下来的人类群体必定曾在大型文明中生活过。然而，在大型文明中共同生活是个艰难的任务，这些大型文明绝对必须拥有适当的结构才能做到这一点。它们必须拥有社会层级，但这种社会层级也必须得以合理化。这就是宗教的作用所在。根据这一论证，宗教是维护大型文明的社会秩序的工具之一，而社会秩序对于人类的生存来说也是一个必要条件。也就是说，在历史的长河中，也许存在过没有宗教的人类群体，但他们也许没有把火种传承下来。

　　你可能会这样反驳：几个世纪以来，一些大型文明也越来越不依附于宗教了。但群体选择同样可以解释这一点。这是因为市场经济的到来让精细分工得以实现，据亚当·斯密所说，这也让个体的个人主义与整个社会的利益取得一致 [9]。更妙的是，这种精细分工在没有核心机构协调的时候获益更多，因为这样的核心机构不如社会成员自身更了解社会成员各自的能力。因此，在工业革命之后，那些蓬勃发展的文明实际上就是能够推翻以往建立的社会秩序的文明 [10]。

　　但这仍不足以解释我的想法。另一个解释就是环境。比如说，我就对鲍勃的信息来源与我完全不同这一点非常震惊。今天，我读的基本上都是在法国被精英认可的全国性有名刊物。但正因为鲍勃的关系，我生平第一次阅读那些名字取自

《圣经》的网站。我发现了所谓的"过滤气泡"（filter bubble）问题：我们只会阅读自己赞同的内容 [11]！

实际上，心理学家所说的群体极化也加剧了这种现象。群体极化这种现象在实验室和法庭陪审团中都能观察到，它的表现大体如下：如果让认为 X 是个好东西的某个群体对 X 进行评议，在评议之后，这个群体就会认为 X 能够解决他们的所有问题。除此之外，评议过程会使群体中的每个成员得出比群体中任何成员在评议前得出的更极端的结论 [12]！

这个性状可能来自群体选择，因为它能够让不同个体团结起来合作。但令人惊异的是，我们希望相信所属群体相信的东西，这种现象有一个更贝叶斯的解释。

心理作用有用

的确，纯粹贝叶斯主义者会尝试从群体的信念中推导更普适的理论，比如说它应该同样能够解释其他群体的信念。然而，对于实用贝叶斯主义者来说，这样的模型相当复杂，而且需要大量计算，特别是在模型的目的只是预测某位信徒会说什么之类的情况中。对于实用贝叶斯主义者来说，相信其他个体相信的东西更**有用**，因为群体中的共有模型能更迅速地预测整个群体的行为。这种想法的令人震惊的结论之一，就是某个有神论团体的实用贝叶斯主义者会向上帝的存在赋予很高的置信度！当然，作为合格的贝叶斯主义者，他深知"所有模型都是错的"，包括那些置信度很高的模型。不过相信上帝可以是个**有用**的模型。

引入实用主义会使贝叶斯主义者变得更主观。这完全正常，因为某个人接触到的数据大大不同于另一个人接触到的数据。而从实用主义的角度来说，我们必须适应周围的环境。

而自然母亲也深深理解这一点。她选择了那些性状适应（或者能够适应）环境的个体。正因如此，婴儿对声音信息的处理会迅速适应他们听到的语言。比如说，如果对于某些不同的声音，婴儿不知道区分它们会对预测能力有什么帮助的话，他们就会将这些不同的声音混为一谈。这种学习过程让婴儿对信号的处理更实用，即使这会带来一个讨厌的后果：一旦成人，我们就不再能够区分一门外语中某些有区别的音素。

我们对身边环境的适应也解释了我们在数据科学家所谓的"单样本学习"（one-shot learning）中的惊人能力。这种学习就是从单一数据中推断出大量信息的过程，比如说在只看过一张"tufa"的照片的情况下就能将它认出来。实际上，我们已经在第 19 章中看到婴儿能做到更厉害的事情，因为在某些情境下，婴儿甚至能够在没有数据的情况下学习！为了完成这一壮举，婴儿必须拥有某种非常完整而且结构完善的偏见，才能让贝叶斯推断大大改变认知的状态。

人类在单样本学习中的成功也揭示了一个经常被那些个体平等的代辩者否定的方面，就是我们生来就有一个包含着偏见的大脑。仔细思考一下，这并没有什么惊人之处。我们的大脑有着非常特殊的结构，包括两个半球、下丘脑和前额皮质。这就是自然选择保留下来的结构。所以，与主流的意见相反，大脑并不是一面可以任意涂写的白板（在英语中是 blank slate）。我们生来就有偏见，它让我们准备好面对周围的环境，在这些偏见中，尤其重要的是预先存在的信号处理机制，它处理的是耳朵、眼睛和鼻子发送到大脑的信号。

这个不符合实际的白板假说还有一个变体，它假设我们在出生时大脑完全相同，因此我们在学习能力上生而平等。这也不符合实际情况。对双胞胎的研究表明，基因会让我们倾向于持有特定的政治信念。的确，出生后被分开抚养的同卵双胞胎通常比收养而来的兄弟姐妹更倾向于拥有相同的政治意见。

然而，实用主义式的习惯性思维与基因层面上的倾向让我们准备好面对某种情景，这个事实也说明，我们的大脑不一定替我们做好了跳出这一情景的准备。我们也许能很好地做出与日常生活相关的预测，但这并不代表那些赢得我们置信度的模型在日常生活以外有任何用处。如果说短暂的军旅生涯、亚洲之旅以及与鲍勃相识教会了我什么的话，那就是在解释并理解于我而言非常陌生的宇宙时，我的模型何等脆弱。我理解到，我自己所用的模型在我心中赢得的置信度，其适用范围比我预想的要狭窄得多。

我理解到自己曾活在自信过度之中，我也理解了其中的多个原因。我受到了教育与同伴的片面影响，继承了祖先的基因与文化，承受着不可胜数的认知偏差，活在自己的小小气泡之中，其中的性质与气泡之外的性质相去甚远。

视频网站的魔法

那时，即使经历过如此波折，我还没意识到自己自信过度的严重程度。但我很好奇，希望探究这一点，这在我人生中还是头一次。幸运的是，正是这个时候我发现了 YouTube。

在接下来的几年中，我逐渐沉迷于在网上输出大量知识普及内容的先驱者。全靠他们以及其他知识普及者，我才接触到新可乐的故事、阿施从众实验、米尔格兰姆服从性实验、津巴多的斯坦福监狱实验、安慰剂与反安慰剂效应，以及利贝和海恩斯有关自由意志的实验。我自己也开了个博客，写了一篇博文来讲述这些实验 [13]。正是在这篇博文的撰写过程中，我才真正从内心最深处感受到这些实验说明了人类什么样的普遍特质，当然对我这个个体来说同样适用。

我在网络上"狂刷"公开发布的纪录片和讲座（有时，其中一些有版权问题）。这改变了我的生活，以及我看待世界的方式。在 2016 年 2 月 7 日召开于里昂科学大会（Lyon Science）的一场讲座中，达维德·卢阿普尔甚至主张"视频网站是文字发明以来最不可思议的东西"。他的解释是"演化让人类长于通过口语交流"。但一般来说，两个人之间的口头交流，需要他们都在同一时间处于同一地点。普遍意义上的视频网站让口语能突破时空的界限，无论是现在还是未来，只要有人希望倾听，它让今天的所有人都能向世界上数以百万计的其他人讲述某件事情。达维德·卢阿普尔的讲座结束后，过了三天，我就设立了自己的（法语）频道 Science4All。这是一场大冒险的起点。

这也正是科普的美妙之处，科普总是让人想知道得更多。我非常感兴趣，阅读了所有这些伟大的研究者的著作。我发现了一个全新的宇宙，其中探寻了我们为什么会有某种念头，以及怎样才能更好地思考我们心中的想法。我学到了很多，但尤其重要的是，我对自身无知的广度把握得越来越准确 [14]。

旅途仍在继续

但这些形形色色的知识缺少整体结构。庞加莱曾这样说过："事实的堆砌与一门科学的距离并不比一堆石头与一座房屋的距离近。"我开始寻求一个关于理论的理论，某种能够让我将形形色色的知识结合起来并得到更好的理解的东西。在很长一段时间中，我并没有意识到答案就在一个公式之中，尽管我一直都在研究它；答案就在一个术语"贝叶斯"之中，这个词在我自己的博士论文题目的开头就出现了[15]。2016 年初，我逐渐意识到这个公式的重要性。在"骑驴找驴"了很长时间之后，我终于走上了贝叶斯主义的道路。

这并不是短暂的闲逛，而是悠长的旅程，两年之后，我感觉自己才只走了最初几步。最大的困难之一就是从自己浸淫多年的"科学"领域抽身。我必须抛弃 p 值方法、对于可证伪性的要求，以及对于达到客观性的期望。我必须首先摒弃"科学方法"，但出于动机性思考、认知失调和群体极化，绝大部分科学研究者在捍卫这个方法。我必须反对自己仰慕的那些人的意见。

但这还不是最大的困难。最大的障碍今时今日还横亘在我面前，那就是如何真正地理解贝叶斯主义，计算出它导出的结论并获取（近似地）应用这种方法的能力。在本书中，我尽力帮助你做到这一点，但我自身的认知局限实在太大。萨莉·克拉克、蒙蒂·霍尔问题以及苏格兰黑色绵羊等例子一遍又一遍地证明了这一点。我仍然无法正确地应用贝叶斯公式，哪怕是极度简化的近似版本。

我要走的路还很长，但我现在更好地理解了我不知道什么，还有我为什么不知道。我知道我缺乏正确估算出那位"钓鱼"学生的问题的正确答案的能力，而这种缺乏会让我无法可靠地计算出应该对我大脑中各种不同的模型赋予多少置信度。而我知道我的大脑有很大的局限性，无法容纳所罗门诺夫复杂度或者本内特逻辑深度那过于巨大的模型。

正是这些因素迫使我必须更好地理解自身的无知延伸到了什么地方。而我也希望，在未来能够尽量避免自己的自信过度。

没有良知的知识不过是对灵魂的戕害。

弗朗索瓦·拉伯雷（1483 或 1494—1553）

要严密地理解伦理，必须先理解数学。

苏格拉底（公元前 469—公元前 399）

解决这个问题（在人工智能中编入道德）是
一个值得投入下一代最伟大的数学人才去解
决的研究挑战。

尼克·博斯特罗姆（1973— ）

第**22**章
超越贝叶斯主义

贝叶斯不考虑道德哲学

弗里德里希·尼采断言："上帝已死。"尼采不认同基督教，尽管如此，他这句关于上帝的话丝毫不是什么庆祝，也不是洋洋得意。对于尼采来说，上帝之死首先是一个不安的源泉，因为尼采看到了信仰给社会带来众多好处。

我们之前看到，对于**贝叶斯主义者**来说，**一切都是虚构**。由此立刻能够得到的推论就是所有道德原则也是虚构。毕竟，看看我们在定义生命的时候遇到的困扰，我们真的能够给出"不可杀人"这条诫命的确切定义吗？这句话包含了生活在我们体内的数十亿个细菌吗？如果这句话只能指代人类的话，我们又是否确定自己能够将人与非人区分开来？胚胎从什么时候开始算是人类？如果必须杀掉某个人才能拯救其他数千个人怎么办？是不是应该在希特勒掌握权力之前杀掉他？

虽然贝叶斯主义者否定某种基本道德原则的存在，但他对于应该遵行的**正确**道德准则并没有什么说法。这相当于某种规范伦理哲学，也就是某种讨论**应然**的哲学。然而，贝叶斯主义并不是一种规范道德哲学。贝叶斯主义者所做的，就是利用某种方法将知识组织起来。但这并**没有**给出任何道德上的教训：到底什么是好，什么是坏，应该做什么，又应该禁止什么？纯粹贝叶斯主义者和实用贝叶斯主义者都不考虑道德哲学，甚至连作为贝叶斯主义者是否**正确**或者**合适**都不考虑。他们也绝不会尝试说服你，让你相信自己**应该**更多地依赖贝叶斯公式！贝叶斯主义者只是一台应用贝叶斯公式（的各种近似版本）的机器。

但这不是说道德在贝叶斯主义者的语言中没有一席之地。要解释为什么人类会以人类的方式行动，比如在餐馆留下小费，如厕完毕后冲洗马桶，还有对整个社会生产的财富进行重新分配，贝叶斯主义者会发现一个**有用**的假设：每个人都拥有自己的道德观，而且同一社会群体中的每个个体通常都有相似的道德观。

自然（选择得到的）道德

从表面来看，甚至人类社会存在道德这一点就有某种惊人之处。如果任何一个人独自忽略所有道德感，利用其他人的利他主义却不做出任何回报的话，岂不是会有所得益？再加上自然选择倾向于那些行为能使繁衍后代数目最多的个体，这个问题变得尤其迷人。理论上说，这种自然选择似乎应该让那些不道德的利己主义者得到好处，而承担代价的就是伦理观无可挑剔的利他主义智者。

然而，有几种办法可以解释自然界中的利他主义行为是如何出现并延续的。长期以来，亲属选择假说独占主流。这一假说将基因作为自然选择所作用的对象，而生物个体只是基因用以更好地复制自身的工具。因此，基因会让所属的生物个体最大化基因相似的后代的个数。这样的话，对于蜜蜂来说，牺牲自己让蜂后产下大量后代对它有好处，因为蜂后的后代必然拥有与这只蜜蜂相似的基因。

但这一假说似乎有其局限性，尤其是在尝试将它应用到人类身上的时候。因此有人提出了其他假说。在其中一个假说里，同伴选择这个概念正是道德的关键。这是因为在狩猎采集者的时代，某个不符合道德的个体很有可能会被迅速排除到合作网络以外，这就会迫使这个个体独自在自然中生活，被剥夺任何生存的可能性。简单的模拟表明，这个假说也许足以解释利他主义 [1]。

人们提出的另一个假说就是群体选择。在这里，道德的关键同样是它使不同个体得以合作的能力。这是因为，某个群体要拥有更大的生存机会的话，群体人口就必须增加，而且即使如此，每个个体仍能继续合作。群体假说假设大部分群体无法做到这一点，原因是它们的道德准则不足以维持庞大社会中的生活。存活下来的群体必然就是那些由道德感相当发达的个体组成的群体，这使得在社会中群体能够优先于个体。

群体选择预言了道德的一个重要侧面，世界各地都能找到它的例证，那就是对异己与叛徒的排斥。这是因为，如果某个群体想要存活下来，不仅其中的个体要拥有强健而适当的道德原则，而且群体也必须能够抵抗利己主义个体的渗透。为此，群体必须有办法发现这种利己主义个体并将其驱逐，就像我们的免疫系统对付癌细胞一样。反过来说，群体也必须肯定其中的个体，利用某些被个体神圣化的符号将他们团结起来，这些符号可以是语言、旗帜或者赞歌。群体选择因此预言，我们会对自身认同的群体持有某种狂热 [2]。这又是一个在各种社会中都能找到的行为。

此外，尼采指出贵族的狂热与平民的狂热让各自的追随者对于"好"的反义词有着各自不同的理解。对前者而言，"好"的反面就是"**差**"[3]；对后者来说，好的反面就是"**坏**"[4]。哲学家蒂博·吉罗是这样解释的："'**差**'就是那些希望变好但**做不到**的，而'**坏**'就是那些可以变好但**不希望**这样做的。"

但这个有关道德来自群体认同的例子不过是众多例子之一。人们可以认同其他狂热潮流，无论是自由意志主义、平等主义、传统主义、民族主义还是全球主义。在所有这些情况中，相关群体中的每个个体似乎会首先对所在群体产生认同，然后为了辩护所在群体的理念而屈从于非理性 [5]，接下来尝试合理化自身的立场 [6]。

我甚至要指责科学工作者与科学爱好者，他们创造了某种对科学的狂热，倾向于以不理性的方式维护科学的合理性。这种科学狂热就此解释了对客观性的苛求，即使客观性只是错觉；它还解释了对"科学方法"的接受，即使纯粹贝叶斯主义者和实用贝叶斯主义者都断言，对于科学的运作方式来说，这既不是一个良好的描述性理论，也不是一个合适的规范性理论 [7]。

我希望，你作为一个合格的贝叶斯主义者，不会去尝试断定这三个解释了道德来源的假说之中哪一个是**正确**的。"所有模型都是错的"。而不同的模型可以用在不同的场合。亲属选择假说可以用于理解家庭的重要性，同伴选择假说可以用于理解我们对家长里短的嗜好，而群体选择假说可以用于理解群体极化现象。在所有这些例子之中，令人印象深刻的是我们可以从演化原则出发，推导出人类社会的道德。今天人类个体拥有的道德并非不可思议，也不神秘莫测，因此道德似乎不值得占据比拥有这些道德的个体更基础的地位。

但你也知道，"所有模型都是错的"，其中也包括那些道德哲学。

无意识的道德

实际上，许多心理学实验反复指出我们的道德直觉有着大量缺陷，首先就在于我们对自身偏好以及这些偏好的来源所知甚少。许多实验表明，我们会根据红酒的售价来评判红酒本身，就好像味蕾能够分清以不同价格销售的同一种红酒一样。

最具戏剧性的例子可能就是新可口可乐的故事。在 20 世纪 80 年代，美国的可乐市场被可口可乐和百事可乐两个品牌瓜分。盲测实验表明人们更喜欢百事可乐，而不是可口可乐。可口可乐对此的反应就是改变配方，将所谓的"新可口可乐"推向市场。在新的盲测实验中，人们更喜欢这种新可口可乐，而不是百事可乐，更不要说原来配方的可口可乐了。

然而人们在真正品尝新可口可乐的时候并没有蒙上眼睛！无论出于什么心理上的原因，美国人群情激昂，开始反对可口可乐的这项创新，要求重新使用原来的配方。可口可乐最终顺应了大众的要求。新可口可乐被取消，而原有配方的可乐重新被推向市场。更奇怪的是，可口可乐销售激增，获得了前所未有的知名度[8]。

可口可乐成功的幕后功臣其实就是广告业。这项产业可能在无意之中利用了一项名为"纯粹曝光效应"的认知偏差。由美国华盛顿州的两所大学进行的一项实验就完美地展示了这个现象。研究者在大学报纸上刊登了一些广告，其中包含一些生造的单词，比如"kardiga""saricik"和"nansoma"。关键在于，这些单词在其中一所大学的报纸中出现的频率要远远超过另一所大学的报纸。然后，这些研究者让学生给这些单词的褒贬程度打分，得到的结果非常一致：最常出现的单词对学生来说褒义程度最高。我们喜欢那些熟悉的东西。

根据心理学家卡内曼的说法，这个实验可以用所谓的认知流畅度来解释。这个想法就是，由于大脑厌恶思考，因此它喜欢那些容易想到的东西。这就是为什么名字容易发音的律师能接手更多客户，股市中那些缩写能够直接读出来的公司，股价比其他公司更高。然而这种对认知流畅度的偏好可能会影响解决某些问题时所需的脑力劳动过程。另一个惊人的实验表明，在面对一张充满陷阱的试卷时，如果试卷印刷所用的字体更**难以阅读**的话，学生的表现就会好得多。根据卡内曼的说法，如果字体太容易阅读，学生就会被认知流畅度蒙蔽，不会花足够的时间来思考 [9]。

虽然这些小小的偏差会妨碍我们每个人，但它们似乎并不是什么道德问题。此言差矣。大量研究显示，人们在看到候选人的脸之后的 100 毫秒内就很大程度上决定了他们会怎么投票 [10]。100 毫秒就是眨个眼的工夫！所以，我们在只看到候选人的脸之后的 100 毫秒内对候选人能力的判断，很大程度上决定了我们对这位候选人及其性格与领导能力的看法。

当然，当有人问起我们，让我们解释自己的政治信念时，我们肯定不会提起这个解释！我们几乎从来不知道自身信念真正的来源，却一直尝试解释这些信念。就像乔纳森·海特所说的："直觉先行，然后说理。"海特认为，我们的理性花时间列出大量为了解释直觉所选择的立场而特意构筑的论证，以及否定所有可能动摇这一立场的论证。

直觉决定理性思考最戏剧化的例子之一就是丹·卡亨进行的一项实验。2013年，卡亨让学生完成一道经典数学习题：利用交叉相乘法确定某种护肤霜的效果。学生的正确率不怎么高，但还算合理。然后卡亨修改了习题的表述，现在需要确定的是某项法律对于减少枪械携带的有效性，但数字与之前完全相同。所以习题的解答过程并没有改变，习题的难度也完全相同。尽管如此，学生的解答却变得糟糕透顶。更不妙的是，无论习题本身应该得出什么结论，做题的学生总是会得出符合自身信念的结论。他们的直觉已经选好了立场，所以理智必须服从 [11]。

如果说卡亨这个例子非常明显，那么在那些激昂的论述中，词语的选择也必然会影响朗读或者倾听这些论述的人的直觉，让直觉和道德价值倾向于某个阵营，而不是其他阵营。因此，词语的感情色彩通常会在我们察觉不到的情况下，微妙地对直觉持有的立场产生巨大的影响，从而改变我们支持或者为其辩护的论点。惊人的是，要将褒贬程度不同但含义相同的词语联系起来，对我们来说无比困难。

我是在几年前才意识到这种现象的，这让我在面对感情色彩强烈的词语时，会去寻找与它感情色彩完全相反的同义词。要找到这样完美的同义词通常相当困难，但要确定我的直觉为什么采取了某种立场，即使不完美的同义词对我来说也非常有用，只要二者感情色彩相反就可以了。我在这里也请你思考一下这几对词语：民主与民粹、恐怖主义与反抗力量、社区与宗派、暴君与领导人、天然与野性、灌输与教育，国内生产总值与债务流动、虚伪与外交辞令、谨慎与骗子、偏见与贝叶斯先验……我尤其要请你继续扩展这个列表，然后在每次听到激动人心的论调时都以此为鉴——尤其是在**你自己**的言辞之中 [12]。更进一步，正如我在这本书中用到"偏见"这个词一样，我也建议你在维护自己立场时，在论述中采用贬义词。当然，这样做的话你会更难说服别人。所以，如果你觉得辩论的目标就是赢得辩论或者增加威望的话，那这显然就是个糟糕的策略；但如果你的首要目的是让想法（也包括你自己的想法）更清晰，并对不同理论的置信度进行贝叶斯计算的话，那么利用与自身立场相反的感情色彩就非常有用。效果之一就是让你不至于用错误的论证来说服别人（甚至是自己）。费曼是这样说的："第一个原则就是不要骗自己——你自己就是最好骗的那个人。"因此，如果你要为消费**天然**产品辩护的话，可以先尝试证明这些**野性**产品在什么方面更优秀。

不幸的是，决定我们的道德信念的不仅是词语的褒贬。正如我们在第 17 章中谈到过的那样，我们的直觉是由身边的环境引导形成的。这就是**启动效应**。我们的道德依赖于某些通常不被察觉的刺激 ①，正如韦尔斯和佩蒂的实验证明，简单的头部动作会在无意识中引导我们对学费金额给出不同的道德评判。同样，一些研究表明，投票点设立在学校中的这个简单事实也会明显改变投票者对教育的重视程度。

---

① 启动效应在认知方面已被实验所确立，但在社交情景方面仍有争议，道德也在其中。某些关于社交情景的启动效应实验无法被重复，而另一些实验则是效用不足。此外，在社交情景方面，启动效应能否长期存在仍有争议。简单而言，就目前的实验状况来说，启动效应对个人的道德选择应该有一定的影响，但由于存在众多其他因素的影响，启动效应在社交情景（包括道德）方面的具体效力、延续时长、有效场景仍有待研究。——译者注

胡萝卜加大棒

然而，没有意识到自身的道德直觉只是问题的一部分！道德的演化解释的另一个推论，就是我们的道德直觉适应于史前时代。更糟糕的是，这种直觉只有在基因存活的角度来看才是**好**的。所以，我们可以大大怀疑这种直觉在现代社会中是否适用。此外，近几个世纪以来，尤其是在工业革命之后，道德发生了巨大的演变。

虽然纯粹贝叶斯主义者和实用贝叶斯主义者对于未来社会的道德有着自己的预测（可能包含很大的不确定性），但不幸的是，我的认知能力恐怕过于有限，无法对我们后代的道德本性做出可靠的预测。尽管如此，我心中的贝叶斯主义者愿意打赌，我们的道德在之后几十年中仍然会被不断颠覆，而且这种颠覆的节奏可能在人类历史上绝无仅有，甚至会达到我们的后代可能会认为今天的道德完全落后、非理性、甚至不道德的程度。

这种预测的理由之一在于，我们的道德就是以这种方式形成的。虽然道德的确有一部分由我们的遗传基因决定，但也有很大一部分由后天学习而来，无论来源是学校还是父母，其形成方法就是"胡萝卜加大棒"。机器学习领域的研究者为了培育人工智能，在让它能完成指定的功能时用的也是这种"胡萝卜加大棒"的方法。如果在学习动词变位时出错就会被打手心的话，那么无论是小孩子还是机器最终都会学会"正确"的变位方——而且也会让那些变位出错的人改正，有时候方式还很粗暴。这就是所谓的强化学习（reinforcement learning）。

正是这种学习方式让谷歌的 DeepMind 能够通过一个人工智能解决大量街机游戏，这个人工智能只能读取屏幕上每个像素的颜色，而它的目标只是尝试达到最高分，也就是说分数扮演了"胡萝卜"和"大棒"的角色。令人惊异的是，这就够了。在只依赖分数的情况下，谷歌 DeepMind 成功超越了人类的游戏水平 [13]。

但选择"胡萝卜加大棒"可能会带来出人意料的后果。2016 年，微软发布了名为 Tay 的人工智能，它接受发送到 Twitter 账号 @TayTweets 的指令。问题在于，Tay 的学习方式是强化学习，其中特别考虑了人们对它发布的推文的反应。不到 24 小时，Twitter 上的钓鱼网民就将 Tay 变成了一个种族主义的"纳粹怪物"，它否认纳粹大屠杀的存在，而且支持实行新的种族灭绝。不用说，Tay 很快就被微软关闭了。

然而，这个故事对于我们自身的道德价值形成的方式来说意味深长。我们的道德体系部分是通过强化学习构筑而成的，这也就解释了为什么地理位置或者社会地位相近的个体通常有着相当相似的道德观点。我们之所以会有这些想法，很大程度上都是因为周围的社会与文化环境促使我们思考那些想法，其中也包括道德问题。

大多数人的道德？

一个经常出现的谬误是，人们会赋予民主一个明确定义的目标，即表达公民的个人意愿。我们经常听到这样的话：**人民的意愿必须被遵循**。然而社会并不是拥有唯一一种意愿的个体。即使社会中的每个成员都有一组前后一致的偏好，著名的孔多塞悖论与阿罗不可能性定理也会指出，不存在任何自然的方法可以从个体的偏好顺序得出整个群体的偏好，至少除了那些不如人意的方法，比如独裁[14]。

所以，在过去数千年的时间里，人类群体中产生的集体决策基本上是少数几个人做出的决定，或者某些花费很长时间才达成的共识，而这些共识往往由颇具威望的人主导，而付出代价的就是那些更内敛的人。此后，投票这一发明让公民的意见得到了体现。然而时至今日，选举仍然具有某些数学性质，可能会助长两党政治、政治狂热和策略性投票。在最近几十年中，人们提出了不同的替代选举机制，它们拥有更好的数学性质，比如多数判断选举（majority judgment）和随机孔多塞投票（randomized Condorcet voting）[15]。

但是，如果认为选择民主投票机制就足以解决道德规范的问题的话，那就错了。正如我们之前看到的那样，我们的道德直觉有很多不足之处，有很大的改善空间。除此之外，有经济学家认为，在投票时，投票者的表现比一无所知的人更糟糕，因为他们并不理性。有些人会出于政治上的狂热而投票，拒绝为投出有根有据、无怨无悔的一票而进行必要的准备。细想一下，这并不令人意外。了解情况也有代价，但投出有根有据的一票几乎不会获得什么好处。在这位经济学家看来，投票者的非理性符合理性[16]。

　　总而言之，社会的道德目标似乎并不能从公民的道德直觉中推演出来，而如果出发点是这些公民对自身渴望的**叙述**的话，那就更不可能了。我们的集体道德直觉似乎既反复无常又缺少根据，既易于被操纵又前后不一，而且也不适应现代生活。丹尼尔·卡内曼称："了解人类偏好的逻辑一致性的本来面目很有好处，那就是一场毫无希望的海市蜃楼。"这并不是道德判断，卡内曼在这里只是尝试描述我们自然的道德。

　　比如说，阿莱的实验就指出我们的偏好违背了冯·诺伊曼－莫根施特恩公理[17]。几乎可以确定我们的道德也是如此。更具体地说，这意味着我们有可能认为情况 A 在道德上比情况 B 更好，情况 B 在道德上比情况 C 更好，而情况 C 又比情况 A 更好。但这样的话，所谓的"荷兰赌论证"（Dutch book）就证明了庄家可以让你花点小钱，将赌注先从 A 移到 B，然后从 B 移到 C，之后又从 C 回到 A。最终你花了钱，情况却没有改变，只是白白浪费了时间、精力和金钱。

　　阿莱悖论的这种抽象描述听起来似乎很愚蠢，但如果与之相关的是涉及政治、歧视或者我们的价值观等敏感话题的话，我们基本上不可能意识到这种前后不一致。在整个社会的层次上，情况甚至更严重，尤其是因为有阿罗不可能性定理。在所有这些情况中，我们道德观的前后不一无论是在个体还是在集体层次上，都会浪费大量时间、精力和金钱。这就促使我们要先使我们的道德观更为明晰、条理化①。

　　这是不是说明我们的道德直觉并不可取，尽量用某种更合适的道德代替它可能更妥当？对于纯粹贝叶斯主义者来说，答案是否定的。要记住，纯粹贝叶斯主义者对于道德规范并没有什么想法。

　　但是，因为我觉得你可能非常希望谈论道德，所以我请你踏出知识王国的疆界，（非常）简单地探索一下道德规范的领域。我们会看到各种各样的道德规范，即使贝叶斯主义并不是这些道德的基础，但它在其中仍然是一件必不可少的工具——就像数学的各个分支那样！

―――――――――――――――

① 冯·诺伊曼－莫根施特恩定理特别证明了，任意前后一致的偏好必定等价于最大化某个分数的期望值。我们在本章结尾会更详细地叙述这一点。

道德义务论

规范伦理学的两种主要思路就是义务论和结果论。义务论就是对权利和义务的预先规定，而结果论则不考虑具体的行为，道德评判的唯一根据就是结果（或者当事人在行动的瞬间相信会导致的结果）。

道德义务论最重要的辩护人之一就是哲学家伊曼纽尔·康德。康德将道德义务分为两类，他把每个类别都称为"令式"（imperative）。其中一方面，假言令式（hypothetical imperative）是依情况而变的义务，也就是为了达到特定目的而进行的行为；另一方面，定言令式（categorical imperative）则是绝对的道德义务，与具体情况无关。

康德认为，定言令式最基本的性质就是普适性。他曾这样写道："只有在你同样希望某个准则成为普适法则的情况下，你方可依此行动。"因此，康德认为，任何道德义务都要使人们希望所有人都遵守它 [18]。

出现在宗教准则、法律文本和组织章程中的基本上就是这种义务性的道德，比如"不可杀人""无人可无视法律"，等等。这大概并非偶然。对法官来说，检验法律是否被遵守并由此得出判决更为简单。此外，义务论思路有利于司法判决的一致性，而很多人将这一点视为定言令式。"人生而自由，在权利上一律平等。"1789 年法国的《人权与公民权宣言》第一条就如此写道。

然而，道德义务论同样有批评者。特别是将道德归结于少数几个定言令式这一点似乎就是一项相当复杂的任务，就像用几句话定义生命一样，这甚至可以说是痴人说梦。下面就是反对道德的义务论观点的三个理由。

首先，无论义务论的原则是什么，其中似乎总有例外。最有名的例子就是康德关于谎言的讨论。想象一下，你正在和你的两个孩子克劳德和多米尼克同桌用餐，一个手持手枪的男人对你说，因为几小时之前你的孩子们在公园里玩耍的时候太吵闹，所以这个人要杀掉他们。克劳德和多米尼克感觉这个杀手要来，所以已经走开，躲到了地下室。这个杀手问你知不知道你的孩子们藏在了什么地方。即使在这种情况下，康德仍然断言你有说实话的道德义务。

在更一般的情况下，我们很难预见某项义务原则是否**总是**妥当（比如对于直觉上的道德来说）。认真思考一下，即使"不可杀人"的诫命似乎也有例外——而指出这一点的思想实验一般会牵涉阿道夫·希特勒这个人物！要保证某项道德原则**总是**正确的，我们似乎必须预见所有可能发生的事件，或者至少所有发生的可能性并非无限小的事件。但人们也会因此怀疑人类的认知极限是否真正足以保证某个道德原则**绝对**正确。一般来说，道德义务论似乎过于死板 [19]。

义务论的第二个局限性在于它的定义必定不完全。我们也看到了，要主张"不可杀人"是一条道德义务的话，我们就必须首先定义生命、死亡、谋杀、意图、自由意志以及其他大量概念。但事实上，至少在相信贝叶斯主义的情况下，所有这些概念的定义也必定不完全。或者应该说，正如我们在第 20 章谈到过的那样，某个概念的现实性依赖于我们考虑的模型，但任何人对现实的模型都不会与其他人完全一致。此外，与猫的概念一样，对前面那些概念的任何严格形式化都可能需要数十亿字节的信息来描述，而任何人都没有足够的时间或耐心去阅读并理解这些定义 [20]。

更糟糕的是，义务论有很大的风险，它会导致人们歪曲义务原则中词语的定义。这是因为，如果想做到符合道德的话，歪曲义务原则的解释要比改变自己的行为容易得多。最大的问题在于，一般来说这种策略很大程度上是下意识的。"直觉先行，然后讲理。"乔纳森·海特如此说道。我们在毫无察觉的情况下就被引导到了篡改义务原则的解释这一道路上，以求无须调整自身行为也能合乎道德。这就解释了为什么许多关于道德义务的辩论都只是一场关于词语定义的永无止境而又可悲的战争——尤其是在参与者尝试为**自身**行为的优越性辩护的时候。

最后，义务论的第三个局限性就在于，它没有区分优劣不同的选项。义务论通常会列出一些应当做或者不能做的行为，但如果我们必须在几个应当做的行为之中选择的话，那应该怎么做？如果必须在黑死病和霍乱之间选择一个的话又该怎么做？

伊萨克·阿西莫夫在他的科幻小说中提出了一个有关机器人道德的框架，其中列出了多种行动之间的优先顺序。根据这一顺序，机器人应该最优先保护人类不受伤害。只有在满足第一法则的前提下，机器人才应该遵循人类的指令。然而，指望这样一张优先列表能够解决所有与道德决策相关的问题简直是天方夜谭。这是因为应该采取的行动不仅取决于所有可能的行动，还取决于在什么情景下进行决策。但是可以想象的情景数量众多，并且呈指数增长。列出在所有情况下可以采取的所有行动，就相当于写出一个算法，能够在所有情境下判断出应该执行什么行动。但我们基本上可以确定，这样的算法会拥有巨大的所罗门诺夫复杂度。无论是对人类还是对机器而言，这种算法的编写、读取和应用完全不切实际。

结果论者与义务论者恰好相反，他们不接受任何定言令式，重要的只有结果。当且仅当某个行动能导向合适的结果时，它才合乎道德。只要结果的确可取，那就说明手段正当。

知识是合理的目的吗？

现在剩下的工作就是确定什么结果才算可取。我们对社会真正的期望是什么？文明的最终目标是什么？我们在客观上有什么作用？这就是结果论者要回答的根本问题。

科学工作者经常提倡对知识的渴望。将知识作为社会的目标，这在道德上成立吗？要求大多数人拥有知识，这是否的确合理？应不应该要求所有人都吞下那颗红色药丸？大概不行。实际上，即使只是将知识定为科学的目标，也会导致许多奇怪的结果。

问题在于世界既庞大又复杂。这个世界中可以知晓的事物的数量远远超越了我们的认知能力。欧内斯特·卢瑟福甚至主张"所有科学要么是物理，要么就是集邮"。庞加莱也这样说："事实的堆砌与一门科学的距离并不比一堆石头与一座房屋的距离近。"我个人也没有任何耐心去背诵那些由零碎知识组成的列表。

与其只关心数据，人们更希望寻求这些数据中暗含的理论，常用的方法就是应用贝叶斯公式。但这样的话，目标是什么？就是进行预测吗？我们可不可以认为尝试得出正确结论就是合理的目的？

答案绝对是否定的。即使是在 KL 散度这种精细的意义上，尝试得出正确结论也有局限性。

这是因为，要得到正确的结论，只需要停留在容易预测的问题上。我们唯一需要做的就是只考虑那些我们已经非常了解的事物，这也是我们自然会去做的事情，我们会将自己困在熟悉的日常之中——有时候甚至主张这种日常**就是现实**。

所以对于总希望得到正确结论的人来说，好奇心是个糟糕的策略。**如果工程师不知道自己在做什么，那就最好停手。**相反，研究者在职业生涯中常常犯错。没有人比数学家更经常犯错，他们整天都在草稿纸上涂涂改改。**如果研究者知道自己在做什么，那就最好停手。**

德里克·穆勒在他的视频频道 Veritasium 上重现的一个实验突出了这个问题的价值 [21]。德里克·穆勒走到街上向行人提问，让行人猜测他脑海里的一条秘密规则。他给出的提示是数列 2、4、8 符合这一规则。被问到的行人可以举出由 3 个数组成的其他数列，然后德里克·穆勒会告诉他们这个数列是否符合那条秘密规则。这些参与者的做法全都一样，他们会问（这可能还经过了无意识的贝叶斯计算）这条秘密规则是不是后一个数是前一个数的 2 倍。德里克·穆勒说不是，然后他们就会举出 16、32、64，或者 3、6、12，又或者 10、20、40。德里克·穆勒每一次的回答都一样：是的，这个数列符合秘密规则，但规则并不是后一个数是前一个数的 2 倍。那些参与者只能哑口无言。

问题在于，参与者的答案背后的动机总是对做出正确预测的渴望。这些参与者的脑海里有自己想出来的规则，他们一直在尝试确认这条规则——即使德里克·穆勒已经否定了这条规则。尽管如此，他们还是能够做出许许多多正确预测。如果他们的目标就是别人肯定自己的回答，那么他们的策略的确是最优的！

要找到这条秘密规则，我们就必须被否定，必须尝试犯错，必须愿意否定自己的直觉。当德里克·穆勒要求参与者这样做时，他们就提出了 5、10、15，或者 2、4、7，以及 10、9、8 等数列。德里克·穆勒分别对这些数列的回答表示肯定、肯定和否定！这些参与者就立刻发现了那条秘密规则：对德里克·穆勒来说，只要数列是递增的，那么答案就是肯定的 ①。

这样的话，尝试改进自身贝叶斯置信度的贝叶斯主义者不会总是尝试得出正确结论。恰恰相反，他们会尝试在那些所知不多的领域中进行试验。他们会尝试

---

① 其实有一个研究领域专门尝试找出应该进行什么实验的最优选择，其中有一个属于贝叶斯主义的分支，叫作贝叶斯实验设计（Bayesian experimental design）。

将自己暴露在预测错误之下。因此，**以得出正确结论作为目的并不可取。**

更糟糕的是，为了达到总是得出正确结论的幻觉，我们的大脑以及其中的大量认知偏差总是会否定所有自身犯错的情况，而将那些自身正确的情况奉为圭臬。最麻烦的是，这种做法可能是有意而为的，也可能是出于无意的。这就是著名的证实偏差（confirmation bias）。这种认知偏差极其危险，会一直将我们推向过度诠释与自信过度的境地。

效用主义

最主流的结果论道德哲学断言，我们需要达到的目标就是最多数人最大的幸福。这就是所谓的**效用主义**（utilitarianism，又译"功利主义"）。效用主义者认为，如果某项行动最终能让更多的人变得更幸福，那么它就符合道德。剩下的就是确定能精确衡量幸福的标准，以及确定我们所说的"最多数人"是什么意思。我们也可以提出其他问题，比如是否应该考虑公平性，未来的幸福是否拥有等同于当下幸福的价值，或者是否存在其他我们希望达到的目标，比如说生物多样性或者知识。可惜效用主义的定义并不明确，它有着大量不同的版本。

我不打算在这里列出效用主义遇到的所有困难。道德哲学是一个激动人心而微妙难解的话题，但它并不是这本书的主题。虽然如此，效用主义道德中有一个令人着迷的维度，即使是效用主义的支持者也经常忽视这一点：无论是一般而言的结果论道德哲学，还是效用主义这一特殊情况，它们都需要出色的知识哲学作为基础。这是因为，如果我们尝试让人们感到幸福，那么就必须知道什么会让人感到幸福，还有要怎么做才能达到这一目的。或者说，在更普遍的意义上，为了确定应该着手进行什么行动，我们必须首先**预言**可以想象的各种行动会产生的后果。也就是说，一名合格的效用主义者必须先研究认识论；而如果你相信你正在读的这本书的内容的话，那么他也应该是一位贝叶斯主义者。

对于**效用主义者**来说，只要自己对各种意识形态带来的后果，以及它们**在当前情况下**的好处和坏处没有足够的认识，那么就不能做出这样的判断——至少不能做出置信度很高的判断。因此，乔纳森·海特断言，我们常常低估所谓**道德资**

本（moral capital）[22] 的价值，这指的是所有社会结构，它们通常并不显眼，但如果没有这些结构，我们的文明就会崩溃。对于效用主义者来说，在给出社会应该如何行动的明确意见之前，坚实掌握心理学、经济学和政治科学等社会科学是一项必不可少的先决条件。与科学相比，（结果主义）道德更要"尽量避免得出结论"。

不幸的是，绝大多数公民对于社会科学基础概念的理解极其匮乏。更糟糕的是，绝大多数公民对这些话题有着巨大的误解，而且不愿意花精力改变这一状况。这就让贾森·布伦南等几位知识分子站到了反对民主的立场上。他们的主要论点本质上属于效用主义：如果幸福就是目的，那么社会给所有成员强加的某些决策就会明显比另一些决策更好，而比起一般的投票者而言，寥寥几位专家进行的决策也必定更符合效用主义的目的。

专业性并非效用主义者反对民主的唯一论点。据贾森·布伦南的说法，"政治狂热使人变得糊涂而腐败"。人们搜集的信息越多，心中的政治狂热就拥有越大的控制力，强迫人们必须捍卫某个党派。众多实验也指明了这一点 [23]。这就会让人们激烈地批判那些违反直觉的理念，并拒绝任何妥协。这种狂热让人结仇，并且让人憎恨反对自己的人。所以布伦南认为，所有个体都积极参与政治生活的社会并不是理想的社会；所有个体都花时间做自己热衷的事情，那才是理想的社会 [24]。

民主并不是唯一一个被效用主义者质疑的现代社会支柱。效用主义者同样反对互惠互利的道德义务，即使在所有主要宗教中都能找到这一义务。"如果你觉得会伤害自己，就不要如此伤害别人""爱邻人如同自己""己所不欲，勿施于人""你们任何人都不算真正归信，除非他为其弟兄所祈望的正如他为自己所祈望的"。你看到这个原则的局限性了吗？它预先假设了其他人都与你有着相同的偏好。

效用主义者与此正好相反，他们会考虑不同个体有不同偏好的这个事实。对于不把自由感放在首位的人来说，他们可能更希望别人强迫他们远离新体验的诱惑，而另一个人可能会将自由视若珍宝。效用主义者最终对待这两种人的方式会相当不同，而对待这些人的方式也可能不同于效用主义者本身希望被对待的方式 [25]。

效用主义者面临的问题，就是他们对于别人（现在或者未来）的偏好并没有先验的确切认识。为了确定这些偏好，他们必须利用某种知识哲学。而如果你相信这本书的内容的话，那么他们就应该是贝叶斯主义者。

贝叶斯结果论者

因此，贝叶斯效用主义者应该利用自身的偏见。如果要以最有利于其他人幸福的方式行动的话，那么这些偏见必不可少。当贝叶斯效用主义者出席葬礼时，他们会假设人们不欢迎那些恶毒的笑话；如果他们参加的是数学讲座，那么他们会假设其他参加的人想要认真钻研学术；如果他们在迪斯科舞厅，那么他们就会假设其他人不想讨论贝叶斯公式。

然而，合格的贝叶斯主义者不能忘记"所有模型都是错的"。此外，即使是贝叶斯式的偏见也可能导致错误的预测。然而，正如我们在第 9 章中讨论过的那样，根据某些预测来行动的话，无论这些预测是否正确，这样做可能深深伤害别人。即使贝叶斯效用主义者认为某个笑话有非常大的可能性会引人发笑，但如果这个笑话有不可忽略的概率会引发严重误解的话，他也会因此三缄其口。这也解释了为什么人们在头几次约会时都如此小心翼翼。在必须学会如何认识别人却不冒犯对方时，我们难免如履薄冰。这也是贝叶斯效用主义者接触陌生人时的做法，因为他们必定很不了解陌生人的偏好。

贝叶斯效用主义者应当时常考虑对方的想法与喜好，他们不会根据预测的平均值来行动，而是注意避免那些有可能会冒犯对方的话语和动作，即使这些话语和动作对自己来说不算冒犯，而且冒犯对方的可能性相对来说也很低。此外，贝叶斯效用主义者也不会忽略对方很有可能更清楚自身偏好的事实，这也就解释了为什么贝叶斯效用主义者通常更倾向于让对方自由选择，让对方做自己喜欢的事情。

从更普适的角度来说，所有贝叶斯主义者都会不断尝试量化自身的无知程度，也同样会尝试估计对方的无知程度——我们之前已经看到，这种无知程度一般并不会对应着缺乏自信。所以，如果贝叶斯结果主义者估计其他人知道的信息比自己更多，而且认为这些知晓更多的人会出于善意做出决策的话，那么为了不妨碍辩论，闭口不谈自己的意见就成了贝叶斯结果主义者的道德义务，但他们还是可以参与讨论，质疑其他人提出意见的基础，考验对方的专业程度，厘清对方的立场，或者尽量从对方身上学习①。如果贝叶斯结果主义者不完全理解那些更有能力的人提出的论证，却相信这些人所知甚多而且怀抱善意的话，那么他们就会尝试让这些人代替自己和所知更少的人进行决策[26]。

最后，需要强调一个重点：贝叶斯结果论者一直都在考虑不确定性。一般来说，他们的决策过程就是统计决策论的经典例子。首先，他们会向世界的所有可能状态 x 赋予一个道德分数 $M(x)$。状态 x 越美好，$M(x)$ 就越大。对于贝叶斯结果论者来说，采取能够最大化道德分数期望值 $\mathbb{E}_x[M(x)|a]$ 的行动就是一项道德义务。值得注意的是，在同构的意义上，这是唯一能够符合冯·诺伊曼 – 莫根施特恩公理的道德观点，因此不会受阿莱悖论的影响[27]。

贝叶斯结果论这个框架同样能让我们处理那些发生意外的可能性很小，但后果却极其严重的问题。假设有两个选项✗和✓，考虑下面三个可能的后果：☺、☹和💀。假设✗对应的是什么也不做，而且必然导致☹；而✓是个有风险的行动，可能导致☺或者💀。

人们有时候会出于**预防原则**而倾向选择✗。然而，💀也许非常不可能发生，但不幸的是，援引预防原则不一定会让人们计算💀的概率。然而，即使💀会带来灾难，贝叶斯结果论者仍认为有时候采取行动✓也是合理（或不合理）的。用更严谨的说法表述，贝叶斯结果论者首先会给不同的结果打分。如果💀真的会带来巨大灾难，那么我们可以设想 $M(☺)=0$，$M(☹)=-1$，以及 $M(💀)=-10^9$。为了确定到底应该实行行动✗还是✓，贝叶斯结果主义者接下来会计算分数的期望值。什么都不做的得分就是 $\mathbb{E}_x[M(x)|✗]=M(☹)=-1$。

那么如果执行✓的话呢？贝叶斯结果论者的回答就包含在执行✓的得分期望计算之中：

$$\mathbb{E}_x[M(x)|✓] = M(☺)\mathbb{P}[☺|✓] + M(💀)\mathbb{P}[💀|✓] = -10^9\,\mathbb{P}[💀|✓]$$

因此，当且仅当 $\mathbb{E}_x[M(x)|✓] \geqslant \mathbb{E}_x[M(x)|✗]$ 时，贝叶斯结果论者才会希望执行✓，

---

① 在实际生活中，正如我们在第 5 章中讨论过的那样，从教学的角度来说，大声表达自己的偏见非常有用，可以更好地意识到这些偏见并进行修正。数学学习一般就是这种情况。然而如果辩论的目的是进行决策的话，那么为了改正你自己的偏见而拖慢整个决策过程，就可能不太合适了。

而这对应的是$\mathbb{P}[\text{⊡}|\checkmark] \leq 10^{-9}$。也就是说，贝叶斯结果论者的决策完全由行动$\checkmark$导致⊡的概率所决定。与其投身于永无休止的辩论之中，贝叶斯结果论者更愿意优先进行这一概率的估计——还有确定这一估计的不确定性，以及为了降低估计的不确定性所需要的行动，和降低不确定性需要付出的代价。

我个人认为，我们每个人都可以从贝叶斯结果论者身上学到不少东西，即使我们只希望成为半个结果论者。特别是，哪怕只是希望与贝叶斯结果论者有半分相似，也必须先衡量自身无知的程度。不幸的是，在考虑道德问题时，我们并不习惯这种做法。我曾经组织过一个关于"人工智能的道德"的公开辩论。虽然在我看来，这个主题的讨论需要大量专业知识，但没有一个参与者提出过问题。在这种辩论之中，人们迫不及待将自己的看法强加于别人身上，甚至宣扬自己的种种美德。我们倾向于在对自身无知程度进行任何衡量之前就得出了结论。

然而，正如我们在这本书中看到的那样，我们的道德直觉一直处于明显的自信过度之中。即使我们心中有效用主义的基础，但那些不符合贝叶斯主义的错误偏见导致的行动通常不能提高整体的幸福。更糟糕的是，自信过度会阻止我们改正这些偏见。为了达到更高的道德水准，我们似乎应该将与自信过度的斗争放在首要位置。然后在理想情况下，我们由此开始熟悉社会科学与贝叶斯公式，改进自身关于用来达成目的的手段效率如何的置信度，无论是出于效用主义还是其他目的。

因此，这本书让我们得出了以下这个惊人的结论：无贝叶斯不成道德。

结语

我只能请你多花时间思索这个惊人的结论。我斗胆更进一步期望这本书能够打破你此前对逻辑、知识以及各个方面认知的看法。我也期望这本书能够帮助你更好地确定科学方法的局限性。我还期望这本书能够帮助你怀疑自己的自信过度，因为你很可能深受其害。我同样期望这本书能让你隐约看到如何更好地学习与获取知识。

人们在处理"现实"世界的问题时，经常认为数学和哲学与之毫不相干。而人们在谈论日常而具体的事物时，也通常觉得这个领域无须数学博士学位就能理解。这就是严重的自信过度。正如约翰·冯·诺伊曼所说："如果有人不相信数学是简单的，那是因为他没有意识到人生有多复杂。"我们无法理解乌鸦悖论，无法理解为什么要选择公立医院而不是私人诊所，无法理解指数增长有多疯狂，这种能力的缺失理应迫使我们怀疑在"真实"世界中自认为已经理解的东西。

因此，如果你的部分道德观属于结果主义，那么贝叶斯主义就应该颠覆了你对道德原则的依恋，因为如果某个行为的好坏取决于结果的话，那么，即使它们并非唯一因素，我们也必须预测这些结果，以及其他可能行为导致的结果。然而俗话也说："预测很难，预测未来更难。"我希望已经向你好好展示了预测有多困难。

我们看到，即使是埃尔德什·帕尔也无法在极其简化的情况下正确应用贝叶斯公式；所罗门诺夫妖必须违反物理法则才能执行所有贝叶斯计算；为了得到与纯粹贝叶斯主义者类似的合理预测，实用贝叶斯主义者必须辗转于复杂度理论、储存空间最优管理与 MCMC 抽样之间。这应该迫使我们变得更谦虚，避免自己常常表现出的严重自信过度。尤其是在道德问题上，我们"要尽量避免得出结论"。

但这并不是本书的主要目的。正如在第 1 章中所说的那样，我近几年对认识论的长久思考让我放弃了所谓的科学方法和频率主义。后来，我由此转变为贝叶斯主义者，尤其是在接触到所罗门诺夫妖之后，我变成了"极端"贝叶斯主义者。我希望已经成功说服你，相信这种转变的理由并非完全脱离理性，我也希望能帮助你隐约看到目前赢得我绝大部分置信度的知识哲学的大致轮廓。

但最重要的是，我希望你能喜欢这段探索贝叶斯主义的基础和推论必经的旅程，并享受到探索众多学科的乐趣。这些学科对贝叶斯主义的理解和诠释来说非常有用，无论是理论计算机还是认知科学，或者演化生物学和统计物理学。我希望你喜欢奥卡姆剃刀的证明、对归纳问题的抽丝剥茧，还有对实在论的质疑。我也希望阅读这本书对你来说是一次不同寻常的旅程，甚至为你打开了新世界的大门，让你留下不可磨灭的回忆。

最重要的是，我希望你能沉浸在激情、着迷和疑问之中，这就是本书的首要目的。

致谢

　　创作这本书是一段不可思议的旅程，有不少高低起伏。如果没有那些出色的人的帮助、支持以及他们分享的智慧的话，我就不可能完成这一段旅程。所以，我深深感谢他们。

　　我要特别感谢蒂博·吉罗、朱利安·法若、马克西姆·马约、达维德·洛雷罗和玛丽·莫里，他们仔细校阅了这本书并给出了非常有用的反馈。此外，我还非常感谢他们陪着我对贝叶斯主义进行思考。为此，我同样非常感谢佩瓦·布朗夏尔、拉希德·格拉维、马赫迪·穆罕默迪、亚历山大·莫雷尔、朱利安·斯坦纳、哈德里安·亨德里克斯、塞巴斯蒂安·鲁奥、马捷·帕夫洛维奇、克莱芒·洪格雷、克里斯托夫·米歇尔和塞巴斯蒂安·卡拉索，以及其他人，他们质疑、刺激并磨砺了我对贝叶斯主义的思考。在我就职的瑞士洛桑联邦理工学院，一种鼓励思考的环境对我非常有帮助。我同样非常感谢法国 EDP Science 出版社出版这本书，还有亲切的吉尔·多维克拨冗撰写了本书的序言。

　　此外，我还要感谢所有在我身边或者在远方关注我的人，尤其是社交网络和视频网站上我的关注者。很多人在关注我如何尝试理解、提炼那些我自认为理解了的东西，以及那些我准备探索的东西。我同样要感谢 Café des Sciences[①] 和 YouTube 文化类频道的众多伙伴。他们的友善和质量极高的科普内容都是取之不尽的灵感源泉。

　　但我尤其要感谢你，亲爱的读者。能够与你分享我的贝叶斯主义奇遇，我既乐在其中，又深受鼓舞。

---

① Café des Sciences 是一个主要由法语的网络科学普及者组成的群体，类似于中国的科学松鼠会，其中大约半数为视频博主。——译者注

人名对照表

A

阿德尔森 Adelson

阿迪·沙米尔 Adi Shamir

阿尔伯特·爱因斯坦 Albert Einstein

阿尔韦托·阿瓦迪 Alberto Abadie

阿格拉沃尔 Agrawal

阿莱 Allais

阿兰·爱斯派克特 Alain Aspect

阿兰·戴维斯 Alan Davies

阿兰·威廉斯 Alan Williams

阿朗佐·丘奇 Alonzo Church

阿列克谢·契尔沃年奇斯 Alexey Chervonenkis

阿罗拉 Arora

阿莫斯·特沃斯基 Amos Tversky

阿斯林 Aslin

埃德温·杰恩斯 Edwin Jaynes

埃尔德什·帕尔 Erdös Pál

埃尔温·薛定谔 Erwin Schrödinger

埃贡·皮尔逊 Egon Pearson

埃利泽·尤德科夫斯基 Eliezer Yudkowsky

埃米尔·博雷尔 Émile Borel

埃米尔·卡梅尼察 Emir Kamenica

艾伯特·戈德曼 Albert Goldman

艾伯特·塔克 Albert Tucker

艾蒂安·克莱因 Étienne Klein

艾里爵士 Sir Airy

艾伦·图灵 Alan Turing

艾萨克·牛顿 Isaac Newton

爱德华·克拉克 Edward Clarke

爱德华·洛伦兹 Edward Lorenz

爱德华·斯诺登 Edward Snowden

安德烈·柯尔莫哥洛夫 Andrey Kolmogorov

安德烈·库恩 André Kuhn

安东尼·巴宾顿 Anthony Babington

奥尔森 Olson

奥卡姆的威廉 William of Ockham

B

巴斯德 Pasteur

贝尔曼 Bellman

本杰明·迪斯雷利 Benjamin Disraeli

比尔·布赖森 Bill Bryson

比尔·塔特 Bill Tutte

彼得·特温 Peter Twinn

彼得·希格斯 Peter Higgs

彼得·肖尔 Peter Shor

彼得里·米吕迈基 Petri Myllymäki

毕加索 Picasso

波德莱尔 Baudelaire

波多尔斯基 Podolski

波恩哈德·黎曼 Bernhard Riemann

伯杰 Berger

伯勒斯·斯金纳 Burrhus Skinner

伯努瓦·曼德尔布罗 Benoît Mandelbrot

伯特兰·罗素 Bertrand Russell

博阿兹·巴拉克 Boaz Barak
博斯科维克 Boscovich
布丰 Buffon
布莱兹·帕斯卡 Blaise Pascal
布雷 Blei
布林约尔松 Brynjólfsson
布鲁诺·德·菲内蒂 Bruno de Finetti
布鲁斯·布埃诺·德梅斯基塔 Bruce Bueno de Mesquita

C

策梅洛 Zermelo
查尔斯·本内特 Charles Bennett
查尔斯·达尔文 Charles Darwin
查尔斯·斯坦 Charles Stein

D

达维德·卢阿普尔 David Louapre
达维德·洛雷罗 David Loureiro
达维德·施托伊雷尔 David Steurer
大卫·休谟 David Hume
黛安娜·考恩 Dianna Cowern
戴维·布莱克韦尔 David Blackwell
戴维·默明 David Mermin
戴维·希尔伯特 David Hilbert
丹尼尔·卡内曼 Daniel Kahneman
丹尼尔·西蒙斯 Daniel Simons
丹尼斯·林德利 Dennis Lindley
德莱格利斯 Deléglise
德里克·穆勒 Derek Muller
德里克·汤特 Derek Taunt
德伦·布朗 Darren Brown
蒂博·吉罗 Thibaut Giraud
多米尼克·约翰逊 Dominic Johnson

E

恩斯特·伊辛 Ernst Ising

F

凡·高 Van Gogh
菲利普·梅里利 Philip Merilees
芬顿 Fenton
弗拉基米尔·瓦普尼克 Vladimir Vapnik
弗兰克 Fraenkel
弗兰克·拉姆齐 Frank Ramsey
弗朗索瓦·昂格勒 François Englert
弗朗索瓦·拉伯雷 François Rabelais
弗朗西斯·克里克 Francis Crick
弗雷德里克·莫斯特勒 Frederick Mosteller
弗雷格 Frege
弗里德里希·尼采 Friedrich Nietzsche

G

高乃依 Corneille
戈登·韦尔什曼 Gordon Welchmann
戈弗雷·哈罗德·哈代 Godfrey Harold Hardy
格奥尔格·康托尔 Georg Cantor
格雷姆·米奇森 Graeme Mitchison
格列兹曼 Griezmann
古德曼 Goodman

H

哈德里安·亨德里克斯 Hadrien Hendrikx
哈里·欣斯利 Harry Hinsley
哈罗德·杰弗里斯 Harold Jeffreys
哈桑尼耶 Hassanieh
哈赞 Hazan

海恩斯 Haynes

汉斯·库恩 Hans Kuhn

汉斯·赖欣巴哈 Hans Reichenbach

汉斯·罗斯林 Hans Rosling

亨利·庞加莱 Henri Poincaré

花拉子密 Al-Khwārizmī

怀特海 Whitehead

惠特菲尔德·迪菲 Whitfield Diffie

霍夫曼 Hoffman

霍华德·赖法 Howard Raiffa

J

吉尔·多维克 Gilles Dowek

吉洛维奇 Gilovich

吉尼亚克 Gignac

加里·韦尔斯 Gary Wells

贾森·布伦南 Jason Brennan

杰弗里·科恩菲尔德 Jerome Cornfield

杰弗里·欣顿 Geoffrey Hinton

杰克·古德 Jack Good

杰拉尔德·古拉尔尼克 Gerald Guralnik

杰里·罗伯茨 Jerry Roberts

杰里米·英格兰 Jeremy England

居伊·德·莫泊桑 Guy de Maupassant

K

卡尔·波普尔 Karl Popper

卡尔·弗里德里希·高斯 Carl Friedrich Gauss

卡尔·弗里斯顿 Karl Friston

卡尔·皮尔逊 Karl Pearson

卡尔·萨根 Carl Sagan

卡莱 Kale

卡纳安·孙达拉拉詹 Kannan Soundararajan

卡塔比 Katabi

卡修斯·杰克逊·凯泽 Cassius Jackson Keyser

卡亚勒 Kayal

康定斯基 Kandinsky

康托尔 Cantor

科拉茨 Collatz

克莱芒·洪格雷 Clément Hongler

克劳德·香农 Claude Shannon

克里斯蒂亚诺·罗纳尔多 Cristiano Ronaldo

克里斯托弗·查布里斯 Christopher Chabris

克里斯托夫·米歇尔 Christophe Michel

孔多塞 Condorcet

库尔特·哥德尔 Kurt Gödel

库斯·赖希勒 Marcus Raichle

L

拉格朗日 Lagrange

拉里·佩奇 Larry Page

拉里·沃瑟曼 Larry Wasserman

拉梅什·乔哈里 Ramesh Johari

拉希德·格拉维 Rachid Guerraoui

莱昂哈德·欧拉 Leonhard Euler

莱昂纳多·达·芬奇 Leonard da Vinci

莱奥·格拉塞 Léo Grasset

莱斯利·兰波特 Leslie Lamport

莱斯利·瓦利安特 Leslie Valiant

赖斯 Rice

兰道尔·门罗 Randall Munroe

劳伦·韦莱特 Lauren Ouellette

勒贝格 Lebesgue

勒庞 Le Pen

勒让德 Legendre

雷·库兹韦尔 Ray Kurzweil

雷·所罗门诺夫 Ray Solomonoff

雷·希尔 Ray Hill

雷吉娜·努佐 Regina Nuzzo

雷米·佩尔 Rémi Peyre

里瓦 Rivat

理查德·巴拉纽克 Richard Baraniuk

理查德·道金斯 Richard Dawkins

理查德·费曼 Richard Feynman

理查德·莱布勒 Richard Leibler

理查德·尼斯比特 Richard Nisbett

理查德·佩蒂 Richard Petty

理查德·普赖斯 Richard Price

利昂内尔·若斯潘 Lionel Jospin

利奥波德·克罗内克 Leopold Kronecker

利贝 Libet

列纳德·蒙洛迪诺 Leonard Mlodinow

鲁道夫·卡尔曼 Rudolf Kálmán

鲁道夫·克劳修斯 Rudolf Clausius

路德维希·玻尔兹曼 Ludwig Boltzmann

伦纳德·阿德曼 Leonard Adleman

伦纳德·萨维奇 Leonard Savage

罗伯特·奥曼 Robert Aumann

罗伯特·布鲁 Robert Brout

罗伯特·蒂布斯兰尼 Robert Tibschirani

罗伯特·莱姆基·奥利弗 Robert Lemke Oliver

罗伯特·施莱弗 Robert Schlaifer

罗伯特·夏派尔 Robert Schapire

罗德 Rohde

罗杰·迈尔森 Roger Myerson

罗纳德·费希尔 Ronald Fisher

罗纳德·李维斯特 Ron Rivest

罗森 Rosen

罗伊·梅多 Roy Meadow

M

马蒂娜·奥布里 Martine Aubry

马丁·赫尔曼 Martin Hellman

马丁·加德纳 Martin Gardner

马赫迪·穆罕默迪 El Mahdi El Mhamdi

马捷·帕夫洛维奇 Matej Pavlovic

马克斯·纽曼 Max Newman

马克斯·普朗克 Max Planck

马克西姆·马约 Maxime Maillot

马库斯·杜·索托伊 Marcus du Sautoy

马修·根茨科 Matthew Gentzkow

玛丽·莫里 Marie Maury

玛丽·斯图亚特 Mary Stuart

玛丽莲·沃斯·萨万特 Marilyn vos Savant

麦卡菲 McAfee

迈克尔·卡恩斯 Michael Kearns

迈克尔·乔丹 Michael Jordan

曼努埃尔·诺伊尔 Manuel Neuer

曼特 Mandt

梅尔文·德雷舍 Melvin Dresher

梅雷尔·金特 Merel Kindt

梅里尔·弗勒德 Merrill Flood

门捷列夫 Mendeleev

蒙蒂·霍尔 Monty Hall

米尔克曼 Milkman

米卡埃尔·洛奈 Mickaël Launay

缪丽尔·鲁凯泽 Muriel Rukeyser

摩陀婆 Mādhava

莫根施特恩 Morgenstern

莫雷诺 – 博特 Moreno-Bote

莫佩尔蒂 Maupertuis

默里·盖尔曼 Murray Gell-Mann

N

拿破仑·波拿巴 Napoléon Bonaparte

纳齐姆·塔利布 Nassim Taleb

内特·西尔弗 Nate Silver

尼尔 Knill

尼尔 Neil

尼尔斯·玻尔 Niels Bohr
尼古拉斯·凯奇 Nicolas Cage
尼基·凯斯 Nicky Case
尼克·博斯特罗姆 Nick Bostrom
纽波特 Newport
诺曼·拉斯穆森 Norman Rasmussen
诺姆·乔姆斯基 Noam Chomsky

O

欧内斯特·卢瑟福 Ernest Rutherford

P

帕什勒 Pashler
佩瓦·布朗夏尔 Peva Blanchard
皮埃尔·德·费马 Pierre de Fermat
皮埃尔－西蒙·拉普拉斯 Pierre-Simon Laplace
皮安塔多西 Piantadosi
皮亚诺 Peano
普拉蒂尼 Platini
普热 Pouget

Q

齐达内 Zidane
乔纳森·海特 Jonathan Haidt
乔希·特南鲍姆 Josh Tenenbaum
乔伊斯 Joyce
乔治·贝克莱 Georges Berkeley
乔治·博克斯 George Box
乔治·茨威格 George Zweig
乔治·丹齐格 George Dantzig
乔治·克里斯特尔 George Chrystal
琼斯 Jones

R

让·佩兰 Jean Perrin

S

萨克塞纳 Saxena
萨拉 Sarah
萨拉·戈德里克－拉布 Sara Goldrick-Rab
萨莉·克拉克 Sally Clark
塞巴斯蒂安·卡拉索 Sébastien Carassou
塞巴斯蒂安·鲁奥 Sébastien Rouault
塞德里克·维拉尼 Cédric Villani
塞缪尔·罗德里克斯 Samuel Rodriques
莎伦·麦格雷恩 Sharon McGrayne
史蒂文·平克 Steven Pinker
斯蒂芬·霍金 Stephen Hawking
斯科特·阿伦森 Scott Aaronson
斯里尼瓦萨·拉马努金 Srinivasa Ramanujan
斯坦利·米尔格拉姆 Stanley Milgram
斯坦尼斯拉斯·德阿纳 Stanislas Dehaene
斯坦尼斯瓦夫·乌拉姆 Stanislaw Ulam
苏格拉底 Socrates
所罗门·阿施 Solomon Asch
所罗门·库尔贝克 Solomon Kullback

T

塔斯基 Tarski
泰勒·维根 Tyler Vigen
汤姆·基布尔 Tom Kibble
汤姆·西格弗里德 Tom Siegfried
汤普森 Thompson
唐纳德·贝里 Donald Berry
唐纳德·特朗普 Donald Trump
陶哲轩 Terence Tao

通达·林恩·安斯利 Tonda Lynn Ansley
特奥多修斯·多布然斯基 Theodosius Dobzhansky
托马斯·贝叶斯 Thomas Bayes
托马斯·杰斐逊 Thomas Jefferson
托马斯·米科洛夫 Tomas Mikolov
托马斯·谢林 Thomas Schelling

W

瓦伦 Vallone
瓦伦·约翰逊 Valen Johnson
威廉·伦茨 Wilhelm Lenz
威廉·维克里 William Vickrey
维奥拉 Viola
维克多·雨果 Victor Hugo
魏斯 Weiss
温斯顿·丘吉尔 Winston Churchill
乌拉姆 Ulam
武尔 Vul

X

西奥多·格罗夫斯 Theodore Groves
西蒙切利 Simoncelli
西摩 Seymour
希拉克 Chirac
希拉里·克林顿 Hillary Clinton
希帕索斯 Hippasus
夏尔－让·德拉瓦莱普桑 Charles-Jean de la Vallée
Poussin
肖恩·卡罗尔 Sean Carroll
谢尔盖·布林 Sergey Brin
辛西娅·德沃克 Cynthia Dwork
休·埃弗里特 Hugh Everett

Y

雅可比 Jacobi
雅克·阿达马 Jacques Hadamard
雅克·拉斯卡尔 Jacques Laskar
亚伯拉罕·棣莫弗 Abraham de Moivre
亚伯拉罕·瓦尔德 Abraham Wald
亚当·斯密 Adam Smith
亚里士多德 Aristotle
亚历克斯·塔巴罗克 Alex Tabarrok
亚历克西·布瓦尔 Alexis Bouvard
亚历山大·莫雷尔 Alexandre Maurer
亚林·加尔 Yarin Gal
亚瑟·贝利 Arthur Bailey
耶日·内曼 Jerzy Neyman
伊恩·古德费洛 Ian Goodfellow
伊丽莎白·洛夫特斯 Elizabeth Loftus
伊丽莎白一世 Elizabeth I
伊曼努尔·康德 Immanuel Kant
伊萨克·阿西莫夫 Isaac Asimov
因迪克 Indyk
尤金·博尔吉达 Eugene Borgida
尤利乌斯·恺撒 Iulius Caesar
尤瓦尔·诺厄·哈拉里 Yuval Noah Harari
犹地亚·珀尔 Judea Pearl
于尔班·勒威耶 Urbain Le Verrier
约阿夫·弗罗因德 Yoav Freund
约翰·冯·诺伊曼 John von Neumann
约翰·戈特弗里德·加勒 Johann Gottfried Galle
约翰·豪尔绍尼 John Harsanyi
约翰·康威 John Conway
约翰·库奇·亚当斯 John Couch Adams
约翰·洛克 John Locke
约翰·梅纳德·史密斯 John Maynard Smith
约翰·纳什 John Nash

约翰·斯图尔特·密尔 John Stuart Mill

约翰·图基 John Tukey

约翰·沃利斯 John Wallis

约瑟夫·贝特朗 Joseph Bertrand

约瑟夫·傅里叶 Joseph Fourier

Z

扎弗兰 Saffran

詹姆斯·福勒 James Fowler

詹姆斯·克拉克·麦克斯韦 James Clerk Maxwell

詹姆斯·库利 James Cooley

朱利安·法若 Julien Fageot

朱利安·斯坦纳 Julien Stainer

朱莉娅·加利夫 Julia Galef

朱莉娅·肖 Julia Shaw

注释和推荐阅读

第 1 章

[1] A Set-Partitioning Formulation for Community Healthcare Network Design in Underserved Areas. M. Cherkesly, M. E. Rancourt and K. Smilowitz (2017)

[2] Partager un gâteau, c'est pas du gâteau!. Démocratie 22. Science4All. L. N. Hoang (2017)

[3] Les statistiques à l'heure du Big Data. CESP Villejuif. L. N. Hoang (2016)

[4] The Feynman Series – Beauty. Reid Gower (2011)

[5] Conditionalisation and observation. Synthese. P. Teller (1973)

[6] Dynamic Coherence and Probability Kinematics. Philosophy of Science. B. Skyrms (1987)

[7] Argent, risques et paradoxes. Démocratie 12. Science4All. L. N. Hoang (2017)

[8] A Nonpragmatic Vindication of Probabilism. Philosophy of Science. J. Joyce (1998)

[9] Inégalité bayésienne. Axiome 9. T. Giraud, L. N. Hoang (2018)

[10] Les algorithmes du vivant. TEDxSaclay. L. N. Hoang (2018)

[11] Le paradoxe de Simpson. Science Étonnante. D. Louapre (2015)

[12] Utilitarisme artificiel. Axiome 3. T. Giraud et L. N. Hoang (2017)

推荐阅读

Le bayésianisme aujourd'hui: Fondements et pratiques. Editions Matériologiques. I. Drouet et collaborateurs (2016)

La lune n'a PAS d'influence sur les naissances (Bayésianisme). Hygiène Mentale. C. Michel (2018)

La machine de Turing. IA 4. Science4All. L. N. Hoang (2017)

Biodiversité algorithmique. Axiome 1. T. Giraud et L. N. Hoang (2017)

Optimisme probabiliste. Axiome 2. T. Giraud et L. N. Hoang (2017)

Probability Theory: The Logic of Science. Washington University. E. Jaynes (1996)

Rationality: From AI to Zombies. Machine Intelligence Research Institute. E. Yudkowsky (2015)

The Universal Turing Machine. ZettaBytes. R. Guerraoui (2016)

Bayes: How one equation changed the way I think. J. Galef (2013)

Think Rationally via Bayes' Rule. Big Think. J. Galef (2013)

第 2 章

[1] Les pigeons, rois des cons?. Science de Comptoir. M. Guillet, I. Hamchiche et V. Delattre (2016)

[2] Le problème des deux enfants. Math un peu ça (2017)

推荐阅读

La loi de Bayes (1/2)—Argument frappant. Monsieur Phi. T. Giraud (2016)

La loi de Bayes (2/2)—Argument frappant. Monsieur Phi. T. Giraud (2016)

La lune n'a PAS d'influence sur les naissances (Bayésianisme). Hygiène Mentale. C. Michel (2018)

Le paradoxe des trois portes. Math & Magique (2016)

Quart d'Heure Insolite: le paradoxe de Monty Hall. R. Taillet (2015)

Are Birds Smarter Than Mathematicians? Pigeons (Columba livia) Perform Optimally on a Version of the Monty Hall Dilemma. Journal of Comparative Psychology. W. Herbranson and J. Schroeder (2010)

Bayes and the law. Annual Review of Statistics and Its Application. N. Fenton, M. Neil and D. Berger (2016)

Conditional Probabilities: Know what you Learn. Science4All. L. N. Hoang (2013)

A Formula for justice. The Guardian (online). A. Saini (2011)

A visual guide to Bayesian thinking. J. Galef (2015)

Your brain is not a Bayes net (and why that matters). J. Galef (2016)

Fundamentals: Bayes' Theorem. Critical Thinking. Wireless Philosophy. I. Olasov (2016)

Alan and Marcus go forth and multiply. BBC (2009)

Monty Hall Problem. Numberphile. L. Goldberg (2014)

The Monty Hall Problem. Singingbanana. J. Grime (2009)

The Monty Hall Problem – Explained. AsapSCIENCE (2012)

Are you REALLY sick? (false positives). Numberphile. L. Goldberg (2016)

The Bayesian Trap. Veritasium. D. Muller (2017)

第 3 章

[1] Raisonnez de façon correcte (Testez votre logique). Hygiène Mentale. C. Michel (2016)

[2] Le paradoxe de Lewis Carroll. Grain de philo. Monsieur Phi. T. Giraud (2017)

[3] 1+1=2 (en arithmétique de Peano). Infini 13. Science4All. L. N. Hoang (2016)

[4] Les théorèmes d'incomplétude de Gödel. Infini 18. Science4All. L. N. Hoang (2016)

[5] Deux (deux?) minutes pour...le théorème de Banach-Tarski. El jj. J. Cottanceau (2016)

[6] La logique, c'est pas logique. Image des Maths CNRS. P. Colmez (2010)

[7] From Propositional Logic to Plausible Reasoning: A Uniqueness Theorem. International Journal of Approximate Reasoning. K. Van Horn (2017)

[8] La sagesse des forêts. IA 17. Science4All. L. N. Hoang (2017)

推荐阅读

Les Métamorphoses du calcul: Une étonnante histoire des mathématiques. Le Pommier. G. Dowek (2007)

Logicomix. Bloomsbury Publishing and Bloomsbury. A. Doxiadis, C. Papadimitriou, A. Papadatos et A. Di Donna (2010)

Logique & Raisonnement. e-penser. B. Benamran (2016)

La contraposée (sans maths). Wandida. E. M. El Mhamdi (2013)

La négociation logique (sans maths). Wandida. E. M. El Mhamdi (2013)

L'axiomatisation. Passe-Science. T. Cabaret (2016)

Deux (deux?) minutes pour l'hôtel de Hilbert. El jj. J. Cottanceau (2016)

Les théorèmes d'incomplétude de Gödel. Science Étonnante. D. Louapre (2016)

Comment démontrer n'importe quoi. Grain de philo. Monsieur Phi. T. Giraud (2017)

Le scepticisme—Le trilemme d'Agrippa. Grain de philo. Monsieur Phi. T. Giraud (2017)

Le fondationnalisme—Quelle base pour l'édifice des connaissances?. Grain de philo. Monsieur Phi. T. Giraud (2017)

L'axiomatique-Les Éléments d'Euclide. Grain de philo. Monsieur Phi. T. Giraud (2017)

La règle des règles. Grain de philo. Monsieur Phi. T. Giraud (2017)

L'infini et les fondations mathématiques (Playlist). Science4All. L. N. Hoang (2016)

Les maths: invention ou découverte?. Infini 22. Science4All. L. N. Hoang (2017)

La théorie des types. Infini 24. Science4All. L. N. Hoang (2017)

Probability Theory: The Logic of Science. Washington University. E. Jaynes (1996)

Homotopy Type Theory: Univalent Foundations of Mathematics. Institute for Advanced Studies. The Univalent Foundations Program (2013)

Reasoning about a Rule. The Quarterly Journal of Experimental Psychology. P. Wason (1968)

5 Stages of Accepting Constructive Mathematics. Institute for Advanced Studies. A. Bauer (2014)

The Banach-Tarsky Paradox. VSauce. M. Stevens (2015)

Computer Science ∩ Mathematics (Type Theory). Computerphile. T. Altenkirch (2017)

The Netflix Prize. ZettaBytes. A. M. Kermarrec (2017)

Type Theory: A Modern Computable Paradigm for Math. Science4All. L. N. Hoang (2014)

Homotopy Type Theory and Inductive Types. Science4All. L. N. Hoang (2014)

Univalent Foundations of Mathematics. Science4All. L. N. Hoang (2014)

第 4 章

[1] Le sol accélère-t-il vraiment vers le haut?. My4Cents (Chenonceau). Science4All. L. N. Hoang (2016)

[2] L'apesanteur et la pensée la plus heureuse d'Einstein. Relativité 17. Science4All. L. N. Hoang (2016)

[3] Et Einstein découvrit la gravité…. Relativité 20. Science4All. L. N. Hoang (2016)

[4] Pas de maths, pas de chocolat!. Scilabus. V. Lalande (2015)

[5] Comment écrire une démonstration au 21ème siècle. Math Park. Institut Henri Poincaré. L. Lamport (2016)

[6] The ASA's Statement on p-values: Context, Process, and Purpose. The American Statistician. R. Wasserstein et N. Lazar (2016)

[7] Comment être sûr qu'un résultat scientifique est vrai?. Science Étonnante. D. Louapre (2013)

[8] Is Most Published Research Wrong?. Veritasium. D. Muller (2016)

[9] Les tenseurs de la relativité générale. Hardcore. Science4All. L. N. Hoang (2016)

推荐阅读

Pourquoi vous perdez au casino: rencontre avec la loi des grands nombres. La statistique expliquée à mon chat. L. Maugeri, G. Grisi et N. Uyttendaele (2016)

[Preuves scientifiques] P-valeur ou je fais un malheur. La statistique expliquée à mon chat. L. Maugeri, G. Grisi et N. Uyttendaele (2018)

La lune n'a PAS d'influence sur les naissances (Bayésianisme). Hygiène Mentale. C. Michel (2018)

Les statistiques à l'heure du Big Data. CESP Villejuif. L. N. Hoang (2016)

L'Histoire de la planétologie. Relativité 2. Science4All. L. N. Hoang (2016)

La relativité générale. Relativité 18. Science4All. L. N. Hoang (2016)

Albert Einstein, la superstar des sciences. Science4All. L. N. Hoang (2016)

A treatise of human nature. Courier Corporation. D. Hume (1738)

An Enquiry Concerning Human Understanding. London: A. Millar. D. Hume (1738)

The logic of scientific discovery. Routledge. K. Popper (2005)

All of Statistics: A Concise Course in Statistical Inference. Springer Science & Business Media. L. Wasserman (2013)

The Big Picture: On the Origin of Life, Meaning and the Universe Itself. Dutton. S. Carroll (2016)

Statistical Methods for Research Workers. Genesis Publishing Pvt Ltd. R. Fisher (1925)

On the Problem of the Most Efficient Tests of Statistical Hypotheses. Breakthroughs in Statistics. J. Neyman and E. Pearson (1933)

Why Most Published Research Findings are False. PLoS Med. J. Ioannidis (2005)

Revised Standards for Statistical Evidence. Proceedings of the National Academy of Sciences. V. Johnson (2013)

Statistical Errors. Nature. R. Nuzzo (2014)

Editorial. Basic Applied Social Psychology. D. Trafinow and M. Marks (2015)

The Reproducibility Crisis in Science: A Statistical Counterattack. Significance. R. Peng (2015)

Can I take a Peek? Continuous Monitoring of Online a/b Test. Proceedings of the 24th International Conference on World Wide Web. ACM. R. Johari (2015)

Always Valid Inference: Bringing Sequential Analysis to a/b Testing. R. Johari, L. Pekelis and D. Walsh (2015)

Significant. xkcd. R. Munroe

Hypothesis Test with Statistics: Get it Right!. Science4All. L. N. Hoang (2013)

Scientific Studies. Last Week Tonight. J. Oliver (2017)

第 5 章

[1] Frequentists vs. Bayesians. xkcd. R. Munroe

[2] La mort du Soleil. Sense of Wonder. S. Carassou et E. Ledolley (2015)

[3] La sur-interprétation (overfitting). IA 11. Science4All. C. Michel et L. N. Hoang (2018)

[4] Deux (deux?) minutes pour l'hypothèse de Riemann. El Jj. J. Cottanceau (2016)

[5] The Scientific Case for P = NP. Shtetl-Optimized. S. Aaronson (2014)

[6] Gene-Edited CRISPR Mushroom Escapes US Regulation. Nature. E. Waltz (2016)

[7] La rationalisation. La Tronche en Biais. V. Tapas et T. Durand (2015)

[8] Tous racistes? Les biais implicites. Science Étonnante. D. Louapre (2017)

[9] Top 8 des monstres mathématiques. Infini 11. Science4All. L. N. Hoang (2016)

[10] Neutrinos slower than light. Sixty Symbols. E. Copeland and T. Padilla (2012)

[11] Le bonheur de faire des erreurs. My4Cents (Sceaux). Science4All. L. N. Hoang (2016)

[12] Perception bayésienne. Axiome 9. T. Giraud et L. N. Hoang (2018)

[13] Interview d'André Kuhn: les sciences criminelles. Podcast Science (2011)

[14] I. M. C. –"Être gros?". Risque Alpha. T. Le Magoarou (2018)

[15] Chère conviction, mute-toi en infection VIRALE!!!. Démocratie 7. Science4All. L. N. Hoang (2017)

[16] Des races dans l'humanité?. Dirty Biology. L. Grasset (2016)

推荐阅读

Sommes-nous des criminels?. Petite introduction à la criminologie. Les Éditions de l'Hèbe. André Kuhn (2005)

Thinking Fast and Slow. SpringerFarrar, Straus and Giroux. D. Kahneman (2013)

第 6 章

[1] La quête mathématique de l'infiniment petit. Infini 7. Science4All. L. N. Hoang (2016)

[2] The Zipf Mystery. VSauce. M. Stevens (2015)

[3] Jouvence conflictuelle. Axiome 5. T. Giraud et L. N. Hoang (2017)

[4] Le décryptage d'Enigma. Science4All. R. Barbulescu et L. N. Hoang (2017)

[5] Humains versus machines. IA 1. Science4All. L. N. Hoang (2017)

[6] A History of Bayes' Theorem. Less Wrong. lukeprog (2011)

推荐阅读

Mémoire sur la probabilité des causes par les événements. Imprimerie Royale. P. S. Laplace (1774)

Théorie analytique des probabilités. V. Courcier. P. S. Laplace (1812)

Essai philosophique sur les probabilités. Bachelier. P. S. Laplace (1840)

Peut-on mathématiquement prédire l'avenir du système solaire?. Espace des sciences. C. Villani (2014)

La mort du Soleil. Sense of Wonder. S. Carassou et E. Ledolley (2015)

Le théorème central limite. La statistique expliquée à mon chat. L. Maugeri, G. Grisi et N. Uyttendaele (2017)

The Doctrine of Chances: or, A Method of Calculating the Probability of Events in Play. W. Pearson. A. de Moivre (1718)

The Foundations of Statistics. Wiley Publications in Statistics. L. Savage (1950)

Game Theory and Economic Behavior. Princeton University Press. J. von Neumann et O. Morgenstern (1944)

Applied Statistical Decision Theory. MIT Press. H. Raiffa et R. Schlaifer (1944)

The Unfinished Game: Pascal, Fermat, and the Seventeenth-Century Letter that Made the World Modern. Basic Books; First Trade Paper Edition. K. Devlin (2010)

The Theory that would not Die: How Bayes' Rule Cracked the Enigma Code, Hunted down Russian Submarines, and Emerged Triumphant from two Centuries of Controversy. Yale University Press. S. McGrayne (2011)

The Influence of Ultra in the Second World War. Cambridge Security Group Seminar. H. Hinsley (1993)

Credibility Procedures: Laplace's Generalization of Bayes' Rule and the Combination of Collateral Knowledge with Observed Data. New York State Insurance Department. A. Bailey (1950)

Smoking and Lung Cancer: Recent Evidence and a Discussion of some Questions. International Journal of Epidemiology. J. Cornfield, W. Haenszel, C. Hammond, A. Lilienfeld, M. Shimkin, and E. L Wynder (1959)

Algorithmic probability: Theory and Applications. Information Theory and Statistical Learning. Springer. R. Solomonoff (2009)

Mathematicians: Blaise Pascal. Singingbanana. J. Grime (2009)

Confidence Interval for the Mean. Wandida. J. Y. Le Boudec (2016)

第 7 章

[1] La diagonale dévastatrice de Cantor. Infini 16. Science4All. L. N. Hoang (2016)

[2] Les théorèmes d'incomplétude de Gödel. Infini 18. Science4All. L. N. Hoang (2016)

[3] Making a computer Turing complete. B. Eater (2018)

[4] La machine de Turing. IA 4. Science4All. L. N. Hoang (2017)

[5] A Curious Pattern Indeed. 3Blue1Brown. Grant Sanderson (2015)

[6] La machine de Turing. Passe-Science. T. Cabaret (2015)

[7] Two views of brain function. Trends in Cognitive Sciences. M. Raichle (2010)

[8] How do computers work? The Von Neumann Architecture. Solid State Tech (2017)

[9] Top 5 des problèmes de maths simples mais non résolus. Micmaths. M. Launay (2016)

[10] Incomplétude. Passe-Science. T. Cabaret (2015)

[11] La logique ne suffit pas. IA 6. Science4All. L. N. Hoang (2018)

[12] Why Philosophers Should Care About Computational Complexity. S. Aaronson (2011)

推荐阅读

Les Métamorphoses du calcul: Une étonnante histoire des mathématiques. Le Pommier. G. Dowek (2007)

Introduction à la calculabilité - la machine de Turing. Wandida. R. Guerraoui (2013)

Alan Turing - Enigma, ordinateur et pomme empoisonnée. e-penser. B. Benamran (2015)

Les machines de Turing. Math & Magique (2016)

Linguistique causale. Axiome 7. T. Giraud et L. N. Hoang (2018)

A preliminary report on a general theory of inductive inference (Report ZTB138). Zator Co. R. Solomonoff (1960)

A formal theory of inductive inference. Part I. Information and Control. R. Solomonoff (1964)

A formal theory of inductive inference. Part II. Information and control. R. Solomonoff (1964)

The discovery of algorithmic probability. Journal of Computer and System Sciences. R. Solomonoff (1997)

Algorithmic probability: Theory and applications. Information theory and statistical learning. R. Solomonoff (2009)

Quantum Computing since Democritus. Cambridge University Press. S. Aaronson (2013)

The Universal Turing Machine. ZettaBytes. R. Guerraoui (2016)

Turing and the Halting Problem. Computerphile. M. Jago (2014)

Circle Division Solution. 3Blue1Brown. Grant Sanderson (2015)

第 8 章

[1] 10 prouesses de la cryptographie. Crypto. String Theory. L. N. Hoang (2018)

[2] Il donne du cannabis à son chat, ça tourne mal. La statistique expliquée à mon chat (2017)

[3] What is Privacy?. Wandida. L. N. Hoang (2017)

[4] Interpretation of and δ's of Differential Privacy (Proof). Wandida. L. N. Hoang (2017)

[5] The Big Data Setup of the Human Brain Project. ZettaBytes. A. Ailamaki (2017)

推荐阅读

Le principe du chiffrement par clefs asymétriques. Wandida. E. M. El Mhamdi (2014)

L'arithmétique utilisée par le chiffrement par clefs asymétriques. Wandida. E. M. El Mhamdi (2014)

Les codes secrets. Science Étonnante. D. Louapre (2015)

Le décryptage d'Enigma. Science4All. R. Barbulescu et L. N. Hoang (2017)

Differential privacy. Automata, languages and programming. C. Dwork (2006)

Differential privacy. Encyclopedia of Cryptography and Security. Springer US. C. Dwork (2011)

The algorithmic foundations of differential privacy. Foundations and Trends® in Theoretical Computer Science. C. Dwork and A. Roth (2014)

An Embarrassing Survey - Randomized Response. Singingbanana. J. Grime (2010)

Mathematics of Codes and Code-Breaking. Singingbanana. J. Grime (2012) Maths from the talk "Alan Turing and the Enigma Machine". Singingbanana. J. Grime (2013)

Diffie-Hellman Key Exchange. Wandida. J. Goubault-Larrecq (2014)

The Diffie-Hellman Protocol. ZettaBytes. S. Vaudenay (2016)

Differential Privacy. Playlist. Wandida. L. N. Hoang (2017)

The Formal Definition of Differential Privacy. Wandida. L. N. Hoang (2017)

A Simple Differentially-Private Randomized Survey. Wandida. L. N. Hoang (2017)

Interpretation of and δ's of Differential Privacy. Wandida. L. N. Hoang (2017)

第 9 章

[1] Measuring Unfairness Feeling in Allocation Problems. Omega. L. N. Hoang, F. Soumis et G. Zaccour (2016)

[2] The Golden Rule. Radio Lab (2017)

[3] Favoriser l'honnêteté. Démocratie 18. Science4All. L. N. Hoang (2017)

[4] Socialement optimal: le mécanisme VCG. Démocratie 20. Science4All. L. N. Hoang (2017)

[5] La négociation optimale. Démocratie 19. Science4All. L. N. Hoang (2017)

推荐阅读

La théorie des jeux. Science Étonnante. D. Louapre (2017)

La vidéo pas drôle mais intéressante. Squeezie. L. Hauchard (2017)

La démocratie sous l'angle de la théorie des jeux. Science4All. L. N. Hoang (2017)

L'équilibre de Nash. Démocratie 13. Science4All. L. N. Hoang (2017)

Le poker résolu! (ou non). Démocratie 15. Science4All. L. N. Hoang (2017)

La démocratie à la moulinette des maths et de la science. Podcast Science 84. N. Tupégabet, D. Medernach et A. Vonlanthen (2012)

Jeux. Podcast Science 214. R. Jamet (2015)

Equilibrium points in n-person games. Proceedings of the National Academy of Science. J. Nash (1950)

Non-cooperative games. Annals of mathematics. J. Nash (1951)

Subjectivity and correlation in randomized strategies. Journal of Mathematical Economics. R. Aumann (1974)

Games with randomly disturbed payoffs: A new rationale for mixed-strategy equilibrium points. International Journal of Game Theory. J. Harsanyi (1973)

Optimal auction design. Mathematics of Operations Research. R. Myerson (1981)

Comments on "Games with Incomplete Information Played by 'Bayesian' Players, I–III Harsanyi's Games with Incomplete Information". Management Science. R. Myerson (2004)

Bayesian persuasion. The American Economic Review. E. Kamenica and M. Gentzkow (2011)

The Evolution of Trust. ncase. Nicky Case (2017)

Game Theory and the Nash Equilibrium. Science4All. L. N. Hoang (2012)

Bayesian Games: Math Models for Poker. Science4All. L. N. Hoang (2012)

Mechanism Design and the Revelation Principle. Science4All. L. N. Hoang (2012)

A Mathematical Guide to Selling. Science4All. L. N. Hoang (2015)

第 10 章

[1] How not to be ignorant about the world. TED. H. Rosling et O. Rosling (2014)

[2] Khan Academy and the Effectiveness of Science Videos. Veritasium. D. Muller (2011)

[3] La Terre est-elle le centre du monde?. Relativité 14. Science4All. L. N. Hoang (2016)

[4] La géométrie hyperbolique. Relativité 12. Science4All. L. N. Hoang (2016)

[5] Et Einstein découvrit la gravité...Infini 20. Science4All. L. N. Hoang (2016)

[6] La fin du monde et la plus grosse bêtise d'Einstein. Relativité 21. Science4All. L. N. Hoang (2016)

[7] 4 paradoxes de la logique mathématique. Infini 17. Science4All. L. N. Hoang (2017)

Numbers and Constructibiliy. Science4All. L. N. Hoang (2013)

[8] How I use "meta-updating". J. Galef (2015)

[9] Chère conviction, mute-toi en infection VIRALE!!!. Démocratie 7. Science4All. L. N. Hoang (2017)

[10] Post-Truth: Why Facts Don't Matter Anymore. Veritasium. D. Muller (2016)

[11] This Video Will Make You Angry. CGP Grey (2015)

[12] Experimental evidence of massive-scale emotional contagion through social networks. PNAS. A. Kramer, J. Guillory and J. Hancock (2014)

[13]What Makes Online Content Viral?. Journal of Marketing Research. J. Berger and K. Milkman (2012)

[14] Partisanship and Political Animosity in 2016. U.S. Politics & Policy. Pew Research Center (2016)

[15] Rationnellement irrationel Démocratie 11. Science4All. L. N. Hoang (2017)

[16] Un singe ferait-il mieux que votre conseiller financier?. Science Étonnante. D. Louapre (2013)

[17] Thinking Fast and Slow. SpringerFarrar, Straus and Giroux. D. Kahneman (2013)

[18] What causes economic bubbles?. Ted-Ed. P. Singh (2015)

[19] Les Subprimes 1ère Partie: La boulette!. Heu?reka. G. Mitteau (2017)

推荐阅读

Les arguments fallacieux. Hygiène Mentale. C. Michel (2016)

Les OGMs sont-ils nocifs? (non). Dirty Biology. L. Grasset (2016)

Biotope et Équilibre Proies—Prédateurs. Goana (2017)

Les Subprimes 2ème Partie: Une crise imprévisible. Heu?reka. G. Mitteau (2017)

Les Subprimes 3ème Partie: Ceux qui ont prédit la crise. Heu?reka. G. Mitteau (2017)

Petit communautarisme deviendra grand. Démocratie 6. Science4All. L. N. Hoang (2017)

Le paradoxe de la morale. Démocratie 25. Science4All. S. Debove et L. N. Hoang (2017)

Designing Effective Multimedia for Physics Education. University of Sydney. PhD Thesis. D. Muller (2008)

The theory of games and the evolution of animal conflicts. Journal of Theoretical Biology. J. M. Smith (1974)

What Makes Online Content Viral?. Journal of Marketing Research. J. Berger and K. Milkman (2012)

Rock Paper LIZARDS. Numberphile. H. Fry (2015)

Is America More Divided Than Ever?. The Good Stuff (2016)

That Time Tulips Crashed the Economy (Maybe). The Good Stuff (2018)

Partisanship and Political Animosity in 2016. Pew Research (2016)

Evolutionary Game Theory. Science4All. L. N. Hoang (2012)

第 11 章

[1] L'argent fait-il le bonheur?. Stupid Economics. V. Levetti et A. Gantier (2017)

[2] The singularity is near: When humans transcend biology. Penguin. R. Kurzweil (2005)

[3] La Légende de Sessa. Scienticfiz (2017)

[4] Modelling the recent common ancestry of all living humans. Nature. D. Rohde, S. Olson, et J. Chang (2004)

[5] Vous êtes de sang royal. Dirty Biology. L. Grasset (2018)

[6] How many particles in the universe?. Numberphile. T. Padilla (2017)

[7]Immortalité = surpopulation...ou pas?. Alexandre Technoprog. A. Maurer (2017)

[8] DNA Encoding. ZettaBytes. C. Dessimoz (2018)

[9] La loi de Benford. Passe-Science. T. Cabaret (2015)

[10] De quoi le succès d'une chaîne YouTube de vulgarisation dépend-il?. Science Étonnante. D. Louapre (2017)

[11] Addition contre multiplication. MicMaths. M. Launay (2014)

[12] The Multiplicative Weights Update Method: a Meta-Algorithm and Applications. Theory of Computing. S. Arora, E. Hazan and S. Kale (2012)

[13] The law of group polarization. Journal of Political Philosophy. C. Sunstein (2002)

[14] Humains versus machines. IA 1. Science4All. L. N. Hoang (2017)

[15] What Will the Future of Jobs Look Like?. TED. A. McAfee (2013)

[16] What is Singularity, Exactly?. Up and Atom. J. Tan-Holmes (2018)

推荐阅读

Le grand roman des maths: de la préhistoire à nos jours. Flammarion. M. Launay (2016)

Merveilleux logarithmes. MicMaths. M. Launay (2014)

Le top 5 des études de psychologie sociale qui vous feront requestionner les choses. Outside The Box (2015)

Êtes-vous un hooligan politique?. Démocratie 10. Science4All. L. N. Hoang (2017)

The Second Machine Age: Work, Progress, and Prosperity in a Time of Brilliant Technologies. W. W. Norton & Company. E. Brynjolfsson and A. McAfee (2005)

Superintelligence: Paths, Dangers, Strategies. Oxford University Press. N. Bostrom (2014)

Universal Paperclips. Decision Problem. F. Lantz (2007)

Humans Need Not Apply. CGP Grey (2014)

The Accelerating Future. R. Kurzweil (2016)

The Multiplicative Weights Update Algorithm. Wandida. L. N. Hoang (2016)

Motivations and Applications of the Multiplicative Weights. Wandida. L. N. Hoang (2016)

Theoretical Guarantee for the Multiplicative Weights Update. Wandida. L. N. Hoang (2016)

第 12 章

[1] Sommes-nous des simulations? L'argument de la simulation de Nick Bostrom. Argument Frappant. Monsieur Phi. T. Giraud (2016)

[2] Is anything real?. VSauce. M. Stevens (2013)

[3] Hack your way to scientific glory. FiveThirtyEight (2015)

[4] La sur-interprétation (overfitting). IA 11. Science4All. C. Michel et L. N. Hoang (2018)

[5] Êtes-vous un hooligan politique?. Démocratie 10. Science4All. L. N. Hoang (2017)

[6] La loi de la chute des corps. Relativité 13. L. N. Hoang (2016)

[7] La Terre est-elle au centre du monde?. Relativité 14. L. N. Hoang (2016)

[8] Le poker résolu! (ou non). Démocratie 15. Science4All. L. N. Hoang (2017)

[9] Le théorème fondamental de l'apprentissage statistique. IA 15. Science4All. L. N. Hoang (2018)

[10] Les explications ad hoc (dimension VC). IA 14. Science4All. L. N. Hoang (2018)

[11] Gros Tony et Dr. John (dilemme biais-variance). IA 12. Science4All. G. Mitteau et L. N. Hoang (2018)

[12] La validation croisée. IA 13. Science4All. La statistique expliquée à mon chat et L. N. Hoang (2018)

[13]Régressions et classifications linéaires. IA 9. Science4All. L. N. Hoang (2018)

[14] Régularisation et robustesse. IA 18. Science4All. L. N. Hoang (2018)

[15] La sagesse des forêts. IA 17. Science4All. L. N. Hoang (2018)

[16] The Netflix Prize. ZettaBytes. A. M. Kermarrec (2017)

[17] Admissibility and complete classes. P. Hoff (2013)

推荐阅读

Informatique et jeux. Passe-Science. T. Cabaret (2016)

Jeu de go et intelligence artificielle. À chaud. Science Étonnante. D. Louapre (2016)

Deux (deux?) minutes pour l'éléphant de Fermi & Neumann. El Jj. J. Cottanceau (2018)

Les learning machines de Turing. IA 7. Science4All. L. N. Hoang (2018)

The Righteous Mind: Why Good People are Divided by Politics and Religion. Vintage. J. Haidt (2013)

Understanding Machine Learning: From Theory to Algorithms. Cambridge University Press. S.

Shalev-Shwartz and S. Ben-David (2016)

Uncertainty in deep learning. PhD Thesis. University of Cambridge. Y. Gal (2016)

Regression shrinkage and selection via the lasso. Journal of the Royal Statistical Society. R. Tibshirani (1996)

Spurious Correlations. Tyler Vigen

The fundamental theorem of statistical learning. Wandida. L. N. Hoang (2017)

第 13 章

[1] Le paradoxe de Simpson. Science Étonnante. D. Louapre (2015)

[2] Satanés facteurs de confusion. IA 17. Science4All. L. N. Hoang (2018)

[3] Chocolat, corrélation et moustache de chat. La statistique expliquée à mon chat. L. Maugeri, G. Grisi et N. Uyttendaele (2016)

[4] How statistics can be misleading. Ted-Ed. M. Lidell (2016)

[5] Interview d'André Kuhn: les sciences criminelles. Podcast Science (2011)

[6] Is Punishment or Reward More Effective? Veritasium. D. Muller (2013)

[7] Research Student Aid Before You Reform. Chronicle of Higher Education. A. Kelly (2012)

[8] Need-based financial aid and college persistence: Experimental evidence from Wisconsin. S. Goldrick-Rab, D. Harris, J. Benson and R. Kelchen (2012)

[9] Google's Artificial Brain Learns to Find Cat Videos. Wired. Liat Clark (2012)

[10] Sommes-nous humains? Dirty Biology. L. Grasset (2015)

推荐阅读

Tu bois du light? T'es foutu! La statistique expliquée à mon chat. L. Maugeri, G. Grisi et N. Uyttendaele (2017)

James Lind – L'essai clinique. Risque Alpha. T. Le Magoarou (2017)

Solution du paradoxe de Simpson. Science4All. L. N. Hoang (2018)

All of Statistics: A Concise Course in Statistical Inference. Springer Science & Business Media. L. Wasserman (2013)

The Big Picture: On the Origin of Life, Meaning and the Universe Itself. Dutton. S. Carroll (2016)

The Grand Design. Bantam Books. S. Hawking and L. Mlodinow (2010)

Inadmissibility of the usual estimator for the mean of a multivariate distribution. Proceedings of the Third Berkeley Symposium on Mathematical Statistics and Probability. C. Stein (1956)

Chocolate consumption, cognitive function, and Nobel laureates. The New England Journal of Medicine. F. Messerli (2012)

Endogenous stratification in randomized experiments. National Bureau of Economic Research. A.

Abadie, M. Chingos and M. West (2013)

Building high-level features using large scale unsupervised learning. Q. V. Le, M. A. Ranzato, R. Monga, M. Devin, K. Chen, G. Corrado, J. Dean, A. Ng (2012)

Maths: Simpson's Paradox. singing banana. J. Grime (2010)

Simpson's Paradox. Minute Physics. H. Reich (2017)

Are University Admissions Biased?. Simpson's Paradox Part 2. Minute Physics. H. Reich (2017)

第 14 章

[1] Deux (deux?) minutes pour l'hypothèse de Riemann. El Jj. J. Cottanceau (2016)

[2] π est une fraude. Science4All. L. N. Hoang (2017)

[3] Why Computers are Bad at Algebra. Infinite Series. K. Houston Edwards (2017)

[4] Les développements limités. Relativité 3. Science4All. L. N. Hoang (2016)

[5] Le test de Turing. IA 3. Science4All. A. Gelaude et L. N. Hoang (2017)

[6] Les learning machines de Turing. IA 7. Science4All. L. N. Hoang (2018)

[7] Deep Learning Works it Practice. But Does it Work in Theory? R. Guerraoui and L. N. Hoang (2018)

[8] Deux (deux?) minutes pour l'éléphant de Fermi & Neumann. El Jj. J. Cottanceau (2018)

[9] Faster than the Fast Fourier Transform. ZettaBytes. M. Kapralov (2017)

[10] There's more to mathematics than rigour and proofs. T. Tao (2009)

[11] Probability Theory without Bayes' Rule. S. Rodriques (2014)

[12] Sum of Squares: An Optimal Algorithm? ZettaBytes. B. Barak (2017)

推荐阅读

Les nombres premiers. Science Étonnante. D. Louapre (2016)

Les nombres sont-ils (presque) aléatoires?. Science4All. L. N. Hoang (2016)

L'intuition: à prendre ou à laisser?. My4Cents (Toubkal). Science4All. L. N. Hoang (2017)

Quantum Computing since Democritus. Cambridge University Press. S. Aaronson (2013)

Deep Learning. MIT Press. I. Goodfellow, Y. Bengio et A. Courville (2016)

Computing π(x): the Meissel, Lehmer, Lagarias, Miller, Odlyzko method. Mathematics of Computation of the AMS. M. Deléglise and J. Rivat (1996)

Unexpected biases in the distribution of consecutive primes. Proceedings of the National Academy of Sciences. R. Lemke Oliver et K. Soundararajan (2016)

Computing Machinery and Intelligence. Mind. A. Turing (1950)

Why Philosophers Should Care About Computational Complexity. S. Aaronson (2011)

Nearly optimal sparse fourier transform Proceedings of the Forty-Fourth Annual ACM Symposium on Theory of computing. H. Hassanieh, P. Indyk, D. Katabi and E. Price (2012)

Mathematicians discover prime conspiracy. Quanta Magazine. E. Klarreich (2016)

Primes are like Weeds (PNT). Numberphile. J. Grime (2013)

The Riemann Hypothesis. Singingbanana. J. Grime (2013)

The Science of Thinking. Veritasium. D. Muller (2017)

Alan Turing's lost radio broadcast rerecorded. Singingbanana. J. Grime (2017)

第 15 章

[1] Who Will Win the Presidency?. Election Forecast. FiveThirtyEight (2016)

[2] Quantum Mechanics (an embarrassment). Sixty Symbols. S. Carroll (2013)

[3] If Many-Worlds Had Come First. Less Wrong. E. Yudkowsky (2008)

[4] The Many Worlds of the Quantum Multiverse. PBS Space Time. M. O'Dowd (2016)

[5] Do we have to accept Quantum weirdness? De Broglie Bohm Pilot Wave Theory explained. Looking Glass Universe (2017)

[6] Interpretations of quantum mechanics. Wikipedia (2018)

[7] Cet objet est chaotique! (double pendule). Dr Nozman. L. N. Hoang et G. O'livry (2017)

[8] Effet Papillon et Théorie du Chaos. Science Étonnante. D. Louapre (2018)

[9] Le jeu de la vie. Science Étonnante. D. Louapre (2017)

[10] La fourmi de Langton. Science Étonnante. D. Louapre (2015)

[11] L'Entropie. Passe-Science. T. Cabaret (2016)

[12] A Mind at Play: How Claude Shannon Invented the Information Age. Simon & Schuster. J. Soni and R. Goodman (2017)

[13] Maths from the talk "Alan Turing and the Enigma Machine". Singingbanana. J. Grime (2013)

[14] Entropy as a Fundamental Compression Limit. ZettaBytes. R. Urbanke (2017)

[15] Shannon's Optimal Communication. ZettaBytes. R. Urbanke (2017)

[16] The History of SETI (Search for Extraterrestrial Intelligence). Art of the Problem (2014)

[17] Statistical distance. Wikipedia (2018)

[18] Generative Adversarial Nets. NIPS. I. Goodfellow J. Pouget-Abadie, M. Mirza, B. Xu, D. Warde-Farley, S. Ozair, A. Courville, et Y. Bengio (2014)

[19] How an A. I. "Cat-and-Mouse Game" Generates Believable Fake Photos. New York Times. C. Metz et K. Collins (2018)

推荐阅读

Inventing Game of Life. Numberphile. J. Conway (2014)

Automate cellulaire. Passe-Science. T. Cabaret (2015)

La mécanique quantique en 7 idées. Science Étonnante. D. Louapre (2015)

The Signal and the Noise: Why So Many Predictions Fail—but Some Don't. Penguin Books. N. Silver (2015)

The Black Swan: The Impact of the Highly Improbable. Random House. N. N. Taleb (2007)

A Mathematical Theory of Communication. The Bell System Technical Journal. C. Shannon (1948)

On information and sufficiency. Annals of Mathematical Statistics. S. Kullback and R. Leibler (1951)

Shannon's Information Theory. Science4All. L. N. Hoang (2013)

Entropy and the Second Law of Thermodynamics. Science4All. L. N. Hoang (2013)

The Higgs Mechanism Explained. Space Time. PBS Digital Studios (2015)

What is Information Entropy? (Shannon's formula). Art of the Problem (2013)

第 16 章

[1] Bitcoin. ZettaBytes. R. Guerraoui and J. Hamza (2017)

[2] The Blockchain. ZettaBytes. R. Guerraoui et J. Hamza (2017)

[3] Mathematical Way to Choose a Toilet. Numberphile. R. Symonds (2014)

[4] How much bandwidth does each human sense consume relatively speaking?. Quora. R. Rapplean (2012)

[5] Two views of brain function. Trends in Cognitive Sciences. M. Raichle (2010)

[6] Les faux souvenirs. e-penser. B. Benamran (2016)

[7] Selective attention test. D. Simons (2010)

[8] Test Your Awareness: Whodunnit?. dothetest (2008)

[9] All of Humanity's Data in a Backpack. ZettaBytes. C. Dessimoz (2017)

推荐阅读

L'Histoire du Stockage Numérique—1ère Partie. Matière Grise (2017)

L'Histoire du Stockage Numérique—2ème Partie. Matière Grise (2017)

Le bitcoin et la blockchain. Science Étonnante. G. Mitteau et D. Louapre (2016)

Le BITCOIN: Révolution économique?. Micode et Stupid Economics (2017)

Une justice SANS libre-arbitre?. Démocratie 24. Science4All. L. N. Hoang (2017)

La mémoire ne suffit pas. IA 8. Science4All. L. N. Hoang (2018)

Le Bitcoin, comment ça marche?. Crypto. String Theory. L. N. Hoang (2018)

Quel problème résout la Blockchain?. Crypto. String Theory. L. N. Hoang (2018)

La Blockchain. Crypto. String Theory. L. N. Hoang (2018)

The Memory Illusion: Remembering, Forgetting, and the Science of False Memory. Cornerstone Digital. J. Shaw (2016)

Deep Learning. MIT Press. I. Goodfellow, Y. Bengio and A. Courville (2016)

Memory Hackers. NOVA PBS (2016)

When To Quit (According to Math). Up and Atom. J. Tan-Holmes (2017)

Arm Up for the Big Data Deluge. ZettaBytes. A. Ailamaki (2017)

Why Blockchain is a Revolution. ZettaBytes. E. G. Sirer (2018)

The Secretary/Toilet Problem and Online Optimization. Science4All. L. N. Hoang (2015)

第 17 章

[1] Deep Dream—a code example for visualizing Neural Networks. Google Research Blog. A. Mordvinster, C. Olah and M. Tyka (2015)

[2] Pi and Buffon's Matches. Numberphile. T. Padilla (2012)

[3] Calculating pi with darts. Physics Girl. D. Muller and D. Cowern (2015)

[4] Stochastic Gradient Descent as Approximate Bayesian Inference. S. Mandt, M. Hoffman and D. Blei (2017)

[5] How to Generate Pseudorandom Numbers. Infinite Series (2017)

[6] The Netflix Prize. ZettaBytes. A. M. Kermarrec (2017)

[7] Hypersphères. IA 19. Science4All. J. Cottanceau et L. N. Hoang (2018)

[8] Can a Chess Piece Explain Markov Chains?. Infinite Series. K. Houston-Edwards(2017)

[9] C'est vraiment moi qui décide?. Science Étonnante. D. Louapre (2010)

[10] L'effet d'ancrage. Crétin de cerveau. Science Étonnante. D. Louapre (2016)

推荐阅读

Théorème vivant. Le Livre de Poche. C. Villani (2013)

Au cœur de Google: Page Rank. Wandida. R. Guerraoui (2013)

Deep Learning. MIT Press. I. Goodfellow, Y. Bengio et A. Courville (2016)

Thinking Fast and Slow. SpringerFarrar, Straus and Giroux. D. Kahneman (2013)

The function of dream sleep. Nature. F. Crick and G. Mitchison (1983)

How a Kalman filter works, in pictures. Bzarg. T. Babb (2015)

Inside Google: Page Rank. Wandida. R. Guerraoui (2013)

What's a Random Number?. ZettaBytes. P. Blanchard (2016)

第 18 章

[1] Le deep learning. Science Étonnante. D. Louapre (2016)

[2] Machine Reading with Word Vectors. ZettaBytes. M. Jaggi (2017)

[3] Unsupervised representation learning with deep convolutional generative adversarial networks. A. Radford, L. Metz and S. Chintala (2016)

[4] Les fractales. MicMaths. M. Launay (2015)

[5] Quantifying the Rise and Fall of Complexity in Closed Systems: The Coffee Automaton. S. Aaronson, S. Carroll and L. Ouellette (2014)

[6] Deep Learning Works in Practice. But Does it Work in Theory? L. N. Hoang and R. Guerraoui (2018)

[7] Anti-Matter and Quantum Relativity. PBS Space Time. M. O'Dowd (2017)

[8] L'émergence de l'intelligence. IA 5. Science4All. T. Cabaret et L. N. Hoang (2018)

[9] La théorie des cordes. Science Étonnante. D. Louapre (2015)

[10] The most beautiful idea in physics – Noether's Theorem. Looking Glass Univers (2015)

[11] $E = mc^2$ et le boson de Higgs. Science Étonnante. D. Louapre (2017)

推荐阅读

Les Métamorphoses du calcul: Une étonnante histoire des mathématiques. Le Pommier. G. Dowek (2007)

Complexité aléatoire et complexité organisée. QUAE GIE. J. P. Delahaye (2009)

Jeu de go et intelligence artificielle. À chaud. Science Étonnante. D. Louapre (2016)

Jeux et informatique. Passe-Science. T. Cabaret (2016)

Peut-on coller les côtés opposés d'un carré?. Relativité 9. Science4All. L. N. Hoang (2016)

Top 8 des monstres mathématiques. Infini 11. Science4All. L. N. Hoang (2017)

Deep learning. Podcast Science 228. N. Tupégabet (2015)

The unreasonable effectiveness of mathematics in the natural sciences. Communications on pure and Applied Mathematics. E. Wigner (1960)

Logical depth and physical complexity. The Universal Turing Machine A HalfCentury Survey. C. Bennett (1995)

Efficient estimation of word representations in vector space. T. Mikolov, K. Chen, G. Corrado and J. Dean (2013)

Deep learning. Nature. Y. LeCun, Y. Bengio et G. Hinton (2015)

Exponential expressivity in deep neural networks through transient chaos. Advances In Neural Information Processing Systems. B. Poole, S. Lahiri, M. Raghu, J. Sohl-Dickstein and S. Ganguli (2016)

Artificial Neural Networks in Machine Learning. Wandida. E. M. El Mhamdi (2016)

The Rise of Machine Learning. ZettaBytes. M. Jaggi (2017)

4 Big Challenges in Machine Learning. ZettaBytes. M. Jaggi (2017)

Google Cars versus Tesla. ZettaBytes. B. Faltings (2017)

Achieving both Reliability and Learning in AI. ZettaBytes. B. Faltings (2017)

第 19 章

[1] The "Mountain Or Valley?" Illusion. Minute Physics (2017)

[2] Motion illusions as optimal percepts. Nature Neuroscience. Y. Weiss, E. Simoncelli and E. Adelson (2002)

[3] Bayesian sampling in visual perception. Proceedings of the National Academy of Sciences. R. Moreno-Bote, D. Knill, and A. Pouget (2011)

[4] A recurrent network mechanism of time integration in perceptual decisions. Journal of Neuroscience. K. F. Wong and X. J. Wang (2006)

[5] Measuring the crowd within: Probabilistic representations within individuals. Psychological Science. E. Vul and H. Pashler (2008)

[6] How to grow a mind: Statistics, structure, and abstraction. Science. J. Tenenbaum, C. Kemp, T. Griffiths and N. Goodman (2011)

[7] Learning a theory of causality. Psychological review. N. Goodman, T. Ullman and J. Tenenbaum (2011)

[8] Intuitive statistics by 8-month-old infants. Proceedings of the National Academy of Sciences. F. Xu and V. Garcia (2008)

[9] Statistical learning by 8-month-old infants. Science. J. Saffran, R. Aslin and E. Newport (1996)

[10] La machine à inventer des mots (avec Code MU). Science étonnante. R. Koschig et D. Louapre (2015)

[11] Bootstrapping in a language of thought: a formal model of numerical concept learning. Cognition. S. Piantadosi, J. Tenenbaum and N. Goodman (2012)

推荐阅读

Le cerveau statisticien: la révolution bayésienne en sciences cognitives. Collège de France. S. Dehaene (2011-2012)

Le bébé statisticien: les théories bayésiennes de l'apprentissage. Collège de France. S. Dehaene (2012-2013)

Infants consider both the sample and the sampling process in inductive generalization. Proceedings of the National Academy of Sciences. H. Gweon, J. Tenenbaum and L. Schulz (2010)

第 20 章

[1] La machine à expérience de Robert Nozick. Argument frappant. Monsieur Phi. T. Giraud (2018)

[2] La conscience. Science Étonnante. T. Giraud et D. Louapre (2017)

[3] The Physics of Life (ft. It's Okay to be Smart & PBS Eons!). PBS Space Time. M. O'Dowd (2018)

[4] Qui crée l'argent?. Comment? Heu?reka. G. Mitteau (2015)

[5] La Grande Histoire des petites histoires. Démocratie 26. Science4All. L. N. Hoang (2017)

[6] Adam Smith——le paradoxe de la veste de laine. Grain de Philo. Monsieur Phi. T. Giraud (2016)

[7] Identité personnelle (1/2)——Téléportation, trous de mémoire & responsabilité. Grain de Philo. Monsieur Phi. T. Giraud (2017)

[8] Je n'existe pas. Grain de Philo. Monsieur Phi. T. Giraud (2018)

[9] Moindre Action. Passe-Science. T. Cabaret (2015)

[10] Une justice SANS libre-arbitre?. Démocratie 24. Science4All. L. N. Hoang (2017)

[11] Moindre Action. Passe-Science. T. Cabaret (2015)

[12] The New Big Fish Called Mean-Field Game Theory. Science4All. L. N. Hoang (2014)

[13] Les isomorphismes. Infini 21. Science4All. L. N. Hoang (2017)

[14] La machine de Turing. IA 4. Science4All. L. N. Hoang (2017)

[15] Basics of Program Verification. ZettaBytes. V. Kuncak (2017)

[16] Les synonymes à connotations opposées. My4Cents (Mayen). L. N. Hoang (2016)

[17] Check tes biais cognitifs #01. Personne ne bouge! F. Garcia (2017)

[18] Why you shouldn't try to "change your mind". J. Galef (2017)

[19] Massively parallel architectures for A. I.: Netl, Thistle, and Boltzmann machines. Proceedings of the National Conference on Artificial Intelligence. S. Falhman, G. Hinton et T. Sejnowski (1983)

[20] How Does the Brain Do Plausible Reasoning?. Maximum-Entropy and Bayesian Methods in Science and Engineering. E. Jaynes (1988)

[21] The free-energy principle: A unified brain theory?. Nat Rev Neuroscience. K. Friston (2010)

推荐阅读

L'Allégorie de la Caverne de Platon. Le Coup de Phil'. Cyrus North (2013)

Le double visage de l'argent. Heu?reka. G. Mitteau (2016)

Adam Smith——division du travail & main invisible. Grain de Philo. Monsieur Phi. T. Giraud (2017)

Identité personnelle (2/2)——Montez-vous dans le téléporteur?. Grain de Philo. Monsieur Phi. T. Giraud (2017)

L'émergence de l'intelligence. IA 5. Science4All. T. Cabaret et L. N. Hoang (2018)

The Selfish Gene. Oxford University Press. R. Dawkins (1976)

Predictions: How to See and Shape the Future with Game Theory. Vintage. B. Mesquita (2010)

Sapiens: A Brief History of Humankind. Harper. Y. N. Harari (2015)

The Big Picture: On the Origin of Life, Meaning and the Universe Itself. Dutton. S. Carroll (2016)

Life as we know it. Journal of the Royal Society Interface. K. Friston (2013)

第 21 章

[1] 1+2+3+4+5+6+7+⋯=−1/12! Science Étonnante. D. Louapre (2013)

[2] The Surprising Flavor of Infinite Series. Science4All. L. N. Hoang (2013)

[3] La supersommation linéaire, stable et régulière. Hardcore. Science4All. L. N. Hoang (2016)

[4] La quête mathématique de l'infiniment petit. Infini 7. Science4All. L. N. Hoang (2016)

[5] The Limitless Vertigo of Cantor's Infinite. Science4All. L. N. Hoang (2015)

[6] The Euler-Maclaurin formula, Bernoulli numbers, the zeta function, and realvariable analytic continuation. T. Tao (2010)

[7] Les coûts irrécupérables. Crétin de cerveau. Science Étonnante. D. Louapre (2016)

[8] Is the "hot hand" real? Numberphile. L. Goldberg (2018)

[9] Adam Smith—division du travail & main invisible. Grain de Philo. Monsieur Phi (2017)

[10] Infinitesimal: How a Dangerous Mathematical Theory Shaped the Modern World. Scientific American/Farrar, Straus and Giroux. A. Alexander (2015)

[11] Petit communautarisme deviendra grand. Démocratie 6. Science4All. L. N. Hoang (2017)

[12] Êtes-vous un hooligan politique?. Démocratie 10. Science4All. L. N. Hoang (2017)

[13] The Most Troubling Experiments on Human Behavior. Science4All. L. N. Hoang (2014)

[14] L'étendue de mon ignorance. Démocratie 32. Science4All. L. N. Hoang (2017)

[15] Conception bayésienne de mécanismes et quantification de l'équité appliquées à la construction d'horaires personnalisés. Thèse de doctorat. L. N. Hoang (2014)

推荐阅读

1+2+3+4+5+⋯=−1/12???. Infini 5. Science4All. L. N. Hoang (2016)

Predictions: How to See and Shape the Future with Game Theory. Vintage. B. Mesquita (2010)

Thinking Fast and Slow. SpringerFarrar, Straus and Giroux. D. Kahneman (2013)

The law of group polarization. Journal of political philosophy. C. Sunstein (2002)

Why "scout mindset" is crucial to good judgment. TED x PSU. J. Galef (2016)

ASTOUNDING: 1+2+3+4+5+⋯=−1/12. Numberphile. E. Copeland et T. Padilla (2014)

Ramanujan: Making sense of 1+2+3+⋯=−1/12 and Co.. Mathologer. B. Polster (2016)

Numberphile v. Math: the truth about 1+2+3+⋯=−1/12. Mathologer. B. Polster (2018)

第 22 章

[1] Le paradoxe de la morale. Démocratie 25. Science4All. S. Debove et L. N. Hoang (2017)

[2]La morale des hooligans (la nôtre!!). Démocratie 27. Science4All. L. N. Hoang (2017)

[3] Nietzsche—La morale des winners!. Généalogie de la morale (1/2). Grain de Philo. Monsieur Phi. T. Giroud (2017)

[4] Nietzsche et les méchants—Généalogie de la morale (2/2). Grain de Philo. Monsieur Phi. T. Giraud (2017)

[5] Êtes-vous un hooligan politique?. Démocratie 10. Science4All. L. N. Hoang (2017)

[6] La rationalisation. La Tronche en Biais. V. Tapas et T. Durand (2015)

[7] L'hooliganisme politique a gâché ma marche pour les sciences. My4Cents (Genève). L. N. Hoang (2017)

[8] New Coke—A Complete Disaster?. Company Man (2017)

[9] The Illusion of Truth. Veritasium. D. Muller (2016)

[10] Choisir son président en 100 millisecondes. Homo Fabulus. S. Debove (2017)

[11] Politics and Numbers. Numberphile. J. Grime (2013)

[12] Les synonymes à connotations opposées. My4Cents (Mayen). Science4All. L. N. Hoang (2016)

[13] Human-level control through deep reinforcement learning. Nature. V. Mnih, K. Kavukcuoglu, D. Silver, A. Rusu, J. Veness, M. Bellemare, A. Graves, M. Riedmiller, A. Fidjeland, G. Ostrovoski, S. Peterson, C. Beattie, A. Sadik, I. Antonoglou, H. King, D. Kumaran, D. Wierstra, S. Legg et D. Hassabis (2015)

[14] 3 théorèmes anti-démocratiques (et la lotocratie). Démocratie 3. Science4All. L. N. Hoang (2017)

[15] Le scrutin de Condorcet randomisé (mon préféré!!). Démocratie 5. Science4All. L. N. Hoang (2017)

[16] Rationnellement irrationnels. Démocratie 11. Science4All. L. N. Hoang (2017)

[17] Argent, risques et paradoxes. Démocratie 12. Science4All. L. N. Hoang (2017)

[18] À chacun sa morale? Relativisme et réalisme. Grain de Philo. Monsieur Phi. T. Giraud (2017)

[19] Fat Tony et Dr John (biais-variance). IA 12. Science4All. G. Mitteau et L. N. Hoang (2018)

[20] Why Asimov's Laws of Robotics Don't Work. Computerphile. R. Miles (2015)

[21] Can You Solve This? Veritasium. D. Muller (2014)

[22] La grande Histoire des petites histoires. Démocratie 26. Science4All. S. Mombo et L. N. Hoang (2017)

[23] The Righteous Mind: Why Good People are Divided by Politics and Religion. Vintage. J. Haidt (2013)

[24] 7 arguments CONTRE la démocratie. Démocratie 30. Science4All. L. N. Hoang (2017)

[25] La morale des gens heureux: l'utilitarisme. Démocratie 28. Science4All. T. Giraud et L. N. Hoang (2017)

[26] Wikipedia et l'épistocratie. Démocratie 31. Science4All. L. N. Hoang (2017)

[27] Argent, risques et paradoxes. Démocratie 12. Science4All. L. N. Hoang (2017)

推荐阅读

Le temps des algorithmes. Le Pommier. S. Abiteboul et G. Dowek (2017)

"Calculer le bonheur"—L'utilitarisme classique. Politikon. K. Piriou (2018)

Si Dieu n'existe pas, tout est permis?. Religion et morale (1/2). Grain de Philo. Monsieur Phi. T. Giraud (2016)

La religion nous empêche-t-elle d'être morale?. Religion et morale (2/2). Grain de Philo. Monsieur Phi. T. Giraud (2016)

Nietzsche—La généalogie de la morale. De Dicto. Politikon. K. Piriou (2016)

Conséquentialisme—Quel est le but de la morale?. Grain de Philo. Monsieur Phi. T. Giraud (2017)

L'instinct tribal. Démocratie 27. Science4All. L. N. Hoang (2017)

L'utilitarisme. Démocratie 28. Science4All. T. Giroud et L. N. Hoang (2017)

Informatique et éthique. Podcast Science 266. G. Dowek et S. Abiteboul (2016)

Utilitarisme artificiel. Axiome 3. T. Giraud et L. N. Hoang (2017)

Thinking Fast and Slow. SpringerFarrar, Straus and Giroux. D. Kahneman (2013)

Superintelligence: Paths, Dangers, Strategies. Oxford University Press. N. Bostrom (2014)

Against Democracy. Princeton University Press. J. Brennan (2016)

The Big Picture: On the Origin of Life, Meaning and the Universe Itself. Dutton. S. Carroll (2016)

Motivated Numeracy and Enlightened Self-Government. Behavioural Public Policy. Dan Kahan, Ellen Peters, Erica Cantrell Dawson, Paul Slovic (2017)

Why you think you're right—even when you're wrong. TED. J. Galef (2016)

版 权 声 明